Synthesebücher

SCHWERPUNKTPROGRAMM **UMWELT**
SCHWEIZ. NATIONALFONDS ZUR FÖRDERUNG DER WISSENSCHAFTLICHEN FORSCHUNG
PROGRAMME PRIORITAIRE **ENVIRONNEMENT**
FONDS NATIONAL SUISSE DE LA RECHERCHE SCIENTIFIQUE
PRIORITY PROGRAMME **ENVIRONMENT**
SWISS NATIONAL SCIENCE FOUNDATION

Innovatives Management staatlicher Umweltpolitik

Das Konzept des New Public Environmental Management

S. Schaltegger
R. Kubat
C. Hilber
S. Vaterlaus

unter Mitarbeit von
A. Flütsch und
A. Sturm

Springer Basel AG

Autoren

Dr. S. Schaltegger
R. Kubat
C. Hilber
S. Vaterlaus
Wirtschaftswissenschaftliches Zentrum (WWZ)
der Universität Basel
Petersgraben 51
CH-4003 Basel
Switzerland

Die Deutsche Bibliothek – CIP-Einheitsaufnahme

Innovatives Management staatlicher Umweltpolitik /
S. Schaltegger ...
(Synthesebücher SPP Umwelt)
ISBN 978-3-0348-5058-2 ISBN 978-3-0348-5057-5 (eBook)
DOI 10.1007/978-3-0348-5057-5

NE: Schaltegger, Stefan

Ursprünglich erschienen bei Birkhäuser Verlag AG, Basel, Schweiz 1996
Softcover reprint of the hardcover 1st edition 1996

9 8 7 6 5 4 3 2 1

Inhaltsverzeichnis

Vorwort

Die Umweltpolitik der meisten Länder ist ins Stocken geraten, dies obwohl viele Umweltprobleme noch lange nicht gelöst sind und Nachhaltigkeit ein Wunschtraum zu bleiben scheint. Anfänglich euphorische Absichtserklärungen sind durch Nüchternheit abgelöst worden.

Grund dafür ist, dass Umweltpolitik eine Umverteilung von Kosten bewirkt. Heute trägt eine grosse Gruppe schlecht organisierter Personen die Kosten der Unterlassung von Umweltschutz. Gut organisierte Interessengruppen hingegen wehren sich erfolgreich gegen die für sie zu hohen Kosten einer verstärkten Umweltpolitik nach heutigem Muster.

Zur Entkrampfung dieser Situation ist eine Revitalisierung der Umweltpolitik durch effizienzsteigernde umweltproblemorientierte Innovationen vonnöten.

Wie mit dem New Public Management (NPM) versucht wird, durch Steigerung von Effektivität und Effizienz die Staatstätigkeit im Allgemeinen zu verbessern, will das in diesem Buch entwickelte New Public Environmental Management (NPEM) Effektivität und Effizienz der Umweltpolitik erhöhen und auf diese Weise bestehende Interessenkonflikte abschwächen.

Mit erfrischender Unvoreingenommenheit beschreiten die Autoren neue Wege. Sie tun dies durch innovative Verbesserungsvorschläge bestehender und die Entwicklung neuer ordnungs- und prozesspolitischer Ansätze. Dabei greifen sie auf volks- und betriebswirtschaftliche Konzepte des marktwirtschaftlichen Umweltschutzes sowie auf naturwissenschaftliche Erkenntnisse zurück. Überzeugend zusammengeführt, kombinieren sie diese Bausteine zum integrierten Konzept des New Public Environmental Management.

Management heisst zielgerichtete Führung und Organisation von (privaten und öffentlichen) Unternehmen, innovatives Management staatlicher Umweltpolitik folglich eine zielgerichtete Ausgestaltung und Koordination von Institutionen, Massnahmen und Prozessen der Umweltpolitik. Mit dem Gesamtkonzept des New Public Environmental Management wird aufgezeigt, wie der koordinierte Einsatz der besten Massnahmen durch die geeignetsten Akteure erfolgen kann und wie sich hemmende Vollzugsprobleme überwinden lassen.

Das New Public Environmental Management ist somit nicht einfach eine weitere vage Vision, sondern öffnet eine neue Dimension für die staatliche Umweltpolitik.

Basel, im November 1995
Prof. Dr. René L. Frey
Wirtschaftswissenschaftliches Zentrum WWZ
der Universität Basel

Zum Geleit

«New Public Management» (NPM) ist in aller Leute Munde. Da ist es zum «New Public Environmental Management» (NPEM) nur noch ein kleiner Schritt. Erfreulich am vorliegenden Buch ist, dass die Autoren sich nicht mit diesem Schritt begnügen, sondern vorurteilslos und ohne an Bestehendem kleben zu bleiben, ein umfassendes Konzept des NPEM vorlegen.

Strukturen, Institutionen und Instrumente der staatlichen Umweltpolitik werden aus der ökonomischen Perspektive heraus durchleuchtet. Die konsequente marktwirtschaftliche Argumentation der Autoren entspricht der zunehmenden Notwendigkeit, Umweltschutz ökonomischer zu gestalten. Effizienter Umweltschutz kann, so ist zu hoffen, vorhandene Barrieren in der Politik und beim Vollzug leichter überwinden. So finden sich in diesem Buch zahlreiche innovative Ansätze, um Auswege aus der heute zum Teil vorhandenen politisch-ökonomischen «Pattsituation» in der Umweltpolitik zu erschliessen.

Der Beitrag ist intellektuell wertvoll, da er für einmal nicht bloss Bestehendes in kleinen Schritten weiterentwickelt, sondern in einem grossen Wurf zu zeigen versucht, wie die wichtigen Aufgaben der Umweltpolitik auch anders gelöst werden könnten. Alle Praktikerinnen und Praktiker im Umweltschutz sind durch die dargelegten neuen Ideen zur Diskussion herausgefordert. Zweifellos wird es in dieser Diskussion um weitere Differenzierungen, Nuancierungen aber auch um die praktische Anwendbarkeit und – letzlich entscheidend – um die Mehrheitsfähigkeit des vorliegenden Konzeptes gehen.

Als Leiter des Schwerpunktprogrammes Umwelttechnologie und Umweltforschung des Schweizerischen Nationalfonds zur Förderung der wissenschaftlichen Forschung freut es mich besonders, dass das Werk als Synergieprodukt der durch das Programm geförderten Forschungsarbeiten hervorgehen konnte. Ich wünsche ihm aufgeschlossene Leserinnen und Leser, die sich nicht scheuen, sich mit seinem Inhalt kritisch und konstruktiv auseinanderzusetzen. Wenn mit diesem Buch neue Ideen in die Praxis einfliessen, die Umweltpolitik modernisiert und in Richtung nachhaltiger Entwicklung ein Stück vorangetrieben werden kann, dann hat das Buch seine Aufgabe erfüllt.

Dr. Rudolf Häberli
Programmleiter Schwerpunktprogramm
Umwelt des Schweizerischen Nationalfonds
Bern, im November 1995

Dank

Dieses Buch entstand am Institut für Volkswirtschaft des Wirtschaftswissenschaftlichen Zentrums (WWZ) der Universität Basel. Die Autoren befassen sich seit längerem mit Fragestellungen und Anwendungen des Schadschöpfungskonzepts und/oder marktwirtschaftlichem Umweltschutz. Dabei haben die meisten Verfasser eine Dissertation zu einem dieser Themenbereiche geschrieben oder sind daran, eine solche fertigzustellen. Das vorliegende «Innovationsbündel» stellt ein besonderes Gemeinschaftswerk dar, indem jeder einzelne Beitrag von mehreren Autoren bearbeitet wurde und die Kapitel aufeinander abgestimmt worden sind.

«Innovatives Management staatlicher Umweltpolitik» geht teilweise aus Arbeiten im Rahmen des Koordinierten Projektes Ökobilanzen und Öko-Controlling (KOPÖ) des Schwerpunktprogramms Umwelt (SPP Umwelt) hervor und ist hiermit unter anderem auch vom Schweizerischen Nationalfonds unterstützt worden, dem hiermit bestens gedankt sei.

Im Rahmen der Veröffentlichung haben wir wertvolle administrative Unterstützung durch Rudolf Häberli und Alfred Grossenbacher von der Programmleitung erhalten.

Besonderer Dank gilt Andreas Sturm und Andreas Flütsch, die zusammen einen ersten Entwurf zum Kapitel 3 erstellt haben.

Für die vielen hilfreichen Kommentare zu einzelnen Kapiteln oder dem ganzen Band danken wir Olivier Binet, Bruno Böhlen, Frank Figge, René L. Frey, Henriette Hindrichsen, Jochen Kindorf, Dominique Koch, Rolf Weder und Jörg Wild.

Das Autorenteam
Basel, Oktober 1995

Einleitung

Mit dem Abbau von Handelsschranken und der vermehrten Öffnung der Märkte nimmt der internationale Wettbewerb zwischen Unternehmungen zu. Dies führt zu einem stärkeren Standortwettbewerb. Aufgrund der verstärkten Globalisierung der Märkte und der steigenden unternehmerischen Konkurrenz sehen sich die Wirtschaftsstandorte einem verstärkten Druck ausgesetzt, öffentliche Leistungen kosteneffizient anzubieten. Dies gilt auch für die «Erzeugung» guter Umweltqualität.

Nur Standorte, an denen die Politiker und die öffentliche Verwaltung in der Lage sind, attraktive Voraussetzungen für innovative, wertschöpfungsstarke Wirtschaftszweige anzubieten, sind in der Lage, erfolgreich im internationalen Standortwettbewerb zu bestehen. Diejenigen Regionen gewinnen an Attraktivität, welche die von der Bevölkerung und der Wirtschaft gewünschte Umweltqualität am kostengünstigsten erbringen können.

Aufgrund der grossen Bedeutung der staatlichen Umweltpolitik und ihrer zunehmenden Relevanz als Standortfaktor ist es deshalb notwendig, die ökologische Effektivität und die ökonomische Effizienz der staatlichen Umweltpolitik zu verbessern. Dieses Buch wird von sechs **Postulaten** hierzu geleitet:

1 **Problemorientierung statt Einzelregulierung**
In der Umweltpolitik ist die bisherige Betrachtung und Regulierung einzelner Emissionen (z.B. VOC) wo immer möglich durch eine Problemorientierung (z.B. Sommersmog) zu ersetzen.

2 **Integriertes Konzept statt Stückwerk**
Den Umweltproblemen wird heute mit einer Vielzahl zum Teil konfliktärer Gesetze und Verordnungen zu begegnen versucht. Anstelle dessen sollten die Umweltbehörden mit besseren Informationsinstrumenten (regionale Umweltberichterstattung) sowie integrierten Managementkonzepten wie einem staatlichen Öko-Controlling ausgestattet werden.

3 **Lenkung durch Markt statt Planung durch Staat**
Im Grundsatz sind vorwiegend marktwirtschaftliche Instrumente des Umweltschutzes einzusetzen, da sie in der Regel ökonomisch effizienter und ökologisch wirksamer sind als Gebote und Verbote. Dabei sind nicht primär Einzelemissionen sondern Umweltprobleme zu steuern.

4 **Systematische Wirkungsanalyse anstelle nachträglicher Korrekturen**
Je nach Umweltproblem und Ort eignen sich unterschiedliche (marktwirtschaftliche) Instrumente des Umweltschutzes. Bei der Wahl des konkreten Instruments und bei der Überprüfung des Erfolgs der Massnahmen ist deshalb immer eine Analyse der Kosten-Wirksamkeit sowie der Verteilungswirkungen vorzunehmen.

5 **Regionalisierung und Wettbewerb statt Zentralisierung**
Umweltprobleme können am besten gelöst werden, wenn nach ihrer räumlichen Wirkung abgegrenzte, unifunktionale «Schadschöpfungsregionen» (z.B. Wasserschutzregion Rhein) mit eigenen Entscheidungsbefugnissen gebildet werden und wenn ein Wettbewerb zwischen Anbietern von Umweltschutzleistungen (z.B. Betreiber von Kläranlagen) zugelassen wird.

6 **New Public Environmental Management anstatt bürokratisches Verwalten**
Die Umweltbehörden sollten sich auf die effiziente Bewältigung der Kernaufgaben der Umweltpolitik konzentrieren. Hierzu sind die Umweltämter so zu restrukturieren, dass die Umweltbehörden nicht mehr Umweltdossiers und -ressorts verwalten müssen sondern Schadschöpfungsregionen managen dürfen (können). Wesentliche Instrumente in diesem Fokussierungsprozess sind Outsourcing, Outcontracting und neue Anreizsysteme.

Dieses Buch befasst sich mit der innovativen Ausgestaltung der Postulate unter Berücksichtigung neuer Erkenntnisse der Umweltökonomie, der Managementlehre und des Schadschöpfungskonzepts. Abbildung 1 widerspiegelt den sechsteiligen Aufbau des Buchs.

Wesentliche **Grundlagen** des innovativen Managements staatlicher Umweltpolitik (Teil I) sind die Konzepte der **Schadschöpfung** und der **Öko-Effizienz** (Kapitel 1). Heute werden einzelne Umwelteinwirkungen (z.B. VOC-Emissionen) und Umweltmedien (z.B. Luft) reguliert. Die Regulierung einer Vielzahl einzelner Umwelteinwirkungen führt zur bekannten Gesetzesflut. Dabei gerät der eigentliche Umweltschutz oftmals auf ein «Nebengleis». Auch leidet die Kosteneffizienz des Umweltschutzes unter diesem Vorgehen.

Ein innovatives Management staatlicher Umweltpolitik orientiert sich an den eigentlichen Umweltproblemen (z.B. Sommersmog) und richtet die Massnahmen auf eine möglichst kosteneffiziente Zielerreichung aus. Hierzu muss einerseits der Beitrag verschiedener Akteure zu den entsprechenden Umweltproblemen bzw. die Schadschöpfung

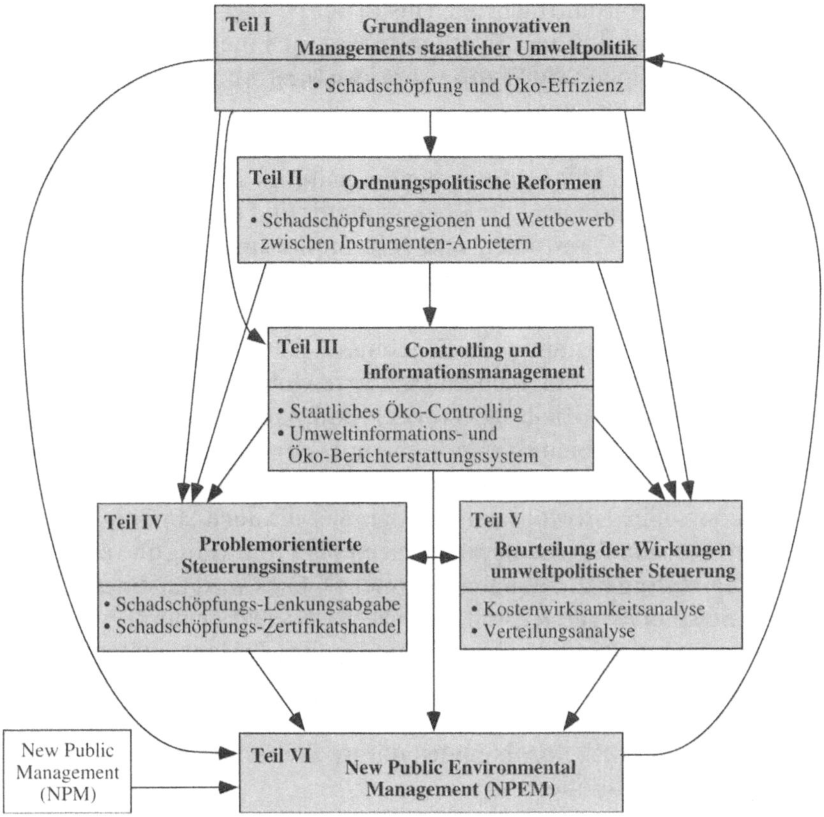

Abbildung 1
Aufbau des Buchs

gemessen werden. Andererseits ist die ökonomisch-ökologische Effizienz (Öko-Effizienz) des Umweltschutzes als Massgrösse für die ökonomisch und ökologisch nachhaltige Entwicklung zu operationalisieren.

Die Problemorientierung und Revitalisierung der staatlichen Umweltpolitik erfordert **ordnungspolitische Reformen** (Teil II). Heute sind Umweltämter nach Regionen (z.B. Kantonen) und Ländern gegliedert. Die historisch-politischen Grenzen entsprechen jedoch nicht der räumlichen Ausdehnung der Umweltprobleme. Hierdurch ergeben sich massgebliche Hindernisse im Entscheidungsprozess und beim Vollzug der Umweltpolitik. Dabei sind für die Umweltpolitik sogenannte Funktional- oder **Schadschöpfungsregionen** (Kapitel 2) zu bilden, deren Grenzen sich nach der räumlichen Ausdehnung der zu bekämpfenden

Umweltprobleme und nicht nach historisch gewachsenen Grenzen richten. Zur Steigerung der Kosteneffizienz ist innerhalb dieser Schadschöpfungsregionen ein **Wettbewerb** zwischen Anbietern von Umweltschutzleistungen zuzulassen.

Heute befassen sich die Umweltbehörden und -ämter vorwiegend mit der formalen Überprüfung der Einhaltung von Gesetzen und Vorschriften. Für eine wirksame Prozesspolitik sind als zentrale Führungsinstrumente ein **Controlling** und **Informationsmanagement** einzuführen (Teil III). Das **Öko-Controlling** dient der besseren Steuerung und Lenkung der staatlichen Massnahmen (Kapitel 3). Dabei stehen ausschliesslich die substantiellen Ergebnisse, d.h. die effiziente Bekämpfung von Umweltproblemen und die Erreichung der von der Bevölkerung angestrebten Ziele im Vordergrund. Um die Wirksamkeit und Effizienz von problemorientierten, umweltpolitischen Massnahmen messen und beurteilen zu können, ist als zentraler Bestandteil eines Öko-Controllings sowohl ein ökologisches als auch ein ökonomisches **Informationsmanagementsystem** mit einem Monitoring und einer **Öko-Berichterstattung** aufzubauen (Kapitel 4). Dies wird an einem empirischen Beispiel für die Region Nordwestschweiz dargelegt.

Eine kosteneffiziente Orientierung an den Zielen der Bevölkerung bezüglich der Umweltprobleme (z.B. Sommersmog) erfordert eine Neuausrichtung der Lenkungsinstrumente der staatlichen Umweltpolitik. Als wesentliche **problemorientierte Steuerungsinstrumente** werden in Teil IV diskutiert:

- die **Schadschöpfungs-Lenkungsabgabe** (Kapitel 5)
- der **Schadschöpfungs-Zertifikatshandel** (Kapitel 6)

Bei beiden Instrumenten handelt es sich um eine Steuerung aller relevanten Beiträge zu einem bestimmten Umweltproblem anstelle von einer unkoordinierten Regulierung von Einzelschadstoffen. Beim Einsatz dieser Instrumente geht es nicht um ein generelles «Entweder-oder», sondern um ein «Sowohl-als-auch». Das heisst es können je nach spezifischen Gegebenheiten mehrere Instrumente parallel eingesetzt werden. Die Integration und Koordination der verschiedenen problemorientierten Instrumente erfolgt im Rahmen des Öko-Controllings der Umweltpolitik (Kapitel 3) und im New Public Environmental Management (NPEM) (Kapitel 9).

Zur Sicherstellung, dass die Präferenzen der Bürger berücksichtigt und die Umweltprobleme gelöst werden, ist eine kontinuierliche Beurteilung der Wirksamkeit und Effizienz der erzielten Ergebnisse notwendig. Die wesentlichen Instrumente zur **Beurteilung der Wirkung** umweltpolitischer Instrumente und Massnahmen sind (Teil V):

- **Kostenwirksamkeitsanalysen** (Kapitel 7)
- **Verteilungsanalysen** (Kapitel 8)

Innerhalb der Verwaltung widerspiegeln die bisherigen Strukturen und Ressorts der Umweltbehörden die Regulierung einzelner Umwelteinwirkungen und Umweltmedien. So bestehen oft starre Verwaltungsstrukturen mit Abteilungen für die Luftreinhaltung, die Wasserreinhaltung usw. sowie entsprechenden Spezialisten für Kohlenwasserstoffe, Stickoxide usw.

Das Buch wird mit der Darlegung eines Ansatzes zu einem problem- und kundenorientierten, effizienten und wirksamen **New Public Environmental Management (NPEM)** abgerundet (Teil VI, Kapitel 9). Die wirkungsorientierte Umweltpolitik stellt eine Abkehr vom bürokratischen Verwalten von Gesetzen und Verordnungen dar. Nach dem Grundsatz «Substanz vor Form» werden vielmehr «Beiträge zu Umweltproblemen» gesteuert, um politische Zielvorgaben möglichst effizient zu erfüllen. In den Kapiteln 2 und 9 wird auch die Arbeitsteilung zwischen der Privatwirtschaft und dem Staat (bzw. der staatlichen Verwaltung) angesprochen.

In diesem Buch wird eine Reihe innovativer Konzepte für ein wirksames und effizientes Management der staatlichen Umweltpolitik vorgestellt. Das Publizieren von Innovationen birgt immer die Gefahr potentieller Kritik. Die hier entwickelten Konzepte für eine effizientere und wirksamere staatliche Umweltpolitik bieten neue Ideen und Impulse. Die Ausrichtung des hier vorliegenden Texts erfordert, dass gewisse der diskutierten Ansätze noch weiter untersucht und empirisch getestet werden müssen. Dennoch weist das Buch Praxisbezug auf und behandelt anwendungsreife und teilweise auch schon erprobte Methoden. Einige Konzepte haben sich in Pilotprojekten bewährt, andere werden sogar schon seit mehreren Jahren umgesetzt. Neu ist vor allem auch die Integration verschiedener neuer Erkenntnisse zu einem ganzheitlichen Konzept: dem NPEM. Dabei beruhen die hier vorgestellten methodischen Neuheiten grossteils auf einer Verbindung betriebs- und volkswirtschaftlicher Konzepte.

Aus einer politisch-ökonomischen Sichtweise scheinen die in diesem Buch diskutierten Konzepte teilweise angreifbar. Das hier dargestellte Bild von Politikern und Beamten als Manager scheint im Widerspruch zur Vorstellung von Politikern als Stimmenmaximierer und von Bürokraten als Budgetmaximierer zu stehen. Dieser Widerspruch besteht jedoch nur vordergründig. Bei einer genaueren Betrachtung fällt auf, dass sich die Rahmenbedingungen für Politik und Verwaltung stark verändert haben:

- Durch den Abbau von Handelsschranken hat sich der internationale Standortwettbewerb verschärft. Die öffentlichen Verwaltungen von Gebietskörperschaften geraten somit zunehmend unter Druck, öffentliche Leistungen (inklusive guter Umweltqualität) international wettbewerbsfähig anzubieten.
- Der wissenschaftliche Fortschritt ermöglicht eine bessere Messung der Leistungen der öffentlichen Verwaltung, die Einführung neuer Managementtechniken im öffentlichen Dienst sowie die bessere Information von Unternehmensleitungen und Bevölkerung.
- Die «Euphorie» der achziger Jahre für Umweltschutz hat nachgelassen, da bedeutende Interessengruppen sich bewusst werden, welche Kosten für sie anfallen. Aufgrund ihrer Abwehrmassnahmen werden die für den Umweltschutz zur Verfügung stehenden Mittel knapper.

Diese Veränderung der Rahmenbedingungen führt allmählich zu mehr Transparenz und Exponiertheit öffentlicher Akteure und somit zu einem geänderten Verhalten und zur Einsicht der Politik und der Verwaltung, dass ein innovatives Management staatlicher Umweltpolitik vonnöten ist.

Teil I

Grundlagen innovativen Managements staatlicher Umweltpolitik

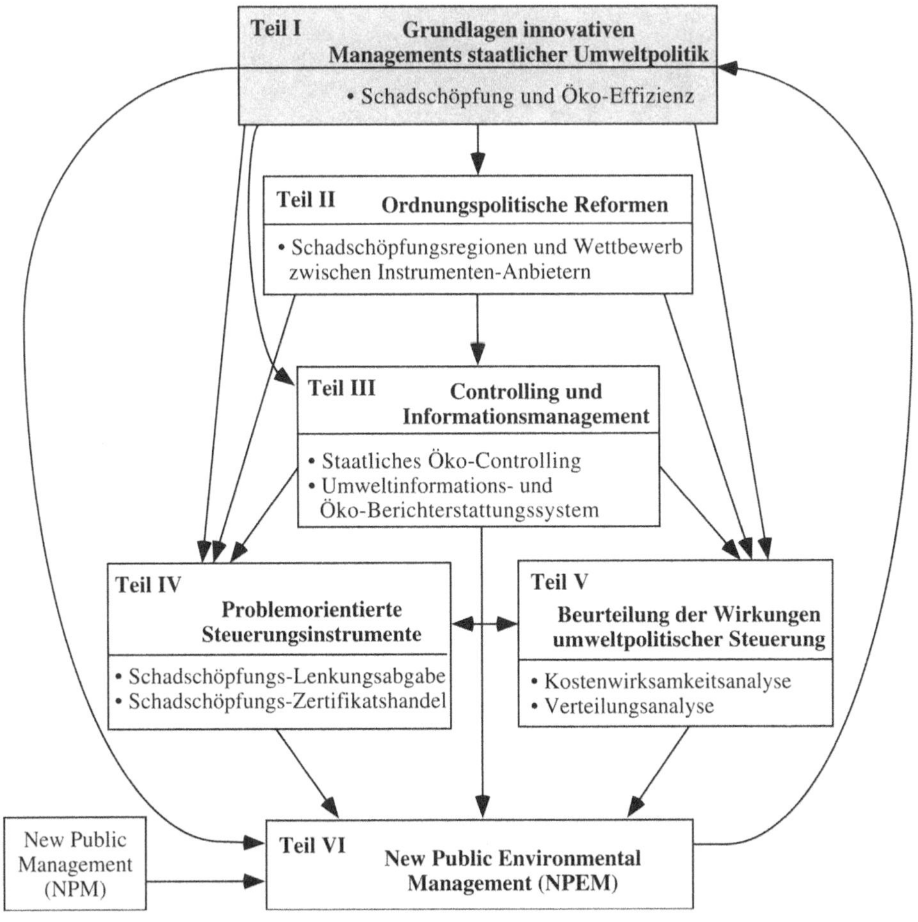

1 Schadschöpfung und Öko-Effizienz

Zusammenfassung

Auf dem höchsten politischen Parkett werden Begriffe wie Öko-Effizienz (eco-efficiency) und nachhaltige Entwicklung (sustainable development) herumgereicht, während sich die Umweltbehörden mit detaillierten Grenzwerten zu einer Vielzahl einzelner Umwelteinwirkungen befassen. Effizienter Umweltschutz erfordert eine Verbindung dieser «Welten» sowie der Operationalisierung der Konzepte der Öko-Effizienz und der nachhaltigen Entwicklung.

Die staatliche Umweltpolitik ist dann «öko-effizient», wenn diejenigen Massnahmen gewählt werden, die ein bestimmtes Umweltproblem am kostengünstigsten bekämpfen. Um die kosteneffizientesten Massnahmen zu evaluieren, sind deshalb alle zu einem Umweltproblem (z.B. Sommersmog) beitragende Emissionen (VOC, NO_X usw.) bezüglich ihres Problemanteils zu beurteilen. Dies kann durch die Berechnung der Schadschöpfung erfolgen, welche die Summe von Umwelteinwirkungen darstellt, die nach ihrer relativen Schädlichkeit beurteilt bzw. gewichtet sind.

Das Schadschöpfungskonzept zeichnet sich durch die Vorgehensschritte: Zielfestlegung, Inventarisierung, Beurteilung der Problembeiträge und Verbesserung aus.

Nach der klaren Festlegung der Prioritäten der zu bekämpfenden Umweltprobleme sind die entsprechenden Emissionen zu inventarisieren und zu gewichten. Die Beurteilungsmethoden zur Berechnung der Schadschöpfung lassen sich in drei Kategorien gliedern: naturwissenschaftlich orientierte, sozio-politisch orientierte und sozio-ökonomisch orientierte Gewichtungsmethoden

Zu den wichtigsten Grenzen des Schadschöpfungskonzepts gehören die unvermeidliche Einbindung von Werturteilen bei der Inventarisierung und Beurteilung sowie die mangelnde Berücksichtigung des ökologischen Kapitalstocks (Tiere, Pflanzen usw.).

Ein effizientes und innovatives Management der staatlichen Umweltpolitik erfordert klare Zielsetzungen und Effizienzmassstäbe. Abschnitt 1.1 befasst sich deshalb mit der Frage der Zielebenen und Effizienzkriterien für eine staatliche Umweltpolitik. Dabei wird offensichtlich, dass die Fokussierung auf einzelne Umwelteinwirkungsarten (z.B. Schadstoffemissionen) zu Suboptimierungen in der Umweltpolitik führen muss.

Zur Verhinderung von Suboptimierungen sollte in Analogie zur Berechnung der Wertschöpfung die hiermit verknüpfte «Schadschöpfung» ermittelt werden. Die **Schadschöpfung** ist als die Summe aller bezüglich ihrer relativen Schädlichkeit beurteilten Umwelteinwirkungen definiert.[1] Abschnitt 1.2 gibt einen Überblick, wie die Schadschöpfung operationalisiert bzw. gemessen werden kann.

Das Kapitel schliesst mit einer Diskussion von Grenzen des Schadschöpfungskonzepts, womit die Grundlagen zur Behandlung von Konzepten eines innovativen, an den eigentlichen Umweltproblemen orientierten, staatlichen Umweltmanagements gelegt sind.

1.1 Öko-Effizienz und Ziele der Umweltpolitik

Zweck der Berechnung der Schadschöpfung ist die Erleichterung umweltgerechter Entscheidungen und die Verbesserung der «Öko-Effizienz»[2]. Öko-Effizienz kann dabei aber auf verschiedene Arten interpretiert werden:[3]

- Bei der **betrieblichen Effizienz** geht es um die kostengünstigste Erstellung einer bestimmten Leistung. Die betriebliche Effizienz ist Voraussetzung für die allokative Effizienz und misst das Verhältnis von Umsatz zu Faktorkosten (Löhne, Kosten eingekaufter Materialien usw.).[4]
- Die **allokative Effizienz** beschreibt den bestmöglichen Einsatz (Zuteilung, Allokation) knapper Produktionsfaktoren. Dies führt dazu,

1 Schaltegger & Sturm (1990).

2 Öko-Effizienz als Konzept wurde erstmals 1990 in der akademischen Literatur diskutiert (Schaltegger & Sturm 1990, vgl. auch ebenda 1992a, 1992b, 1994). Der Begriff wurde jedoch erst von Schmidheiny und dem Business Council for Sustainable Development (BSCD) im Rahmen der Rio-Konferenz zu Umwelt und Entwicklung 1992 populär gemacht (Schmidheiny 1992). Zu den Interdependenzen der staatlichen Umweltpolitik mit den «Erfolgskriterium Öko-Effizienz» vgl. Schaltegger & Sturm 1992e.

3 Schaltegger & Sturm (1990, 1994a).

4 Vgl. Frey, R.L. (1993, 251).

dass die Konsumenten zu den günstigsten Preisen mit denen von ihnen am meisten gewünschten Gütern versorgt werden.[5]

- Die **ökologische Effizienz** ist die Relation zwischen Schadschöpfung und einer definierten Einheit,[6] entweder im Sinne
- der *ökologischen Funktionseffizienz* als das Verhältnis von Funktionserfüllung (z.B. Bewältigung einer Transportstrecke von einem Kilometer in der Stadt) zur hierdurch verursachten Schadschöpfung oder
- der *ökologischen Produkteffizienz*[7] als das Verhältnis einer Produkteinheit zur hierdurch verursachten Schadschöpfung.
- Die *ökologische Effizienz von Umweltschutzmassnahmen* misst das Verhältnis von reduzierter Umwelteinwirkung (während der gesamten Nutzungsdauer der Umweltschutzinvestition) zu hierfür verursachter Umwelteinwirkung (für die Herstellung, den Betrieb und die Entsorgung der Umweltschutzinvestition)
- Die **ökonomisch-ökologische Effizienz** beschreibt die Relation von Wertschöpfung zu Schadschöpfung bzw. das Verhältnis von einer ökonomischen zu einer ökologischen Massgrösse.[8] Die Kenngrösse «Wertschöpfung pro Schadschöpfung» kann auch zur Beurteilung der Entwicklung einer Region verwendet werden.

Im folgenden wird unter **«Öko-Effizienz»** die ökonomisch-ökologische Effizienz verstanden. Als integrierende Kennzahl berücksichtigt sie sowohl wirtschaftliche als auch ökologische Kriterien.[9]

Es gilt bei der Entscheidungsfindung im Umweltschutz und der Beurteilung der Öko-Effizienz, sich immer wieder die unterschiedlichen *Ziele und Zielebenen des Umweltschutzes* vor Augen zu halten.

Abbildung 1.1 illustriert die Ziele des Umweltschutzes.[10] Das *oberste Ziel*, die Reduktion bzw. Verhinderung von Schäden an der Umwelt, kann in *generelle Ziele* untergliedert werden, wie Reduktion von Gesundheitsrisiken, Erhaltung des atmosphärischen Gleichgewichtes usw. Diese Ziele wiederum können in *problemspezifische Ziele,* z.B. Reduktion der Gefahr eines Treibhauseffektes, unterteilt werden. Umwelt-

---

5 Vgl. Frey, R.L. (1993, 249).
6 Schaltegger & Sturm (1990, 1994a).
7 Sofern Dienstleistungen nicht separat erwähnt werden sind sie unter dem Begriff «Produkt» eingeschlossen.
8 Schaltegger & Sturm (1990, 1994a).
9 Für eine weitergehende Diskussion der Öko-Effizienz vgl. Schaltegger & Sturm (1994a).
10 Vgl. Schaltegger & Thomas (1994).

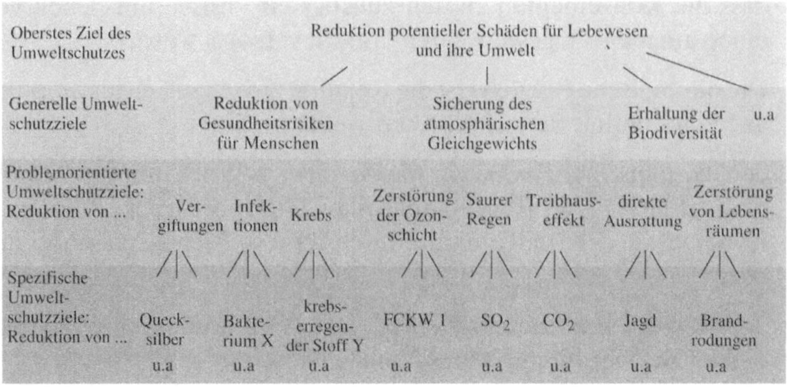

Abbildung 1.1
Ziele des Umweltschutzes (Schaltegger & Thomas, 1994).

probleme haben verschiedene Ursachen. So wird z.B. der Treibhauseffekt nicht nur durch CO_2 sondern durch mehrere Stoffe (inklusive CH_4, FCKWs, N_2O usw.) bewirkt. Dementsprechend können auch *schadstoff- und ursachenspezifische Ziele* formuliert werden.

Die Beurteilung der Umweltsituation und die Ermittlung, ob die gesetzten Umweltschutzziele erreicht wurden, muss anhand von Soll-Werten erfolgen. Als *Sollwert für die obersten Ziele* des Umweltschutzes kann der Zustand einer nachhaltigen Gesellschaft definiert werden. Dabei dient die Reduktion von Umwelteinwirkungen der «nachhaltigen Entwicklung» zur Erreichung einer «nachhaltigen Gesellschaft». Diesbezüglich kann zwischen folgenden Begriffen und Konzepten unterschieden werden:

- **Nachhaltigkeit** (sustainability): Begriff stammt aus der Forstwirtschaft und wird bezüglich Umweltschutz in dem Sinne interpretiert, dass die Regenerationsrate erneuerbarer Ressourcen nicht überschritten und die Umwelt nicht über die natürliche Absorptionsfähigkeit belastet werden darf. Auch soll die heutige Generation nicht auf Kosten zukünftiger Generationen leben.[11]

- **Qualitatives Wachstum** (qualitative growth): «Qualitatives Wachstum ist jede nachhaltige Zunahme der gesamtgesellschaftlichen und pro Kopf der Bevölkerung erreichten Lebensqualität, die mit gerin-

11 Brundtlandt-Report (The World Commission on Environment and Development) (1987), Hueting (1990).

gerem oder zumindest nicht ansteigendem Einsatz an nicht vermehrbaren oder nicht regenerierbaren Ressourcen, sowie mit abnehmender oder zumindest nicht zunehmender Umweltbelastung erzielt wird.»[12]

- **Nachhaltige Entwicklung** (sustainable development): Nachhaltige Entwicklung ermöglicht die Befriedigung von Bedürfnissen der heutigen Generation ohne die Bedürfnisse zukünftiger Generationen einzuschränken: Nachhaltige Entwicklung beinhaltet zwei zentrale Konzepte: 1) Das Konzept der Bedürfnisse. Hier sollte den primären Bedürfnissen der Ärmsten der Welt absolute Priorität eingeräumt werden. 2) Die Vorstellung, dass von der Technologie und der sozialen Organisation Einschränkungen der Bedürfnisse zukünftiger Generationen ausgehen.[13]
- **Nachhaltige Gesellschaft** (sustainable society): «Eine Gesellschaft ist dann nachhaltig, wenn sie so strukturiert ist und sich so verhält, dass sie über alle Generationen existenzfähig bleibt.»[14] Eine nachhaltige Gesellschaft beruht auf einer integren Lebensgrundlage, die sich durch Stabilität, Realisierung natürlicher Potentiale, Eigenregeneration und minimaler Notwendigkeit externer Unterstützung kennzeichnet.[15] Abbildung 1.2 zeigt die Zusammenhänge zwischen Öko-Effizienz und nachhaltiger Gesellschaft bzw. nachhaltiger Entwicklung. Die Achsen bezeichnen die drei Dimensionen nachhaltiger Entwicklung (ökonomisch, ökologisch, sozial). Dieses Buch konzentriert sich auf die ökonomische (z.B. gemessen als Wertschöpfung) und die ökologische Dimension (z.B gemessen als Schadschöpfung).

Vom Ausgangspunkt in der Mitte der Graphik betrachtet führt jede Entwicklung rechts der Diagonalen (Öko-Effizienz-Hürde) zu einer Verbesserung der Öko-Effizienz (Pfeile A, B und C). Nur eine Entwicklung in das schraffierte Feld rechts oben (Pfeil A) kann jedoch als nachhaltige Entwicklung hin zu einer nachhaltigen Gesellschaft bezeichnet werden.

---

12 Bundesamt für Konjunkturfragen (BfK) (1985, 15). Inhaltlich ähnlich ist die Definition von nachhaltigem Wachstum (sustainable growth): «Wirtschaftliches Wachstum, welches auf Industrien und industriellen Arbeitsweisen aufbaut, die weniger Umweltverschmutzung und Abfall erzeugen, die erneuerbare anstelle von nicht-erneuerbaren Ressourcen gebrauchen und die irreversible Nachteile für die menschliche Gesundheit und für die Umwelt gering halten.» (Brundtland Report 1987, 212).
13 Brundtland-Report (1987, 43).
14 Meadows et al. (1992, 250).
15 Vgl. Karr (1993, 299).

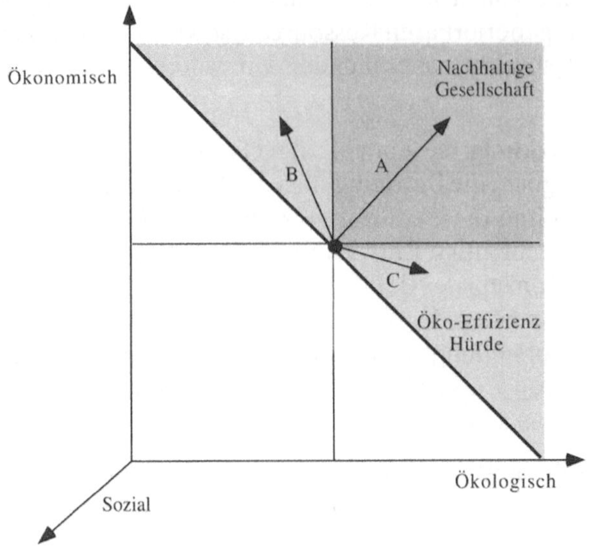

Abbildung 1.2
Sustainable Development und Öko-Effizienz

Das Konzept der Öko-Effizienz erlaubt demgegenüber einen Trade-Off zwischen ökonomischer und ökologischer Entwicklung (Pfeil B: ökologischer Rückschritt wird mit überdurchschnittlichem ökonomischem Fortschritt überkompensiert, Pfeil C: ökonomischer Rückschritt wird ökologisch überkompensiert).Bezüglich der *generellen und problemspezifischen Zielebene* lassen sich konkrete und von Naturwissenschaftlern überprüfbare Soll-Vorgaben formulieren (z.B. kein Abbau der stratosphärischen Ozonschicht). In der Umweltpolitik seit vielen Jahren üblich ist eine quantitative Festlegung von nicht zu überschreitenden einwirkungsspezifischen Soll-Werten (z.B. als Frachtziele oder Grenzwerte).

Die überwiegende Mehrzahl der heutigen Regulierungsstrategien im Umweltschutz konzentrieren sich auf einzelne, «in Mode gekommene» Ursachen oder Symptome. Sowohl die existierenden polizeirechtlichen als auch die diskutierten und teilweise eingeführten marktwirtschaftlichen Instrumente des Umweltschutzes sind sehr spezifisch *technologie- oder schadstoffokussiert.*

Es entsteht oftmals der Eindruck, dass das Ziel vor lauter Bemühungen aus den Augen verloren wird. Einerseits werden hierdurch andere Ursachen, die in ihrer Gesamtheit vielleicht sogar einen grösseren Beitrag zum Problem leisten, übersehen, worunter die ökologische Wirksamkeit der Massnahmen leidet. Andererseits werden auch effizientere, d.h. billigere Umweltschutzmassnahmen nicht wahrgenom-

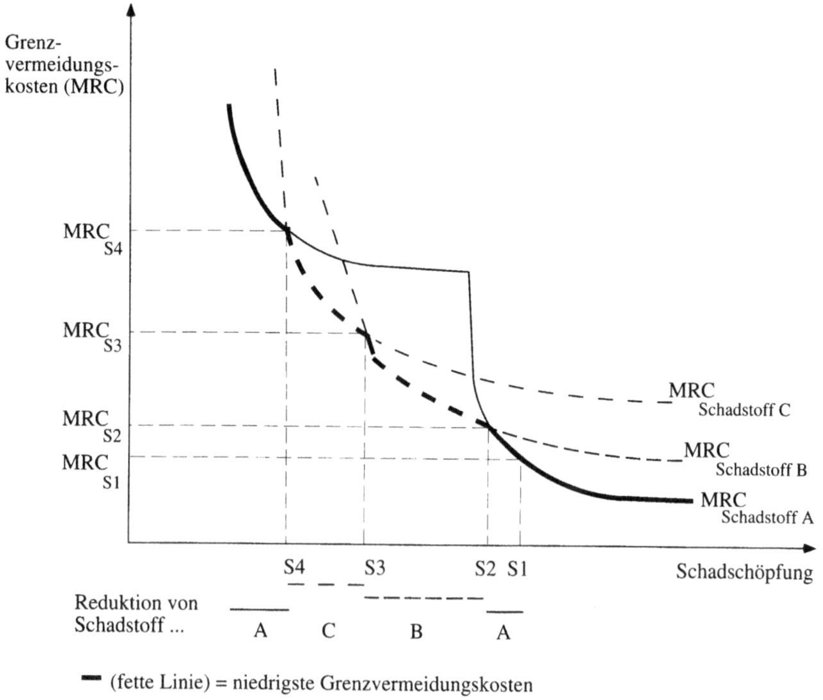

Abbildung 1.3
Ausgleich der Grenzkosten zur Reduktion unterschiedlicher Umwelteinwirkungen

men, wodurch der Gesellschaft unnötige Kosten entstehen. Dabei unterliegen Bürger und Politiker oft der *»Umweltschutz-Illusion»:* gewisse Umwelteinwirkungen werden zwar mit zunehmendem Aufwand reduziert, doch das entsprechende Umweltproblem bzw. die gesamte Umweltqualität hat sich trotzdem verschlechtert.

Ist das Ziel von Umweltschutzanstrengungen die Reduktion gewisser Umweltschäden und -risiken, so sollten Strategien und Instrumente des Umweltschutzes auch vermehrt hierauf ausgerichtet sein. Eine schadens- oder risikoorientierte Regulierung, welche die anteilsmässige Wirkung aller Stoffe in Betracht zieht, verspricht deshalb ökonomische und ökologische Vorteile.

Dieser Sachverhalt ist in Abbildung 1.3 beispielhaft illustriert. Schadstoffe A, B und C tragen zum *gleichen* Umweltproblem bei. Die Kosten zur zusätzlichen Vermeidung bzw. Reduktion des Beitrags zu einem bestimmten Umweltproblem (Grenzvermeidungskosten MRC) variieren je nach Schadstoff und Belastungsniveau. Je kleiner die

Schadschöpfung desto grösser werden die Kosten einer zusätzlichen Umweltschutzmassnahme (Kurve MRC steigt nach links oben). Beim Belastungsniveau S1 kann der Problembeitrag am kostengünstigsten durch die Reduktion von Schadstoff A erreicht werden. Im Verlaufe der Senkung der Umweltbelastung ändert sich die Situation. So ist zwischen S2 und S3 die Reduktion von Schadstoff B, zwischen S3 und S4 die Verhinderung von C und danach wieder die Vermeidung von Schadstoff A am kostengünstigsten. Die fette Linie in Abbildung 1.3 ist die Kurve der minimalen Grenzvermeidungskosten.

Notwendige Bedingung eines problemorientierten – anstelle eines schadstoff- oder technologieorientierten – Umweltschutzes und somit Voraussetzung zur Ausschöpfung des heute ungenutzten Effizienzpotentials ist, dass die Schadschöpfung bzw. der Beitrag zu einem bestimmten Umweltproblem bestimmt wird.[16]

1.2 Bestimmung der Schadschöpfung

Die **Schadschöpfung** ist, wie erwähnt, die Summe aller bezüglich ihrer relativen Schädlichkeit beurteilten Umwelteinwirkungen.[17] Der Prozess zur Ermittlung der Schadschöpfung unterteilt sich grundsätzlich in folgende Schritte (Tabelle 1.1).[18]

Die **Zielfestlegung** sollte auf spezifische Umweltprobleme und wenn möglich auch auf die gesamte Umweltqualität bezogen definiert werden. Dabei sind der Untersuchungsgegenstand (Umweltproblem) sowie die zeitliche und räumliche Dimension[19] des umweltpolitischen Programms klar zu beschreiben. Die Zielgrössen (Soll-Werte) können für Kategorien von Umweltproblemen definiert werden.

Idealerweise würde die **Erfassung** aller zu bestimmten Umweltpro-

---

16 Die wirksame und effiziente Umsetzung der Impulse marktwirtschaftlicher Umweltschutzmassnahmen können nur gelingen, wenn Unternehmensleitungen mit richtigen internen Kostenschlüsseln rechnen. Hierfür müssen sie zwingendermassen Stoff- und Energieflussrechnungen aufstellen. Mit anderen Worten: sie sind auf Methoden zur Ermittlung der Schadschöpfung angewiesen. Obwohl dieser Sachverhalt immer noch oft übersehen wird, ist er nicht Gegenstand dieses Buches.

17 Schaltegger & Sturm (1990).

18 Fava et al. (1992).

19 Die Systemabgrenzung wird in der Regel räumlich erfolgen, doch ist auch denkbar, dass alle durch die Bewohner dieses Gebietes induzierten Umwelteinwirkungen ausserhalb der Region ebenfalls berücksichtigt würden, was jedoch zu enormen Erfassungsproblemen führen würde. Auch besteht die Gefahr, dass die Ermittlung von Umwelteinwirkungen im Ausland als Eingriff in die Gebietshoheit empfunden wird. Bei einer der räumlichen Dimension des Umweltproblems gerecht werdenden Gebietsabgrenzung besteht auch kein Grund zur Erfassung von in anderen Regionen induzierten Umwelteinwirkungen.

blemen beitragenden Einwirkungen zu einem vollständigen Inventar führen. Aus Praktikabilitätsgründen sind jedoch Einschränkungen vorzunehmen und zu bestimmen, welches Spektrum an Umwelteinwirkungen (sog. Schadschöpfungsarten) gemessen bzw. erfasst oder von der Untersuchung ausgeschlossen werden soll. Nachdem der Entscheid gefällt worden ist, was erhoben bzw. nicht erhoben wird, sind die Umwelteinwirkungen nach einem einheitlichen Schema zu erfassen. Da die Inventarisierung von Umwelteinwirkungen schon bei einer kleineren Untersuchung mit der Bewältigung einer grossen Datenmenge verbunden ist, muss das Datenmanagement per EDV erfolgen. Wie in Kapitel 3 und 4 dargelegt wird, kann eine regionale Umweltbuchhaltung mit einem an den Prinzipien des Rechnungswesens angelehnten Kontensystem erfolgen.

Tabelle 1.1
Vorgehensschritte zur Bestimmung der Schadschöpfung

Vorgehensschritte	Ergebnisse
Zielfestlegung und Abgrenzung (Goal Definition and Scoping)	Soll-Werte (inhaltliche Ziele), Zeitliche und räumliche Abgrenzung
Erfassung bzw. Inventarisierung	Inventar
Beurteilung der Wirkungen (Impact Assessment) • Klassifikation (Classification) • Charakterisierung (Characterization) • Gewichtung (Valuation)	Urteil • Klassen bzw. Kategorien von Umweltproblemen, Indikatoren • Beitrag zu einem bestimmten Umweltproblem • Schadschöpfung, Index
Verbesserung (Improvement)	Massnahmen, Instrumente

Die Inventarisierung ist keineswegs ein objektiver Vorgang. Eine Reihe von Wertentscheidungen sind unumgänglich. Neben der Bestimmung des Spektrums von Einwirkungsarten, die grundsätzlich erfasst oder ausgeschlossen werden sollen, sind Entscheide über die Messart und -technik sowie die minimale Datenqualität zu treffen. Hierbei fällt ins Gewicht, ob Resultate von Einzelmessungen, (Jahres-) Mittelwerte, Berechnungen, Schätzungen oder Literaturwerte berücksichtigt werden. Auch kann das Alter der Daten einen massgeblichen Einfluss auf die Aktualität und Relevanz einer regionalen Umweltbuchhaltung ausüben. Nach der Erhebung ist eine Aggregation aller gleichartigen Daten vorzunehmen (d.h. alle CO_2-Emissionen, alle SO_2-Emissionen usw. sind separat zu addieren).

Zur **Beurteilung** der inventarisierten Umwelteinwirkungen stehen eine Vielzahl von Konzepten zur Verfügung. Dabei sollten nicht nur

Ressourcenverbräuche oder stoffliche und energetische Emissionen betrachtet werden. Eine umfassende Beurteilung erfordert auch die Berücksichtigung weiterer Einwirkungen auf die Umwelt, wie z.B. Zerschneidung von Lebensräumen von Tieren, Landschaftsverschandelung, Senkung des Grundwasserspiegels usw. Wie in Kapitel 4 dargestellt, fällt dabei mit einer Ausnahme auf, dass der ökologische Kapitalstock (auch Umweltbestand, z.B. Bestand an Wald einer bestimmten Qualität, Anzahl Spezies einer bestimmten Tier- oder Pflanzenart usw.)

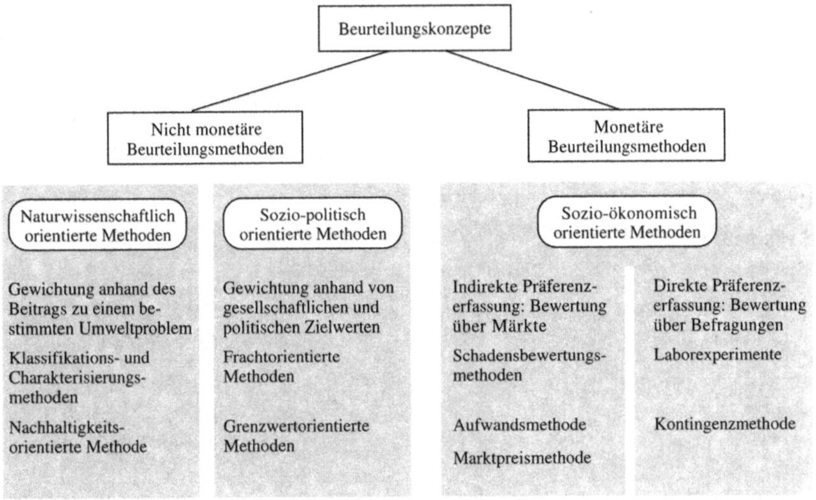

Abbildung 1.4
Ansätze zur Beurteilung von Umwelteinwirkungen

in regionalen Umweltbuchhaltungen üblicherweise fast schon systematisch vernachlässigt wird.

Seit einigen Jahren befasst sich eine Reihe von Wissenschaftsdisziplinen (i.b. aus den Natur-, Ingenieur- und Wirtschaftswissenschaften) intensiv mit der Entwicklung von Methoden zur Beurteilung von Umwelteinwirkungen. Von den in Abbildung 1.4 überblicksartig dargestellten Beurteilungskonzepten werden für betriebswirtschaftliche Anwendungen üblicherweise nicht-monetäre Ansätze (naturwissenschaftlich und sozio-politisch orientierte Methoden) herangezogen.[20] Für volkswirtschaftliche Fragestellungen, z.B. zur Beurteilung der externen

20 Vgl. z.B. BUWAL (1990), Braunschweig u.a. (1994), Schaltegger & Sturm (1994).

Kosten des Verkehrs werden i.d.R. hingegen monetäre, sozio-ökonomisch ausgerichtete Beurteilungskonzepte verwendet.[21]

Die nicht-monetären Beurteilungsansätze lassen sich in naturwissenschaftlich und sozio-politisch orientierte Konzepte unterteilen.[22]

Die erst in jüngerer Zeit entwickelten **naturwissenschaftlich orientierten Modelle** orientieren sich an Umweltproblemen bzw. der Nachhaltigkeit von Ökosystemen. Insbesondere dem Klassifikations- und Charakterisierungsmodell des Center voor Milieukunde Leiden (CML) wurde in letzter Zeit viel Beachtung geschenkt.[23] Es nimmt in einem ersten Schritt eine **Klassifikation** von Umwelteinwirkungen bezüglich bestimmter Problemkategorien vor. Tabelle 1.2 gibt eine Übersicht der definierten Klassen für verschiedene Umweltprobleme.[24]

Tabelle 1.2
Mögliche Einteilung in Einwirkungsklassen (Quelle: Heijungs u.a. 1992a, 68)

Ressourcenverbrauch	Verschmutzung	Direkte Schäden
Verbrauch abiotischer Ressourcen*	Treibhauseffekt	Austrocknung
Verbrauch biotischer Ressourcen**	Abbau der stratosphärischen Ozonschicht	Physikalische Einflüsse auf Ökosysteme
	Humantoxizität	Landschaftsschäden
	Ökotoxizität	Direkte und indirekte menschliche Opfer
	Sommersmog (= photochemischer Smog)	
	Übersäuerung	
	Überdüngung	
	Verstrahlung	
	Abwärme	
	Lärm	
	Geruch, Gestank	
	Arbeitsbedingungen	

* Bei abiotischen Ressourcen handelt es sich vor allem um nicht bzw. nur sehr langsam regenerierbare Ressourcen wie Öl usw.
** Bei biotischen Ressourcen handelt es sich vor allem um regenerierbare Ressourcen wie Holz usw.

21 Vgl. z.B. Ecoplan NFP 25.
22 Für eine Diskussion unterschiedlicher naturwissenschaftlicher und sozio-politischer Beurteilungskonzepte vgl. Schaltegger & Sturm (1994).
23 Vgl. i.b. Heijungs et al. (1993).
24 Heijungs et al. (1993).

Auf der Klassifikation aufbauend versuchen **Charakterisierungsmethoden** dann die Frage zu beantworten, *welcher Beitrag zum entsprechenden Umweltproblem* erfolgte. Für jede Einwirkungsklasse besteht ein Schadschöpfungs*indikator*, so dass mit der Charakterisierung der Schadschöpfungs*beitrag* zu einem bestimmten Problem ermittelt werden kann. Es wird im Verlaufe dieses Buches verschiedentlich auf die CML-Methode verwiesen.

Folgt man dem Vorgehen der CML-Methode (Erfassung, Klassifikation, Charakterisierung, Gewichtung), so wäre in einem dritten Schritt eine **Gewichtung** (Valuation) verschiedener Umweltprobleme vorzunehmen, um so die Summe aller Umwelteinwirkungen, d.h. die Schadschöpfung zu berechnen. Dabei müssen Fragen beantwortet werden wie: Wie «schlimm» ist der Treibhauseffekt im Vergleich zur Übersäuerung usw.? Die Ermittlung der gesamten Schadschöpfung in einer Masseinheit gelingt mit der CML-Methode bis heute nicht. Das Resultat einer Klassifikation und Charakterisierung ist vielmehr ein mehrdimensionales Ökoprofil mit Indikatoren für verschiedene Umweltprobleme.

Ein anderer erst kürzlich bekannt gemachter naturwissenschaftlich orientierter Ansatz ist das Konzept des *«ökologischen Fussabdrucks»* («ecological footprint»).[25] Es geht vom Konzept der Nachhaltigkeit aus. Nachhaltigkeit wird in einem naturwissenschaftlich strengen Sinne verstanden. Erlaubt ist die Nutzung der Natur als Ressourcenlieferantin bzw. Aufnahmemedium für Emissionen und Abfälle nur im Masse der Regenerationsfähigkeit der Ökosysteme. Dabei wird die Grösse der natürlich belebten Fläche berechnet, welche die Natur braucht, um bestimmte Umwelteinwirkungen zu regenerieren (z.B. m2 Wald für die nachhaltige Ernte einer bestimmten Holzmenge oder zur Adsorption eines bestimmten Schadstoffes).

Der vom Wuppertal-Institut ausgehende und unter dem Slogan «Megatonnen statt Nannogramm» vermarktete Vorschlag, Umwelteinflüsse bezüglich der *Quantität* der verursachten Materialflüsse zu beurteilen, kann gegebenenfalls auch als ein naturwissenschaftlich, da physikalisch orientiertes Beurteilungsmodell betrachtet werden.[26] Da mit jedem Kilogramm «durchgesetzten» Materials Energie- und Ressourcenverbrauch sowie Umwelteinwirkungen verbunden sind, wird davon ausgegangen, dass eine Beurteilung wirtschaftlicher und gesellschaftlicher Aktivitäten mit einer physikalischen Gewichtung anhand der Mas-

25 Wackernagel (1993).
26 Schmidt-Bleek (1994).

se des verursachten Materialflusses erfolgen kann und eine «Entmaterialisierung» der Wirtschaft angestrebt werden sollte.[27]

Ebenfalls zu den nicht-monetären Beurteilungsansätzen sind die **sozio-politischen Konzepte** zu zählen. Sie wurden von Vertretern vieler Wissenschaftsdisziplinen, vor allem aber von Ökonomen entwickelt. Dabei wird versucht, die Frage zu beantworten, *wie kompatibel bestimmte wirtschaftliche Aktivitäten mit gewissen sozio-politischen Zielsetzungen* (z.B. Grenzwerten, Frachtzielen usw.) sind. Die Zielwerte können in Gesetzen, Verordnungen, Grundsatzpapieren, Verträgen usw. geäussert worden sein. Durch die Berechnung von Relationen zwischen der effektiv verursachten und der angestrebten maximalen Umwelteinwirkung oder dem angestrebten Umweltzustand kann ein «sozio-politischer Umweltschutzzielkompatibilitätsindex» bestimmt werden.

Eine weitere Gruppe stellen die **monetären sozio-ökonomisch orientierten Beurteilungsansätze** dar. Auf sie wird i.d.R. in volkswirtschaftlichen Studien zur Berechnung externer Kosten von Umwelteinwirkungen zurückgegriffen. Bei diesen in den letzten zwanzig Jahren für verschiedenste Fragestellungen weiterentwickelten Methoden geht es um eine sozio-ökonomische Bewertung (i.S. einer monetären Wertzuweisung) von Umwelteinwirkungen.[28]

Zu den wichtigsten monetären Bewertungskonzepten zählen[29] (vgl. Abb. 1.4) die

- Aufwandsmethode
- Marktpreismethode
- Kontingenzmethode
- Laborexperimente

Mit den monetären Bewertungsansätzen kann folgenden Fragestellungen nachgegangen werden:

- Welche Kosten nimmt jemand in Kauf, um ein bestimmtes Umweltgut in Anspruch zu nehmen?
- Wieviel Geld geben Betroffene aus, um sich vor Schäden durch Umwelteinwirkungen zu schützen (Schadensvermeidungskosten)?
- Wieviel kosten einer Volkswirtschaft die durch Umwelteinwirkun-

---

27 Bierter (1994).
28 Für einen Einstieg zur hierzu entstandenen beträchtlichen Literatur vgl. z.B. Hautau et al. (1987), Staehelin-Witt (1993, 219ff.).
29 Vgl. Staehelin-Witt (1993, 219ff.).

gen verursachten, mit Marktpreisen bewerteten Schäden (Schadenskosten)?

- Was ist die Zahlungsbereitschaft zur Verminderung eines bestimmten gesellschaftlichen / ökologischen Problems (Willingness to pay)?
- Ab welchem Geldbetrag ist jemand bereit, ein bestimmtes gesellschaftliches / ökologisches Problem zu dulden (Willingness to accept)?

Die *Aufwandsmethode* liefert eine Antwort auf die Frage, welche direkten Kosten und welche Opportunitätskosten Wirtschaftssubjekte in Kauf nehmen, um ein bestimmtes Umweltgut in Anspruch zu nehmen oder zu schützen. Die *Marktpreismethode* hingegen wird zur Beantwortung der Fragestellung angewendet, welches die in Marktpreisen gemessenen Kosten von getroffenen Massnahmen zur Behebung (auch Schadenskostenansatz), zum Schutz vor oder zur Verhinderung (auch Schadensverhinderungskostenansatz) von Umwelteinwirkungen sind. Im Unterschied zu den beiden erstgenannten Ansätzen, welche eine indirekte Messung der Zahlungsbereitschaft vornehmen, erfolgt bei der *Kontingenzmethode* eine direkte Ermittlung der Zahlungsbereitschaft.[30] Dabei kann zwischen Feldbefragungen am Ort der Umwelteinwirkung bzw. der Inanspruchnahme des Umweltgutes und *Laborexperimenten* unterschieden werden. Aus der kurzen Erläuterung der monetären Konzepte wird deutlich, dass sie im Gegensatz zu den nicht-monetären Ansätzen von sozio-ökonomischen und nicht von naturwissenschaftlichen oder sozio-politischen Fragestellungen geleitet sind.

Während die monetären, volkswirtschaftlichen Methoden Aspekte wie den Erholungswert, Kosten der Schadensvermeidung, Verluste der Fischerei usw. betrachten, wird bei betriebswirtschaftlichen, nicht-monetären Ansätzen eine Beurteilung auf der stärker desaggregierten Ebene einzelner Emissionen und Umwelteinwirkungen vorgenommen.[31] Ein Grund, weshalb für betriebswirtschaftliche Fragestellungen auf eine Anwendung monetärer Methoden bisher weitgehend verzichtet wurde, dürfte im Umstand liegen, dass sich die Zahlungsbereitschaft für eine spezifische Emissionsart (z.B. NO_X) nicht sinnvoll abfragen lässt. Wie in Kapitel 5 dargelegt wird, ist dies jedoch auch nicht nötig. Sind die externen Kosten für ein bestimmtes Umweltproblem (z.B. Treibhauseffekt) bestimmt, so kann unter Zuhilfenahme von naturwissenschaftlichen (Klassifikationsmodelle) oder sozio-politisch orientier-

30 Vgl. z.B. Mitchell & Carson (1987), Schelbert & Maggi (1988).

31 Vgl. z.B. Schaltegger & Sturm (1994a).

ten Beurteilungsmodellen einzelnen Umwelteinwirkungen und Schadstoffen ein monetärer Betrag zugewiesen und somit eine monetäre Gewichtung vorgenommen werden. Die Verbindungen sozio-ökonomischer und nicht-monetärer Beurteilungsmethoden dürften aufgrund der unterschiedlichen zugrundeliegenden Fragestellungen interessante zusätzliche Auswertungen von Umwelteinwirkungsinventaren ermöglichen.

1.3 Grenzen des Schadschöpfungskonzepts

Abbildung 1.5 zeigt, wo einzelne Schritte bei der Ermittlung der Schadschöpfung (i.b. Inventarisierung und Beurteilung) sowie die verschiedenen Gruppen von Beurteilungskonzepten im Kontinuum von naturwissenschaftlich-experimentell gesichertem Wissen bis zum sozio-politischen und sozio-ökonomischen Urteil über die relative Umweltschädlichkeit eingeordnet werden können. Am rechten Ende des Spektrums sind Informationen, über die grosse Uneinigkeit besteht und die als völlig subjektiv und nur für einzelne Individuen als gültig zu bezeichnen sind.

Keine Beurteilungsmethode kann die Realität vollständig und objektiv abbilden. Wie oben dargelegt, müssen schon bei der *Inventarisierung* Werturteile gefällt werden (z.B. welche Umwelteinwirkungen werden überhaupt berücksichtigt? Alle Emissionen über ein Nanogramm, Milligramm oder Gramm? Nach welchen Stoffen wird in den Emissionsanalysen gesucht? Sind die Daten geschätzt, berechnet, aus der Literatur übernommen oder gemessen? Falls sie gemessen sind, handelt es sich um Jahresdurchschnittsdaten, Einzelmessungen vom letzten Jahr, stündliche Messungen? usw.).

Mit jedem weiteren Schritt zur Bestimmung der Schadschöpfung und mit jeder Reduktion der Anzahl an Einzelinformationen werden die gesammelten Informationen mit weiteren gesellschaftlichen und subjektiven Einflüssen und Werturteilen versehen (Abbildung 1.5).

Bei der *Beurteilung* der inventarisierten Daten erfolgt aufgrund der Unvollständigkeit der Methoden nochmals eine Entfernung von der (naturwissenschaftlichen) Realität. Die Klassifikations- und Charakterisierungsmodelle liefern mehrdimensionale Indikatoren (z.B. einen Wert für den Beitrag zum Treibhauseffekt, einen Wert für den Beitrag zum Sommersmog usw.), die aufgrund der entsprechenden zugrundeliegenden Fragestellungen etwas stärker an der naturwissenschaftlichen Realität orientiert sind, als die in einer Masseinheit ausgedrückte Gesamtschadschöpfung. Die sozio-politisch und sozio-ökonomisch

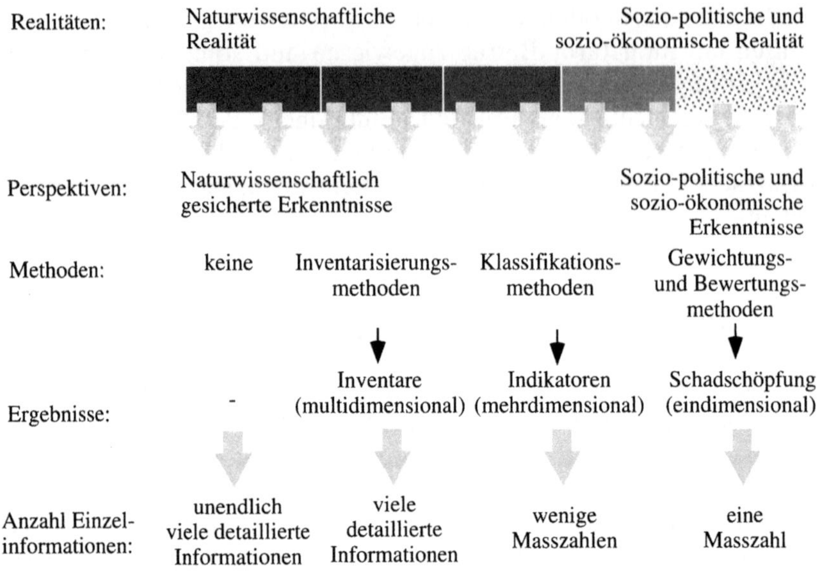

Abbildung 1.5
Schadschöpfung zwischen naturwissenschaftlicher und sozio-politischer bzw. sozio-ökonomischer Realität

orientierten Beurteilungsmethoden vermögen aber die gesellschaftliche, politische und ökonomische Bewertung von Umweltproblemen besser zu widerspiegeln.

Die *Unterschiede zwischen den Beurteilungskonzepten* finden ihren Ursprung in den unterschiedlichen Fragestellungen der Wissenschaftsdisziplinen, aus denen die Methoden hervorgingen. Von Bedeutung ist hierbei, dass nicht eine Methode oder eine Methodengruppe grundsätzlich besser oder schlechter ist, sondern dass die verschiedenen Methoden Antworten auf unterschiedliche Fragen geben. Deshalb sollte die Wahl der Beurteilungsmethode von der Fragestellung und der spezifischen Situation abhängen. Sollen eine Reihe unterschiedlicher Fragen beantwortet werden, so empfiehlt es sich, verschiedene Beurteilungsmethoden auf das erhobene Inventar anzuwenden. Dabei kann es durchaus Sinn machen, mehrere Methoden miteinander zu verbinden (vgl. Kapitel 5).

Eine seriös durchgeführte Schadschöpfungsrechnung ermöglicht i.d.R. eine integrierte und gesamtheitlichere Betrachtung verschiedenster ökologischer Einwirkungen und somit i.d.R. eine Verhinderung von Suboptimierungen. Um eine realistische Einschätzung der Möglichkeiten und Aussagekraft von regionalen Schadschöpfungsrechnungen zu erhalten, sollte man sich jedoch auch ihre Grenzen und Probleme vergegenwärtigen.

In der Praxis kann nur eine beschränkte *Auswahl von Umwelteinwirkungen* bzw. von stofflichen Emissionen berücksichtigt werden, was zwangsläufig in gewissen Fällen zu Suboptimierungen führt. Dieser Sachverhalt darf aber keineswegs als Legitimation dafür herangezogen werden, eine massive arbiträre Einschränkung auf wenige gut messbare Umwelteinflüsse vorzunehmen. Vielmehr sind der konkreten Untersuchungssituation entsprechend alle Umwelteinwirkungen zu berücksichtigen, die vermutlich relevant sein könnten. Messtechnik, Datenqualität, -aktualität, -relevanz und -vergleichbarkeit sowie die entsprechenden Einflüsse auf das Endresultat sind offen darzulegen. Auch dürfen regionale Umweltbuchhaltungen, die eine unterschiedliche Anzahl von Umwelteinflüssen berücksichtigen, keinenfalls verglichen werden. Denn was ist einfacher, als das Ergebnis durch die Berücksichtigung von weniger Umwelteinwirkungen zu «verbessern»? Aus ökonomischer Sicht ist insbesondere auch zu beachten, dass der *«ökologische Kapitalstock»*, also der Bestand an Umweltgütern (Tiere, Pflanzen, Trinkwasserreserven, regenerierbare und nicht regenerierbare Rohstoffe, verbleibende Aufnahmekapazitäten für Abfälle usw.) berücksichtigt und nicht nur eine Stoff- und Energieflussrechnung erstellt wird.

Immer wieder wird betont, welche Probleme verschiedenen populären *Beurteilungmethoden* anhaften.[32] Selbstverständlich ist kein Beurteilungsmodell perfekt. Man sollte sich aber davor hüten, voreilige Schlüsse bezüglich aller Konzepte zu ziehen. So darf insbesondere die starke sozio-politische oder sozio-ökonomische Ausrichtung gewisser Beurteilungsmodelle und die Messung gesellschaftlicher Realitäten nicht mit Unwissenschaftlichkeit verwechselt werden.

Die folgenden Kapitel bauen konsequent auf dem *Schadschöpfungskonzept* auf: Mit der Bildung von sogenannten «Schadschöpfungsregionen» findet das Konzept auf ordnungspolitischer Ebene Anwendung (Kapitel 2). Die Integration und Koordination der verschiedenen Instrumente staatlicher Umweltpolitik erfolgen mit dem staatlichen Öko-Controlling (Kapitel 3), wobei das Schadschöpfungskonzept als Grundlage dient. Auch das Datenmanagement und die Kommunikation von Umwelteinwirkungen (Kapitel 4) werden unter diesem neuen Aspekt betrachtet. Die Lenkungsinstrumente staatlicher Umweltpolitik (Teil IV) werden entsprechend dem Schadschöpfungskonzept ausgestaltet und unter Berücksichtigung dieses Aspekts (in Teil V) beurteilt.

---

32 Vgl. z.B. Ausführungen in Schaltegger & Sturm (1992a, 1994a).

Literatur

Ahbe, Stefan; Braunschweig, Arthur & Müller Wenk, Ruedi (1990): Methodik für Ökobilanzen auf der Basis der ökologischen Optimierung. Bericht der Arbeitsgruppe Ökobilanz. Bern: BUWAL.

Bierter, Willy (1994): «Ökoeffizienz: Megatonnen statt Nannogramme». In: Basler Zeitung. 30.7.1994.

Braunschweig, Arthur; Förster, Ruth; Hofstetter, Patrick & Müller-Wenk, Ruedi (1994): Evaluation und Weiterentwicklung von Bewertungsmethoden für Ökobilanzen – Erste Ergebnisse. IÖW-Diskussionsbeitrag Nr. 19, August, St. Gallen: IWÖ.

Brundlandt-Report (The World Commission on Environment and Development) (1987): Our Common Future. Oxford: University Press.

BUS (Bundesamt für Umweltschutz) (Hrsg.) (1984): Ökobilanzen von Packstoffen. SRU Nr. 24/84. Bern: BUS

Bundesamt für Konjunkturfragen (Hrsg.) 1985: Qualitatives Wachstum. Bericht der Expertenkommission des Eidgenössischen Volkswirtschaftsdepartements. Bern: Bundesamt für Konjunkturfragen.

Fava, James; Jensen, Allan; Lindfors, Lars; Pomper, Steven; De Smet, Bea; Warren, Jon & Vigon, Bruce (Eds.) (1992): Life-Cycle Assessment Data Quality: A Conceptual Framework: Wintergreen (Virginia): SETAC.

Frey, René L.; Staehelin-Witt, Elke & Blöchliger, Hansjörg (Hrsg.) (1993): Mit Ökonomie zur Ökologie. Analyse und Lösungen des Umweltproblems aus ökonomischer Sicht. Basel: Helbing & Lichtenhahn, 2. völlig überarbeitete Auflage.

Guinée G. & Heijungs R. (1993): «Classification Factors for Toxic Substances Within the Framework of Life Cycle Assessment of Products». Chemosphere, Vol. 26, No. 10, 1925–1944.

Hautau, Heiner; Lorenzen, Uwe, Sander, Dieter & Bertram, Michael (1987): Monetäre Bewertungsansätze von Umweltbelastungen, Göttingen: Vandenhoeck & Ruprecht.

Heijungs, R.; Guinée, G.; Huppes, R.; Lankreijer, H.; de Haes, U.; Wegener, Sleeswijk A.; Ansems, P.; Eggels, P.; van Duin, R. & de Goede, H. (1992a): Environmental Life Cycle Assessment of Products. Guide. Leiden: CML.

Heijungs, R.; Guinée, G.; Huppes, R.; Lankreijer, H.; de Haes, U.; Wegener Sleeswijk A.; Ansems P.; Eggels, P.; van Duin, R. & de Goede, H. (1992b): Environmental Life Cycle Assessment of Products. Backgrounds. Leiden: Centrum voor Milieukunde.

Hueting, Roefie (1989): Perspektiven einer umweltbezogenen Korrektur des Sozialproduktes». In: Zieschank & Leipert (Hrsg.) (1989): Perspektiven der Wirtschafts- und Umweltberichterstattung, Berlin: Wissenschaftliches Zentrum (WZB).

Karr James (1993): «Protecting Ecological Integrity». In: The Yale Journal of International Law, No. 18, No. 1, Winter, 297–306.

Meadows, Dennis u.a. (1972): Die Grenzen des Wachstums. Bericht des Club of Rome zur Lage der Menschheit. Stuttgart: Deutsche Verlags-Anstalt.

Meadows, Donella u. a. (1992): Die neuen Grenzen des Wachstums. Die Lager der Menschheit: Bedrohung und Zukunftschancen. Stuttgart: Deutsche Verlagsanstalt.

Mitchell, Robert C. & Carson, Richard T. (1989): Using Surveys to Value Public Goods. The Contingent Valuation Method. Washington D.C.: John Hopkins.

Schaltegger, Stefan & Sturm, Andreas (1990): «Ökologische Rationalität». In: Die Unternehmung, Nr. 4, 273–290.

Schaltegger, Stefan & Sturm, Andreas (1992a): Ökologieorientierte Entscheidungen in Unternehmen. Ökologisches Rechnungswesen statt Ökobilanzierung: Notwendigkeit, Kriterien, Konzepte. Bern: Haupt. 2.te Auflage 1994.

Schaltegger, Stefan & Thomas, Tom (1994b): «PACT für einen Schadschöpfungs-Zertifikatshandel». In: Zeitschrift für Umweltpolitik und Umweltrecht (ZfU), Nr. 3, 357–381.

Schelbert, Heidi & Maggi, Rico (1988): Wertvolle Umwelt. Ein wirtschaftswissenschaftlicher Beitrag zu Umwelteinschätzung in Stadt und Agglomeration Zürich. Zürich: Zürcher Kantonalbank.

Schmidheiny, Stefan (1993): Kurswechsel. Frankfurt a. M.: Artemis und Winkler.

Schmidt-Bleek, F. (1994): Wieviel Umwelt braucht der Mensch? MIPS: Das Mass für ökologisches Wirtschaften. Berlin: Birkhäuser.
Schulz, Werner 1985: Der monetäre Wert besserer Luft. Frankfurt a. M.: Lang.
Staehelin-Witt, Elke (1993): «Bewertung von Umweltgütern». In: Frey, René L. u.a. (Hrsg.): Mit Ökonomie zur Ökologie. Basel: Helbing & Lichtenhahn.
The World Commission on Environment and Development (1987): Our Common Future. Oxford: Oxford University Press.
Wackernagel, Mathis (1993): How Big Is Our Ecological Footprint: A Handbook For Estimating A Community's Approppariated Carrying Capacity. Vancouver: University of British Columbia.
Weterings, V. & Opschoor, P. (1992): Environmental Capacity as a Challenge to Technological Development. Rijswijk: Raadvoorhet Milieu-en Natuuronderzoek.

Teil II

Ordnungspolitische Reformen

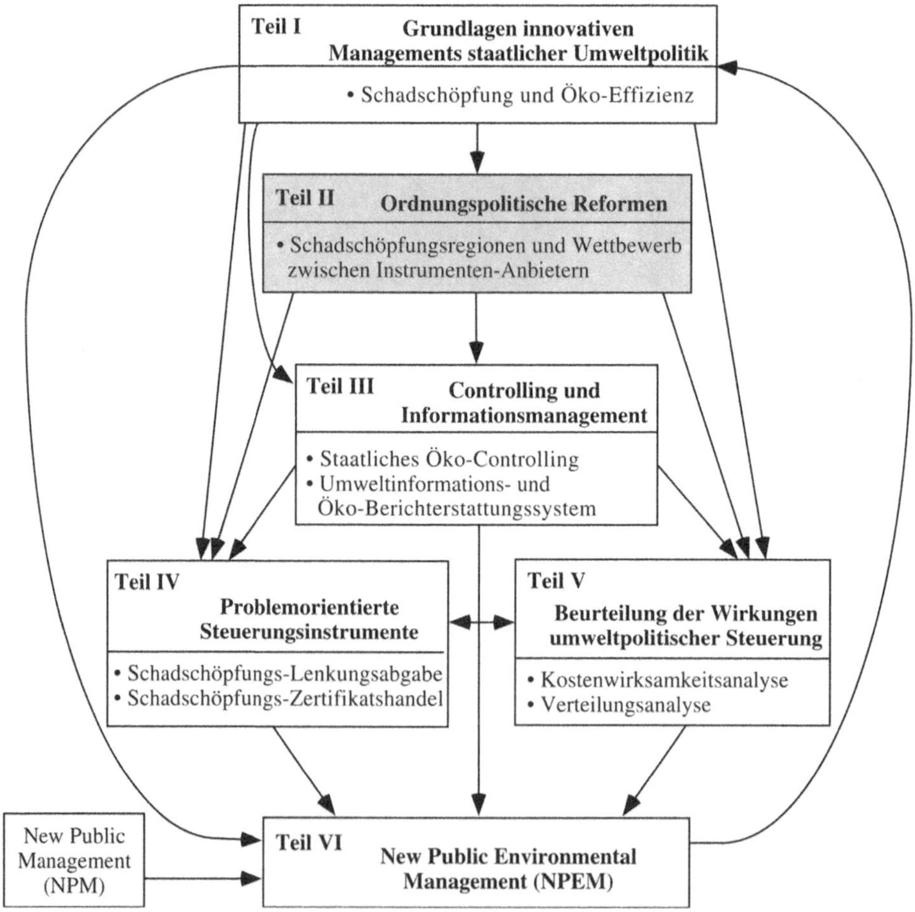

2 Schadschöpfungsregionen und institutioneller Wettbewerb

Zusammenfassung

Politische Gebietskörperschaften sind i.d.R. entweder deutlich grösser (z.B. bei lokalen Umweltproblemen) oder kleiner (z.B. bezüglich des Treibhauseffekts) als die räumliche Ausdehnung von Umweltproblemen.
Die grossen Gebietskörperschaften, die über geeignete Möglichkeiten und Mittel zur Lösung verfügen würden, sind von den Umweltproblemen häufig zuwenig betroffen. Dagegen besteht insbesondere bei internationalen Umweltproblemen ein «Trittbrettfahrer-Problem». Auch sind die politischen Institutionen oft auf zu kleine geographische Räume beschränkt, um wirksam operieren zu können.
Wenn der Nutzen von Umweltschutzmassnahmen (aufgrund der Kleinheit der Region) nicht nur bei in der eigenen Region, sondern auch bei den Bewohnern von Nachbarschaftsregionen anfällt, entstehen räumliche externe Effekte (Spillovers). Die Kreise der Nutzniesser und der Kostenträger fallen auseinander.
Der Erfolg des Vollzugs im Umweltschutz kann erhöht werden, wenn dem Prinzip der fiskalischen Äquivalenz vermehrt Beachtung geschenkt wird. Dabei sind die Kreise der Betroffenen, der Kostenträger und der Entscheidungsträger möglichst gut in Übereinstimmung zu bringen.
Dies kann am besten durch die Bildung von Schadschöpfungsregionen erreicht werden, d.h. durch die Schaffung von Funktionalregionen, die gemäss der räumlichen Ausdehnung des Umweltproblems abgegrenzt und mit eigenen Institutionen ausgestattet sind (z.B. Wasserschutzregion Rhein). Durch die Vergabe von Umweltschutzleistungen (z.B. Betrieb einer Kläranlage) an sich konkurrenzierende private Anbieter können der operative Umweltschutz effizienter gestaltet und Innovation stärker gefördert werden.

Bevor zu den prozesspolitischen Vorschlägen in den Teilen II, IV und V eingegangen wird, die sich auf einzelne umweltpolitische Instrumente und ihre Evaluation beziehen, werden im folgenden grundlegende institutionelle Reformen vorgeschlagen. Im Vordergrund steht die Kompetenzverteilung zwischen verschiedenen staatlichen Gebietskörperschaften sowie zwischen dem Staat und der Privatwirtschaft. Die Begründung der ordnungspolitischen Änderungsvorschläge erfolgt auf Basis der ökonomischen Theorie des Föderalismus.[1]

2.1 Harmonisierung der Umweltpolitik und Vereinheitlichung der Umweltqualität

Auf globaler, supranationaler (z.B. EU[2]) und auch auf nationaler[3] Ebene werden vermehrt Anstrengungen unternommen, Umweltqualitätsstandards anzugleichen und Umweltschutzmassnahmen zu harmonisieren. Zur Verminderung von weiträumigen Umweltproblemen (z.B. Treibhauseffekt oder Verschmutzung der Weltmeere) mögen die dazu aufgeführten Argumente einleuchtend sein. Die Problematik von weltweiten öffentlichen Gütern erfordert ein koordiniertes Vorgehen der internationalen Gemeinschaft. Eine Nation alleine hat keinen Anreiz, einen isolierten Beitrag zur Umweltqualitätsverbesserung zu leisten, da sich der Nutzen auf alle verteilt und nicht internalisiert werden kann.

Die Abtretung von Umweltschutzkompetenzen von tieferen an höhere Ebenen findet aber auch bei regionalen, kleinräumigen Problemen statt. Es entsteht eine räumliche Diskrepanz zwischen Umweltproblemen und den für deren Lösung zuständigen Institutionen.[4] Zwei Begründungen werden dafür genannt: Erstens sind beim Auftreten von räumlichen externen Effekten in Grenzregionen häufig unterschiedliche Nationen betroffen. In solchen Fällen dürfen die betroffenen Regionen (z.B. Basel mit Südbaden und Elsass) aber aufgrund fehlender formeller Kompetenzen nicht direkt miteinander verhandeln. Die Entscheidungskompetenz liegt bei der jeweiligen zentralstaatlichen Ebene. Zweitens wird eine Vereinheitlichung der Umweltqualität innerhalb eines Landes angestrebt. Alle Bürger sollen Anrecht auf eine gleich-

1 Zur ökonomischen Theorie des Föderalismus vgl. z.B. Bird (1993).
2 Vgl. Zimmermann & Kahlenborn (1994, 139ff.), für eine Fallstudie der Nitratrichtlinie in der Europäischen Union vgl. Garbe (1994).
3 Für Deutschland vgl. Zimmermann & Kahlenborn (1994, 81ff.).
4 Die in Kapitel 8 angesprochene «Cluster-Äquivalenz» ist in vielen Fällen nicht erfüllt. Vgl. dazu Frey, R.L. (1995).

mässig gute Umweltqualität haben. Dass diese beiden Argumente für eine Zentralisierung aus der Sicht der ökonomischen Theorie des Föderalismus verfehlt sind und dass stattdessen eine institutionelle Neuordnung angestrebt werden muss, ist Gegenstand der weiteren Ausführungen.

2.2 Dezentralisierung und politischer Wettbewerb

Umweltqualität ist ein Gut, von dessen Nutzung niemand ausgeschlossen werden kann. Der Konsum dieses Gutes durch ein Individuum schliesst den Konsum durch ein anderes Individuum nicht aus. Die Umweltqualität besitzt somit die für ein ***öffentliches Gut*** typischen Eigenschaften der Nicht-Ausschliessbarkeit und Nicht-Rivalität. Analog dazu kann die Umweltverschmutzung als ein ***«öffentliches Ungut»***[5] bezeichnet werden.

Öffentliche Güter haben oft unterschiedliche räumliche Ausdehnungen. Falls der Nutzen räumlich beschränkt ist, spricht man von lokalen (oder je nach der räumlichen Ausdehnung von regionalen, nationalen, internationalen oder globalen) öffentlichen Gütern. Im Umweltbereich sind diese Unterschiede sehr ausgeprägt. Beispielsweise ist der Nutzen eines sauberen Sees lokal begrenzt, während eine Reduktion der Treibhausgase für die ganze Menschheit nützlich ist.

2.2.1 Das Dezentralisierungstheorem

Das Dezentralisierungstheorem von Oates (1972) berücksichtigt diese räumliche Dimension. Es sagt aus, dass die lokalen öffentlichen Güter von den jeweiligen Nutzern und regional differenziert erstellt werden sollen. Im Vergleich zu einer Bereitstellung durch eine Zentralregierung, die einen einheitlichen Output produziert, ist eine geographisch differenzierte Lösung effizienter, wenn eine regional unterschiedliche Nachfrage vorhanden ist und keine Grössenvorteile (economies of scale) vorliegen. Abbildung 2.1 vergleicht die dezentrale Bereitstellung (Menge UA bzw. UB an Umweltschutz in Region A bzw. B) mit einem zentralen Angebot (UA,B für beide Regionen) bei regional unterschiedlicher Nachfrage (Nachfrage NA bzw. NB für Region A bzw. B). Die schraffierten Flächen zeigen den Wohlfahrtsverlust einer zentralen Lösung gegenüber einer dezentralen Lösung.[6]

5 Auch «Übel» oder englisch: «Bad».

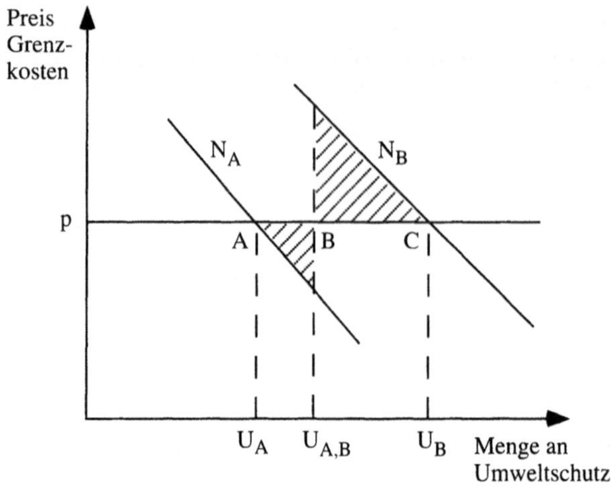

Abbildung 2.1
Wohlfahrtsgewinn durch Dezentralisierung

Die dezentrale Bereitstellung bewirkt eine bessere Berücksichtigung der Präferenzen der Individuen. Damit steigen auch die Anreize für die Bürger, sich am politischen Prozess zu beteiligen, was sich wiederum positiv auf die Treffsicherheit der Lösung und deren Akzeptanz auswirkt.[7]

Die Existenz unterschiedlicher Nachfragekurven nach Umweltqualität in den Regionen hängt mit kulturellen Differenzen und verschiedenen Zahlungsbereitschaften für gute Umweltqualität zusammen. Letztere Ursache ist Gegenstand der ökonomischen Analyse. Dies kann anhand der jeweiligen Grenzschadens- (GSK) und Grenzvermeidungskostenverläufe (GVK) dargestellt werden (Abb. 2.2).

Die Grenzschadenskosten widerspiegeln den Grenznutzen aus einer Umweltqualitätsverbesserung. Da Umwelt eine positive Einkommenselastizität[8] aufweist, ist der Grenznutzen der Umweltqualitätsverbesserung mit höherem Einkommen grösser. In einkommensstärkeren Regionen ist damit i.d.R. eine grössere Nachfrage nach Umweltqualität vorhanden.[9] Die Grenzschadenskostenkurve liegt dann auf einem höheren Niveau (GSK1 statt GSK2). Das öffentliche Gut Umweltqualität sollte deshalb in grösserem Ausmass bereitgestellt werden (UA statt UB).

6 Zu den Nachteilen einer Zentralisierung und Harmonisierung des Umweltschutzes in der EU vgl. z.B. Eckrich (1994).
7 Vgl. Frey, B.S. & Kirchgässner (1994, 61).
8 Vgl. Spillmann (1994, 120).
9 Unterschiedliche Grenzschadenskosten können auch auf Differenzen in der Assimilationskapazität der Umwelt oder auf die Bevölkerungsdichte zurückgeführt werden.

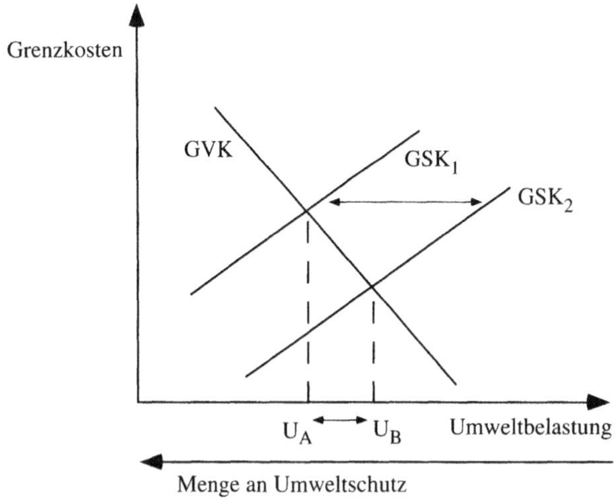

Abbildung 2.2
Höhere Nachfrage nach Umweltqualität in einkommensstärkeren Regionen

Geringere Grenzvermeidungskosten führen ebenfalls zu einer grösseren optimalen Menge an Umweltqualität. Zu einem gegebenen Zeitpunkt sind sie vor allem abhängig von der Industriestruktur einer Region. In gewissen Branchen ist eine Reduktion der Emissionen günstiger zu erreichen als in anderen (aufgrund tieferer Grenzvermeidungskosten). Abbildung 2.3 zeigt, dass mit einer tiefer gelegenen Grenzvermeidungskostenkurve (GVK2 liegt tiefer als GVK1) das optimale Niveau an Umweltbelastung abnimmt (bzw. das optimale Niveau an Umweltqualität zunimmt).[10]

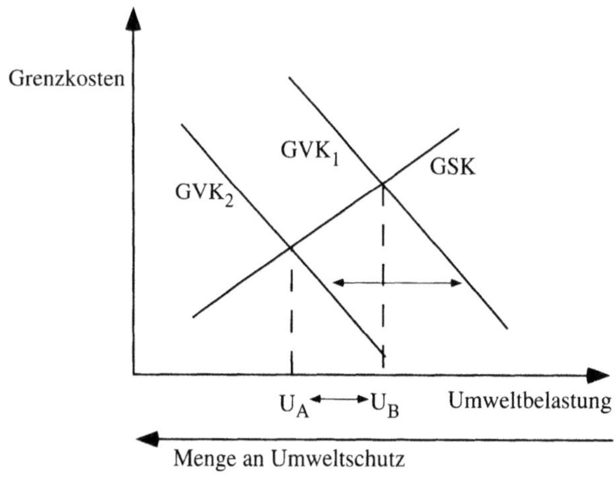

Abbildung 2.3
Zusammenhang von Industriestruktur und optimaler Umweltqualität

10 Eine optimale Umweltqualität entspricht in diesem Kontext einer optimalen Umweltbelastung und umgekehrt.

2.2.2 *Wettbewerb zwischen Gebietskörperschaften*

Unter der Voraussetzung, dass die Steuerzahler (sowohl Individuen als auch Unternehmungen) wandern können, entsteht ein Wettbewerb unter den dezentralen Einheiten. Die Steuerzahler wählen ihre Standorte so aus, dass der Konsum regionaler öffentlicher Leistungen optimiert wird. Dies entspricht dem Ansatz des «voting-with-the-feet»[11]. Die Politiker in den Gebietskörperschaften sind deshalb gezwungen, die Präferenzen der Individuen zu berücksichtigen (allokative Effizienz) und die öffentlichen Güter auf kostengünstigere Art und Weise herzustellen (Kosteneffizienz). Bezugnehmend auf die Umweltpolitik setzen sich die von den Bürgern gewünschten Umweltstandards durch. Zudem findet ein Wettbewerb auf der Instrumentenebene statt, was bewirkt, dass die zur Problemlösung geeignetsten Instrumente zur Anwendung gelangen. Schliesslich nimmt der Wettbewerb auch seine Funktion als Entdeckungsverfahren[12] war, indem umweltpolitische Innovationen gefördert werden und eine flexiblere Politik ermöglicht wird.[13] Als Beispiel dient die erstmalige Einführung von handelbaren Emissionszertifikaten in Europa, die auf dezentraler Ebene in den Kantonen Basel-Stadt und Basel-Landschaft 1991 eingeführt wurden.[14] Ein grösserer Erfolg des Ansatzes scheitert heute noch an der inflexiblen Regulierung auf Bundesebene.[15]

Die Wanderung der Individuen zwischen den Gebietskörperschaften ist natürlich nicht kostenlos. Es bestehen Mobilitätskosten aufgrund z.B. einer anderen Sprache und Kultur oder durch das Verlassen des Bekanntenkreises. Der Wettbewerb zwischen den Gebietskörperschaften ist daher nicht vollkommen, sondern wird durch diese Migrationskosten mitbeeinflusst.

2.3 Räumliche externe Effekte und fiskalische Äquivalenz

Wenn der Nutzen von Umweltschutzmassnahmen respektive die Kosten der Umweltverschmutzung nicht nur bei den Bewohnern der dafür verantwortlichen Gebietskörperschaften, sondern auch bei Dritten anfallen, so wird von positiven respektive negativen räumlichen externen Effekten gesprochen. Umweltschutzmassnahmen in einer Region ha-

11 Zum Ursprung des Konzepts vgl. Tiebout (1956).
12 Die Rolle des Wettbewerbs als Entdeckungsverfahren geht auf Hayek (1945) zurück.
13 Vgl. Siebert (1991b).
14 Zu den Problemen bei der Umsetzung vgl. Staehelin-Witt & Spillmann (1992).
15 Vgl. Staehelin-Witt & Spillmann (1992).

ben oft positive Auswirkungen auf die Umweltqualität in anderen Regionen. Auch können Emissionen in einer Region Umweltschäden in anderen Regionen zur Folge haben. Der Nutzen aus dem Handeln einer anderen Gebietskörperschaft reduziert jedoch den Anreiz, selber die Kosten für den Umweltschutz auf sich zu nehmen. Das öffentliche Gut Umweltqualität wird deshalb in zu kleiner Menge bereitgestellt. Die allgemeinen Anstrengungen, Umweltschutz zu betreiben, sind somit zu gering.

Daraus erwächst die Forderung nach einer räumlichen Äquivalenz. Die Nutzniesser von Umweltschutzmassnahmen sollen auch für ihre Kosten aufkommen. Dieses Prinzip entspricht der fiskalischen Äquivalenz[16], nach dem die Nutzniesser öffentlicher Leistungen mit den Kostenträgern übereinstimmen müssen, damit ein optimales Niveau an öffentlichen Gütern bereitgestellt wird.[17] Die unterschiedliche räumliche Ausdehnung von Umweltproblemen führt jedoch dazu, dass unter den existierenden Gebietskörperschaften räumliche externe Effekte (sog. Spillovers) auftreten und das Prinzip der fiskalischen Äquivalenz verletzt wird. Die häufigste verfolgte Strategie bei dieser Problematik ist die Verlagerung der Problemlösungskompetenz an die nächsthöhere staatliche Ebene. Mit dieser Zentralisierung sind aber die bereits erwähnten Probleme (Nachteile der fehlenden Dezentralisierung und fehlender institutioneller Wettbewerb) verbunden (vgl. Abschnitt 2.1).

Demgegenüber bietet sich die Bildung sogenannter **Funktionalregionen** an. Dabei wird eine Region nach der räumlichen Ausdehnung eines Umweltproblems abgegrenzt.[18] Die heutigen multifunktionalen Regionen (das heisst, mehrere öffentliche Aufgaben werden durch die gleiche Gebietskörperschaft erfüllt) werden durch unifunktionale Gebietskörperschaften abgelöst. Eine Skizzierung dieses Überganges vom regionalen zum funktionalen Föderalismus wird im folgenden Abschnitt vorgenommen.

---

16 Vgl. Olson (1969).

17 Die fiskalische Äquivalenz garantiert aber nicht die Identität von Kostenträgern und Nutzniessern von öffentlichen Gütern auf individueller Ebene. Innerhalb einer Region wird es Gewinner und Verlierer geben. Dies ist aber bei allen lokalen öffentlichen Gütern der Fall.

18 Es entstehen dabei natürlich Abgrenzungsprobleme an den Grenzen der Regionen von denen aber vorderhand abstrahiert wird. Die Abgrenzung von Regionen nach der räumlichen Ausdehnung eines Umweltproblems ist auch beim Schadschöpfungs-Zertifikatshandel vorzunehmen (vg. Kapitel 5, Schaltegger & Thomas 1994).

2.4 Institutioneller Wettbewerb

Meistens verfügen die von einem Umweltproblem betroffenen Regionen nicht über die für die Lösung ihrer Probleme notwendigen Kompetenzen. Diejenigen Gebietskörperschaften, die über die Möglichkeiten und Mittel zur Lösung verfügen würden, sind von den Umweltproblemen häufig zu wenig betroffen, so dass das Problem nicht politisch wirksam gelöst werden kann. Diese Problematik wird durch die zunehmende Zentralisierung der Umweltpolitik noch verstärkt.[19] Die von einem bestimmten Umweltproblem betroffenen Regionen sollten deshalb die politischen Entscheidungskompetenzen erhalten, ihre Probleme selber zu lösen. Die Vorteile einer dezentralen Lösung kämen damit zum Tragen. Aus der ordnungspolitischen Perspektive entspricht dies einer Internalisierung externer Effekte durch die Sicherstellung einer fiskalischen Äquivalenz.[20] Die heute ablaufenden schwerfälligen umweltpolitischen Entscheidungsprozesse zwischen verschiedenen staatlichen Ebenen sollen nicht optimiert,[21] sondern wenn möglich weitgehend eliminiert werden.

2.4.1 Die Bildung von Schadschöpfungsregionen

Es gelingt dann besser, räumliche externe Effekte zu internalisieren und spezifische Umweltprobleme wirksam und effizient zu bekämpfen, wenn die politische Gebietskörperschaft, welche über die erforderlichen formellen Problemlösungskapazitäten verfügt, mit der räumlichen Ausdehnung des Umweltproblems übereinstimmt. Dies ist dadurch zu erreichen, dass die nach der räumlichen Ausdehnung der Umweltprobleme gebildeten Funktionalregionen mit den entsprechenden Institutionen und Instrumenten ausgerüstet werden. Diese Voraussetzung ist heute vor allem bei grenzüberschreitenden, interregionalen und internationalen Umweltproblemen nicht gegeben.

Durch die Bildung von sich überlappenden Gebietskörperschaften (hier: **Schadschöpfungsregionen**), die entsprechend ihrer Funktion (hier: Lösung eines bestimmten Umweltproblems) abgegrenzt sind, ist die Erfüllung der fiskalischen Äquivalenz aber möglich. Ein Vorschlag zur effizienten Lösung von öffentlichen Aufgaben ist die Schaffung

---

19 Vgl. z.B. Kux (1994, 13), Kux, Schenkel, Widmer & Zeyen (1994).

20 Im Sinne einer Cluster-Äquivalenz, vgl. Kapitel 8.

21 Einen verstärkten Einbezug der Regionen in den Entscheidungsprozess bei umweltpolitischen Abkommen fordert Kux (1994).

sogenannter «**Functional Overlapping Competing Jurisdictions (FOCJ)**».[22] Das Prinzip der FOCJ kann auf die Idee der Schadschöpfungsregionen übertragen werden. Schadschöpfungsregionen sind in diesem Sinne Funktionalregionen für die Aufgaben des Umweltschutzes. Folgende Eigenschaften der FOCJ sind dabei wesentlich:

- **Functional:** Die Schadschöpfungsregion ist eine Funktionalregion, d.h. ihre räumliche Ausdehnung entspricht derjenigen des betrachteten Umweltproblems. So sollte z.B. die Verschmutzung des Rheins durch eine zu bildende Funktionalregion bekämpft werden, die aus den Gebieten der Anrainer des Hauptstromes und der Zuflüsse besteht (vgl. gestreiftes Gebiet in Abbildung 2.4). Damit wird dem Prinzip der fiskalischen Äquivalenz Rechnung getragen. Im Gegensatz zu den heutigen multifunktionalen Regionen hat eine Schadschöpfungsregion nur eine Funktion, welche in der Bereitstellung eines klar definierten lokalen öffentlichen Gutes in Form von Umweltqualität (z.B. ein «sauberer» Rhein) besteht. Die Grenzen der zentralstaatlichen Ebene dürfen dabei keine Hindernisse mehr darstellen. Aufgrund von Transaktionskosten sollte die Abgrenzung von Schadschöpfungsregionen zweckmässigerweise entlang von Gemeindegrenzen erfolgen.

- **Overlapping:** Die einzelnen Funktionalregionen überlappen sich, da die verschiedenen Umweltprobleme eine unterschiedliche geographische Ausdehnung haben. Weil z.B. in einer Ortschaft Beiträge zu unterschiedlichen Umweltproblemen (Rheinwasserverschmutzung, Sommersmog usw.) geleistet werden, d.h. sich Schadschöpfungsregionen räumlich überschneiden, ist jede Gemeinde mit verschiedenen anderen Gemeinden in mehreren Schadschöpfungsregionen vertreten. So überlappen sich beispielsweise am Ort B in Abbildung 2.4 eine Wintersmog-, die Rheinsäuberungs-, eine Abfall-, eine Sommersmog- und die Treibhauseffekt-Schadschöpfungsregion.

- **Competing:** Die Schadschöpfungsregionen stehen in Konkurrenz zueinander. Sind die steuerzahlenden Individuen und Firmen mobil (Möglichkeit des «voting-with-the-feet»), so sind die Regionen gezwungen, eine Umweltqualität im von den Individuen gewünschten Ausmass bereitzustellen und entsprechend kostengünstige Massnahmen zu treffen. Andernfalls besteht die Gefahr der Abwanderung von Steuerzahlern in andere Schadschöpfungsregionen. So

22 Diese Idee stammt von Frey, B.S. & Eichenberger (1995). Für eine allgemeine und ausführliche Diskussion vgl. diese Quelle.

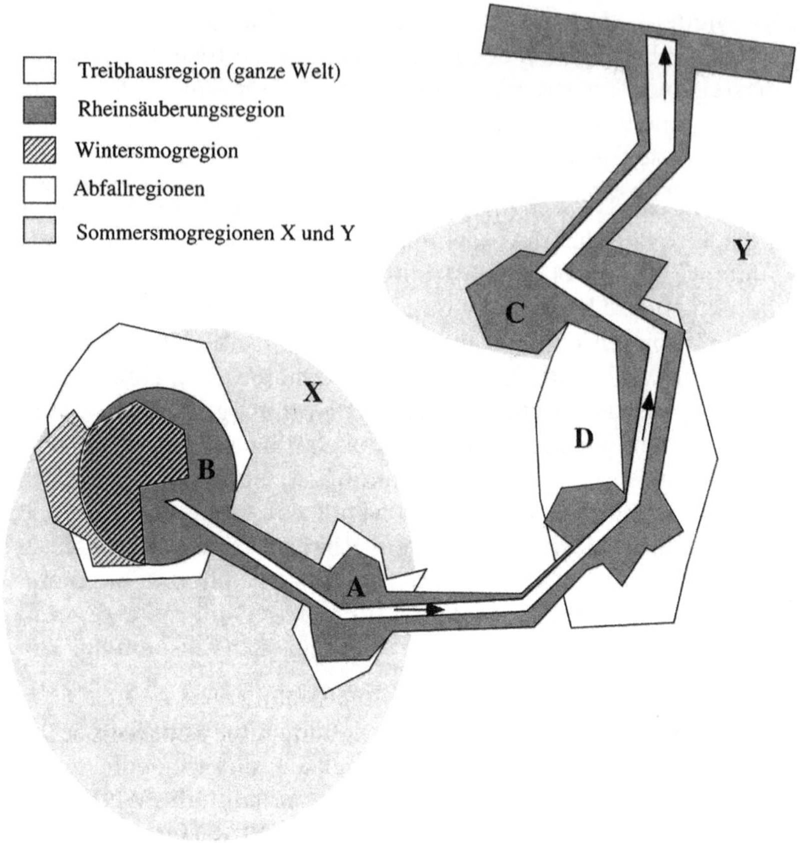

Abbildung 2.4
Funktional überlappende Schadschöpfungsregionen

kann im Fall der in Abbildung 2.4 von der Ortschaft A (die sich in der Sommersmogregion X befindet) in die Ortschaft C (die sich in der Sommersmogregion Y befindet) gewandert werden. Auch kann an einen Ort (z.B. D) umgezogen werden, an dem kaum Sommersmog existiert.

- **Jurisdiction:** Die aufgrund der räumlichen Ausdehnung des Umweltproblems definierte Schadschöpfungsregion besitzt institutionelle Entscheidungskompetenzen, die juristisch durchgesetzt werden können. Für jede Funktionalregion wird eine politische Einheit gebildet, deren Vertreter durch die Einwohner der entsprechenden

Region gewählt werden. Die Wiederwahlrestriktion zwingt die Politiker, auf die Präferenzen der Individuen Rücksicht zu nehmen. Direkt-demokratische Elemente wie Initiative oder Referendum verbessern diese Funktion zusätzlich.[23] In der politischen Einheit werden die zu erreichenden Umweltqualitätsstandards festgelegt und die Zielerreichung kontrolliert.[24]

Die Abgrenzung der Schadschöpfungsregionen sollte auf Grundlage naturwissenschaftlicher Erkenntnisse über die räumliche Ausdehnung von Umweltproblemen erfolgen. Einerseits sollte damit eine internationale Institution beauftragt werden. Dies ist vor allem bei grossräumigen Problemen mit schwieriger Abgrenzung vorteilhaft. Andererseits besteht die Möglichkeit, dass sich bei lokalen Problemen Gemeinden selbständig zu Funktionalregionen zusammenschliessen. Für Streitfälle ist aber eine übergeordnete Instanz vorzusehen.

Selbst durch die Bildung von Schadschöpfungsregionen können Spillovers nie vollständig eliminiert werden. An den Grenzen werden sie immer in einem gewissen Ausmass vorkommen. Entscheidend ist nun, wie gross die räumlichen externen Effekte in Relation zu den hausgemachten Schäden einer Region sind. Je weniger die Spillovers ins Gewicht fallen, umso besser wird das Kriterium der fiskalischen Äquivalenz erfüllt und damit das Trittbrettfahrerproblem entschärft.[25] Mit grösseren Funktionalregionen sinken somit die Spillovers in Relation zu den Gesamtemissionen.

Der Zusammenhang zwischen dem Grenznutzen des Wettbewerbs zwischen verschiedenen Funktionalregionen und den Grenzkosten der Spillovers für verschiedene Problemklassen ist in Abbildung 2.5 dargestellt. Je grösser die Funktionalregion, desto geringer die Grenzkosten der Spillovers (GKS). Je grösser die räumliche Ausdehnung eines Umweltproblems, desto weiter links verläuft die Grenzkostenkurve der Spillovers.

Kleinere Funktionalregionen und damit eine grössere Anzahl von Funktionalregionen ermöglichen hingegen einen intensiveren Wettbewerb. Für die Individuen bestehen mehr Auswahlmöglichkeiten. Der Grenznutzen des intensiveren Wettbewerbes nimmt mit zunehmender Anzahl Regionen ab, respektive mit zunehmender Grösse der Region

---

23 Vgl. Frey, B.S. (1994).

24 Die zu schaffenden Institutionen der Schadschöpfungsregionen dürfen sich keinesfalls zu Verwaltungsgebilden entwickeln, sondern können sehr unbürokratisch durch eine auf Umweltprobleme ausgerichtete Reorganisation bestehender Umweltämter erfolgen.

25 Als problematisch könnte sich der Trittbrettfahrereffekt in Form der «Ausbeutung der Grossen durch die Kleinen» erweisen, vgl. Zimmermann & Kahlenborn (1994, 94).

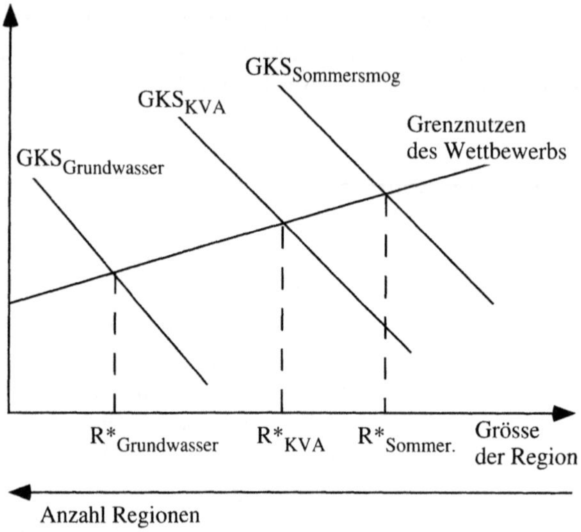

Abbildung 2.5
Optimale Grösse der Schadschöpfungsregionen

zu. Je mehr Funktionalregionen zur Bekämpfung eines Umweltproblems bestehen, desto weniger zusätzlicher Nutzen durch verschärften Wettbewerb wird kreiert. Für die einzelnen Problemklassen ergibt sich dort die optimale Grösse der Schadschöpfungsregion, wo sich die Grenzkosten der zunehmenden Spillovers und der Grenznutzen der Kosteneinsparungen durch den intensiveren Wettbewerb entsprechen.[26] Die höheren Grenzkosten von Spillovers bewirken beispielsweise, dass Sommersmogregionen ($R^*_{Sommersmog}$) grösser sind als Grundwasserregionen ($R^*_{Grundwasser}$).

Der demokratische Weg der Festlegung der gewünschten Umweltqualitätsstandards berücksichtigt die Nachfrage der Individuen nach Umweltqualität. Ist diese Nachfrage regional verschieden, so äussert sich dies in unterschiedlichen Umweltqualitätsstandards in den einzelnen Schadschöpfungsregionen, womit die Vorteile einer dezentralen gegenüber einer zentralen Lösung ausgenutzt werden. Die Anwendung des ordnungspolitischen Konzeptes der FOCJ auf die Gestaltung der Umweltpolitik bietet hauptsächlich den Vorteil, dass das Prinzip der fiskalischen Äquivalenz erfüllt und damit die räumlichen externen Effekte minimiert werden. Es bestehen vermehrt Anreize, mit dem

26 Diese Darstellung soll nicht aufzeigen, dass es jeweils eine optimale Grösse für die Funktionalregionen eines bestimmten Umweltproblems gibt. Sie illustriert lediglich, welche Faktoren auf die Grösse einer Schadschöpfungsregion einen Einfluss haben. Einzelne Sommersmogregionen werden in der Realität in ihrer Grösse unterschiedlich sein.

knappen Gut Umwelt haushälterisch umzugehen und Umweltschutzprojekte wirksam zu vollziehen.

Der institutionelle Wettbewerb findet in diesem System zwischen den Funktionalregionen statt und findet seinen Ausdruck in Wanderungen. Vor allem die allokative Effizienz (Wohlfahrtsgewinne durch vermehrte Berücksichtigung individueller Präferenzen) als auch die Kosteneffizienz umweltpolitischer Massnahmen werden verbessert. Die Wanderungskosten für die Individuen verhindern aber eine intensive Konkurrenz zwischen den Regionen. So müssen Möglichkeiten abgeklärt werden, die auch Wettbewerb beim Vollzug der Umweltpolitik bzw. beim Erbringen von Umweltschutzleistungen ermöglichen. Der nächste Abschnitt behandelt solche Möglichkeiten.

2.4.2 Wettbewerb zwischen Instrumenten-Anbietern

Die Politik und die obersten (internationalen) Umweltbehörden müssen der Vielschichtigkeit und der Komplexität der Umweltproblematik mit der Bildung geeigneter Schadschöpfungsregionen Rechnung tragen. Die Umweltqualität variiert zwischen den verschiedenen Regionen sehr stark. Somit erweisen sich nur die wenigsten Massnahmen für Europa oder ein ganzes Land als effizient und effektiv. Die Feinabstimmung der Massnahmen und die Steuerung der Umweltperformance ist deshalb den Schadschöpfungsregionen zu überlassen. Sobald innerhalb einer Schadschöpfungsregion die Ziele in Form von Umweltqualitätsstandards gesetzt sind, gilt es den kostengünstigsten Weg zur Zielerreichung zu finden. Dabei stellt sich die Frage nach der geeigneten Institution für die Steuerung der Umweltperformance einer Schadschöpfungsregion.

Blöchliger & Staehelin-Witt schlagen die Gründung einer *Umweltzentralbank* vor.[27] Dieser obliegt die Verhaltenssteuerung im Rahmen der Umweltpolitik. Ihre Hauptaufgabe besteht im Vollzug der von der Gesellschaft gesetzten Umweltziele zu volkswirtschaftlich minimalen Kosten. Durch die Übertragung gewisser umweltpolitischer Entscheide vom laufenden politischen Prozess an die Umweltzentralbank werden diese Entscheidungen dem Einfluss der Interessengruppen entzogen. Analog den Notenbanken muss die Umweltzentralbank organisatorisch und rechtlich unabhängig von der Verwaltung und der Regierung sein. Für die institutionelle Verankerung ist die Garantie der politischen

27 Vgl. Blöchliger & Staehelin-Witt (1992). Der Vorschlag der Umweltzentralbank bezieht sich auf eine Nation, wird hier aber für eine Schadschöpfungsregion diskutiert.

Unabhängigkeit entscheidend. Ein Umweltzentralbankgesetz regelt den Tätigkeitsbereich und den Handlungsrahmen der Umweltzentralbank. Die zur Verfügung stehenden Instrumente werden darin abschliessend erwähnt, um den Handlungsspielraum der unabhängigen Institution einzuschränken.[28]

Politisch würde die Gründung einer Umweltzentralbank auf starken Widerstand stossen, da es einer Machtverschiebung vom Parlament in Richtung Zentralbank gleichkäme. Die Umweltzentralbank würde mit dem Vorwurf konfrontiert, ein Vorläufer einer «Öko-Diktatur» zu sein. In der Ausgestaltungsvariante mit der Umweltzentralbank als Steuerungsinstitution würde sich auch im Bereich der Verwaltung erheblicher Widerstand formieren. Die Machtabtretung an eine unabhängige Institution würde keinesfalls widerstandslos hingenommen.

Auch ist zu bedenken, dass die Schaffung eines Monopolstatus für eine Umweltzentralbank zu einer zentralen, planwirtschaftlichen Steuerung führen würde. Aus der Perspektive der ökonomischen Theorie des Föderalismus drängt sich deshalb eine *wettbewerbsorientiertere Lösung* auf.

Grundsätzlich können die Manager bzw. die Verwaltung einer Schadschöpfungsregion selber nach dem geeignetsten Instrument suchen und dabei Hilfsmittel wie die Kostenwirksamkeitsanalyse (vgl. Kapitel 7) benutzen. Wie im vorherigen Abschnitt erwähnt wurde, ist aber der Wettbewerb unter den Schadschöpfungsregionen aufgrund der Wanderungskosten gehemmt, so dass nicht sichergestellt ist, dass wirklich die kosteneffizientesten Instrumente zum Einsatz gelangen. Ausserdem sollte sich eine wirkungsgeführte Verwaltung auf die Kernaufgaben des Managements der Schadschöpfungsregionen beschränken (Kapitel 9). Deshalb empfiehlt es sich, auch auf der Ebene der Auswahl der umweltpolitischen Instrumente Wettbewerb einzuführen. Es ist ja nicht zwingend, dass der Staat (bzw. die staatliche Verwaltung) die erforderlichen umweltpolitischen Instrumente selber anbieten und einsetzen muss.

Die Zulassung von verschiedenen Anbietern von Umweltschutzleistungen innerhalb einer Schadschöpfungsregion, welche das gleiche Unweltproblem auf unterschiedliche Weise zu lösen versuchen, ist

---

28 Um den Ruf von Gegnern in Richtung «Öko-Diktatur» vorzubeugen, stellt sich ebenfalls die Frage, ob einer Umweltzentralbank nur marktwirtschaftliche oder auch polizeirechtliche Instrumente zugewiesen werden sollten. Auf die konkrete Ausgestaltung einer Umweltzentralbank bezüglich ihrer internen Organisation, Hierarchie, der Verwendung eingenommener Abgabengelder, des optimalen Unabhängigkeitsgrades von Politik und Verwaltung, der Aufgabenteilung mit den staatlichen Umweltbehörden usw. wird an dieser Stelle nicht weiter eingegangen.

durchaus denkbar.[29] Diese privaten Institutionen (als Anbieter von öffentlichen Leistungen zur Bekämpfung eines bestimmten Umweltproblems) werden im folgenden als **«Instrumenten-Anbieter»** bezeichnet. Mehrere Instrumenten-Anbieter können in der gleichen Schadschöpfungsregion am gleichen geographischen Ort ihre umweltpolitischen Instrumente und Leistungen anbieten. In Abbildung 2.6 sind dies Anbieter 1 und Anbieter 2, die beide in der gleichen Sommersmogregion X Kunden haben. Die privaten Instrumenten-Anbieter stehen innerhalb einer Schadschöpfungsregion in Konkurrenz zueinander. Der Wettbewerb bewirkt eine Auswahl der kostengünstigsten Instrumente und optimaler Regeln für die Reduktion von Umwelteinwirkungen.[30] Damit dieser Wettbewerb auch spielt, müssen die Individuen die Instrumenten-Anbieter frei wählen können.

Die Wahl der Mittel ist grundsätzlich den Instrumenten-Anbietern überlassen, womit sich im gegenseitigen Konkurrenzkampf die Instrumente mit dem günstigsten Kostenwirksamkeitsverhältnis herauskristallisieren werden. Um möglichst wettbewerbsfähig zu sein, das heisst günstige Mitgliederbeiträge bieten zu können, werden die Instrumenten-Anbieter unternehmerische Innovationsanstrengungen zur Suche der kostengünstigsten Umweltschutzmassnahmen entwickeln. Der Wettbewerb nimmt seine Funktion als Entdeckungsverfahren wahr und sorgt für umweltpolitische Innovationen. Die unternehmerische Innovation und Problemlösungskraft kommt einem effizienten Umweltschutz voll zugute. Eine übergeordnete Instanz der Schadschöpfungsregion misst und überprüft die erzielten Resultate und spricht bei Nichterreichen der Ziele entsprechende Sanktionen aus (z.B. in Form hoher Strafzahlungen).

Wenn nun jedes Individuum beziehungsweise jede Unternehmung das Recht zugesprochen erhält, eine bestimmte Schadschöpfungsmenge zu emittieren, so wird sich ein Markt für Verschmutzungsrechte bilden. Falls also ein Individuum mehr zu emittieren wünscht, muss es die zusätzliche Menge einem anderen Individuum abkaufen. Letzteres wird in diesem Fall weniger als die vorgegebene Schadschöpfungsmenge emittieren. Die Instrumenten-Anbieter (z.B. Umweltberatungsbüros oder börsenähnliche Institutionen) werden die Vermittlerrolle zwischen Anbietern und Nachfragern nach Verschmutzungsrechten über-

---

29 In der Diskussion über das New Public Management wird dieser Vorgang mit «Outsourcing» oder «Outcontracting» bezeichnet (vgl. Kapitel 9).

30 Welches Instrument optimal ist, kann je nach Region verschieden sein. Weitzman (1974) hat beispielsweise gezeigt, dass bei Unsicherheit die Wahl zwischen Preissteuerung (Lenkungsabgaben) und Mengensteuerung (Zertifikatehandel) vom Verlauf der Grenzschadens- und der Grenzvermeidungskostenkurven abhängt.

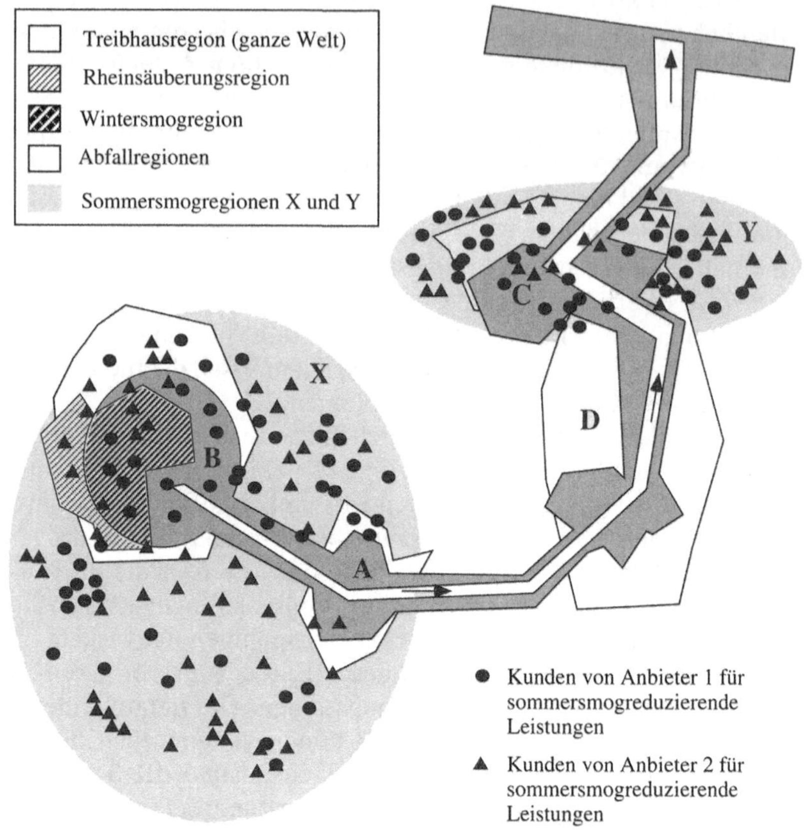

Abbildung 2.6
Instrumenten-Anbieter in den Schadschöpfungsregionen

nehmen und dafür auch entschädigt (im Sinne einer Vermittlungskommission). Dies entspricht nichts anderem als dem Prinzip des Emissionszertifikatehandels (vgl. Kapitel 6). Natürlich ist das Instrument des Zertifikatehandels nicht für alle Umweltprobleme geeignet (z.B. nicht für Umweltprobleme, die hauptsächlich durch mobile Emissionsquellen wie den Strassenverkehr verursacht werden). Somit müssen auch andere Instrumente wie Lenkungsabgaben (vgl. Kapitel 5) in Betracht gezogen werden.

Verschiedene **Rahmenbedingungen** sind **Voraussetzung** für die Funktionsfähigkeit dieses Marktes für umweltpolitische Instrumente:

- Die Schadschöpfungsregionen müssen gewisse *Emissionsziele pro Mitglied* und/oder pro Franken Wertschöpfung festsetzen, welche die Instrumenten-Anbieter zusammen mit ihren Mitgliedern zu erreichen haben. Der Weg zu diesem Ziel ist ihnen dabei freigestellt.
- Alle aktuellen und potentiellen Belaster der Umwelt (d.h. alle natürlichen und juristischen Personen) müssen sich einem *Instrumenten-Anbieter anschliessen,* wobei aber Wahlfreiheit bestehen muss.
- An die Instrumenten-Anbieter müssen Beiträge abgeliefert werden, damit diese ihre Politik betreiben können. Diese *Beiträge* werden in Form von Eintrittsprämien und periodischen (emissionsabhängigen) Zahlungen geleistet. Die Wirtschaftssubjekte werden sich demjenigen Anbieter anschliessen, welcher die geringsten Beiträge verlangt und Instrumente einsetzt, die von den Mitgliedern akzeptiert werden.[31]

Bei Umweltproblemen, die sehr hohe Mess- und Kontrollkosten mit sich bringen, wird nur ein Anbieter überleben. Dies würde dann wiederum der heutigen Situation mit dem Staat als einzigem umweltpolitischen Akteur entsprechen. Falls Markteintrittsbarrieren existieren, muss eine übergeordnete Instanz der Schadschöpfungsregion dafür sorgen, dass in einem solchen Fall die Monopolmacht nicht ausgenutzt werden kann. Dazu können Vorgaben über die zu verfolgende Politik oder die Gewährleistung tiefer Markteintrittsbarrieren für Neuanbieter dienen. Die Aufgabe des Staates wird reduziert auf die Kontrolle der Instrumenten-Anbieter bezüglich der Einhaltung der umweltpolitischen Vorgaben.

2.4.3 Umsetzungsprobleme

Das vorgängig diskutierte Konzept der Schadschöpfungsregionen und seine Anwendung auf die Umweltpolitik scheint auf den ersten Blick visionär oder gar utopisch. Eine kritische Betrachtung der Haupteinwände zeigt jedoch, dass im Vergleich zur heutigen Situation keine nennenswerten Nachteile entstehen. Durch die Dezentralisierung ergeben sich aber unbestrittene Vorteile. Die Analyse wird im folgenden unterteilt bezüglich der Schadschöpfungsregionen, der Instrumenten-Anbieter und der politischen Durchsetzbarkeit.

31 Ein Instrumenten-Anbieter, der als Massnahme gegen den Sommersmog einen internen Emissionszertifikatemarkt einführt, wird aufgrund der grösseren Effizienz des Instruments eher Kundschaft gewinnen können als ein Anbieter, der mit Verboten agiert.

a) *Abgrenzung von Schadschöpfungsregionen*

Der erste Einwand gegen die Bildung von Schadschöpfungsregionen richtet sich gegen die Unmöglichkeit der klaren *Abgrenzung*. Eine hieb- und stichfeste räumliche Abgrenzung ist zweifelsohne kaum möglich, angestrebt wird aber auch nicht eine vollständige Gewährleistung der fiskalischen Äquivalenz. Im Vergleich zur heutigen Abgrenzung der Regionen wird jedoch eine vermehrte Vermeidung räumlicher externer Effekte erreicht. Damit fallen sie in Relation zu den hausgemachten Schadschöpfungsbeiträgen weniger ins Gewicht, was zu einer Verminderung von Wohlfahrtsverlusten und politischen Widerständen führt. Einer vergleichenden Betrachtung hält dieser Einwand also nicht Stand.

Mit der Einführung von sich überlappenden Funktionalregionen entstehen eine *grosse Anzahl von verschiedenen staatlichen Ebenen.* Hierzu wird angeführt, dass hohe Informations- und Entscheidungskosten für die Bürger entstehen.[32] Dabei wird übersehen, dass erstens bereits existierende oder neue Institutionen die Informationskosten (durch die Medien) und Entscheidungskosten (mittels Parolen und Ratschlägen von Parteien und Interessengruppen) senken werden und zweitens durch die direktere Betroffenheit der Anreiz zur Teilnahme am politischen Prozess steigt.

Ein weiterer Kritikpunkt stellt die scheinbare Machtlosigkeit gegenüber *mobilen Emissionsquellen* dar, welche sich zwischen den Schadschöpfungsregionen bewegen können.[33] Dies ist in der heutigen Situation zweifelsohne ein grosses Problem. Ein über verschiedene Schadschöpfungsregionen flächendeckendes «Electronic Road Pricing»[34] mit nach Schadschöpfungsregionen differenzierten Abgaben stellt für den Strassenverkehr eine geeignete Variante dar, um dieses Problem in Zukunft zu bewältigen. Analog kann die Idee des Road Pricing auf den Luftverkehr übertragen werden, womit die mobilen Quellen nahezu gesamthaft erfasst sind.

Schliesslich kann der Einwand erhoben werden, Wettbewerb zwischen Gebietskörperschaften führe zu immer niedrigeren *Umweltstandards* und schliesslich zu deren Aufhebung (d.h. Konvergenz gegen Null). Diese Argumentation übersieht aber, dass im Steuerwettbewerb zwischen verschiedenen Gebietskörperschaften die Steuersätze nicht gegen Null konvergieren, sondern den Grenzkosten der öffentlichen

---

32 Vgl. Zimmermann & Kahlenborn (1994, 188).

33 Vgl. Zimmermann & Kahlenborn (1994, 204).

34 Ein Beispiel für die Anwendung des Electronic Road Pricing ist bei Abay & Zehnder (1992) für die Agglomeration Bern zu finden.

Güter entsprechen. Demzufolge wird sich der Preis für die Sicherung der Umweltqualität im Wettbewerb in Richtung der Grenzschadenskosten entwickeln, die nicht Null sind.[35]

b) Verwaltung der Schadschöpfungsregion und Instrumenten-Anbieter

Damit die Erfüllung der vorgegebenen Ziele kontrolliert werden kann, bedarf es seitens der Verwaltung der Schadschöpfungsregionen einer Messung der Schadschöpfung aller Instrumenten-Anbieter. Dies ist mit Kosten verbunden, die je nach Anzahl Anbieter und dem betrachteten Umweltproblem ein bedeutendes Ausmass annehmen können. Die Einführung eines **staatlichen Monitoring- und Controlling-Systems** (vgl. Kapitel 3) ermöglicht es, diese Kosten zu senken.

Ob die Monitoring-Kosten in einem dezentralen System (mit Schadschöpfungsregionen und Instrumenten-Anbietern) oder in einem zentralen System (heutige Auflagenpolitik) grösser sind, kann a priori nicht bestimmt werden. Die rasante Entwicklung in der Kommunikations- und Messtechnologie wird in Zukunft aber diese Monitoring-Kosten senken.

c) Notwendigkeit langfristiger Verträge

Die Bereitstellung vieler Umweltschutzleistungen wie der Betrieb von Kläranlagen, die Kehrichtsammlung usw. kann mit kurzfristigen Verträgen an private Anbieter vergeben werden. Andere Aufgaben, wie die Bereitstellung von Infrastruktur (z.B. einer Sondermüllverbrennungsanlage), sind jedoch mit hohen Fixkosten verbunden und erfordern deshalb langfristige vertragliche Vereinbarungen. Die entsprechenden Märkte entsprechen deshalb nicht dem «Lehrbuchmarkt» mit vollständiger Konkurrenz.

d) Politische Durchsetzungsprobleme

Die realpolitische Umsetzung wird mit Schwierigkeiten verbunden sein, da die **Neudefinition von historisch gewachsenen Grenzen** aufgrund von hohen Anpassungskosten und schwerfälligen Entschei-

---

35 Siebert (1991a) zeigt, dass sich die Umweltstandards im Wettbewerb nicht gegen Null entwickeln.

dungsprozessen nicht von heute auf morgen machbar ist. Dabei ist aber zu bedenken, dass die Grenzen von Schadschöpfungsregionen nicht physisch in der Landschaft ersichtlich sind (keine Zollbäume usw.) und die entsprechenden Verwaltungsinstitutionen nicht Bürokratiegebäude darstellen, sondern z.B. Abteilungen eines nationalen oder internationalen Umweltamts sein können.

Es ist damit zu rechnen, dass sich die Vertreter der zentralstaatlichen und supranationalen Ebenen (sowohl die Politiker als auch die Bürokraten) gegen Gebietsreformen wehren, da das Abtreten von **Entscheidungskompetenzen** an untergeordnete Institutionen mit dem Verlust von monetärem und nicht-monetärem (Prestige, Macht) Einkommen verbunden ist. Letztlich sind auch die potentiellen Gewinner von Gebietsreformen schlechter organisiert als die potentiellen Verlierer, da ihr Nutzen aus einer dezentralen **Organisation** in der Zukunft liegt und unsicher ist. Deshalb sind sie schlechter in der Lage, ihre Interessen im politischen Prozess durchzusetzen. Trotz dieser Umsetzungsprobleme sind solche innovative Vorschläge notwendig, denn nur so kann die Information im laufenden politischen Prozess verbessert und damit die politische Durchsetzbarkeit von wohlfahrtssteigernden wirtschaftspolitischen Massnahmen erhöht werden.

2.5 Schlussbetrachtung

Wettbewerb in der Umweltpolitik ist bis anhin praktisch inexistent. Während die ordnungspolitischen Institutionen nach planwirtschaftlichem Muster aufgebaut sind, entwickelt sich die Realpolitik in Richtung Vereinheitlichung von Umweltvorschriften und Abtretung von umweltpolitischen Kompetenzen an höhere (planwirtschaftlich operierende) Ebenen.

Aufgrund hemmender Spillovers und der starken Verletzung des fiskalischen Äquivalenzprinzips ist eine marktwirtschaftliche Neugestaltung der institutionellen Rahmenbedingungen notwendig. Das Konzept der Schadschöpfungsregionen und Instrumenten-Anbieter ermöglicht den bisher fehlenden Wettbewerb. Dezentralisierung und Eliminierung von Spillovers durch die Bildung von Funktionalregionen sind die wesentlichen Elemente dieses Systems. Die durch den Druck des Wettbewerbs bewirkte Berücksichtigung der Präferenzen der Individuen (allokative Effizienz) und kostengünstige Umweltpolitik (Kosteneffizienz) stellen überzeugende Argumente für eine ordnungspolitische Reform dar. Diese Elemente sind im heutigen planwirtschaftlichen System der Umweltpolitik nicht vorhanden.

Mit der Bildung von Schadschöpfungsregionen werden die institutionellen Voraussetzungen für eine Problem- und Kundenorientierung der Umweltpolitik geschaffen. Der Vollzug erfolgt durch staatliche und private Akteure. Die Sicherstellung von Effizienz und Effektivität der staatlichen Umweltpolitik erfordert demnach von Seiten des Staates ein wirkungsorientiertes Management der Umweltpolitik der Schadschöpfungsregionen. Aus Beamten müssen an der Öko-Effizienz ihrer Tätigkeiten gemessene, unternehmerisch agierende «Schadschöpfungsmanager» werden. Eine wirkungs- und effizienzorientierte Führung erfordert Managementinstrumente wie Öko-Controlling und Umweltinformationssysteme.

Literatur

Abay, Georg & Zehnder, Claude (1992): «Road Pricing für die Agglomeration Bern: Ein Vorschlag». In: Schweizerische Zeitschrift für Volkswirtschaft und Statistik, Vol. 128, 495–510.

Bird, Richard M. (1993): «Threading the Fiscal Labyrinth: Some Issues in Fiscal Decentralisation». In: National Tax Journal, Vol. 46, 201–221.

Blöchliger, Hansjörg & Staehelin-Witt, Elke (1993): Die Umweltzentralbank: Ein ordnungspolitischer Vorschlag. Königswinter: Institut für politische Bildung, Forschung und Politikberatung.

Brown, Gardner Jr. (1980): «Criteria for an Approapriate Institutional Structure». In: Siebert, Horst; Walter, Ingo & Zimmermann, Klaus (Eds.): Regional Environmental Policy. The Economic Issues. Baltimore: Port City Press, 166–171.

Brunetti, Aymo (1993): «Umwelt und Aussenwirtschaft». In: Frey, René L. u.a. (Hrsg.): Mit Ökonomie zur Ökologie. Basel: Helbing & Lichtenhahn, 137–156.

De Pury, David (1995): «Anstösse zu einem ordnungspolitischen Durchbruch. Eine Analyse und ein neuer Konsens als Basis eines Neuanfangs». Neue Zürcher Zeitung, Nr. 77, 29.

Eckrich, Klaus (1994): Die Harmonisierung des Umweltschutzes in der Europäischen Union. Frankfurt a. M.: Lang.

Erwingman, Dieter & Hansmeyer, Klaus (1980): «The Institutional Setting of Regional Environmental Policy». In: Siebert, Horst; Walter, Ingo & Zimmermann, Klaus (Eds.): Regional Environmental Policy. The Economic Issues. Baltimore: Port City Press, 152–166.

Fishelson, Gideon (1980): «Political and Jurisdictional Systems for Regional Environmental Policy». In: Siebert, Horst; Walter Ingo & Zimmermann, Klaus (Eds.): Regional Environmental Policy. The Economic Issues. Baltimore: Port City Press, 166–171.

Frey, Bruno & Eichenberger, Reiner (1995): «A Single European Market For Governments: Securing a Fifth Freedom». Zürich: Manuskript.

Frey, Bruno (1994): «Direct Democracy: Politico-Economic Lessons from Swiss Experience». In: American Economic Review, Papers and Proceedings, Vol. 84, 338–342.

Frey, Bruno & Kirchgässner, Gebhard (1994): Demokratische Wirtschaftspolitik, München: Vahlen.

Frey, René L. (1995): «Europäische Integration, Regionalstruktur und Föderalismus». In: Aussenwirtschaft, Sondernummer zum 60. Geburtstag von Georges Fischer.

Garbe, Christian (1994): Zuordnung umweltpolitischer Kompetenzen in der EU am Beispiel der Nitratrichtlinie (91/676 EWG). Göttingen: Mimeo.

Hayek, Friedrich August von (1945): «The Use of Knowledge in Society». In: American Economic Review, Vol. 35, 519–530.

Hirschman, Albert (1974): Abwanderung und Widerspruch: Reaktionen auf Leistungsabfall bei Unternehmungen, Organisationen und Staaten. Tübingen: Mohr.
Hufschmid, Peter (1994): «Kraftwerke schliessen CO_2-Verträge mit Urwaldbesitzern». In: Neue Zürcher Zeitung, 8.2.1994.
Kindleberger, Charles (1986): «International Public Goods Without International Government». In: American Economic Review, Vol. 76, 1–13.
Kux, Stephan (1994): Subsidiarity and the Environment: Implementing International Agreements. Basler Schriften zur europäischen Integration, Nr.8. Basel: Europa-Institut.
Kux, Stephan & Schenkel, Walter (1995): «Vom Vorreiter zum Mitläufer?. Schweizerische Luftreinhaltepolitik im internationalen Umfeld». In: Neue Zürcher Zeitung, Nr. 81, 6. April, 15.
Mitchell, William C. & Munger, Michael C. (1991): «Economic Models of Interest Groups: An Introductory Survey». In: American Journal of Political Science, Vol. 35, 512–546.
Mueller, Dennis C. (1989): Public Choice II. Cambridge: Cambridge University Press.
Oates, Wallace E. (1972): Fiscal Federalism. New York: Harcourt, Brace, Jovanovich.
Olson, Mancur (1969): «The Principle of Fiscal Equivalence: The Division of Responsibilities Among Different Levels of Government». In: American Economic Review, Papers and Proceedings, Vol. 59, 479–487.
Rosenkranz, Elisabeth (1995): «Schwierige Ausgangslage. Studie zur grenzüberschreitenden Umweltpolitik am Oberrhein». In: Dreiland-Zeitung, 13. April, 3.
Schaltegger, Stefan & Thomas, Tom (1993b): «PACT für einen Schadschöpfungs-Zertifikatshandel». In: Zeitschrift für Umweltpolitik und Umweltrecht (ZfU), Heft 3/94, 357–381.
Siebert, Horst (1991a): «Environmental Policy and European Integration». In: Siebert, Horst (Hrsg.): Environmental Scarcity: The International Dimension. Tübingen: Mohr, 57–70.
Siebert, Horst (1991b): «Europe '92: Decentralizing Environmental Policy in the Single Market». In: Environmental and Resource Economics, Vol. 1, 271–287.
Siebert, Horst; Walter, Ingo & Zimmermann, Klaus (Eds.): Regional Environmental Policy. The Economic Issues. Baltimore: Port City Press.
Spillmann, Andreas (1994): Soziale Gerechtigkeit im Umweltschutz. Chur/Zürich: Rüegger.
Staehelin-Witt, Elke & Blöchliger, Hansjörg (1990): «Die Umweltzentralbank als Instrument langfristiger Umweltpolitik». In: Neue Zürcher Zeitung, 17./18. Nov.
Staehelin-Witt, Elke & Spillmann, Andreas (1992): Emissionshandel. Ein marktwirtschaftlicher Weg für die schweizerische Umweltpolitik. Basel: WWZ.
Tiebout, Charles M. (1956): «A Pure Theory of Local Expenditures». In: Journal of Political Economy 64, 416–424.
Weitzman, Martin (1974): «Prices vs. Quantities». In: Review of Economic Studies, Vol. 41, 477–491.
Zimmermann, Klaus W. & Kahlenborn, Walter (1994): Umweltföderalismus: Einheit und Einheitlichkeit in Deutschland und Europa. Berlin: Sigma.

Teil III

Controlling und Informationsmanagement

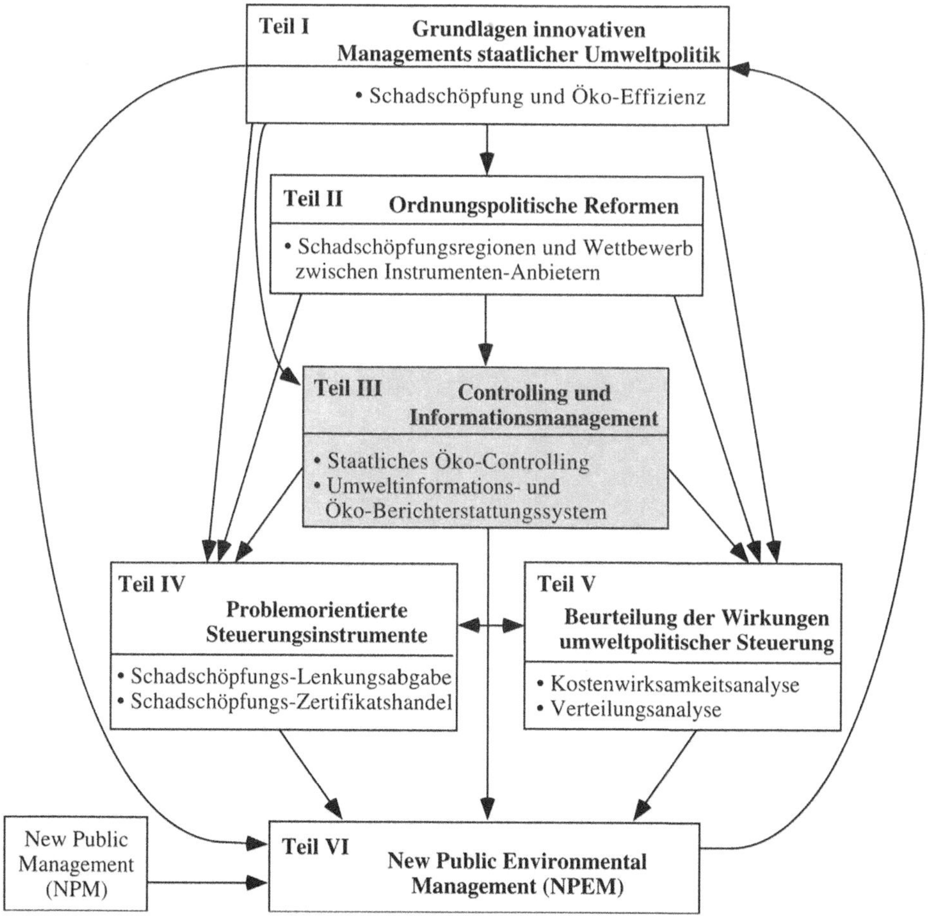

3 Öko-Controlling für die staatliche Umweltpolitik

Zusammenfassung

Ein wesentlicher Schritt zur Revitalisierung der staatlichen Umweltpolitik ist die Einführung von Managementinstrumenten in Politik und Verwaltung. Zentrales Führungsinstrument in der Privatwirtschaft ist das Controlling. Es gibt keinen Grund, weshalb dieses erfolgreich angewandte Instrument nicht auch auf staatlicher Ebene eingesetzt werden sollte.

Das staatliche Öko-Controlling ist ein umfassendes Managementkonzept, das die Organisation, Steuerung und Umsetzung der staatlichen Umweltpolitik unterstützt. Es unterscheidet fünf Module.

Bei der Zielsetzung geht es um die klare Festlegung von Prioritäten, während das Informationsmanagement der Aufbereitung von Daten der zu bekämpfenden Umweltprobleme dient. Die Entscheidungsunterstützung ist auf die Beurteilung von Problembeiträgen, Vermeidungsalternativen und Öko-Effizienz ausgerichtet. Das vierte Modul, Steuerung und Umsetzung, unterstützt den Einsatz von Lenkungs- und Kontrollmassnahmen. Die umweltpolitischen Massnahmen und Resultate sind zur Verbesserung der gesellschaftlichen Akzeptanz und zur Erhöhung der Transparenz der Umweltpolitik zu kommunizieren.

Zur Bearbeitung der einzelnen Module stehen spezifische Instrumente wie beispielsweise Umweltinformationssystem, Zertifikatshandel, Kostenwirksamkeitsanalyse zur Verfügung, von denen die wichtigsten in den weiteren Kapiteln vertieft behandelt werden.

Beim staatlichen Öko-Controlling geht es keinesfalls um eine Zentralisierung der umweltpolitischen Aufgaben (Zielsetzung, Entscheidung, Steuerung usw.). Wesentliche Aufgabe des Öko-Controlling ist vielmehr die Koordination verschiedener umweltpolitischer Aktivitäten, Akteure und Instrumente wie z.B. die Abstimmung von Umweltinformations- und Steuerungsinstrumenten.

Ein Schwerpunkt des Öko-Controlling in der Verwaltung liegt bei der problemorientierten Entscheidungsvorbereitung für Politiker. Auch sollen die Aktivitäten der Politiker und Umweltbehörden sowie deren Erfolg für die Bevölkerung transparent gemacht werden.

Der Staat, dem der Schutz der Natur als Aufgabe in der Bundesverfassung (Art. 24 septies) übertragen ist, versucht mit dem Setzen von umweltrechtlichen Rahmenbedingungen die Übernutzung der Natur und ihrer Absorptionsfähigkeit einzugrenzen. Adressaten der staatlichen Umweltpolitik sind die Unternehmungen und Haushalte. Ihnen dienen diese Rahmenbedingungen einerseits als Orientierung und lösen andererseits einen gewissen Druck hin zu umweltgerechtem Handeln aus. Für eine Volkswirtschaft ist es von grösster Wichtigkeit, dass die Umweltpolitik effizient ist und ihre Ziele erreicht.

Die folgenden Ausführungen zeigen ein neues Managementinstrument (Öko-Controlling) auf, welches in der betriebswirtschaftlichen Praxis entwickelt wurde und geeignet ist, das Management der staatlichen Umweltpolitik auf eine «neue Ebene» zu heben.

Öko-Controlling ist ein umfassendes Umweltmanagement-Konzept, mit dem versucht wird, die Umwelteinwirkungen von Unternehmungen, Produkten und Prozessen fassbar und damit auch lenkbar zu machen. Ein Öko-Controlling-System besteht aus fünf Modulen: Zielbildung, Datenmanagement, Entscheidungsunterstützung, Umsetzung und Steuerung sowie Kommunikation. Die Teilschritte bzw. Module des Öko-Controlling-Prozesses werden von spezifischen Öko-Controlling Instrumenten (Erfassungs-, Beurteilungs-, Planungs-, Budgetierungs-, Kommunikationsinstrumenten usw.) unterstützt.[1]

In entwickelten Volkswirtschaften entstehen die meisten direkten Umweltbelastungen bei sog. Gemeinschadschöpfungsstellen wie Kläranlagen, Verbrennungsöfen u.ä. In Analogie zur Kostenrechnung umschreibt der Begriff «Gemeinschadschöpfungsstelle» eine Schadschöpfungsstelle (vgl. Abschnitt 3.2), die eine Dienstleistung für mehrere andere Herstellungsprozesse erbringt und von ihnen gemeinsam benutzt wird. So werden z.B. Abwässer aller Produktionsanlagen eines Werkes i.d.R. in eine gemeinsame Kläranlage eingeleitet. Erst das in einen Vorfluter eingeleitete Abwasser der Kläranlage ist aber umweltrelevant. Es stellt sich somit bei jeder seriösen Schadschöpfungsrechnung die Frage, wie die bei der Gemeinschadschöpfungsstelle anfallenden Umwelteinwirkungen auf die vorgelagerten, eigentlich die Probleme verursachenden Einzelschadschöpfungsstellen (Produktionsprozesse usw.) und Schadschöpfungsträger (Produkte usw.) zugerechnet (alloziert) werden können. Die Vor- und Nachteile verschiedener Allokationsmethoden sowie zu beachtende Spezialprobleme der Zurechnung sind aus der Kostenrechnung bekannt und seit geraumer Zeit erprobt. Die Erkenntnisse des betrieblichen Rechnungswesens lassen

1 Vgl. Schaltegger & Sturm (1995).

sich diesbezüglich nahezu uneingeschränkt auf eine volkswirtschaftliche Schadschöpfungsrechnung übertragen, mit dem Unterschied, dass anstelle von Geldeinheiten in einer physikalischen Masseinheit (z.B. kg) gerechnet wird.[2] Sind die gleichen Umwelteinwirkungsarten (Schadschöpfungsarten, z.B. CO_2) alloziert und bezüglich der Schadschöpfungsstellen und -träger aggregiert, so ist das Inventar erstellt.

3.1 Von der Überwachung von Verboten und Grenzwerten zum Energie- und Stoffstrommanagement

Heute ist die staatliche Umweltpolitik faktisch eine isolierte Ressortpolitik, die medial bezüglich der Umweltmedien Luft, Wasser und Boden organisiert ist. Die am häufigsten angewandten Interventionsstrategien sind einerseits Gebote und Auflagen und andererseits Infrastrukturleistungen, mit denen der Staat selbst Umweltschutzmassnahmen wahrnimmt.[3] Die Umweltpolitik sollte aber nicht nur eine Ressortpolitik sein, die sich um Luftreinhaltung, Gewässerschutz, Deponien usw. kümmert, sondern sie sollte vor allem Querschnittsfunktionen erfüllen.[4]

Die Umweltpolitik weist Interdependenzen mit allen andern staatlichen Politiken von der Aussenpolitik, der Landwirtschafts- und der Verkehrs- bis hin zur Wirtschaftspolitik auf. Die daraus resultierende Folgerung, dass auch umfassend geplant und in einer ressortübergreifenden Gesamtpolitik agiert werden muss, ist bis heute noch nicht verwirklicht.[5] In der heutigen Konstellation der verschiedenen Ressortpolitiken sind die Umweltziele faktisch den übrigen staatspolitischen Zielen stets nach- und nicht gleichgestellt.

Im Rahmen einer modernen Umweltpolitik sollte versucht werden, den heute geltenden Grenzwertrahmen und die damit verbundenen dominierenden ordnungsrechtlichen Instrumente der Ge- und Verbote durch eine frachtbezogene Umweltpolitik mit marktwirtschaftlichen Regulierungen teilweise zu ergänzen und grossteils abzulösen. Die Tendenz in Richtung frachtorientiertem Energie- und Stoffstrommanagement[6] sind vor allem bei Unternehmungen klar und unverkennbar. Erste Stimmen fordern auch beim Staat eine entsprechende Neuorientierung.[7]

Ein staatliches resp. volkswirtschaftliches Öko-Controlling[8] kann da-

---

2 Vgl. Schaltegger & Sturm (1992a), (1994).
3 Vgl. Simonis (1991, 79), Frey, Blöchliger & Staehelin-Witt (1994).
4 Vgl. Wilhelm (1994, 10).
5 Vgl. Wilhelm (1994, 41).
6 Fracht meint eine Menge eines bestimmten Flusses pro Periode und Region.
7 Vgl. z.B. Schmidt-Bleek (1994).

zu beitragen, dass umweltpolitische Zielsetzungen auch in anderen Ressortpolitiken Eingang finden. Es ermöglicht zudem den Wandel von einer fachbezogenen hin zu einer ressortübergreifenden Gesamtpolitik. Aufgrund der ressortübergreifenden Querschnittsfunktionen einer modernen Umweltpolitik kann sich ein staatliches Öko-Controlling nicht auf ein Departement, Bundesamt oder Kantonales Amt beschränken, sondern bezieht sich auf alle staatlichen Institutionen und Aufgaben.

Unter einem *staatlichen Öko-Controlling* wird ein umfassendes Umweltmanagement-Konzept verstanden, mit dem versucht wird, die Umwelteinwirkungen innerhalb der Staatsgrenzen bzw. der Schadschöpfungsregion[9], verursacht durch die einzelnen Wirtschaftssektoren und die privaten Haushalte, fassbar und lenkbar zu machen. Im weiteren unterstützt das staatliche Öko-Controlling die Formulierung und Umsetzung von Umweltschutzzielen und -strategien und koordiniert den Instrumenteneinsatz.

3.2 Staatliches Öko-Controlling

Der auf der Schadschöpfungsrechnung[10] aufbauende Ansatz des betrieblichen Öko-Controlling[11] bildet die konzeptionelle Grundlage des staatlichen Öko-Controlling.

3.2.1 Das Grundkonzept

Das Grundkonzept des staatlichen Öko-Controlling besteht aus fünf zusammenhängenden Modulen (Abbildung 3.1).

---

8 Wir verwenden im folgenden die beiden Begriffe «staatliches Öko-Controlling» und «volkswirtschaftliches Öko-Controlling» synonym.

9 Wie in Teil II näher erläutert wurde, sind die heute bestehenden politischen Staatsgrenzen in vielen Fällen weitgehend ungeeignet, eine wirksame und effiziente staatliche Umweltpolitik zu betreiben.

10 Die Schadschöpfung ist das Pendant zur Wertschöpfung. Sie ist definiert als die Summe der durch betriebliche Wertschöpfungs- resp. Leistungsprozesse verursachten und nach ihrer relativen ökologischen Schädlichkeit beurteilten Stoff- und Energieflüsse. Vgl. Schaltegger & Sturm (1990), (1992a), (1992b), (1994), Kapitel 1.
Dieses Konzept der Schadschöpfungsrechnung unterscheidet wie die betriebliche Kostenrechnung drei Dimensionen:
- Schadschöpfungsarten (= Art der Stoff- und Energieflüsse)
- Schadschöpfungsstellen (= Ort der Entstehung)
- Schadschöpfungsträger (= Schadschöpfung verursachende Produkt/Leistung).

11 Zum Konzept und zur Definition des betrieblichen Öko-Controllings vgl. Schaltegger & Sturm (1995).

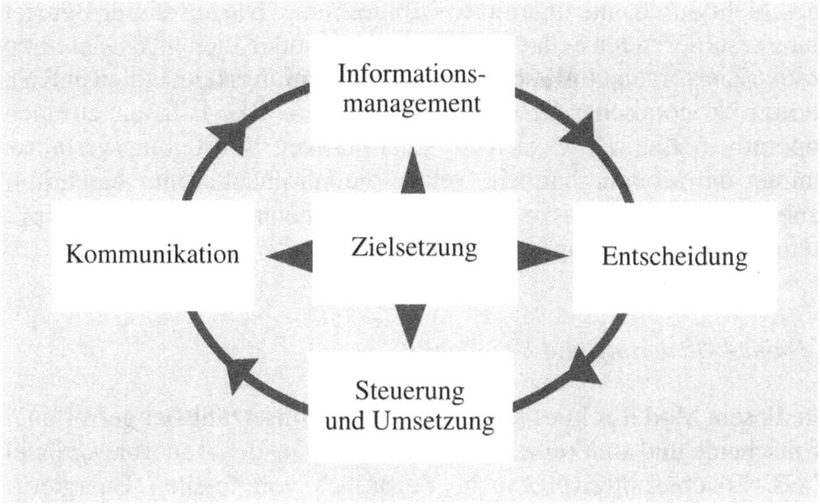

Abbildung 3.1
Module des Öko-Controllings

Modul 1: Zielsetzung

Basis und Ausgangspunkt eines Öko-Controllings ist die Formulierung ökologischer Zielsetzungen. Erst damit ist die Zielrichtung für das Öko-Controlling vorgegeben. In diesem strategischen Prozess muss eine starke Orientierung an den heutigen und zukünftigen Umweltproblemen (z.B. Treibhauseffekt, Sommersmog) stattfinden.

Modul 2: Informationsmanagement

Die Grundlage des eigentlichen Controllingsystems bildet das Datenmanagement. Es ist auf die Ziele auszurichten. Hierbei geht es um die Erfassung der Stoff- und Energieflüsse mit Hilfe der quantitativen Schadschöpfungsrechnung. Die Erfassung qualitativer Daten erfolgt separat.

Modul 3: Entscheidung

Da die Rohdaten noch keine Managemententscheide erlauben, müssen die Daten in einem Entscheidungssystem aufbereitet werden. Dies geschieht durch eine quantitative Beurteilung. Die aus dieser Beurteilung resultierenden Schadschöpfungskennzahlen dienen als klare operative Zielvorgaben. Werden die Schadschöpfungskennzahlen in Relation zu ökonomischen Grössen gesetzt, wird die Öko-Effizienz zu einem operativen Ziel. Da es sich bei quantitativen Beurteilungsverfahren immer um Modelle handelt, welche die Wirklichkeit nur beschränkt abbilden können, muss immer auch eine fachlich qualifizierte Interpretation und Beurteilung erfolgen.

Modul 4: Steuerung und Umsetzung

In diesem Modul geht es einerseits um die Umsetzung der getroffenen Entscheide und andererseits um die Festlegung der Steuerungsgrössen (z.B. Lösungsmittelverbrauch, Verbrauch von fossilen Energieträgern). Die effizienteste und effektivste Steuerung dieser festgelegten Grössen erfolgt durch die Internalisierung der externen Kosten mittels marktwirtschaftlicher Instrumente (Lenkungsabgaben oder Zertifikate).

Modul 5: Kommunikation

Ökologie als Chance zu verstehen, bedingt die kommunikative Umsetzung des Geleisteten und die Vermittlung der Umweltstrategie. Das volkswirtschaftliche Öko-Controlling liefert das Fundament für die interne und externe Kommunikation eines Staates im Bereich seiner Umweltpolitik. Damit sollen die von verschiedenen Anspruchsgruppen des Staates geforderten Informationen zielgruppengerecht aufbereitet und vermittelt werden.

Im folgenden werden diese Module detaillierter vorgestellt. Dabei wird, wenn immer möglich, auf konkrete Beispiele zurückgegriffen.

3.2.2 Zielsetzung

Grundlage aller Steuerungssysteme und -massnahmen sind Ziele. Fixierte Zielsetzungen erfüllen drei wichtige Funktionen: die Koordinations-, die Steuerungs- und die Kontrollfunktion:[12]

---

12 Vgl. Meffert & Kirchgeorg (1993, 141).

- Bei der *Koordinationsfunktion* geht es um die Ausrichtung aller Staats-Aktivitäten an den vereinbarten Oberzielen und der Abstimmung der einzelnen Massnahmen. Insbesondere bei Umweltschutzproblemen, die sich nicht auf einzelne staatliche Bereiche bzw. Politiken beschränken, sondern durch ihre Allgegenwärtigkeit eine ressortübergreifende Gesamtpolitik erfordern, ist die Gefahr gross, sich ohne die zielorientierte Gestaltung von Umweltschutzmassnahmen in ineffizienten Insellösungen zu verlieren.
- Die *Steuerungsfunktion* vereinbarter Ziele erfolgt über die Ausrichtung aller Entscheidungen an den vorgegeben «Soll-Zuständen». Erst danach kann im Entscheidungsprozess jede Handlungsalternative anhand der Höhe ihres Zielbeitrages beurteilt werden.
- Die *Kontrollfunktion* stellt sicher, dass der Beitrag einzelner Aktivitäten zur Zielerreichung bewertet wird und notwendige Korrekturen vorgenommen werden können.

Um die ökologische Leistung der Umweltbehörden zu verbessern, sind ökologische Ziele und Strategien zu formulieren. Dabei sind die Bedürfnisse der verschiedenen Interessengruppen (insbesondere der Wähler) zu berücksichtigen. Zudem sind die gegenwärtigen politischen Gegebenheiten in den übrigen staatlichen Ressorts, die gesamtwirtschaftlichen und gesellschaftspolitischen Rahmenbedingungen, die allgemeine Konjunkturlage sowie das Verhalten der internationalen Gemeinschaften einzubeziehen. Nur so werden Umweltziele zu einem integralen Bestandteil der gesamten Politik.

Ein staatliches Öko-Controlling kann nur effektiv und effizient aufgebaut werden, wenn Ziele klar formuliert sowie verbindlich und erreichbar vorgegeben sind. Um Ziele vorzugeben, müssen in einem ersten Schritt Schwerpunkte gesetzt werden. Dies erfolgt, indem die ökologischen Problemfelder eines Staates grob analysiert werden und die Zielrichtung der staatlichen Umweltpolitik festgelegt wird. Die ökologischen Problemfelder sollten nicht nach Umweltmedium, sondern nach Problembereich analysiert werden. Diese Problembereiche lassen sich grob in Ressourcenverbrauch und Umweltbelastung (Pollution) untergliedern. Diese Grobgliederung muss wiederum weiter unterteilt werden. Zudem sind die Zusammenhänge zwischen den Umweltproblembereichen aufzuzeigen und festzuhalten. Abbildung 3.2 zeigt die Ansatzpunkte auf.

Ziele könnten im Rahmen eines Zielfestlegungs-Workshops[13] ver-

---

13 Vgl. Hallay & Pfriem (1992, 49).

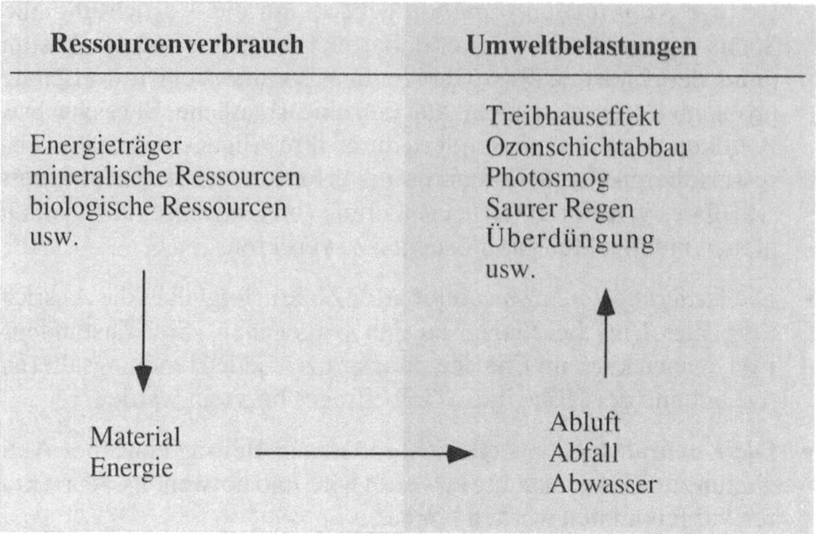

Abbildung 3.2
Zielsetzungsprozess

einbart werden. Bei der Zielfestlegung sollten alle wesentlichen staatlichen Fachbereiche und Abteilungen, die politischen Parteien als Vertreter der Wähler beziehungsweise der Bevölkerung sowie gegebenenfalls die Umweltschutzgruppen involviert sein.

Das Resultat des Zielbildungsprozessschrittes ist die Definition von Soll-Werten für die gewählten Ziele pro Umweltproblembereich. Auf Basis dieser Zielwerte kann im Entscheidungsmodul die Zielerreichung bestimmt werden. Diese Soll-Werte können sich auf Frachten (kg/Jahr) oder Konzentrationen (mg/m^3) beziehen.[14] Bei einer primär frachtorientierten Umweltpolitik kommt den Grenzwerten die Aufgabe zu, sogenannte «Hot Spots» (räumlich konzentrierte Umweltprobleme) zu verhindern. Hierzu kann der Grenzwertrahmen flexibler als heute ausgestaltet werden.[15]

---

14 Konzentrationen können nur nach Umweltmedium vorgegeben werden, was wiederum die Gefahr einer mediumsorientierten Umweltpolitik vergrössert und damit die Integration in alle Politikbereiche erschwert. Deshalb sollten Frachtziele vorgegeben werden.

15 Zu beachten gilt, dass bei immissionsbezogenen umweltpolitischen Zielen, diese in zuzulassende Emissionen der verschiedensten, die Umwelt beeinträchtigenden Wirtschaftsobjekte umzusetzen sind. Anzustrebende Immissionsstandards sind nur durch eine Steuerung der Emissionen zu erreichen, da die Immissionen letztendlich die raumbezogenen Teilmengen der Emissionen darstellen. Da zwischen den Emissionen und Immissionen kein allgemeingültiger oder sogar linearer Zusammenhang besteht, werden

Auf diese vorgegebenen Ziele hat sich der gesamte nachfolgende Öko-Controlling-Prozess zu konzentrieren. Je konkreter und verbindlicher die Soll-Werte definiert werden, desto klarer können die erzielten Resultate beurteilt werden und desto wirksamer kommen die erwähnten Koordinations-, Steuerungs- und Kontrollfunktionen zum Tragen. Vorgaben wie, «die Luftqualität auf den Stand der fünfziger und sechziger Jahre zu heben», bedürfen einer weiteren Konkretisierung. Solche allgemein gehaltenen Formulierungen, denen wahrscheinlich jedermann zustimmen kann, müssen im Rahmen der praktischen Umweltpolitik bzw. des staatlichen Öko-Controlling-Prozesses weiter operationalisiert werden. Wünschenswert ist die Überführung solcher qualitativ formulierter Zielvorstellungen in quantitative Zielvorgaben bezüglich der Umweltproblembereiche. Diese können weiter nach Verursachergruppen und/oder Regionen differenziert werden. Grundvoraussetzung einer dermassen tiefgehenden Operationalisierung der umweltpolitischen Zielvorstellung ist die Bestandesaufnahme der Belastungen und Ressourcenverbräuche.[16] Die Bestandesaufnahme dient als Ist-Aufnahme (siehe Modul 2: Informationsmanagement) und gibt Anhaltspunkte für die Formulierung von Soll-Vorstellungen.

3.2.3 *Informationsmanagement*

Umfassende und präzise Informationen über staatsspezifische ökologische Wirkungen bilden die Grundlage für angemessenes Handeln im Sinne einer Performance-Verbesserung staatlicher Umweltpolitik. Analog zum betrieblichen Controlling[17] besteht eine wichtige Funktion des staatlichen Öko-Controlling in der Beschaffung der benötigten Informationen und zwar mit dem notwendigen Genauigkeits- und Verdichtungsgrad am richtigen Ort und zur richtigen Zeit. Im Rahmen der umweltschutzbezogenen Handlungen erschweren mangelnde Kenntnisse über die Ursache-Wirkungszusammenhänge und über das Schädigungspotential einzelner Stoffe sowie die hohe Informationsdynamik

die Immissionen mit Hilfe von Modellen, die die Transmissionsmechanismen simulieren, in maximal zulässige Emissionen überführt. Um dieses Problem zu vermeiden, sollten direkt Frachtziele aufgestellt werden. Im Sinne einer Neuausrichtung der Umweltpolitik in Richtung vermehrtem Einsatz marktwirtschaftlicher Instrumente und Setzen von Anreizen erweist sich die Abkehr von heute gültigen Grenzwertrahmen hin zu Emissionsfrachtzielen als unabdingbare Voraussetzung. Zur Verhinderung von regionalen «Hot spots» ist der Einsatz von Grenzwerten jedoch nach wie vor unentbehrlich.

16 Vgl. Wicke (1993, 123 ff.).

17 Vgl. Horvarth (1990, 345ff.).

und die Dynamik gesellschaftlicher Sensibilisierungsprozesse die Informationsbedarfsermittlung.[18]

Je besser die den Entscheidungen zu Grunde liegenden Informationen sind, desto besser werden tendenziell die Entscheidungen ausfallen und desto effizienter kann das staatliche Öko-Controlling seine Aufgaben erfüllen. Das Datenmanagement legt den Grundstein für die Qualität des Öko-Controlling-Prozesses, da die folgenden Teilschritte auf den erhobenen Informationen aufbauen.

Das Informationssystem kann in die Erfassung von Stoff- und Energieflüssen und in einen qualitativen Teil gegliedert werden.

a) Erfassung der qualitativen Daten

Im Vordergrund des Datenmanagements steht die Beschaffung und Übermittlung der benötigten Informationen. Der qualitative Teil des Informationssystems sollte aus dem grossen Informationsangebot jene Informationen weiterübermitteln, die für die zukünftige staatliche Umweltpolitik relevant werden könnten.

Als relevante qualitative Informationen kommen u.a. in Frage:

- Erkenntnisse über die Schädlichkeit unterschiedlicher Umwelteinwirkungen
- Erkenntnisse hinsichtlich des Transmissionsmechanismus der Emissionen und Immissionen
- Informationen über den Zustand staatlicher Infrastrukturen (z.B. Abwasserkanalisationssystem, Kehrichtverbrennungsanlagen)
- Veränderungen in den Präferenzen und der Betroffenheit der Wähler und Unternehmungen
- Erfahrungen anderer Staaten und Länder mit dem Einsatz umweltpolitischer Instrumente

Der Informationsbedarf kann unter Umständen allein aus dem verfügbaren Informationsangebot jedoch nicht gedeckt werden. Mögliche Quellen[19] relevanter Informationen sind die neuesten naturwissen-

18 Vgl. Rück (1993, 94).

19 Das deutsche Umweltbundesamt betreibt und entwickelt seit 1974 das Informations- und Dokumentationssystem Umwelt (UMPLIS). UMPLIS sammelt umweltbezogene Informationen und macht sie u.a. der Wirtschaft zugänglich. Im Zusammenhang mit UMPLIS können verschiedene angeschlossene Datenbanken genutzt werden (Umweltliteratur-, Umweltforschungs-, Luftimmissions- und Meeresumweltdatenbank sowie die Informa-

schaftlichen und medizinischen Erkenntnisse und Forschungsresultate, der gesellschaftliche Meinungs- und Willensbildungsprozess, die Stellungsnahmen der einzelnen Branchenverbände zu ökologischen Fragestellungen, Informationen der einzelnen Unternehmungen zu Ressourcenverbräuchen, eingesetzten Stoffen, Emissionen und Abfällen.

b) Erfassung der Stoff- und Energieflüsse

Generell sollten im Rahmen eines staatlichen Öko-Controllings alle Stoff- und Energieflüsse erfasst werden, die zur Beurteilung der Zielerreichung notwendig sind. Analog zur betrieblichen Schadschöpfungsrechnung, die der Erfassung von Stoff- und Energieflüssen eines Unternehmens dient, muss eine staatliche Schadschöpfungsrechnung die Erfasssung aller relevanten Stoff- und Energieflüsse innerhalb einer Gebietskörperschaft[20] gewährleisten.[21] Verwendet man die Systematik der betrieblichen Schadschöpfungsrechung, so können Schadschöpfungsarten, -stellen und -träger unterschieden werden. Als Schadschöpfungsarten werden die Arten einzelner Stoff- und Energieflüsse (z.B. CO_2-Emissionen) bezeichnet. Die Erfassung erfolgt mit Hilfe eines Kontenrahmens (vgl. Tabelle 3.1). In der Stellenrechnung können unterschiedliche Regionen unterschieden werden und in der Trägerrechnung Branchen oder Wirtschaftssektoren.

Das Konzept der staatlichen Schadschöpfungsrechnung beruht auf der Idee, dass die Stoff- und Energieflüsse dort zu erheben sind, wo sie entstehen. Die Erfassung sollte bei den Emittenten erhoben und dann für die jeweilige Gebietskörperschaft aggregiert werden. Die verdichteten Zahlen geben klare Hinweise über potentielle Handlungsgebiete und können auch in kartographischen Übersichten z.B. zu Emissionskatastern übertragen werden. Die Aggregierbarkeit ist nur dann gewährleistet, wenn jede Ermittlung der Stoff- und Energieflüsse nach klar vorgegebenen Richtlinien erfolgt. Die Ausarbeitung eines Konten-

tionssysteme für Umweltschäden an Denkmälern sowie für Umweltchemikalien, Chemieanlagen und Störfälle). Vgl. Umweltbundesamt (Hrsg.) (1989, 16 ff.).

20 Allenfalls kann in einer Komplementärrechnung die importierte oder exportierte Schadschöpfung erfasst werden. Dies bereitet allerdings Erfassungs- und Abgrenzungsprobleme.

21 Die ursprüngliche volkwirtschaftliche Gesamtrechnung (vgl. Kapitel 4) wird diesen Anforderungen in keiner Art und Weise gerecht. Die deshalb entwickelte Ergänzung der Nationalen Buchhaltung um ökologische Satellitensysteme ergänzt die volkswirtschaftliche Gesamtrechnung um eine ökologische Sichtweise. Die ermittelte Schadschöpfung einer Schadschöpfungsregion, die der gesamten regionalen Wertschöpfung gegenübergestellt wird, um objektivere Aussagen über die Entwicklungen einer Region tätigen zu können, könnte einem staatlichen Öko-Controlling als Grundlage dienen.

rahmens (Datenstruktur) und die Definition von einheitlichen und verbindlichen Vorgaben zur Datenerfassung hat in einem interdisziplinären Gremium aus Naturwissenschaftlern, Politikern, Ökonomen und Behördenvertretern zu erfolgen. Nur so kann gewährleistet werden, dass die Akzeptanz der getroffenen Lösung vorhanden ist.

Tabelle 3.1:
Kontenrahmen für ein staatliches Informationsmanagement

Stoffliche Inputs	**Stoffliche Outputs**
300 Mineralische Ressourcen	400 Luftemissionen
301 Biomasse	4001 CO_2
302 Wasser	4002 SO_2
303 Luft	4003 ...
304 Fossile Energieträger	401 Wasseremissionen
3040 Erdöl	4011 TOC
3041 Kohle	4012 Sulfate
3042 Erdgas	4013 ...
305 Regenerative Energieträger	402 Deponie
306 Materialien	4021 Reststoffe
...	4022 Inerstoffe
	4023 ...
	...

Die zentrale Arbeit im Rahmen des Erfassungsmoduls besteht darin, die bestehenden Informationssysteme, wie beispielsweise die volkswirtschaftliche Gesamtrechnung, die Informationskanäle innerhalb der verschiedenen Ämter, die existierenden Informationsflüsse von und zu Unternehmungen[22] usw., so auszuwerten, dass möglichst wenig neu erfasst werden muss.

22 Unternehmungen werden sich im Rahmen der zukünftigen umweltbedingten Anforderungen ihrer Stakeholders vermehrt mit Umweltfragen auseinandersetzen müssen. So fordert die EU Richtlinie zu einem Umweltmanagement und Auditsystem (EMAS) die Erfassung und Messung der durch die betrieblichen Aktivitäten verursachten Stoff- und Energieflüsse. Ein ähnliches System zur Datenerfassung ist das sogenannte Toxic Release Inventory (TRI) in den USA, bei dem Unternehmen ab einer bestimmten Grösse und Emissionsfracht verpflichtet werden, ihre Daten dem Staat zu melden. Diese Daten sind öffentlich zugänglich.

3.2.4 Problem- und zielorientierte Entscheidungsfindung

Da die Rohdaten des zweiten Modules noch keine Managemententscheide erlauben, müssen die Daten entscheidungsorientiert aufbereitet werden. Dies erfolgt durch die Bildung ökologischer und ökonomischer Kennzahlen.

Die nach unterschiedlichen Modellen hergeleiteten Schadschöpfungskennzahlen (siehe unten) sind der Massstab für die verursachte Schadschöpfung. Sie werden je nach Fragestellung und Methode auch als Schadschöpfungsindex oder -indikatoren bezeichnet (vgl. Abbildung 3.3). Wird die Schadschöpfung einer Volkswirtschaft nun in Relation zu volkswirtschaftlich-ökonomischen Grössen gesetzt, so wird die Öko-Effizienz zum operativen Ziel. Die Umweltbehörden können bei ihren Entscheiden die ökologische und die ökonomische Dimension einbeziehen. Geht man davon aus, dass Umweltbelastungen früher oder später Geld kosten, besteht sogar ein direkter gegenseitiger Einfluss der beiden Dimensionen.

Die entscheidungsorientierte Aufbereitung kann problem- oder zielorientiert erfolgen. Bei der Problemorientierung stehen die einzelnen Umweltprobleme im Mittelpunkt der Kennzahlenbildung und bei der Zielorientierung werden die Rohdaten anhand der festgelegten

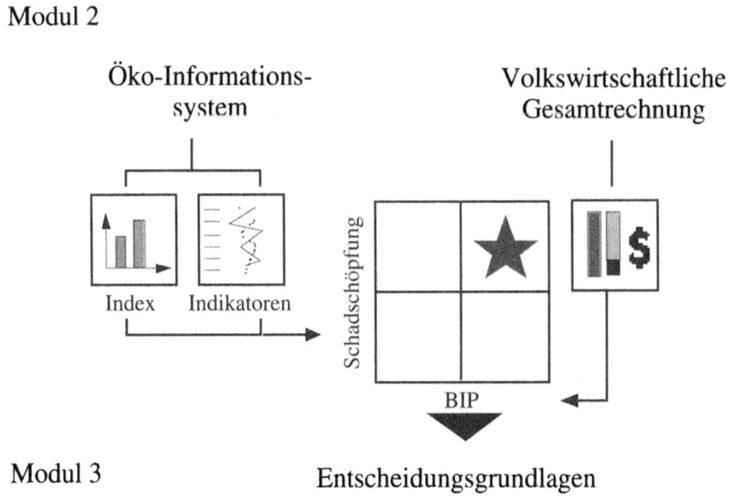

Abbildung 3.3
Ökologisch-ökonomisches Entscheidungssystem

Zielvorgaben – seien sie umweltproblem- oder stofforientiert – verdichtet.

a) *Umweltproblemorientierung*

Eine erste Möglichkeit zur Beurteilung der Stoff- und Energieflüsse besteht darin, die Umweltbelastung pro Umweltproblembereich mit sogenannten Klassifikationsmodellen zu aggregieren. Die Fragestellung, auf die Klassifikationsmodelle eine Antwort geben, lautet:

- Wie ist die Umweltbelastung aus einer naturwissenschaftlichen Perspektive heraus zu beurteilen?

Wie in Kapitel 1 dargestellt gehen die Klassifikationsmodelle von anerkannten Umweltproblemen aus (Treibhauseffekt, Sommersmog, usw.). Die in physikalischen Einheiten erfassten Informationen aus der Schadschöpfungsrechnung, werden mit Hilfe der Klassifikationsmodelle zu (Umweltproblem-) Gruppen zusammengefasst.[23] Die dadurch berech-

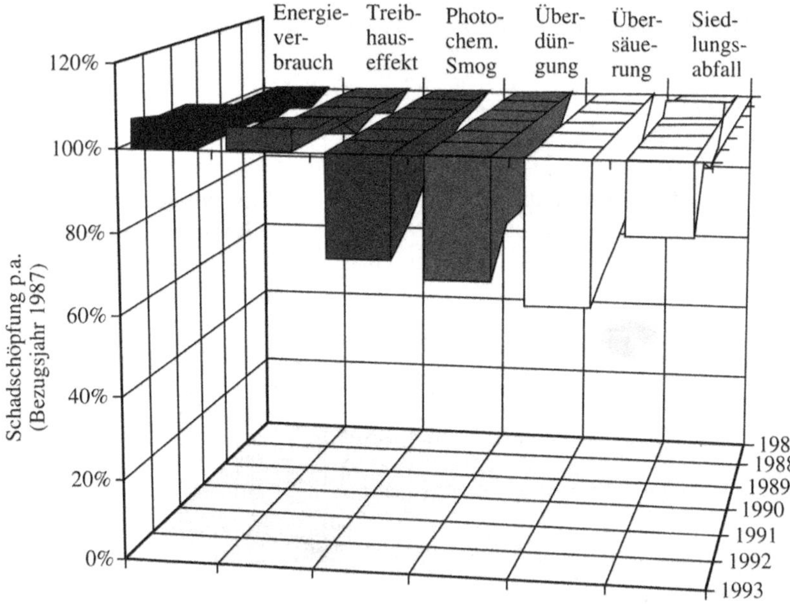

Abbildung 3.4
Zeitliche Entwicklung von Schadschöpfungsindikatoren

23 Dies ist die Stufe der Charakterisierung des Schadschöpfungskonzeptes (vgl. Kapitel 1).

neten Schadschöpfungs-Indikatoren beantworten die Frage, welchen Beitrag ein Land, ein Sektor, eine Branche oder eine Region zu einem gewissen Umweltproblem leistet.

Die Resultate können mit Hilfe sog. «Schadschöpfungsprofile» dargestellt werden. Abbildung 3.4 zeigt die Entwicklung von Indikatoren über die letzten sechs Jahre am Beispiel der Region Basel. Die zeitliche Entwicklung der Indikatoren lässt aussagefähige Schlüsse über den Erfolg einer Umweltpolitik während eines Zeitraums und über die Wirksamkeit der eingesetzten umweltpolitischen Instrumente zu. Interpretiert man die Schadschöpfungs-Indikatoren, so erkennt man, dass im Bereich Luftreinhaltung bei beinahe allen Indikatoren grosse Fortschritte erzielt wurden. Nicht verbessert haben sich hingegen die Indikatoren Energieverbrauch und Treibhausbeitrag. Dies ist nicht verwunderlich, da in diesen Bereichen seit Jahren marktwirtschaftliche Instrumente lediglich diskutiert werden. Im Bereich Siedlungsabfall zeigt sich die Wirkung eines solchen Instrumentes eindrücklich (Abfallsackgebühr seit Sommer 1993).[24]

In Abbildung 3.5 und Abbildung 3.6 wird die Entwicklung an einem Indikator (Sommersmogpotential resp. Energieäquivalent) aufgeteilt nach Schadschöpfungsarten aufgezeigt. Diese tiefergehenden Analysen sind für die Ursachensuche und die Steuerung eine wesentliche Voraussetzung. Sind die Sachbilanzen noch nach Schadschöpfungsträger (z.B. Wirtschaftssektor oder Branche) differenziert, so kann auch aufgezeigt werden, welcher Bereich der Wirtschaft wie stark zu einem Umweltproblem beiträgt. Die Verschiebungen der Schadstoffe geben fundierte Hinweise auf die vergangene Entwicklung sowie die Gestaltung und Schwerpunktsetzung der zukünftigen Umweltpolitik.

Mit dieser umweltproblemspezifischen Beurteilung und Darstellung der Umweltperformance kann insbesondere die externe Kommunikation (Umweltjahresbericht) verbessert werden. Endlich können auf die

24 Die den Indikatoren zugrundeliegende Sachbilanz wurde von der BAK Konjunkturforschung Basel AG freundlicherweise zur Verfügung gestellt. In absoluten Zahlen stellt sich die Entwicklung wie folgt dar:

Schadschöpfungs-indikatoren		1987	1988	1989	1990	1991	1992	1993
Energieäquivalent	TJ	84'068	81'416	83'443	82'611	88'543	88'083	89'709
Treibhauspotential	t	4'135'187	3'960'813	4'065'392	3'951'891	4'238'210	4'237'990	4'367'025
Sommersmogpotential	t	14'335	14'071	13'810	13'338	12'782	11'548	10'801
Überdüngungspotential	t	1'748	1'628	1'575	1'519	1'406	1'415	1'242
Übersäuerungspotential	t	14'114	12'905	11'764	10'619	10'154	9'806	9'281
Abfallmenge (Kehricht)	t	259'047	261'508	267'740	244'174	238'584	249'853	214'124

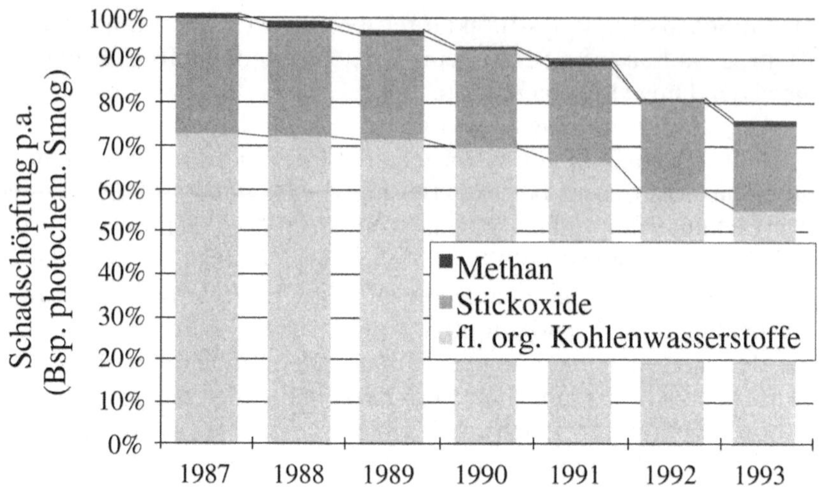

Abbildung 3.5
Entwicklung des Indikators Sommersmog in der Region Basel (Bezugsjahr 1987)

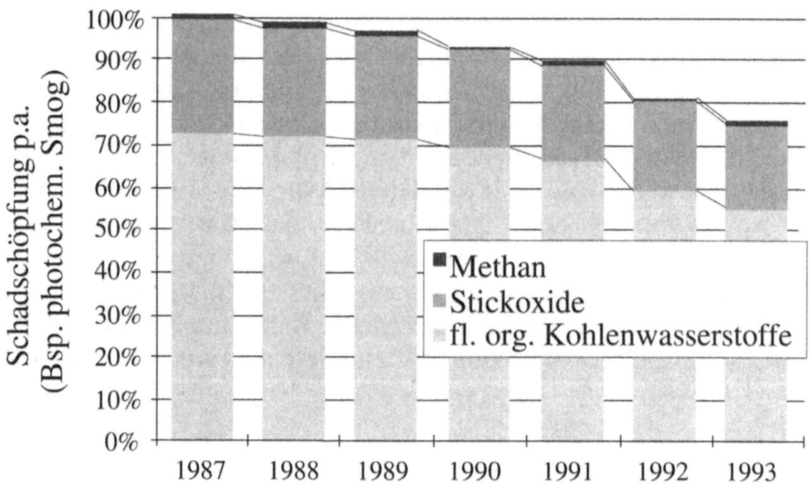

Abbildung 3.6
Entwicklung des Indikators Primärenergieverbrauch (Energieäquivalent) in der Region Basel (Bezugsjahr 1987)

diffus gestellten Fragen nach der Umweltverträglichkeit problemspezifische und quantitative Antworten gegeben werden.

Eine Gesamtbeurteilung in einer einzigen Zahl ist mit dem Ansatz der Klassifikation noch jedoch nicht möglich. Auch fliesst die gesellschaftliche Beurteilung – die sich zum Beispiel in den zukünftigen Rahmenbedingungen widerspiegelt – nicht ein. Diese Beurteilung ist aber aus einer strategischen Perspektive heraus ähnlich wichtig wie die naturwissenschaftliche Problembeurteilung. Dies deshalb, weil nicht zuletzt die wahrgenommene Umweltqualität von wirtschaftlichen Leistungen massgeblich die Rahmenbedingungen und damit die wirtschaftliche und umweltpolitische Entwicklung eines Landes beeinflusst: Je besser eine Problembeurteilung mit den gesellschaftlichen und umweltpolitischen Rahmenbedingungen übereinstimmt, desto klarer ist die zukünftige Entwicklungsrichtung.

b) Zielorientierung

Die zweite Beurteilungsalternative ist die Anwendung von Modellen, welche genau diese gesellschaftspolitische Beurteilung vornehmen. Dies sind die sogenannten Schadschöpfungs-Gewichtungsmodelle. Sie versuchen, für jeden an die Umwelt abgegebenen Stoff Gewichtungsfaktoren zu bestimmen, welche alle Umweltprobleme, die mit diesem Stoff verbunden sind, einschliessen. Je grösser ein Gewichtungsfaktor ist, desto höher ist die relative Schädlichkeit des Stoffes im jeweiligen Umweltmedium. Durch eine Gewichtung sollen möglichst alle unterschiedlichen Belastungen addierbar gemacht werden.

Hierbei besteht das Problem, dass sowohl Umweltmedien als auch Umweltprobleme relativ zueinander gewichtet werden müssen (Was ist schlimmer: Treibhauseffekt oder Ozonabbau? Wie ist das Verhältnis zwischen einer Schwermetallemission in die Luft und ins Wasser?). Da diese Addition nie ohne eine Wertung möglich ist, ist auch die Fragestellung, welche Gewichtungsmodelle beantworten sollen, eine andere. Sie lautet in Ergänzung zur Fragestellung der SKM:

- Wie ist die Umweltbelastung aus einer gesellschaftspolitischen Perspektive heraus zu beurteilen?

Im folgenden sei ein einzelnes Modell dargestellt. Für die weiteren Modelle sei auf die umfangreiche Literatur verwiesen. Beim Modell der «umweltpolitischen Kompatibilität» wird versucht, einen Index für die gesellschaftliche Beurteilung zu bestimmen. Hierzu wird von den umweltpolitischen Zielen der betrachteten Region ausgegangen (z.B. minus 30% CO_2 bis ins Jahr 2000) und in Relation zum Status-Quo (CO_2 Emissionen im Jahre 1994) gesetzt. Diese Relation ist ein Mass für die aus umweltpolitischer Sicht beurteilte Problemrelevanz.

Je weiter der Status-Quo vom Zielwert entfernt ist, desto gravierender müssen die Veränderungen der Rahmenbedingungen ausfallen, um das Ziel zu erreichen. Ein hoher Gewichtungsfaktor zeigt den Umweltbehörden an, dass ein hoher Handlungsbedarf besteht. Ein grosser Handlungsbedarf lässt auf wenig wirksam eingesetzte Instrumente oder auf noch fehlende Instrumente schliessen.

Werden nun für alle Belastungsarten solche Gewichtungsfaktoren bestimmt, so können einzelne Länder, Regionen, Sektoren oder Branchen aufgrund der umweltpolitischen Rahmenbedingungen in einem **Schadschöpfungs-Index** dargestellt werden (vgl. Abbildung 3.7).[25] Dieser Index zeigt auf, wie gut die gesetzten Ziele erreicht wurden. Er sagt nichts (!) über die Umweltverträglichkeit aus und sollte deshalb nur zusammen mit Indikatoren verwendet werden. Gewichtungsmodelle haben im Gegensatz zu Klassifikationskonzepten den Vorteil, dass sie die unterschiedlichen Dimensionen des Begriffs «Umweltbelastung» respektive die unterschiedlichen Zielkategorien auf eine einzige Dimension reduzieren. Seine soziopolitische Ausrichtung ermöglicht eine Kontrolle der umweltpolitischen Kompatibilität resp. Zielerreichung staatlicher Handlungen.

c) *Herleitung ökonomischer Kennzahlen*

Eine Koppelung der Umweltkennzahlen an aussagekräftige ökonomische Kennzahlen ist möglich. Während auf der betrieblichen Stufe ökonomische Kennzahlen über den Beitrag von Produkten oder Wer-

25 Das Zielgewicht ist in diesem Beispiel definiert als 1/Zielwert. Die tatsächlichen Emissionen eines Jahres werden in Relation zum Emissionsziel gesetzt. Diese Relation ist das Zielgewicht oder die umweltpolitische Priorität. Die Emissionen werden anschliessend mit diesem Zielgewicht multipliziert. Die Addition aller so (ziel-)gewichteten Emissionen ergibt den (Zielerreichungsgrad-)Index. Statt mit Emissionszielen kann auch auf der Ebene der wirkungsorientiert gewichteten Emissionen resp. auf den Umweltproblemkategorien gearbeitet werden.
Da für die Region Basel kein Zielsystem existiert, musste mit einem fiktiven wirkungsorientierten Zielsatz gerechnet werden. Folgende Annahmen stehen hinter diesem (fiktiven) Index:

Umweltproblembereich	Zielwert 2000 (Basis 1987)	Reduktion	Zielgewicht
Energieäquivalent	100.00%	0.00%	1.00
Treibhauspotential	95.00%	5.00%	1.05
Sommersmogpotential	70.00%	30.00%	1.43
Überdüngungspotential	80.00%	20.00%	1.25
Übersäuerungspotential	80.00%	20.00%	1.25
Abfallmenge	60.00%	40.00%	1.67

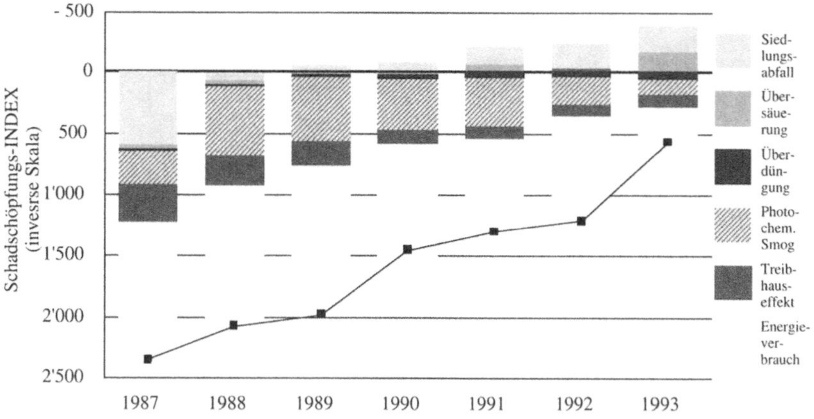

Abbildung 3.7
Entwicklung des Schadschöpfungsindex in der Region Basel
Die Graphik kann wie folgt interpretiert werden: Ist das gesetzte Ziel erreicht, so ist der Index Null. Ist das Ziel übertroffen, so ist der Index negativ und vice versa. Dies gilt auch pro Umweltproblembereich. Die schwarze Linie zeigt den kumulierten Index über alle Problembereiche. Wir sehen an diesem Beispiel, dass die gesetzten Ziele in zwei Bereichen erreicht wurden: Siedlungsabfall und Übersäurrung (Index negativ). Am weitesten vom Ziel entfernt ist der Bereich Energieverbrauch (längster Balken 1993).

ken zum Wert der Unternehmung Auskunft geben, können auf staatlicher Ebene volkswirtschaftliche Kennzahlen die Bedeutung von Branchen oder Regionen innerhalb eines Landes dokumentieren. Dekkungsbeitrag bei Produkten oder «Return on Net Asset» bei Standorten oder Werken sind typische betriebliche aussagefähige Kennzahlen. Als mögliche volkswirtschaftliche Kennzahlen kommen z.B. das Bruttosozialprodukt, die Wertschöpfung, die Beschäftigung, Branchengewinne oder -rentabilitäten oder die Steuereinnahmen in Frage.

d) Öko-Portfolioanalyse

Die Verbindung von ökonomischen und ökologischen Grössen kann in sehr übersichtlicher Art in Form eines Portfolio dargestellt werden. Im folgenden Portfolio lassen sich – bezogen auf Branchen – grundsätzlich vier Positionen unterscheiden (Abb. 3.8):

- **Green Star**
  Diese Position vereinigt die ökonomischen mit den ökologischen Anforderungen. Die Einführung marktwirtschaftlicher Instrumente

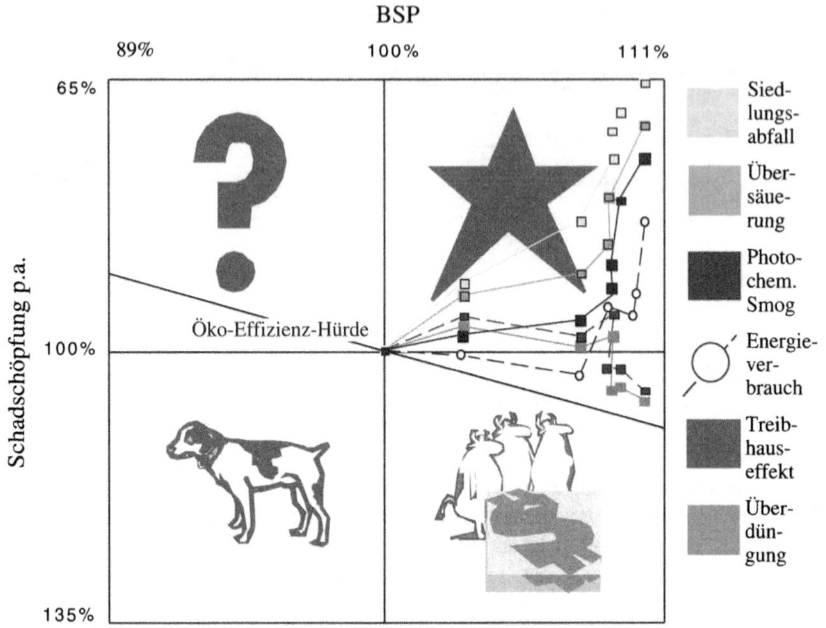

Abbildung 3.8
Öko-Portfolio für die Region Basel (1987–93)[26]

stärkt diese Branchen zusätzlich. Dieses zukunftsträchtige Segment ist mit erster Priorität zu forcieren.

- **Black Dog**
  «Black Dogs» zeichnen sich durch eine steigende Umweltbelastung bei sinkendem BSP-Beitrag aus. In dieser Situation muss ökonomisch und ökologisch optimiert werden. Dies ist meist mit einem Strukturwandel verbunden. Branchen mit tiefer Öko-Effizienz sollten zugunsten von solchen Bereichen schrumpfen, welche eine geringere Belastung bei höherer oder gleichbleibender Wertschöpfung haben. Hierzu müsste ein nach Schadschöpfungsträger (z.B Wirtschaftssektoren/Branchen) differenziertes Portfolio erstellt werden. Auf Basis dieser Analyse sind marktwirtschaftliche Instrumente so auszugestalten, dass der gewünschte Strukturwandel eintritt.

26 Das Portfolio zeigt, dass sich die Region Basel relativ zum BSP in allen Umweltproblembereichen verbessert hat (Fläche oberhalb der Öko-Effizienz-Hürde). Die Öko-Effizienz hat sich verbessert. Allerdings hat sich die Gesamtbelastung in zwei Bereichen – Energieverbrauch und Treibhauseffekt – erhöht.

- **Black Cash Cow**
  Diese Branchen sind für das kurz- bis mittelfristige ökonomische Überleben des Staates von grosser Wichtigkeit (Steuern, Arbeitsplätze). Allerdings entsprechen sie nicht den ökologischen Anforderungen von heute. Diese i.d.R. alten Branchen müssen mit erster Priorität ökologisch verbessert werden. In der Regel ist der Cash Flow noch hoch genug, um den Umbau zu einer zukunftsorientierten, öko-effizienten Unternehmung aus eigener Kraft zu bewerkstelligen. Ist der Aufwand zur Sanierung zu gross, so werden sie möglicherweise zu einer «Black Dog»-Branche. Marktwirtschaftliche Instrumente des Umweltschutzes können diesen Branchen – aufgrund der im Vergleich zu Verboten und Geboten höheren ökonomischen Effizienz – den Wandel erleichtern oder sogar erst ermöglichen.

- **Green Question Mark**
  Umweltfreundliche Branchen, welche z. B. nur niedrige Gewinne erzielen und einen noch relativ geringen BSP-Anteil erwirtschaften, sind für ein Land ein zweischneidiges Schwert. Hat ein Staat zu viele Branchen in diesem Segment, so ist das ökonomische Überleben nicht gesichert, denn ein Staat ist auf Steuereinnahmen angewiesen. Somit können sich auch die Ökologieanstrengungen nicht mehr positiv auswirken. Eine Strategie der Internalisierung externer Effekte (z.B. über Lenkungsabgaben oder Emissionszertifikate) könnte diese Branchen aber relativ zu Konkurrenzbranchen in eine Green Star Position bringen.

Wird das Portfolio als Periodenvergleich für ein Gebiet dargestellt, so kann der ökologisch-ökonomische Entwicklungspfad aufgezeigt werden: Entwickeln wir uns eher in Richtung «Green Star» oder eher in Richtung «Black Cash Cow»? Abbildung 3.8 zeigt das Öko-Portfolio auf Basis der Schadschöpfungsindikatoren für die Region Basel (dies entspricht einer *Standortbetrachtung* der Kantone Basel-Stadt und Basel-Landschaft). Analog zu ganzen Regionen lässt sich eine Darstellung für Branchen anfertigen und feststellen, ob sich die Branche in Richtung Nachhaltigkeit entwickelt hat oder nicht. Dies konnte aufgrund ungenügender Datenlage hier noch nicht umgesetzt werden.

3.2.5 Steuerung der Umweltperformance

Nachdem die erfassten Daten entscheidungsorientiert aufbereitet wurden, verfügt das staatliche Umweltcontrolling nun über die notwendigen und übersichtlichen ökologierelevanten Daten zur Steuerung und

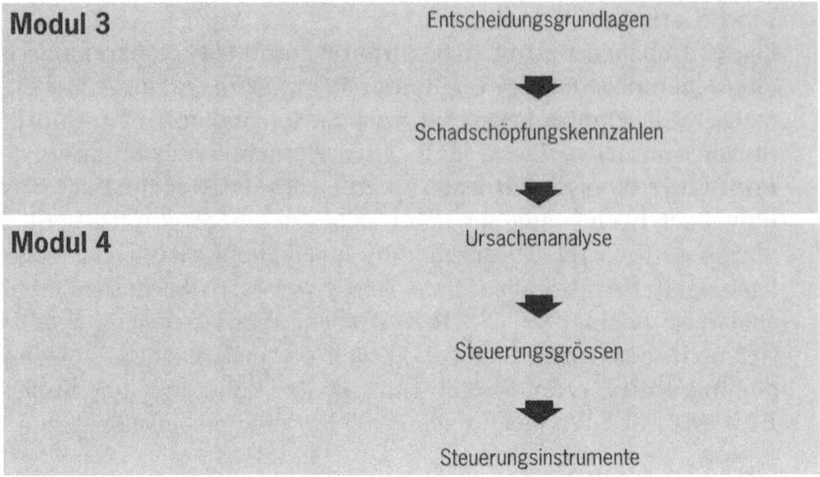

Abbildung 3.9
Evaluation der Steuerungsgrössen

Planung der Umweltperformance. Das Steuerungsmodul macht das Öko-Controlling zu einem zukunftsgerichteten Managementinstrument (vgl. Abbildung 3.9).

Im Modul 3 wurden die Grundlagen zur Bestimmung der *Steuerungsgrössen* gelegt. Um von den Schadschöpfungskennzahlen zu den Steuerungsgrössen zu gelangen, ist im Modul 4 zunächst eine Analyse der Ursachen der Schadschöpfungsentstehung vorzunehmen. Die Fragestellungen in dieser Analyse lauten:

- Welche Faktoren (Aktivitäten, Stoffe, Energien und Materialien) sind für den Hauptteil der Schadschöpfung verantwortlich?
- Welche Schadschöpfungsstellen verursachen den Hauptteil der Schadschöpfung?
- Welche als Hauptquellen identifizierten Faktoren sind beeinflussbar?
  Zeigt sich zum Beispiel im Beurteilungsmodul, dass die Hauptschadschöpfung aufgrund von Kohlenwasserstoff-Emissionen verursacht wird, so führt die Frage der Ursache zu einer Schadschöpfungsstelle (z.B. Region X), zu einer Schadschöpfungsart (z.B. Lösungsmittel) und/oder zu einem Schadschöpfungsträger (z.B. Branche Y). Diese Erkenntnis wird nun dazu benutzt, z.B. für eine Branche den zentralen *Umweltperformance-Indikator* (UPI), z.B. «Lösungsmittelverbrauch der Branche Y in der Region X», als Indikator zu verwenden.

Umweltperformance-Indikatoren haben im Gegensatz zu Schadschöpfungskennzahlen (Indikatoren- oder Indexmodell) den Vorteil, dass sie in der Regel sehr einfach kommunizierbar sind und sich deshalb auch als einfache Steuerungs- und Kontrollgrössen eignen.

Während ein betriebswirtschaftlich angelegtes Öko-Controlling immer auch die ökonomische Seite berücksichtigt und somit als Steuerungsgrössen nur Relationen zwischen einem Umweltperformanceindikator und einer ökonomischen Kennzahl in Frage kommen, ist diese Verbindung zwischen einem Umweltperformanceindikator und einer volkswirtschaftlichen Kennzahl schwieriger. Eine Unternehmung kann z.B. die Schadschöpfung pro Tonne Produkt verbessern und dabei wachsen, was für die Volkswirtschaft bei stagnierenden Märkten kein Problem darstellt, da die öko-effiziente Unternehmung – wenn sie wächst – dies auf Kosten anderer tut. Bei wachsenden Märkten muss die Steigerung der Öko-Effizienz grösser sein, als die Wachstumsrate des Umsatzes, damit die Gesamtbelastung durch die Unternehmen nicht zunimmt. Aus diesem Grund erweist sich auch die Anwendung einer relativen Steuerungsgrösse auf volkswirtschaftlicher Ebene als ungeeignet. Hier müssen absolute Steuerungsgrössen verwendet werden. Nur so lässt sich sicherstellen, dass die Umweltbelastungsreduktionen nicht durch ein Wirtschaftswachstum überkompensiert werden.

Die instrumentelle Steuerung der Umweltperformance resp. der zentralen Steuerungsgrössen eines Landes lässt sich im Rahmen eines Öko-Controllings z.B. in Verbindung mit marktwirtschaftlichen Instrumenten oder über freiwillige Vereinbarungen zwischen dem Staat und den Wirtschaftssektoren bewerkstelligen. Diese beiden Instrumente passen aufgrund ihrer marktwirtschaftlichen Ausrichtung sehr gut in das dargelegte Öko-Controllingkonzept und werden deshalb im folgenden dargestellt.

a) Steuerung durch institutionelle Reformen

Die Steuerung der Umweltperformance eines Landes bedarf neuer institutioneller Grundlagen. Der heutige Vollzugsstand legt nahe, dass der Umweltschutz von den bestehenden Institutionen nicht gesteuert werden kann. Die gegenwärtigen Vollzugsschwierigkeiten der Umweltpolitik vieler entwickelter Länder lassen sich dadurch begründen, dass über generelle Umweltziele national auf der Grundkonsensebene entschieden wird, der Vollzug der Umweltschutzziele, d.h. die Erlassung von Massnahmenplänen und der Einsatz der umweltpolitischen Instrumente, jedoch auf regionaler Ebene dem laufenden politischen Prozess unterliegt. Die unterschiedliche Organisationsfähigkeit von Gegnern und Befürwortern von Umweltschutzmassnahmen führen auf den verschiedenen Entscheidungsebenen zu einer ausgeprägten Asymmetrie in der Durchsetzungsfähigkeit von Interessen. Als direkte Folge dieser asymmetrischen Organisationsfähigkeit werden nicht die geeignetsten und effizientesten Massnahmen durchgeführt, sondern jene, die für die Vollzugsbehörden auf wenig Widerstand stossen. Der heutige Vollzug erweist sich somit als doppelt ineffizient, denn einerseits werden falsche Massnahmen ergriffen, die nicht die Hauptverursacher und -emittenten treffen, sondern die Gruppen mit der geringsten Organisationsfähigkeit, und andererseits werden die gesteckten Ziele nicht erreicht. Diese Vollzugsschwierigkeiten können überwunden werden, indem einerseits gewisse Teile der Umweltpolitik von der Prozess- in die Ordnungspolitik überführt und somit dem laufenden politischen Prozess entzogen werden. Dies kann z.B. durch die Bildung von Schadschöpfungsregionen und die Einführung eines Wettbewerbs zwischen privaten, sich konkurrenzierenden Anbietern von Umweltschutzleistungen erfolgen (vgl. Kapitel 2). Durch die Bildung von Schadschöpfungsregionen kann eine Übereinstimmung zwischen Nutzniessern, Kosten- und Entscheidungsträgern umweltpolitischer Massnahmen erreicht werden.

Die Steuerung der Umweltperformance ist Aufgabe der Manager der Schadschöpfungsregionen. Auf der Grundkonsensebene werden die anzustrebenden Umweltqualitätsziele über den politischen Prozess festgelegt (Öko-Controlling Modul 1) und anschliessend über den Staat und die Verwaltungen in quantitative Ziele in Form von Gesetzen und Verordnungen umgesetzt. Zur Erreichung der klar vorgegebenen Ziele[27] und zur Steuerung der Umweltperformance fixiert die Verwaltung die Menge der Umweltbelastungen (Instrument der Emissionszertifikate) oder den Preis pro emittierter Schadstoffeinheit (Instrument der Lenkungsabgabe). Beide Ansätze bedingen ein Datenerfassungs- und Entscheidungssystem wie es das Öko-Controlling im Modul 2 und 3 bietet. Durch die Loslösung vom laufenden politischen Prozess und vom Einfluss der Interessengruppen kann die Abgabenhöhe pro emittierte Schadstoffeinheit oder die Emissionsmenge solange variiert werden, bis das Ziel erreicht ist. Dieser «trial-and-error»-Prozess lässt sich nur von einer unabhängigen, auf Erfolgsbasis operierenden Institution durchführen, die keinem politischen Druck ausgesetzt ist und sich somit den gesellschaftlich optimalen Umweltzustand langsam annähern kann. Die polizeirechtlichen Instrumente der Ge- und Verbote können den staatlichen Behörden zur Bekämpfung bzw. Verhinderung lokaler und

27 Frachtziele, Immissionsgrenzwerte, Gewässervorschriften, Lärmvorschriften usw.

zeitlicher «Hot Spots» und zur Setzung von Minimalstandards vorbehalten bleiben.

b) *Freiwillige Vereinbarungen und Verhandlungslösungen*

Während in der Schweiz freiwillige Vereinbarungen zwischen Unternehmungen und Umweltverbänden oder der öffentlichen Hand bis heute eher ungewöhnlich sind, zählen die «freiwilligen» Verhandlungslösungen in Japan oder den USA zu den gebräuchlichen umweltpolitischen Instrumenten.[28] Der grosse Vorteil der freiwilligen Vereinbarungen liegt darin, dass der spezifische Einzelfall wesentlich besser berücksichtigt werden kann als bei generell gültigen Umweltnormen. Insbesondere bei lokal starken Umweltbelastungen kann eine Vereinbarung volkswirtschaftlich sehr effizient sein, denn die Einführung ebenso strenger und detaillierter Regelungen für ein ganzes Land kann zu unangemessen hohen Kosten führen. Durch freiwillige Vereinbarungen können sich die partizipierenden Betriebe auf der einen Seite ein gutes Umweltimage in der Bevölkerung aufbauen und auf der anderen Seite ihre Handlungsautonomie wahren, denn durch ihr Entgegenkommen verhindern sie den Erlass von verbindlichen, die Handlungsfreiheit einschränkenden Auflagen.

In Japan wird die Bevölkerung durch eine gut funktionierende Umweltberichterstattung sowohl über die aktuelle eigene Belastungssituation als auch über die zugelassenen und tatsächlichen Emissionen von Firmen in ihrer Nachbarschaft informiert. Dies erhöht die Bereitschaft von Unternehmen Vereinbarungen einzugehen. In Japan hat es zahlreiche solcher ausgehandelter Lösungen gegeben.[29]

Auch die Erfahrungen der USA mit freiwilligen Vereinbarungen unterstreichen die Bedeutung dieses Instrumentes. Beim 1991 von der amerikanischen Umweltbehörden EPA lancierten 33/50-Programm geht es darum, die Emissionen der wichtigsten toxischen Schadstoffe bis 1992 im Vergleich zu 1988 um 33% und bis 1995 um 50% zu reduzieren.[30] Die Teilnahme am Programm ist freiwillig, doch herrschen für die 1200 teilnehmenden Unternehmen strikte Regelungen. Die Nichteinhaltung von vereinbarten Zielsetzungen oder die Überschreitung von vereinbarten Maximalzielen werden publiziert und bestraft. Als Anreiz zur Teilnahme winken verkürzte Behördenwege bei Geneh-

28 Einen guten Überblick über die Ausgestaltung dieser freiwilligen Vereinbarungen gibt European Commission (1994).
29 Vgl. Wicke (1993, 293).
30 Vgl. The Green Business Letter (1994, 5).

migungsverfahren sowie die imagesteigernde Wirkung durch die Teilnahme an einem strengen, nationalen umweltentlastenden Programm. Die Erfolge der EPA sind ermutigend,[31] so dass überlegt werden sollte, ob die herrschenden rechtlichen Rahmenbedingungen auch bei uns so gestaltet werden könnten, dass freiwillige Vereinbarungen vermehrte Bedeutung erlangen könnten.

In Deutschland sind die Umweltexperten überzeugt, dass sich die Wahrscheinlichkeit des Zustandekommens solcher marktorientierter Verhandlungslösungen wesentlich erhöhen würde, wenn eine Publizitätspflicht der Genehmigungswerte nach den deutschen Umweltgesetzen eingeführt und ein Publizitätsrecht der Behörden bei gravierenden Über- oder Unterschreitungen der zulässigen Grenzwerte bestünde.[32]

3.2.6 Kommunikation – Ein staatlicher Umweltjahresbericht

Unternimmt der Staat Anstrengungen im Bereich Ökologie, so sollen und müssen diese Anstrengungen kommuniziert werden. Wesentlich hierbei ist es, dass die Informationen einerseits Antworten auf Fragen geben, welche von den Anspruchsgruppen auch tatsächlich gestellt werden und andererseits die Bevölkerung über eines ihrer zentralsten Anliegen – der Umweltzerstörung – möglichst sachlich und aussagekräftig informiert werden kann. Dies kann – bei Erfolgen der Umweltpolitik – durchaus zu einem Standortfaktor werden.

Im Kommunikationsmodul müssen in einem ersten Schritt die zentralen Anspruchsgruppen ermittelt werden. Hierzu muss eine ökologieorientierte Anspruchsgruppenanalyse erstellt werden, die folgende zwei Grundfragen beantwortet:

- Welchen Beitrag leistet eine Anspruchsgruppe zum Erfolg oder Misserfolg der Umweltpolitik eines Landes/einer Schadschöpfungsregion?
- Wie gross ist ihre Einflussmöglichkeit auf die staatliche Umweltpolitik? Wie gross ist ihr relatives Machtpotential und welches sind die Grundlagen dieses Potentials?

Durch die Beantwortung dieser Fragen können die wesentlichen Anspruchsgruppen identifiziert werden. Wesentlich sind die Gruppen, die

---

31 Das Zwischenziel wurde mit einer 40% Reduktion überschritten. Diese Reduktion bedeutet in absoluten Grössen eine Reduktion um über 100 Mio. Pfund.

32 Vgl. Wicke (1992, 293).

den Erfolg und die Handlungsautonomie der staatlichen Stellen nachhaltig beeinflussen können.

Sind die Gruppen identifiziert, ist ihr Interessenfokus bezüglich Ökologie zu evaluieren. So kann der Fokus für den Grossteil der Bevölkerung (bzw. der Wähler) die Entwicklung der einzelnen Umweltprobleme sein, während z.B. der Tierschutzverband die Artenvielfalt und den Bestand von Tierarten ins Zentrum rückt. Die Ökologieinformationen müssen nun entsprechend den Resultaten der Anspruchsgruppenanalyse zielgruppengerecht – in Form, Inhalt und Kanal – kommuniziert werden.

Die Umweltbehörden müssen versuchen, die Frage nach dem Beitrag der einzelnen Regionen und Branchen zu den einzelnen Umweltproblembereichen aufzuzeigen. Die Kommunikation kommt auch hier nicht um eine Wertung herum. Für die wenigsten Anspruchsgruppen haben publizierte Rohdaten, z.B. im Bereich Luftemissionen, einen Informationsgehalt. Dies einerseits, weil der Zusammenhang einer Emission mit den Umweltproblemen von den meisten Anspruchsgruppen nicht nachvollzogen werden kann, und andererseits, weil die Rohdaten ohne Vergleichsgrösse wenig aussagen. Konkret bedeutet dies, dass neben den Rohdaten, wie z.B. jährliche Emission von Treibhausgasen in Kilogramm, auch klassifizierte Indikatoren, wie z.B. «Global Warming Potential» (GWP), der Emissionen kommuniziert werden müssen. Damit diese problemspezifisch klassifizierten Daten von Akteuren wie den Wählern oder den Politikern auch beurteilt werden können, müssen die Umweltbehörden auch die Messlatte kommunizieren. Diese Messlatte könnte z.B. im Bereich Treibhauseffekt das durchschnittliche Verhältnis BSP/GWP der Industrieländer sein.

In keinem anderen Land der Welt geht die Umweltberichterstattung soweit wie in Japan. In Japan besteht eine Publizitätspflicht für die Veröffentlichung der Konzentrations- und Emissionsmengenwerte der wichtigsten Genehmigungs- bzw. Erlaubnis- und Bewilligungswerte der Umweltgesetze. Gemessene Immissionsdaten werden in den einzelnen Kommunen und Bezirken an elektronischen Anzeigetafeln der Bevölkerung bekanntgegeben. Im weiteren besitzen die Überwachungsbehörden das Recht, Überschreitungen der zulässigen Werte durch die Emittenten der Öffentlichkeit mitzuteilen und Unterschreitungen bekanntzugeben. Die Stadt Kawasaki hat ein Überwachungs- und Warnsystem aufgebaut, bei dem permanent bei 18 automatischen Immissionsmessstationen und bei den 27 bedeutendsten Betrieben durch automatische Emissionsmessstationen die Daten erfasst und an einen Zentralcomputer der Umweltbehörden geleitet werden. Mit drei elektronischen Anzeigetafeln wird die Öffentlichkeit ständig über den

Stand den Belastungssituation informiert. Mit 47 Standleitungen sind die Umweltbehörden mit zentralen und wichtigen Knotenpunkten (Schulen, Krankenhäuser usw.) in der Region verbunden, um allfällig notwendig werdende Sofortmassnahmen unverzüglich einleiten zu können.

Diese Art der Umweltberichterstattung hat eindeutig positive Effekte für den Umweltschutz. Durch die Publikation der gemessenen Emissionsdaten erhalten die Unternehmungen einen starken Anreiz, Massnahmen zu tatsächlichen Emissionsminderungen durchzuführen. Die Veröffentlichung der gemessenen Daten stimuliert aber auch die Umweltbehörden, nachdrücklichere Umweltschutzaktivitäten zu inszenieren als im Fall ohne Veröffentlichungspraxis. Die Praxis der Bekanntgabe derjenigen Betriebe, die sich nicht an Verwaltungsanordnungen oder -empfehlungen halten, erweist sich als wirksames Mittel zur Durchsetzung von Umweltschutzmassnahmen. Die relativ geringen Vollzugschwierigkeiten der japanischen Umweltpolitik lassen sich sicherlich zu einem gewichtigen Teil auf diesen Umstand zurückführen. Durch die Offenlegung der umweltschutzbezogenen Informationen wird die Position der Bürger entscheidend gestärkt. Der Einfluss der Informationsoffenlegung kann grösser sein, als der Effekt, der durch die gesetzlich abgestützten, förmlichen Sanktions- und Kontrollinstrumente erreicht wird.[33]

Ein Kommunikationskanal der in zunehmendem Masse wichtiger wird, ist die jährliche Information der Anspruchsgruppen in Form eines Umweltjahresberichtes. Dieses Kommunikationsinstrument steckt noch in den Anfängen, wird aber mit einer zunehmenden Verbreitung von betrieblichen Öko-Controllingsystemen verbessert. Diese Entwicklung im Bereich betriebliches Umweltmanagement wird auch auf die staatliche Berichterstattung einen Einfluss haben.

Genau wie in der klassischen volkswirtschaftlichen Berichterstattung sind die Zahlen nur ein Teil der Kommunikationsinhalte. Auch auf staatlicher Ebene ist es zunehmend wichtiger, eine verständliche und glaubwürdige Kommunikation der Umweltpolitik, der Umweltschutzstrategien, der geltenden umweltpolitischen Rahmenbedingungen und der Öko-Performance auszuweisen.

Ein äussert wichtiger Punkt ist, dass wenn der Staat von den Unternehmen ein Audit verlangt (z.B. EMAS), er seine Umweltpolitik bzw. deren Erfolge ebenfalls von externer unabhängiger Stelle auditieren lassen sollte. Hierbei ist neben der Zielerreichung auch die Kosteneffizienz zu überprüfen.

33 Vgl. Wicke (1992, 245).

Anhand der Aufgliederung des staatlichen Umweltberichtes nach den verschiedensten Kriterien wie z.B. Branchen oder Regionen, können spezifische Informationen für bestimmte Personenkreise vermittelt werden. Auch für die Erfahrungen und Auswirkungen nur regional durchgeführter Massnahmen bildet dieser Bericht ein ideales Kommunikationsmittel.

3.3 Wirkungen eines modernen Managements der staatlichen Umweltpolitik

Das hier vorgeschlagene Konzept eines staatlichen Öko-Controllings verändert die Umweltpolitik tendenziell in folgende Richtung:

- Statt auf Umweltmedien, erfolgt eine Ausrichtung auf Umweltprobleme. Die traditionelle Umweltpolititk versucht die Medien Wasser, Luft und Boden mittels Grenzwerten vor einer Übernutzung zu schützen. Ein modernes Umweltmanagement verlässt die mediale Ebene und managt die Umweltprobleme. Die Daten werden nach Problembereichen (z.B. Treibhauseffekt, Sommersmog usw.) entscheidungsorientiert aufbereitet. Analog erfolgt die Steuerung problemorientiert.
- Unzusammenhängende, nicht operationalisierbare, kompartimentsbezogene Einzelziele werden durch ein konsistentes, operationalisierbares Zielsystem abgelöst. Durch die Vorgabe von Frachtzielen oder der Reduktion einzelner Umweltprobleme werden klare operative Richtlinien aufgestellt.
- Grenzwerte werden nur noch zur Verhinderung von räumlichen und zeitlichen «Hot Spots» eingesetzt und verlieren massiv an Bedeutung. Frachtziele werden handlungsleitend. Diese operationalisierten Ziele werden in einem Konsensverfahren festgelegt.
- Die bestehenden Vollzugsschwierigkeiten können durch die Überführung der Steuerung der Umweltpolitik von der Prozess- in die Ordnungspolitik massiv gemindert werden. Idealerweise steuern unabhängige Institutionen die Umweltperformance eines Landes (vgl. Kapitel 8 und 9). Ebenfalls denkbar ist die Übergabe der Steuerung an ein staatliches Umweltamt.
- Durch die Loslösung der Steuerung der Umweltziele vom laufenden politischen Prozess werden die effizienteren, marktwirtschaftlichen Instrumente die ordnungsrechtlichen automatisch ablösen. Die Um-

weltziele werden mit volkswirtschaftlich tieferen Kosten erreicht bzw. bei gleichen Kosten wird die Umweltqualität innerhalb einer Volkswirtschaft steigen.

- Die Öko-Effizienz bzw. die Umweltperformance wird mess- und kommunizierbar. Anhand der klaren operationalisierten Zielen lassen sich die umweltpolitischen Leistungen eindeutig festhalten.
- Die Umweltpolitik wird entscheidungsorientiert.

Im folgenden soll kurz skizziert werden, welche Konsequenzen diese Neuausrichtung der staatlichen Umweltpolitik für die Wettbewerbsfähigkeit von Unternehmen und Staaten hat.

3.3.1 Konsequenzen für das Umweltmanagement von Unternehmen

Ein modernes fracht- und problemorientiertes Umweltmanagement der staatlichen Umweltpolitik fördert bei Unternehmen die Einführung eines auf diese Politik und das jeweilige Unternehmen zugeschnittenen Umweltmanagementsystems.

Frachtzielvorgaben auf nationaler Ebene verlangen von den Unternehmungen den Aufbau eines Energie- und Stoffstrommanagemenst. Aufgrund des fehlenden notwendigen Datenmaterials sind Unternehmen ohne ein Stoff- und Energiestrommanagement nicht in der Lage, auf die neuen staatlichen Anforderungen mit ökonomisch optimierten Entscheidungen zu reagieren. Zur Entwicklung und Durchführung von effizienten und effektiven Umweltschutzstrategien benötigen sie ein betriebliches Schadstoffmanagement. Unternehmen, die ihr Umweltmanagementsystem optimal anpassen, erreichen ihre internen und die staatlichen Umweltziele kostengünstiger und werden damit wettbewerbsfähiger. Berücksichtigt man zudem die immer grösser werdende Bedeutung von ökologischen Anliegen innerhalb der Gesellschaft, der Aktionäre, der Mitarbeiter usw., so haben die Unternehmungen zusätzliche Anreize, ihre Umweltbemühungen laufend zu optimieren und den neuen Gegebenheiten anzupassen.

Ein Vorteil von Frachtzielen, die z.B. jährlich um im voraus vereinbarte Raten reduziert werden, liegt in der Plan- und Handelbarkeit sowie in der Flexibilität für die Unternehmung. Der einzelne Betrieb kennt die staatlichen, klar definierten mittelfristigen Ziele. Ausserdem sollte dem Betrieb bekannt sein, mit welchen Instrumenten der Staat versucht, seine Ziele zu erreichen und welche Anreizsysteme er hierzu einsetzt. Entsprechend entwickeln die Unternehmungen die Umweltstrategien. Durch die Kalkulierbarkeit der staatlichen Massnahmen wird den Unternehmungen ermöglicht, auf einen mittelfristigen Zeithorizont hin zu planen und zu optimieren. Die verminderte Bedeutung von Grenzen ermöglicht den einzelnen Betrieben zudem die effizientere Erreichung der Umweltziele, da die individuellen Grenzvermeidungskosten berücksichtigt werden können.

Der Staat mutiert durch ein modernes Umweltmanagement vom unberechen- und schwer einschätzbaren exogenen Mitspieler zu einem nach klaren Prinzipien handelnden und berechenbaren Faktor. Durch die auf eine mittlere Frist bereits relativ detailliert festgelegten umweltpolitischen Rahmenbedingungen können die Unternehmungen ihre die Umwelt betreffenden Entscheidungen mit einer grösseren Sicherheit tätigen und Fehlinvestitionen vermeiden.

3.3.2 Konsequenzen für die Wettbewerbsfähigkeit eines Standorts

Das staatliche Öko-Controlling versucht sicherzustellen, dass die Entscheidungen bezüglich der Zielfestlegungen, Datenerhebungen und -aufbereitungen sowie der Umsetzung, Steuerung und Kommunikation optimal ablaufen können. Dadurch sollte es gelingen, eine zukünftige Umweltpolitik so zu gestalten, dass klare, mittel- bis langfristige Rahmenbedingungen erlassen werden. Für Unternehmungen, die durch die laufend ändernden und sich verkomplizierenden Rahmenbedingungen verunsichert sind, wird die Attraktivität eines Standortes durch die angestrebte Kontinuität steigen.

Gelingt es einem staatlichen Umweltmanagement, eine effizientere und effektivere Umweltpolitik zu verfolgen als seine Nachbarstaaten, so werden die vorgegebenen Ziele mit volkswirtschaftlich tieferen Kosten erreicht. Die Umweltqualität des Landes steigt, und durch die effizientere Mittelverwendung im Umweltbereich wird entweder Geld frei für andere staatliche Aufgaben oder aber die Umweltqualität kann weiter verbessert werden. Eine effiziente und effektive Umweltpolitik vermindert auch die zukünftigen Ausgaben für Sanierungen und Schadensbehebungen. Dadurch werden die zukünftigen finanziellen Belastungen für die Unternehmungen und die privaten Haushalte, verursacht durch die Umweltschutzausgaben des Staates, im Vergleich mit Ländern ohne ein modernes Umweltmanagement sinken und die Wettbewerbsfähigkeit eines Standortes weiter steigen.

3.4 Politische Implikationen

Die politischen Implikationen sind zweigeteilt. Einerseits beeinflusst das Instrument des staatlichen Öko-Controllings die Politik und andererseits die Politik das staatliche Öko-Controlling. Beide Aspekte sollen kurz beleuchtet werden.

3.4.1 Implikationen des Instrumentes auf die Politik

Ein staatliches Öko-Controlling-Konzept ermöglicht, dass die Leistungen der politischen Akteure im Umweltbereich mess- und kommunizierbar werden. Der Bevölkerung können mittels einiger markanter Kennzahlen die Entwicklungen der Umweltprobleme vor Augen geführt werden. Das Thema Umwelt wird fassbar und quantifiziert. Die politischen Parteien, die im Druck der nächsten Wahlen die Wählerpräferenzen zu berücksichtigen haben, sind an konkreten Verbesserungen der Kennzahlen interessiert.

Die Zielerreichung kann klar und eindeutig festgehalten werden. Die Kunst der Politiker besteht somit im Umsetzen der Wählerpräferenzen in Ziele und deren Verankerung in Gesetze und Verordnungen. Zur Realisierung eines optimalen «Management by objectives» müssen sich die Politiker detailliert und fundiert mit der gesamten Umweltproblematik auseinandersetzen. Sie werden dabei gezwungen, sich von ihrem Ressortdenken zu lösen und ressortübergreifend zu argumentieren. Es stehen nicht mehr die Stoff- und Energieströme des einzelnen Bereiches im Mittelpunkt der Diskussion, sondern Gesamtströme, die zu bestimmten Umweltproblemen beitragen.

Die Verschiebung der Steuerung der staatlichen Umweltperformance vom laufenden politischen Prozess in die Ordnungspolitik (d.h. an unabhängige Institutionen) bedeutet eine Machtverschiebung von den Politikern, Verwaltungen und Interessengruppen zu einer unabhängigen Institution. Parallel zu dieser Verschiebung werden auch die marktwirtschaftlichen Instrumente vermehrt zum Einsatz gelangen und die ordnungsrechtlichen Ge- und Verbote in den Hintergrund drängen. Die Visualisierung der umweltpolitischen Entwicklungen wird die Politiker zwingen, sich für die marktwirtschaftlichen Instrumente einzusetzen und somit einen massiven Gegenpol zu den in die polizeirechtlichen Instrumente «verliebten» Verwaltungen zu bilden.

3.4.2 Implikationen der Politik auf das Instrument

Durch die Einführung des staatlichen Öko-Controllings werden Umweltdaten umweltproblemspezifisch und entscheidungsorientiert aufbereitet. Dies führt zur Situation, dass die Schadschöpfung einzelner Verursachergruppen in den verschiedenen Regionen aufgedeckt wird. Entsprechend stark wird sich der Widerstand einiger, sich vor Transparenz fürchtenden Verursachergruppen formieren. Im weiteren werden sich jene Interessengruppen, deren Angehörige heute eine grosse Schadschöpfung verursachen, aber die Massnahmen und die daraus folgenden Kosten in der heutigen Konstellation nicht zu tragen haben, massiv gegen die Einführung des neuen Instrumentes zur Wehr setzen. Sie fürchten erhöhte zukünftige Kosten ihrer Gruppierungen durch die Einführung marktwirtschaftlicher Instrumente. Ihre Hauptargumente werden sich auf die Unmöglichkeit der Quantifizierung und Visualisierung von Umweltzielen beziehen.

Als Fazit lasst sich festhalten, dass ein staatliches Öko-Controlling in der dargelegten Form auf Widerstand von bereits gut organisierten Interessengruppen und Politikern sowie der Verwaltung stossen wird.

Literatur

Blöchliger & Staehelin-Witt (1993): Die Umweltzentralbank: Ein ordnungspolitischer Vorschlag. Königswinter: Institut für politische Bildung, Forschung und Politikberatung.

European Commission (1994) (ed.): «Voluntary Approaches and Sustainable Development». Working Document.

Frey, René L.; Blöchliger, Hansjörg & Staehelin-Witt, Elke (Hrsg.) (1993): Mit Ökonomie zur Ökologie. Analyse und Lösungen des Umweltproblems aus ökonomischer Sicht. 2. Aufl. Basel: Helbing & Lichtenhahn.

Hallay, Hendric & Pfriem, Reinhard (1992): Öko-Controlling. Umweltschutz in mittelständischen Unternehmen. Frankfurt a. M.: Campus.

Heijungs, R.; Guinée, G.; Huppes, R.; Lankreijer, H.; de Haes, U.; Wegener Sleeswijk, A.; Ansems, P.; Eggels, P.; van Duin, R. & de Goede, H. (1992a): Environmental Life Cycle Assessment of Products. Guide. Leiden: Centrum voor Milieukunde.

Heijungs, R.; Guinée, G.; Huppes, R.; Lankreijer, H.; de Haes, U.; Wegener Sleeswijk, A.; Ansems, P.; Eggels, P.; van Duin, R. & de Goede, H. (1992b): Environmental Life Cycle Assessment of Products. Backgrounds. Leiden: Centrum voor Milieukunde.

Horvath, Peter (1990): Controlling. München: Vahlen.

Meffert, Heribert & Kirchgeorg, Manfred (1993): Marktorientiertes Umweltmanagement. Stuttgart: Schäffer-Poeschel.

Rück, Rainer (1993): Öko-Controlling als Führungsinstrument. Wiesbaden: Deutscher Universitätsverlag.

Schaltegger, Stefan & Sturm, Andreas (1989): Ökologieinduzierte Entscheidungsinstrumente des Managements. WWZ-Discussion Paper Nr. 8914. Basel: WWZ.

Schaltegger, Stefan & Sturm, Andreas (1990): «Ökologische Rationalität». Die Unternehmung, Nr. 4/90, 273–290.

Schaltegger, Stefan & Sturm, Andreas (1992a): Ökologieorientierte Entscheidungen in Unternehmen. Ökologisches Rechungswesen statt Ökobilanzierung: Notwendigkeit, Kriterien, Konzepte. Bern: Paul Haupt, 1. Auflage (2. überarbeitete Auflage 1994).

Schaltegger, Stefan & Sturm, Andreas (1992b): Methodik der ökologischen Rechnungslegung in Unternehmen. WWZ-Studie Nr. 33. Basel: WWZ.
Schaltegger, Stefan & Sturm, Andreas (1992c): «Eco-Controlling». In: Koechlin, D. & Müller, K. (Hrsg): Green Business Opportunities. The Profit Potential, London: Financial Times Pitman Publishing.
Schaltegger, Stefan & Sturm, Andreas (1995): Öko-Effizienz durch Öko-Controlling. Zur praktischen Umsetzung von EMAS und ISO 14'001. Zürich & Stuttgart: Vdf & Schäffer-Poeschel.
Simonis, Udo (1991): «Ökologieorientierte Modernisierung der Wirtschaft – Drei Schwerpunkte». In: Lendi, P. (Hrsg): Umweltpolitik. Zürich: Vdf.
Sturm, Andreas (1993a): «Öko-Controlling. Von der Ökobilanz zum Führungsinstrument». In: Gaia, Nr. 2/93, 107–120.
Sturm, Andreas (1993b): «Öko-Controlling. Die nächste Herausforderung an den Berufsstand. Teil 1». Index, Nr. 2/93 (Teil 2 in Index 3/93).
The Green Business Letter (1994) (ed.): «33/50's Success». In: Green Business Letter. Oktober.
Umweltbundesamt (Hrsg.) (1989): Jahresbericht 1989. Bonn: UBA.
Wicke, Lutz (1992): Umweltökonomie – Eine praxisorientierte Einführung. München: Vahlen.
Wilhelm, Sighard (1994): Umweltpolitik. Opladen: Leske & Budrich.

4 Staatliches Informationsmanagement und Öko-Berichterstattung

Zusammenfassung

Sollen umweltpolitische Instrumente problemorientiert eingesetzt werden, so sind Informationen notwendig, die die Wechselbeziehung zwischen ökonomischem Handeln und den damit verbundenen ökonomischen und ökologischen Folgen dokumentieren. Weil die traditionellen ökonomischen Erfassungsinstrumente wie die Volkswirtschaftliche Gesamtrechnung dazu nicht in der Lage sind, wurden in der Vergangenheit verschiedene alternative Lösungsansätze entwickelt.
Arbeiten mit einer vorwiegend *ökologischen Perspektive* stellen die Erfassung der mit dem Handeln verbundenen Umweltbeanspruchung ins Zentrum, wogegen die Ansätze mit einer *ökonomischen Perspektive* die wirtschaftlichen Konsequenzen einer Umweltbeanspruchung dokumentieren.
Das neu entwickelte Eco-Information-System (EIS) stellt eine Kombination der beiden Richtungen dar und verfolgt dadurch eine *integrierte ökonomisch-ökologische Perspektive*. Der ökonomisch-ökologische Würfel als neu konzipiertes Datenerfassungssystem ermittelt gemäss einer einheitlichen Systematik die mit dem ökonomischen Handeln verbundenen ökonomischen und ökologischen Folgen. In einem zweiten Schritt werden integrierte Kennziffern gebildet, wobei die ökologischen Daten mit Methoden der Ökobilanzierung gewichtet und somit nicht monetär bewertet werden. Das Konzept des Eco-Information-System wurde für die Region Nordwestschweiz umgesetzt. Dabei zeigte sich, dass vor allem bei den ökologischen Bestandesgrössen die Datendefizite am ausgeprägtesten waren.

Eine der wichtigsten Voraussetzungen für den Einsatz eines prozesspolitischen Instrumentes in der Umweltpolitik ist das Vorhandensein von Informationen. Dadurch werden die politischen Instanzen in die Lage versetzt, Handlungsprioritäten zu erkennen und somit einen möglichst effizienten Instrumenteneinsatz und -mix zu erreichen. Dazu notwendig ist ein Datenerfassungsinstrument, welches zudem eine Erfolgskontrolle erlaubt. Prädestiniert zur Wahrnehmung einer solchen Funktion sind Bilanzierungsansätze. Wenn jedoch von «volkswirtschaftlicher Bilanzierung» die Rede ist, steht die Nationale Buchhaltung im Blickpunkt des Interesses. Die mit dieser Methodik ermittelten Grössen genügen aber aus einer Umweltoptik nicht. Ziel dieses Kapitels ist es deshalb, die Schwächen der Nationalen Buchhaltung bei der Berücksichtigung der Umweltdimension zu beleuchten und mögliche alternative Ansätze vorzustellen. Denn nur eine integrierte ökonomisch-ökologische Erfassungsmethode, oder etwas salopper, eine Öko-Berichterstattung auf staatlicher Ebene erlaubt das Erkennen der Einsatzmöglichkeiten der im nächsten Teil (IV) beschriebenen Instrumente und bildet gleichzeitig ein wesentliches Element eines staatlichen Öko-Controllings (Kapitel 3).

Im folgenden wird zunächst (Kapitel 4.1) aufgezeigt, weshalb die Nationale Buchhaltung für eine nachhaltige Wirtschafts- und Umweltpolitik nicht geeignet ist und welchen Kriterien eine integrierte Erfassungsmethode zu genügen hat. Im Kapitel 4.2 werden alternative Messinstrumente vorgestellt und auf deren Mängel hingewiesen, bevor ein neues und unserer Ansicht nach besonders geeignetes Verfahren detailliert beschrieben (Kapitel 4.3) und dessen Umsetzung an einem konkreten Beispiel dargelegt (Kapitel 4.4) wird. Im letzten Abschnitt wird sodann auf Politikimplikationen eingegangen.

4.1 Grundproblematik und Anforderungen

4.1.1 Die umweltrelevanten Schwächen der Nationalen Buchhaltung

Die Nationale Buchhaltung erfasst die Geld- und Güterströme einer Volkswirtschaft kontenmässig und will ein quantitatives (in Geldeinheiten ausgedrücktes) Bild der gesamtwirtschaftlichen Tätigkeiten eines Landes geben. Dadurch kann die effektive Leistung einer Volkswirtschaft eruiert werden und ermöglicht so einen intertemporalen (sind wir besser als letztes Jahr?) sowie interregionalen respektive internationalen (sind wir besser als die anderen?) Vergleich. Doch spiegeln die im Rahmen der Nationalen Buchhaltung ermittelten Grössen wie Bruttosozialprodukt (BSP), Volkseinkommen usw. wirklich die effektive Leistung wieder? Und verfügt eine Nation mit einem höheren BSP pro Kopf über mehr Wohlstand? Wurden solche Fragen in der Nachkriegszeit bis Ende der 60er Jahre – wenn überhaupt – nur unter Experten diskutiert, geraten die ökonomischen Leitgrössen in der jüngsten Zeit auf einer breiten Linie unter Druck. Insbesondere die umweltrelevanten Schwächen der Nationalen Buchhaltung wurden aufgrund einer verstärkteren Umweltsensibilisierung, der Angst vor Ressourcenverknappungen sowie vermehrt zu verzeichnenden Umweltkatastrophen immer häufiger angeprangert. Drei (nicht nur) umweltrelevante Kritikpunkte bestimmen die Vorbehalte gegen das Konzept der Nationalen Buchhaltung: [1]

a) Berücksichtigung der Folgekosten

Die Nationale Buchhaltung erfasst die verschiedenen wirtschaftlichen Aktivitäten. Einige dieser Aktivitäten wie z.B. der Einbau eines Filters in einer Produktionsanlage oder das Aufstellen von Lawinenverbauungen dienen jedoch vorwiegend dazu, eine bestimmte *Umweltqualität* zu erreichen resp. zu bewahren. Die dazu notwendigen Umweltschutzausgaben verhindern, reduzieren, vermeiden oder korrigieren Belastungen der Umwelt oder eine Belastung durch die Umwelt[2] und spiegeln einen Teil der wachstumsbedingten Folgekosten wieder. Die Durchführung der Umweltschutzaktivitäten verlangt den Einsatz von Ressourcen, der sich aber sozialproduktsteigernd auswirkt. Anders formuliert, erhöht sich gemäss Nationaler Buchhaltung z.B. der «Wohlstand» der Schweiz durch einen Chemieunfall oder eine Brandkatastrophe.

b) Beschränkung auf Marktprozesse

Der zweite Kritikpunkt setzt bei der Erfassung von Markttransaktionen an. Die in Marktprozessen gehandelten Waren und Dienstleistungen spiegeln – von wenigen Ausnahmen wie z.B. dem Staatssektor einmal abgesehen[3] – nur die in Preisen ausgedrückten Knappheitsverhältnisse

1 Vgl. dazu auch Leipert (1975) oder Vaterlaus (1991).
2 Vgl. Walther (1990, 58).
3 Bei der Integration des Staatssektors in der Nationalen Buchhaltung fliessen die nichthandelbaren Güter, die durch den Staat bereitgestellt werden, mit den Herstellungskosten ein (z.B. Löhne, Material).

wieder und werden in der Nationalen Buchhaltung zu makroökonomischen Grössen aufsummiert. Waren und Dienstleistungen des informellen Sektors[4], für die also keine Marktpreise existieren, bleiben ausgeklammert. Gerade im Umweltbereich fehlen jedoch Preise sehr häufig, weshalb bei der Bewertung der wirtschaftlichen Aktivitäten die *Benutzung des Umweltkapitalstocks* oder *das Verursachen von externen Kosten* nicht berücksichtigt wird. Analog einer Unternehmung, die in ihrer Buchhaltung die Abschreibungen (aufgrund z.B. der Abnützung der Maschinen) nicht vornimmt und dadurch z.B. einen Gewinn anstelle eines Verlustes ausweisen kann, ermittelt die Nationale Buchhaltung aufgrund der Vernachlässigung der negativen externen Kosten mit diesem Konzept ein zu hohes Einkommen.

c) Betonung der Flussgrössen

Als dritter Punkt wird die starke Betonung der Flussgrössen kritisiert. Für die Beurteilung der ökonomischen Situation dienen Indikatoren wie Sozialprodukt, Einkommen usw., welche das Ergebnis der während eines Jahres durchgeführten wirtschaftlichen Aktivitäten reflektieren. Wenig Gewicht werden den Bestandesgrössen wie dem Kapitalstock oder dem Volksvermögen beigemessen, was nicht zuletzt auf die grossen *Bewertungsprobleme* bei Vermögensbeständen zurückzuführen ist. Bedenkt man, wieviele Möglichkeiten bei einem einzelnen Haushalt existieren, um z.B. das Aktienvermögen zu einem bestimmten Zeitpunkt zu bewerten (Anschaffungs-, Markt-, Wiederbeschaffungswert usw.) kann man sich vorstellen, wie schwierig die Bewertung eines gesamten Volksvermögens wird. Aus einer Umweltoptik ist aber die Bestandesbetrachtung bei Umweltgütern sehr wichtig. Weil die Minderung des natürlichen Kapitals vielfach (fast) irreversibel ist (z.B. Abbau der Ozonschicht), kommt dem effektiv verbleibenden Bestand grosse Bedeutung zu.

Die erwähnten Kritikpunkte am Konzept der Nationalen Buchhaltung betreffen nicht nur die Umweltdimension. Auch die Berücksichtigung der unentgeltlichen Haushaltstätigkeiten, die Bewertung der Freizeit u.a.m.[5] sind nicht adäquat gelöst. Aus diesen Gründen ist die Verwendung des Sozialproduktes als Wohlfahrtsmass sehr fraglich. Aus einer ökologischen Perspektive sind Instrumente notwendig, die auf einer den Umweltgütern entsprechenden Erfassungsmethode basieren.

---

4 Vgl. Binswanger et al. (1983, 218).

5 Vgl. Frey, R.L. (1979, 19ff.) und Leipert (1975, 50ff.).

4.1.2 Kriterien einer integrierten Erfassungsmethode

Die Einsicht, dass die Umweltdimension besser in das Konzept der Nationalen Buchhaltung integriert werden muss, hat diverse Arbeiten ausgelöst. Die einzelnen Ansätze unterscheiden sich hinsichtlich Ausgereiftheit, Themenbehandlung und Zielsetzung. Zur Vergleichbarkeit und Überprüfung der Zweckmässigkeit ist ein *Kriterienkatalog* notwendig[6], wobei drei Kriteriengruppen unterschieden werden können.

a) Funktionskriterien

Damit ein im Vergleich zur Nationalen Buchhaltung alternatives Messinstrument beurteilt werden kann, ist die angestrebte Verwendung zu eruieren.

Eine erste Einsatzmöglichkeit ist die Beurteilung umweltpolitischer Massnahmen und deren Auswirkungen. In diesem Zusammenhang stehen die vergangenen Interaktionen zwischen Ökonomie, Ökologie und Politik im Vordergrund. Ein diesbezüglich ausgestalteter Ansatz dient vorwiegend als Kontrollinstrument und betont die *Analysefähigkeit.*

Auf der anderen Seite kann ein alternatives Messinstrument auch für die *Aufklärung* der Bevölkerung verwendet werden. Umweltschäden sind vielfach nicht sofort bei ihrem Auftreten wahrnehmbar, sei dies aufgrund der Globalität (Treibhauseffekt), der Grossräumigkeit (Meeresverschmutzung) oder der nur schleichenden Entstehung (Einsickern von Altlasten in das Grundwasser). Auf diesem Gebiet leistet ein alternatives Messinstrument eine «Sensibilisierungshilfe», indem die ökonomische und ökologische Realität[7] vermittelt wird.

Eine dritte Verwendungsmöglichkeit besteht in der Erstellung von Aussagen über die zu erwartende Entwicklung (*Prognosefähigkeit*). Das Instrument übernimmt dabei eine «Frühwarnfunktion» und wird deshalb vorwiegend als Steuerungs- und Planungshilfe eingesetzt. Dadurch sollen zukünftige Umweltschäden verhindert und eine nachhaltige Wirtschafts- und Umweltpolitik ermöglicht werden.

6 Vgl. Schaltegger & Sturm (1994), mit weiteren Verweisen.
7 Vgl. Schaltegger & Sturm (1994).

b) *Praktikabilitätskriterien*

Besonders wichtig bei der Beurteilung der verschiedenen Ansätze ist deren Praktikabilität. Ohne eine mögliche Umsetzung wird jedes alternative Messinstrument zur Farce und verschwindet allenfalls in den Schubladen der Experten. Zu Beginn stellt sich die Frage der *Realisierbarkeit.* Der Ansatz sollte dabei dahingehend überprüft werden, ob die notwendigen Daten und Informationen für die Implementation überhaupt vorhanden sind, inwieweit ein gesellschaftlicher Konsens bezüglich der angewandten Methodik besteht und mit welchem zeitlichen Realisierungshorizont gerechnet werden muss. Ebenfalls zu den Praktikabilitätskriterien gehören die *Effektivität* und die *Effizienz.* Mit der Effektivität wird die angestrebte Zielerreichung analysiert und bei der Effizienz steht das damit verbundene Kosten / Nutzen-Verhältnis im Zentrum. Besonders wichtig ist die *Flexibilität* eines Ansatzes. Die Nationale Buchhaltung wurde in der Nachkriegszeit entwickelt und die Datenlage kann heute in den meisten Ländern als zufriedenstellend bezeichnet werden. Weniger günstig sieht die Situation bei den Umweltdaten aus. Umweltstatistiken, die über das Zusammentragen einzelner Daten aus dem Ökosystem hinausgehen, werden erst in der jüngsten Zeit systematisch angegangen. Somit stellt sich bei einem im Vergleich zur Nationalen Buchhaltung alternativen Messinstrument die Frage, inwieweit der theoretische Ansatz auch ohne vollständige Datenbasis umgesetzt werden kann.

c) *Erfassungskriterien*

Der wichtigste Punkt bei den Erfassungskriterien ist die *Erfassungsart.* Da in der heutigen Gesellschaft die Gefahr eines «information overload»[8] besteht, muss die beabsichtigte Information kommunizierbar gemacht werden. Dabei gilt es, zwischen der notwendigen Detailangabe (z.B. kg anfallende Grünabfälle) und der verdichteten Information (z.B. kg anfallende Haushaltsabfälle) einen für die Erreichung der Zielsetzung optimalen Mix zu finden. Im Zusammenhang mit der *Verdichtung* steht die Kontroverse bezüglich der *Monetarisierung* ökologischer Daten im Vordergrund. Neben der Erfassungsart ist die *Vollständigkeit* ein weiteres wichtiges Erfassungskriterium. Integrierte Erfassungsmethoden beschäftigen sich mit den Wechselwirkungen zwischen Ökonomie und Ökologie, wobei die Schnittstellen mannigfaltig und die

8 Vgl. Zieschank (1992, 23).

Kausalbeziehungen nicht immer eindeutig sind. Insbesondere die Vielfältigkeit im Umweltbereich – man denke z.B. nur an die ganz verschiedenen Themen wie Grundwasser, Artenvielfalt, Umweltschäden usw. – bedingt eine Konzentration der integrierten Erfassungsmethode auf bestimmte Sachverhalte und somit eine Einschränkung der Vollständigkeit.

d) Anforderungen an eine integrierte Erfassungsmethode

Die Beurteilungskriterien lassen sich analog den vorangegangenen Überlegungen wie in Tabelle 4.1 dargestellt zusammenfassen.

Tabelle 4.1
Beurteilungskriterien

Funktionskriterien	**wichtigste Fragestellungen**
Analysefähigkeit	Stehen die historischen Interaktionen (Ökonomie/Ökologie/Politik) im Vordergrund?
Aufklärungsfähigkeit	Steht die laufende Orientierung im Vordergrund?
Prognosefähigkeit	Werden Aussagen über die zu erwartenden Entwicklungen angestrebt?
Praktikabilitätskriterien	**wichtigste Fragestellungen**
Realisierbarkeit	Ist der Ansatz akzeptiert und/oder sind alle relevanten Daten verfügbar?
Effektivität	Können die angestrebten Ziele des Ansatzes erreicht werden?
Vollzugseffizienz	Ist das Verhältnis Zielerreichung und Kosten vertretbar?
Flexibilität	Ist ein modulartiger Aufbau und/oder eine teilweise Realisierung möglich?
Übertragbarkeit	Ist der Ansatz auf der Mikro- und Makroebene resp. für eine Region und Nation anwendbar?
Transparenz	Ist der Ansatz anwenderfreundlich, nachvollziehbar und/oder verständlich?
Erfassungskriterien	**wichtigste Fragestellungen**
Verdichtbarkeit	Werden die Informationen mittels Zusammenfassungen und Aggregationen verdichtet?
Monetarisierbarkeit	Werden die ökologischen Daten zu Geldgrössen bewertet?
Vollständigkeit	Werden die ökonomischen und ökologischen Daten möglichst vollständig erfasst?

Eine staatliche Öko-Berichterstattung sollte solchermassen konzipiert sein, dass die erfassten ökonomischen und ökologischen Daten die Grundlage sowohl für die Analyse von vergangenen Interaktionen zwischen Politik und Ökonomie/Ökologie als auch für die Abschätzung zukünftiger Entwicklung darstellen. Dabei ist zu beachten, dass unabhängig des geplanten Einsatzes[9] eine *Realisierung* möglich ist. Diese Binsenwahrheit bedingt jedoch ein sehr *flexibles Konzept*, um bei unvollständiger Datenlage wenigstens einzelne Teile implementieren zu können. Ausserdem ist das anvisierte *Ziel* mit möglichst *minimalen Kosten* zu erreichen, weshalb eventuell bei der *Vollständigkeit* Abstriche zu akzeptieren sind. Zudem dominiert in den meisten Fällen nicht die Vermittlung der Daten, sondern die damit verbundene Information.[10] Um dies zu erreichen, sind die ökonomischen und ökologischen Daten verdichtet auszuweisen. Die dabei verwendeten Gewichtungs- resp. Bewertungsmodelle sollten sich an den üblichen *Konventionen* orientieren. Diese anzustrebende Standardisierung erlaubt eine bessere Konsensfindung[11] und erhöht somit die *Einsatzmöglichkeiten* des Instrumentes.

4.1.3 Mögliche Zielsetzungen von integrierten Erfassungsmethoden

Die dargestellten Kriterien erlauben eine kritische Würdigung der diversen Arbeiten, welche die umweltrelevanten Schwächen der Nationalen Buchhaltung zu korrigieren versuchen. Dabei verfolgen diese Ansätze ganz verschiedene *Ziele*, weshalb sich für eine vergleichende Beurteilung nur Arbeiten mit einer ähnlichen Zielsetzung eignen.

Allen staatlichen Öko-Berichterstattungen ist die Korrektur der mangelnden Aussagekraft traditioneller Indikatoren und somit die *Verbesserung der bestehenden Informationsbasis* gemein.

Dadurch sollen die Planungs- und Entscheidungsgrundlagen für wirtschafts- und umweltpolitische Fragestellungen erweitert werden. Wie die Abbildung 4.1 verdeutlicht, lassen sich aus dem allgemein gehaltenen Begriff «Information» *drei* spezifische «Informationsbedarfe» ableiten.

9 Vgl. dazu auch Radermacher (1993) oder Zieschank (1989).
10 Zieschank (1992, 24).
11 Vgl. Schaltegger & Sturm (1994).

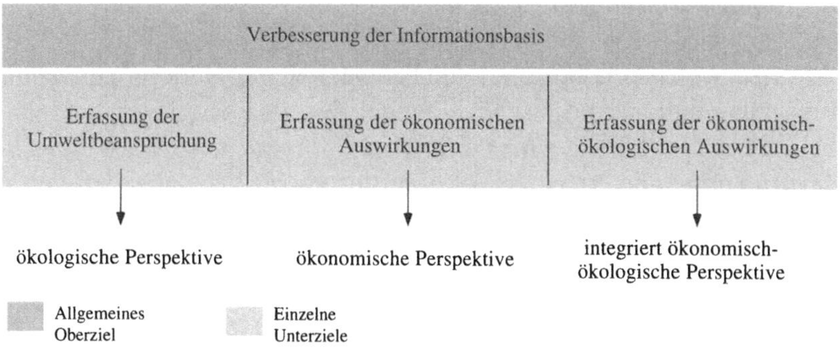

Abbildung 4.1
Mögliche Ziele von integrierten Erfassungsmethoden

a) Die ökologische Perspektive

Wird die Verbesserung der Informationsbasis aus einer ökologischen Perspektive angegangen, muss die Nationale Buchhaltung um die Berücksichtigung der ökologischen Effekte des wirtschaftlichen Handelns ergänzt werden. Im Zentrum steht somit die *Erfassung der Umweltbeanspruchung*. Jeder Konsum- resp. Produktionsprozess hat schliesslich Auswirkungen auf das Ökosystem, sei dies indem natürliche Ressourcen abgebaut (z.B. Erdölgewinnung) oder die Umweltkompartimente (Luft, Wasser, Boden) als Aufnahmemedium für die Abfallprodukte des Konsumtions- resp. Produktionsprozesses (z.B. Emissionen) benutzt werden. Arbeiten mit einer vorwiegend ökologischen Perspektive verwenden hauptsächlich *physische Daten*, weshalb der Monetarisierung ein untergeordnetes Gewicht beigemessen wird. Zudem sind sie i.d.R. sehr praxisorientiert, weshalb vielfach eine inhaltliche Beschränkung auf die wichtigsten Umweltbereiche erfolgt. Die Konzepte, die vor allem eine bessere Erfassung der Umweltbeanspruchung verfolgen, sind ganz unterschiedlicher Natur und reichen von der systematischen Erhebung ökologischer Daten bis hin zur Abbildung von komplexen Ressourcenströmen. Die Arbeiten mit Betonung der ökologischen Perspektive setzen richtigerweise einen Kontrapunkt in der bisher stark ökonomielastigen Betrachtung und orientieren sich stärker an den Charakteristiken des Ökosystems. Problematisch präsentiert sich jedoch die fundierte Verflechtung mit den ökonomischen Grössen.

b) *Die ökonomische Perspektive*

Ansätze, welche die bestehenden Schwächen der Nationalen Buchhaltung aus einer ökonomischen Perspektive zu korrigieren versuchen, betonen vor allem die *wirtschaftlichen Konsequenzen einer Umweltbeanspruchung.* Die Arbeiten «ökologisieren» die Aussagekraft von traditionellen Indikatoren durch eine Erweiterung der ökonomischen Konzepte. So werden z.B. das *Abschreibungskonzept* überarbeitet, der *Kostenbegriff* neu definiert, das *Kontensystem* der Volkswirtschaftlichen Gesamtrechnung revidiert, die *Input/Outputtabelle* modifiziert oder die *umweltrelevanten Aktivitäten* gesondert ausgewiesen. Auch bei diesen Arbeiten reicht das Spektrum von der einfachen Ausgliederung bestehender Grössen bis hin zu komplexen Satellitensystemen.[12] Obwohl die einzelnen Ansätze auch die Integration von physischen Grössen vorsehen, steht als gemeinsames Merkmal die *Monetarisierung* der ökologischen Daten im Vordergrund. Dies erhöht die Akzeptanz des Instrumentes und lässt einen direkten Bezug zu bestehenden Grössen zu. Nachteilig wirkt sich aber gerade diese Nähe zu den bisherigen Konzepten aus, weil dadurch die Umwelt der bestehenden ökonomischen Rationalität nur intelligenter unterstellt wird[13], so dass die Umweltgüter in den Markt- und Planungsprozessen besser, d.h. ökonomisch richtiger, berücksichtigt werden können. Dieses Vorgehen kann für einzelne Fragestellungen sinnvoll sein, zu einer Berücksichtigung ökologischer Kriterien als politische Ziel- und Steuergrössen sind sie jedoch nicht geeignet. Das Festhalten an den traditionellen ökonomischen Konzepten bedeutet zudem, dass diese Indikatoren aus ökologischer Sicht verbessert werden, andere Mängel (z.B. die Bewertung der Hausfrauenarbeit im Rahmen der VGR) aber nicht behoben werden.

c) *Die integrierte ökonomisch-ökologische Perspektive*

Ein dritte Möglichkeit, die bestehende Informationsbasis zu verbessern, ist eine möglichst integrierte Erfassung der *ökonomisch-ökologischen Zusammenhänge.* Dabei ist die gleichwertige Berücksichtigung der ökonomischen und ökologischen Wirkungen zentral. Zu diesen Ansätzen gehört auch, dass sowohl das ökonomische und ökologische

12 Unter einem Satellitensystem wird eine nach einheitlichen Gesichtspunkten strukturierte Darstellung bestimmter Aufgabenbereiche verstanden (Hammer 1986, 60).

13 Durch die Monetarisierung können Umweltgüter mit einem Preis versehen und in die ökonomischen Analysen integriert werden (vgl. Immler 1985, 33).

System als auch *die Bestandes- und Flussgrössen* im Ansatz berücksichtigt werden. Eine Monetarisierung der physischen Daten ist möglich, steht jedoch nicht im Vordergrund. Vielmehr zeichnen sich die integrierten ökonomisch-ökologischen Ansätze durch eine Aggregation der physischen Daten aus. Die ermittelten ökologischen Masszahlen werden sodann in Relation zu den traditionellen ökonomischen Grössen gesetzt. Die Arbeiten mit einer integrierten ökonomisch-ökologischen Perspektive unterscheiden klar zwischen der Datenerfassung und der -analyse und stellen eine Synthese zwischen den ökologisch orientierten Arbeiten und denjenigen mit einer ökonomischen Perspektive dar. Aufgrund der Komplexität der Zusammenhänge zwischen Ökonomie und Ökologie ist eine diesbezügliche detaillierte und kausalfundierte Erfassung heute noch nicht möglich. Dies ist sicherlich auch der Hauptgrund, weshalb bisher keine Arbeit eine ausschliesslich integrierte ökonomisch-ökologische Perspektive verfolgt. Der im Kapitel 3.3 entwickelte Ansatz versucht, einer integrierten ökonomisch-ökologischen Perspektive gerecht zu werden.

4.2 Alternative Messinstrumente

Wie die Praxis zeigt, streben zwar viele Ansätze eine integrierte ökonomisch-ökologische Perspektive an, die effektive Ausgestaltung, respektive Implementierung fällt aber stark ökonomisch oder ökologisch aus.

In der Regel gilt, dass mit zunehmender Komplexität der Ansätze der integrierten ökonomisch-ökologischen Perspektive stärker Rechnung getragen wird. Wie die untenstehende Abbildung 4.2 verdeutlicht, sind verschiedene *Kategorien* von Ansätzen zu unterscheiden, die sich durch eine zunehmende integrierte Betrachtung unterscheiden. Die regen Aktivitäten bezüglich der Korrektur der Mängel der Nationalen Buchhaltung und ihrer Leitgrössen lassen eine vollständige Diskussion aller möglichen Ansätze als illusorisch erscheinen. Aus diesem Grund stellen die im folgenden diskutierten Arbeiten eine *Auswahl* dar, die jedoch die typischen Merkmale der einzelnen Kategorien besonders betonen. Dabei ist zu erwähnen, dass die Zuteilung nach dem Schwerpunkt des jeweiligen Ansatzes und nicht nach streng mathematischen Gesichtspunkten erfolgt.

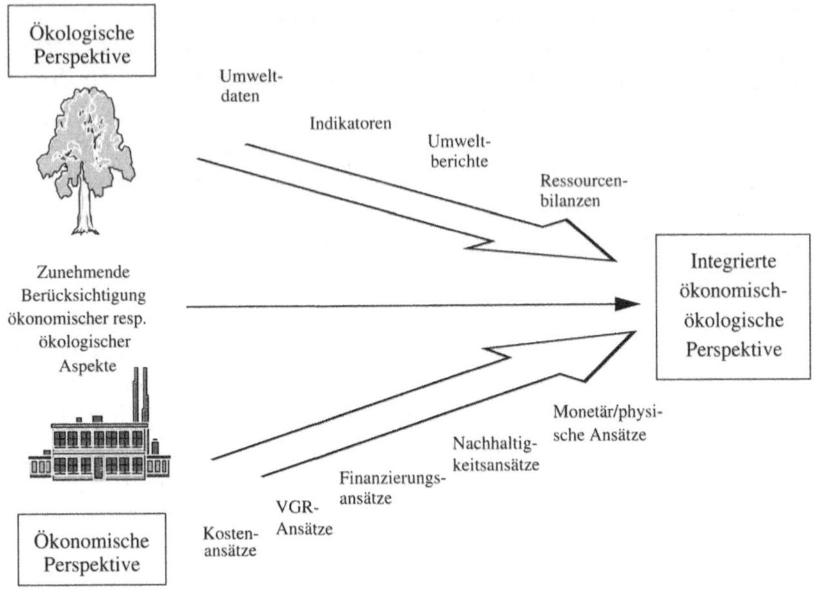

Abbildung 4.2
Übersicht über alternative Messinstrumente

4.2.1 Ansätze mit einer ökologischen Perspektive

a) Umweltdaten

Umweltdaten bilden die Grundlage aller Ansätze mit einer ökologischen Perspektive. Mit der zunehmenden Umweltbelastung und der erhöhten Umweltsensibilisierung steigerte sich auch die Nachfrage nach Informationen über verschiedene Umweltbereiche. Die nach methodischen und konzeptionellen Gesichtspunkten gesammelten Daten sollen das bisher vielfach historisch begründete Erfassen von Umweltdaten systematisieren. *Umweltstatistiken* sind dabei in der Regel stark medien- resp. sektorbezogen, was die *Wirkungsbetrachtung* zwischen einer Aktivität und deren Folgen erschwert. Die Vorteile von Umweltstatistiken liegen in deren flexiblen Handhabung (z.B. Beschränkung auf das bereits Vorhandene) und in der relativ kurzen Realisierungszeit. Nachteilig wirken sich die heterogenen methodischen Merkmale (z.B. sind für Lärmmessungen Mittel- oder Extremwerte, für die Artenvielfalt jedoch absolute Grössen massgebend), der unterschiedliche Raum- und Zeitbezug von Umweltdaten (z.B. repräsentiert eine gemessene Ozonbelastung nur eine punktuelle Situation) sowie deren zum

Teil schwierige Verknüpfung mit ökonomischen Grössen aus. Dieser letzte Kritikpunkt kann allenfalls entschärft werden, indem die physischen Umweltdaten als Funktion einer ökonomischen Aktivität erfasst werden. Als Beispiel ist das amerikanische *Toxic Chemical Release Inventory (TRI)*[14] zu erwähnen. Die Idee dabei ist, dass bestimmte Betriebe die mit ihrer Produktion verbundenen Emissionen von definierten toxisch wirkenden Stoffen jährlich der Behörde deklarieren müssen. Dieser Prototyp einer Flussrechnung, welcher in verschiedenen Ländern (wie Japan, Kanada, Australien oder Holland) implementiert worden ist, kämpft neben dem Vorwurf einer rein partikularen Betrachtung zudem vielfach auch mit grossen Akzeptanzproblemen, wie das Beispiel des «Pollution Release and Transfer Register (PRTR)» der OECD verdeutlicht[15]

b) Indikatoren

Indikatoren oder Indizes stellen gegenüber der Umweltstatistik eine methodische Erweiterung dar, weil damit entweder die entscheidenden Daten aus dem gesamten Datenset eruiert (Indikatoren) und allenfalls aggregiert werden (Indizes). Üblicherweise sind Umweltindikatoren gemäss dem *«pressure/state/response»*-Modell klassifiziert, das erstmals für Kanada entwickelt wurde.[16] Die Einwirkungsindikatoren (pressure) versuchen, die Stressfaktoren für das Ökosystem zu erfassen (z.B. Emissionen), wogegen die Zustandsindikatoren (state) den Umweltzustand dokumentieren (z.B. Ausmass der Luftverschmutzung). Die Reaktionen sowohl der Menschen als auch des Ökosystems auf diesen Zustand (z.B. Umweltschutzausgaben oder Artensterben) sind sodann Bestandteil der Reaktionsindikatoren (response). Obwohl diese Konzentration auf wenige Grössen der ökonomischen Philosophie entspricht (z.B. das BIP als Wohlstandsindikator), wird der Zusammenhang zwischen Ökonomie und Ökologie i.d.R. lediglich mittels *Verhältniszahlen*, wie z.B. «Emission des Schadstoffes x im Verhältnis zum BIP»[17]. abgebildet. Gegenüber den Indikatoren geht man bei den Umweltindizes insofern einen Schritt weiter, als eine Aggregation verschiedener Grössen angestrebt wird. Dazu sind Gewichtungsmodelle[18] notwendig, welche die einzelnen Indikatoren gemäss ihrer Schädlichkeit

---

14 Vgl. Stockwell et al. (1993, 155ff.).
15 SKUB (1993, 17).
16 Vgl. Sherp (1994, 13), Friend (1979).
17 Vgl. OECD (1990), OECD (1993).
18 Zu den unterschiedlichen Arten von Gewichtungsmodellen vgl. Kapitel 1.

vergleichbar und somit aggregationsfähig machen. Sowohl Umweltindikatoren als auch -indizes dienen dazu, bestimmte Sachverhalte zu vereinfachen, zu quantifizieren und diese zu kommunizieren.[19] Aus diesem Grund eignen sie sich besonders für eine Beurteilung bezüglich der Erreichung von umweltpolitischen Zielen. Der Vorteil eines Systems von Umweltindikatoren und -indizes liegt in seiner einfachen Handhabung. Als problematisch erweist sich die Wahl der umweltpolitischen Ziele (wer bestimmt sie?), deren periodische Anpassung an veränderte Werthaltungen und die Gewichtungsfrage bei der Bildung von Umweltindizes.

c) Umweltberichte

Umweltberichte verwenden die wichtigsten Indikatoren als *Input* und gehen insofern einen Schritt weiter, indem eine stark *verbalisierte Interpretation* der ökonomischen, ökologischen und nicht zuletzt auch politischen Entwicklung angestrebt wird.

Wie die Abbildung 4.3 verdeutlicht, kann bei den Umweltberichtsansätzen zwischen einem *Umweltzustandsbericht, einem problemorientierten und einem handlungsorientierten Umweltbericht* unterschieden werden.

Der Umweltzustandsbericht der OECD[20] orientiert sich stark am vorgängig besprochenen «Pressure/State/Response»-Ansatz und dokumentiert in vorwiegend verbaler Form den Umweltzustand (mediale Vorgehensweise) sowie die wichtigsten Einflussfaktoren (sektorale Vorgehensweise). Kantonale oder städtische Umweltberichte wie für Zürich oder Basel[21] konzentrieren sich sehr stark auf die lokalen Umweltprobleme, sind somit in ungleich stärkerem Ausmass als der OECD-Bericht *problemorientiert* und deshalb pragmatisch konzipiert. Inhaltlich beschränken sie sich auf die allgemein diskutierten Umwelt- und Wirtschaftsprobleme, wobei die Aufteilung nach den *Umweltmedien* vielfach noch um *Sektoren* wie Landwirtschaft, Energie, Verkehr oder Abfall ergänzt wird.

Das Aufzeigen der Umweltprobleme und der Einflussfaktoren reicht jedoch für einen Einsatz des Umweltberichtes im politischen Prozess nicht aus. Es wurde deshalb ein Konzept eines *handlungsorien-*

---

19 Vgl. Adriaanse (1993, 7).
20 OECD (1991).
21 Vgl. Umweltbericht der Stadt Zürich (Gesundheits- und Wirtschaftsdepartement, 1990) bzw. der Stadt Basel (Koordinationsstelle für Umweltschutz, 1991).

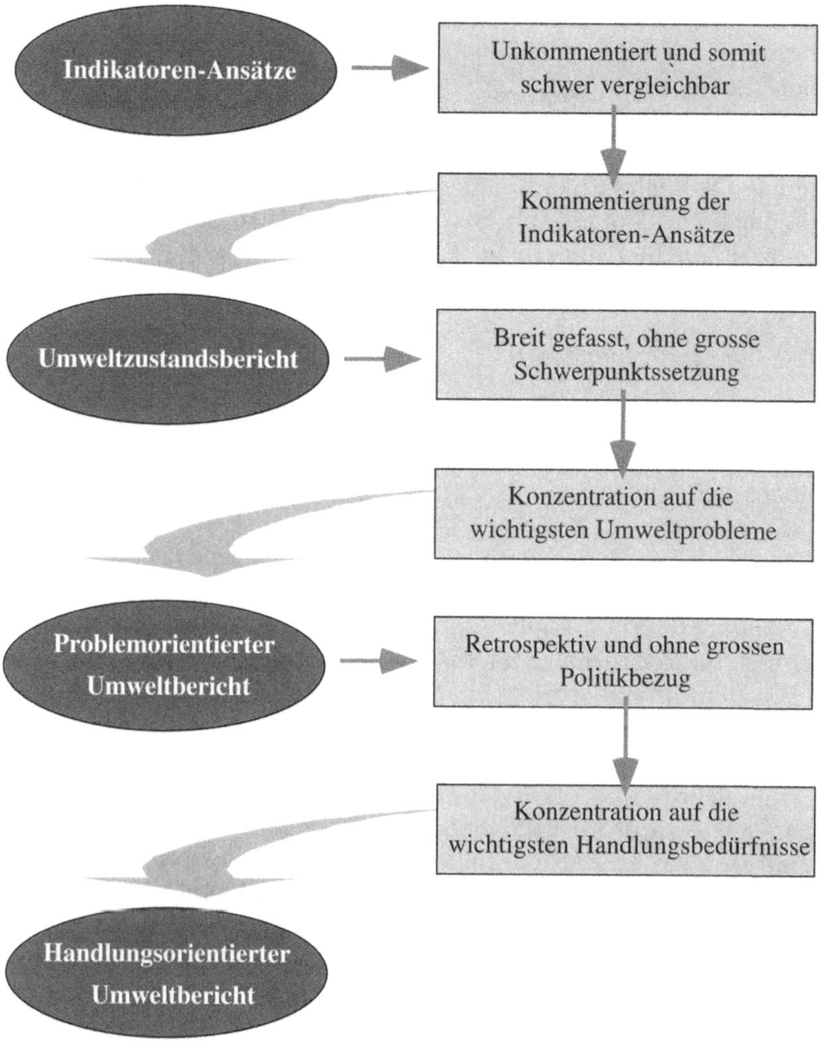

Abbildung 4.3
Von den Indikatorenansätzen zu den Umweltberichten

tierten Umweltberichtes entwickelt,[22] der über die Zustandsanalyse hinaus auch Vorschläge zur Problemlösung aufzuzeigen versucht. Die Umweltberichte werden i.d.R. von öffentlichen Gebietskörperschaften erstellt, weshalb durchaus ein *Zielkonflikt* zwischen der umweltbezoge-

22 Vgl. z.B. ETH Zürich (1993).

nen Situationsdarstellung (Informationspflicht) und der administrativbezogenen Erfolgsdarstellung umweltpolitischer Massnahmen bestehen[23] kann.

Der Vorteil dieses Ansatzes liegt in der schnellen Realisierbarkeit und der einfachen Handhabung. Hingegen kommt die Beziehung Ökonomie-Ökologie zu kurz. Die problemorientierte und deshalb stark pragmatische Konzeption lässt auch Vergleiche zwischen einzelnen Umweltberichten nur schwer zu.

d) Ressourcenbilanzen

Bei den Arbeiten mit einer ökologischen Perspektive weisen die Ressourcenbilanzen die grösste Verwandtschaft zu den traditionellen ökonomischen Konzepten auf. Dies liegt weniger an der Datenart, weil physische Daten dominieren, als vielmehr an den Erfassungsmethoden. Besonders das *«System of Resource Accounting (SRA)»* in Norwegen[24] sowie die französischen Arbeiten bezüglich des *«Comptes du Patrimoine Naturel (CPN)»*[25] können als Beispiele angeführt werden. Das SRA erfasst die natürlichen Material- (Rohöl, Erdgas, Wald, Fische usw.) resp. Umweltressourcen (Luft, Wasser, Boden, Raum) und dokumentiert deren Veränderung aufgrund menschlicher Aktivitäten. Der Aufbau solcher Materialressourcen gliedert sich in drei Teile. In einem ersten Schritt wird die Ressourcenbasis bestimmt, wobei zu den bekannten Ressourcenvorkommen allenfalls neu entdeckten Mengen addiert werden. Im zweiten Teil steht der *Abbau, die Umformung oder der Handel* der betrachteten Ressource im Blickpunkt und der letzte Teil analysiert sodann die Ressourcenströme bei den *Endverbrauchern.* In der Praxis hat sich vor allem die jährliche Energieressourcenrechnung durchgesetzt, wogegen Arbeiten über den Fisch- respektive Waldbestand nur periodisch durchgeführt werden.

Die französischen Arbeiten gehen von einem sehr breit definierten Umweltbegriff aus und bilden mittels verschiedener *Umweltkonten* die diversen Wechselwirkungen zwischen menschlicher Aktivität und natürlicher Ressource ab. Dabei wird die Umwelt in physische Konti (z.B. Entstehung und Verwendung einer Ressource), in geographische Konti (z.B. Raumnutzung in einem definierten Gebiet) und Akteurenkonten (z.B. Konto für die Emissionsentwicklung nach Produktion) eingeteilt.

---

23 Vgl. Zieschank (1992, 23).
24 Vgl. Alfsen et al. (1987).
25 Vgl. INSEE (1986a).

Die Ressourcenbilanzen knüpfen mit der *Kontendarstellung* und des *Kreislaufgedankens* stark an das Konzept der Nationalen Buchhaltung an. Als problematisch erweist sich die häufig von der traditionellen ökonomischen Klassifikation *abweichende* Einteilung und die starke Betonung *unaggregierter* physischer Daten. Zudem ist eine rasche Umsetzung aufgrund der *Komplexität* nicht möglich.

4.2.2 Ansätze mit einer ökonomischen Perspektive

a) Kostenansätze

Die Ansicht, dass ein Wachstum der gesamtwirtschaftlichen Produktion über die grössere ökonomische Wahlmöglichkeit zu einer Steigerung des wirtschaftlichen Wohlstandes der Wirtschaftssubjekte und somit zu einer erhöhten gesellschaftlichen Wohlfahrt führt, ist – wie das Kapitel 4.1.1 deutlich machte – überholt. Vielmehr steht heute die Diskussion über den «Leerlauf der Zivilisationsmaschine»[26] im Zentrum, d.h., die Frage, inwieweit die mit dem Wirtschaftswachstum ausgelösten Folgekosten den Produktionszuwachs «auffressen». Eine Möglichkeit, das Konzept der Nationalen Buchhaltung in dieser Hinsicht zu korrigieren, besteht in der expliziten Bewusstmachung der Höhe dieser Folgekosten. In diesem Zusammenhang ist daher der Kostenbegriff näher zu betrachten. In der Literatur sind für die in der Nationalen Buchhaltung als Erträge ausgewiesenen Kosten (wie z.B. die Installation von Schallschutzfenstern) Begriffe wie «regretable necessities, wohlstandsfragwürdige Güter, counterproduction, Sicherungskosten usw.» zu finden.[27] Heute wird i.d.R. von defensiven *Ausgaben*[28] gesprochen, wobei sie nur einen Teil der gesamten Folgekosten umfassen. Denn auch Artenverluste oder andere individuelle resp. gesellschaftliche Wohlfahrtsverluste (wie z.B. eine Verschandelung der Landschaft) verursachen für den Einzelnen und die Gesellschaft Kosten.

Der Vorteil solcher Kostenansätze liegt in der *Nähe* zum Konzept der Nationalen Buchhaltung. Die traditionellen Grössen werden um den ermittelten Betrag korrigiert, womit sie einer Umweltoptik eher genügen können. Als Nachteil ist die *Schwierigkeit bei der Kostenermitt-*

---

26 Vgl. Binswanger (1978), zit. aus Zieschank & Leipert (1989, 179).
27 Vgl. Zieschank & Leipert (1989, 182).
28 Solche Ausgliederungen von defensiven Ausgaben wurden z.B. für Deutschland (Zieschank & Leipert 1989) und die Schweiz (Walther 1990, Altwegg 1988) durchgeführt.

lung anzuführen. Daher fliessen häufig nur effektiv getätigte Ausgaben in die Berechnung ein. Unterlassene, obwohl notwendige Umweltschutzausgaben, verbessern daher die Resultate. Ausserdem werden *ökologische Merkmale* (z.B. Bedeutung der Bestandesgrössen, Berücksichtigung von physischen Daten usw.) nicht berücksichtigt.

b) VGR-Ansätze

Bei den VGR-Ansätzen wird entweder die bisherige *Verbuchungstechnik* geändert oder der *Kontenrahmen* der Nationalen Buchhaltung um ein zusätzliches Konto ergänzt. Eine Arbeitsgruppe der OECD unter der Federführung von Baltensperger[29] versuchte, die Volkswirtschaftliche Gesamtrechnung so zu ändern, dass bei der Ermittlung des Nettosozialproduktes (Gesamtproduktion minus Abschreibungen) der *Umweltverzehr* als eine Art Verlust von Realkapital negativ berücksichtigt wird. Die Quintessenz des Ansatzes ist ein im Vergleich zum traditionellen System *gleichbleibendes Bruttosozialprodukt* und ein *tieferes Nettosozialprodukt.* Eine Erweiterung dieses Vorschlags geht auf Binswanger[30] zurück. Dieser führt ein zusätzliches Konto *«Umwelt»* im Konzept der Nationalen Buchhaltung ein und unterscheidet zugleich «Umweltdienstleistungen, Umweltschäden und Umweltkapital», deren Veränderungen während eines Jahres, im Sinne der doppelten Buchhaltung, in den traditionellen Akteurenkonten (z.B. Unternehmungen) und dem neuen Konto «Umwelt» verbucht werden. Diese bisher *theoretische* Arbeit führt aufgrund der geänderten Verbuchungstechnik am Schluss zu einem im Vergleich zur traditionellen Nationalen Buchhaltung geänderten Brutto- und Nettosozialprodukt.

Die Arbeiten mit dem Ziel der Korrektur der Nationalen Buchhaltung haben den Vorteil, dass eine heute prinzipiell *weltweit akzeptierte Methode* beibehalten werden kann und gleichzeitig einer der wichtigsten Mängel korrigiert wird. Der grosse Nachteil liegt aber in der Bewertung der Umweltgüter. Je nach verwendetem Bewertungsansatz sind stark voneinander abweichende Resultate zu erwarten, womit die *Vergleichbarkeit* der ermittelten Ökosozialprodukte nicht gewährleistet ist.

29 Vgl. Baltensperger (1972) und Leipert (1975).
30 Vgl. Binswanger (1983).

c) *Finanzierungsansätze*

Die Ansätze dieser Kategorie analysieren die finanziellen Ströme, die mit der Durchführung einer Umweltschutzaufgabe verbunden sind. Wegbereiter waren die Franzosen mit ihren Arbeiten an den «Comptes Satellites de l'Environnement».[31] Diese als Satellitensystem zur Nationalen Buchhaltung konzipierte Methode beantwortet drei Fragen. Erstens werden die «Produzenten» der *Umweltschutzleistung* und die dabei anfallenden Kosten ermittelt. Zweitens wird nach dem effektiven Financier der Leistung gesucht und drittens ist der effektive Nutzniesser zu eruieren. Die einzelnen Fragestellungen werden im Rahmen verschiedener Konti für ganz bestimmte *Umweltschutzaktivitäten* (wie z.B. die Aktivität «Verwaltung der Binnengewässer»[32]) beantwortet. Einen ähnlichen Ansatz verfolgt die Europäische Union (EU) mit dem «Système européen de rassemblement de l'information économique sur l'environnement (SERIEE)».[33] Im Zentrum steht die *Ermittlung der Umweltschutzausgaben* (Environmental Protection Expenditure Account, EPEA) von *«charakteristischen Umweltschutzleistungen»* wie z.B. Filtereinbau, Abfallbehandlung, Lärmschutzinvestitionen usw. Diese Umweltschutzausgaben werden nach ihren Komponenten (Endkonsum, Zwischenkonsum, Kapitalbildung usw.) aufgeschlüsselt und nach Verbrauchern resp. Begünstigten erfasst. Zudem wird der Output der betrachteten charakteristischen Tätigkeit beschrieben und der Zusammenhang zwischen den Produzenten der Tätigkeit und deren Financiers aufgezeigt. Die Ansätze betonen die mit dem Umweltschutz verbundenen monetären Folgen. Die Systeme erlauben zwar die Integration physischer Daten, wobei diese jedoch lediglich den Charakter von *Zusatzinformationen* besitzen. Die Arbeiten stellen Satellitensysteme zur Nationalen Buchhaltung dar, d.h. sie ergänzen die traditionellen ökonomischen Grössen und streben keine direkte Korrektur an. Auch bei diesen Ansätzen wird der Charakteristik ökologischer Daten wenig bis gar keine Rechnung getragen.

d) *Nachhaltigkeitsansätze*

Die «Nachhaltigkeitsansätze» orientieren sich an den Konzepten der *«Sustainability»*, «Nachhaltigkeit» oder *«Sustainable Development»*.

31 Vgl. INSEE (1986b).
32 Vgl. INSEE (1986 b, 31ff.).
33 Vgl. Eurostat (1994).

Die Idee hinter diesen Begriffen kann vereinfacht darauf zurückgeführt werden, dass die heutige Generation nicht *auf Kosten* zukünftiger Generationen leben soll. An erster Stelle dieser Ansätze ist die Arbeit von Hueting[34] zu nennen. Beim Konzept des «Sustainable Standard» wird in einem ersten Schritt anhand physischer Daten das Niveau der Nachhaltigkeit bestimmt (z.B. über nachhaltige Grenzwerte oder Ressourcenabbaumengen). In einem zweiten Schritt werden die *monetären Aufwendungen* ermittelt, um diesen «sustainable standard» zu erreichen. Im Gegensatz zum Konzept der defensiven Ausgaben berücksichtigt dieser Ansatz sowohl tatsächliche als auch hypothetische Kosten.[35] Eine Annäherung an ein nachhaltiges Netto-Einkommen strebt der Ansatz des World Resource Institute (WRI) an.[36] Arbeiten im Rahmen dieses Ansatzes (der für verschiedene Entwicklungsländer wie Indonesien, Philippinen, Costa Rica usw. bereits umgesetzt worden ist) streben die *Bewertung des Ressourcenabbaus* an, um das traditionell ermittelte Einkommen um diese Kosten zu korrigieren. Es werden jedoch nur Ressourcen mit einem *marktfähigen Output* berücksichtigt. Die Bewertung des Ressourcenabbaus erfolgt über die Multiplikation der Ressourcenbestandesveränderung mit einem durchschnittlichen Nettowert. Dieser Nettowert entspricht dem Preis der Ressource (z.B. Ölpreis) minus den Förder- resp. Produktionskosten und widerspiegelt die *ökonomische Rente.*

Bei den Nachhaltigkeitsansätzen wird die Bewertungsfrage sehr pragmatisch angegangen. So führt ein Abstellen auf den Marktpreis (WRI-Ansatz) dazu, dass die mit der Nutzung der Ressource verbundenen externen Effekte (z.B. Emissionen) nicht in die Bewertung einfliessen. Zudem werden nur Teilaspekte der Umweltproblematik erfasst und wichtige Punkte einer integrierten Erfassungsmethode (wie z.B. die Trennung der Bestandes- und Flussgrössen) werden nicht systematisch berücksichtigt.

e) Monetär/physische Ansätze

Bei den Arbeiten mit einer ökonomischen Perspektive kommt die Berücksichtigung der Umweltcharakteristik bei den monetär/physi-

34 Vgl. Hueting (1989), ibid (1990), Peskin (1990).

35 Das Konzept der defensiven Ausgaben erfasst effektiv getätigte Aufwendungen, die lediglich dazu dienen, eine bestimmte Umweltqualität zu halten und sich heute im Konzept der Nationalen Buchhaltung «wohlstandssteigernd» auswirken. Bei Hueting hingegen werden auch geschätzte Aufwendungen berücksichtigt, die anfallen würden, um eine bestimmte Qualität zu erreichen resp. zu halten.

36 Vgl. Repetto (1989), ibid (1992), Meyer (1993).

schen Ansätzen am stärksten zum Zuge. Besonders erwähnenswert ist der Ansatz der UNO[37] und derjenige von Deutschland.[38]

Bei der «integrierten Volkswirtschaftlichen und Umweltgesamtrechnung» (System for integrated environmental and economic accounting, SEEA)[39] der UNO wird die traditionelle ökonomische *Input/Output-Matrix* in zweierlei Hinsicht erweitert. Erstens werden bei den Stromgrössen die mit den ökonomischen Vorgängen verbundenen Umweltnutzungen (z.B. Aktivitäten, die eine Umweltbelastung verhindern oder vermindern) ausgegliedert und zweitens wird von einem *erweiterten Kapitalbegriff* ausgegangen. Er umfasst neben dem produzierten Sachkapital (bisherige Abgrenzung) auch das produzierte Naturkapital (z.B. Pflanzen) sowie das nichtproduzierte natürliche Vermögen (Bodenschätze, Landfläche usw.).

Eine stärkere Loslösung von den traditionellen ökonomischen Konzepten strebt die «Umweltökonomische Gesamtrechnung»[40] an. In einem Berichtsteil werden anhand eines *Bausteinsystems* die umweltrelevanten Daten erfasst und aufbereitet. Wenn möglich werden die Daten anhand einer gemeinsamen Klassifikation, aber getrennt für verschiedene Problemkreise wie z.B. Ressourcenverbrauch, Immissionen usw. ermittelt und soweit möglich monetarisiert, wobei auch hier die gesamte Methodenpalette zur Anwendung gelangen kann. In einem Analyseteil sind sodann sowohl Verknüpfungen mit den Daten der Nationalen Buchhaltung als auch mit anderen Analyseformen (z.B. Ressourcenbilanzen, Stress-Response-Ansätze usw.) vorgesehen.

Die Arbeiten der ökonomisch/ökologischen Kategorie sind *flexibel* aufgebaut und lassen neben den monetären Angaben auch die *Berücksichtigung physischer Daten* zu. Der Ansatz der UNO unterscheidet sogar explizit zwischen Bestandes- und Flussgrössen. Problematisch erweist sich die *Umsetzung* (v.a. bei der Umweltökonomischen Gesamtrechnung) sowie die allfällige monetäre *Bewertung*. Aufgrund fehlender allgemeingültiger Bewertungsmethoden und der Verrechnung der bewerteten Umweltschäden mit wichtigen Grössen wie Bruttoinlandsprodukt wird die Unsicherheit bei der Interpretation der bisherigen Ergebnisse zusätzlich erhöht.

37 Vgl. United Nations (1993).
38 Vgl. Statistisches Bundesamt (1990).
39 Vgl. United Nations (1993) oder Stahmer (1992).
40 Vgl. Statistisches Bundesamt (1990).

4.3 Ein integriertes ökonomisch-ökologisches Erfassungs- und Analyseinstrument

Die Diskussion der bisherigen Ansätze hat gezeigt, dass die Kriterien einer integrierten ökonomisch-ökologischen Erfassungsmethode nie vollständig berücksichtigt wurden. Im folgenden wird mit dem *«Eco-Information-System (EIS)»* ein Ansatz vorgestellt, der auf einem integrierten Datenerfassungsmodell aufbauend sowohl die monetären als auch die physischen Daten des ökonomischen und ökologischen Systems ermittelt und damit die Grundlage für eine nachhaltige Umweltpolitik liefern kann. Dieses *«Eco-Information-System (EIS)»* wurde teilweise für die Region Nordwestschweiz implementiert (vgl. Kapitel 4.4).

4.3.1 Ökonomisch-ökologischer Würfel

Zu Beginn jeder integrierten Umweltberichterstattung steht die Datenerfassung.[41] Die Erfassungsmethode sollte dabei eine gleichgewichtige Berücksichtigung und eine Verknüpfung der ökonomischen und ökologischen Daten erlauben. Die bestehenden Wirtschafts- und Umweltstatistiken unterscheiden sich jedoch hinsichtlich der Entstehung, der Messmethode wie auch des Raumbezugs. Den ökonomischen und ökologischen Daten gemeinsam ist aber der folgende *Ursachen-Wirkungszusammenhang*:

Akteur < Aktivität < Folgen

Jede Veränderung des ökonomischen und ökologischen Systems (Folgen) kann auf eine Aktivität zurückgeführt werden, die von einem Akteur initiiert wurde. Eine integrierte Erfassungsmethode muss dieser Kausalkette Rechnung tragen, was durch ein neuartiges Erfassungskonzept, den *«ökonomisch-ökologischen Würfel»* ermöglicht wird (Abb. 4.4). Entsprechend enthält der ökonomisch-ökologische Würfel die drei Dimensionen Akteur, Aktivität und Folgen.

Dieser dreidimensionale Würfel ist seinerseits wiederum aus vielen kleinen Würfeln mit den gleichen Dimensionen zusammengesetzt. So erfassen z.B. die Würfel 1 die verschiedenen Folgen (Lohn, Emissionen usw.), die bei der gleichen Aktivität (Produktionsprozess 1) im Unternehmen X entstehen. In den Würfeln 2 sind die gleichen Folgen der

41 Vgl. SKUB (1993, 26).

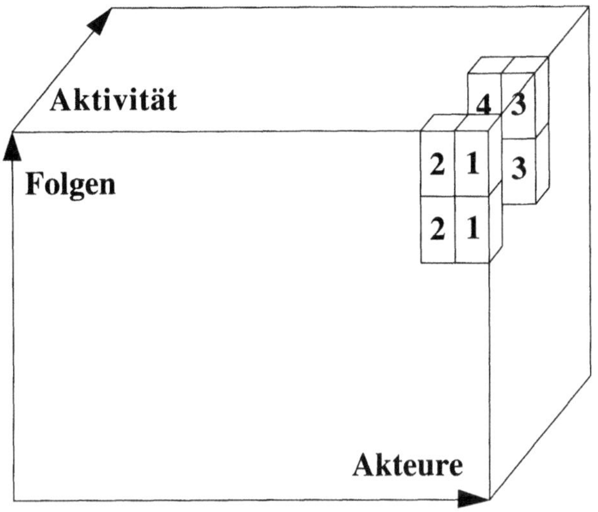

Abbildung 4.4
Der ökonomisch-ökologische Würfel

gleichen Aktivität jedoch bezogen auf die Unternehmung Y berücksichtigt, und die Würfel 3 und 4 enthalten die gleichen Folgen der beiden Unternehmungen, jedoch als Resultate einer anderen Aktivität (Produktionsprozess 2). Dieses Erfassungskonzept erlaubt, dass die Aggregationsstufen bei der Datenerfassung der jeweiligen Datenverfügbarkeit angepasst werden können. Der ökonomisch-ökologische Würfel eignet sich daher für die Berücksichtigung eines *einzelnen Prozesses* genau so gut, wie für die Darstellung der ökonomisch-ökologischen Auswirkungen *aller* im Betrachtungsgebiet durchgeführten Aktivitäten und ermöglicht zudem eine Fokussierung auf den gewählten Untersuchungsgegenstand (Aktivität, Akteur, Folgen). Das gesamte «Eco-Information-System (EIS)» basiert auf dem ökonomisch-ökologischen Würfel und berücksichtigt zwei wichtige Kriterien einer integrierten Umweltberichterstattung: die *Übertragbarkeit und die Flexibilität.*

4.3.2 Das Gesamtmodell

Dem gesamten «Eco-Information-System (EIS)» liegen drei verschiedene Faktoren zugrunde, die zusammen für eine gleichgewichtige Erfassung der ökonomischen und ökologischen Zusammenhänge sorgen.

In einem ersten Schritt ist zwischen dem *ökonomischen und ökologischen System* zu unterscheiden, damit der traditionelle Wirtschaftskreislauf um die ökologische Dimension erweitert werden kann. In einem zweiten Schritt werden die *Fluss- und Bestandesgrössen* separat

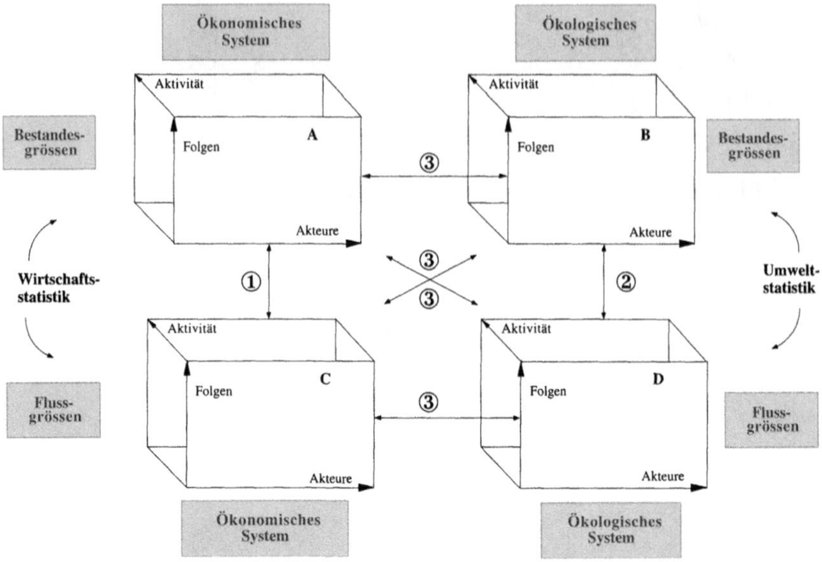

Abbildung 4.5
«Eco-Information-System (EIS)»

betrachtet und schliesslich ist zwischen der *Erfassung und Interpretation* der Daten zu unterscheiden.

Wie Abbildung 4.5 verdeutlicht, bildet der ökonomisch-ökologische Würfel die Basis des gesamten «Eco-Information-System», und er wird sowohl dem ökonomischen (Würfel A und C) und ökologischen (Würfel B und D) System als auch der Bestandes- (Würfel C und D) resp. Flussdimension (Würfel A und B) zugrunde gelegt. Diese einzelnen Würfel werden im Rahmen des Strukturteils mit den Daten der Wirtschafts- und Umweltstatistik «gefüllt» und in einem Analyseteil (Pfeile 1 bis 3 in Abbildung 4.5) aufgrund der analogen Klassifikation einzeln oder integriert interpretiert. Im folgenden werden die verschiedenen Bestandteile des «Eco-Information-System» kurz beschrieben.

4.3.3 Berücksichtigung des ökonomischen und ökologischen Systems

a) Allgemein

Heute ist man sich in der Wirtschaftstheorie darüber einig, dass der im Rahmen einer Cowboy-Ökonomie[42] berücksichtigte offene Wirtschaftskreislauf keine Gültigkeit mehr besitzt. Vielmehr sind Wirtschaft und Umwelt *zwei interdependente Systeme*, deren Zustand und Entwicklung sich gegenseitig beeinflussen. Auf der einen Seite stellt die Umwelt dem Wirtschaftssystem Waren und Dienstleistungen zur Verfügung, welche in Produktions- und Konsumtionsprozessen Verwendung finden. Auf der anderen Seite beeinflussen die in der Wirtschaft produzierten und konsumierten Güter und Dienstleistungen die Umweltqualität, sei dies z.B. über den Ausstoss von Emissionen oder die Lagerung von Abfällen. Diese Abhängigkeiten und Beeinflussungen sind heute unter dem Stichwort *«geschlossener ökonomisch-ökologischer Kreislauf»*[43] bekannt. Das «Eco-Information-System» bezieht das ökologische System explizit in die Betrachtung mit ein und versucht somit, diesem erweiterten Kreislaufgedanken gerecht zu werden.

b) Umsetzung im Eco-Information-System (EIS)

Für die Datenerfassung ist die gewählte Systemabgrenzung und somit die inhaltliche Trennung zwischen ökonomischem und ökologischem System zentral. Im ökologischen System werden sowohl die Güter und Dienstleistungen, die *ohne anthropozentrischen Einfluss* entstehen, die direkt der *Natur entzogen,* als auch die Güter und Dienstleistungen, die zur *Endlagerung* aus dem ökonomischen System an die Natur abgegeben werden, erfasst. Konkret bedeutet dies, dass der quantitative und qualitative Abbau natürlicher Ressourcen wie Erdöl (quantitativ) oder Immissionskonzentrationen in der Luft (qualitativ), die aus dem Wirtschaftskreislauf an die Umwelt abgegebenen Reststoffe wie Emissionen oder Abfälle Bestandteile der Würfel B und D sind (ökologisches System). Analog werden im ökonomischen System die im Wirtschaftskreislauf *erstellten, konsumierten und entsorgten* Güter und Dienstleistungen erfasst. So finden sich in den Würfeln A und C (ökonomisches System) Angaben über produzierte Konsumgüter, die zur Verfügung gestellten Produktionsfaktoren (mit Ausnahme der natürlichen Produktionsfaktoren wie Boden, Luft, Wasser usw.) und die im Rahmen von Recycling im Wirtschaftskreislauf verbleibenden Abfälle.

---

42 Vgl. Boulding (1966).
43 Vgl. Pearce & Turner (1990).

4.3.4 Berücksichtigung von Bestandes- und Flussgrössen

a) Allgemein

Der zweite wichtige Bestandteil des EIS ist die Unterscheidung in *Bestandes- und Flussgrössen*. Wie bereits oben erwähnt, dominieren in der Ökonomie Flussgrössen, während in der Ökologie die Bestandesgrössen viel wichtiger sind. Insbesondere die traditionellen ökonomischen Indikatoren wie Bruttoinlandsprodukt, Volkseinkommen usw. widerspiegeln die Summe der in einer Periode hergestellten Güter resp. erwirtschafteten Einkommen. Im Gegensatz zum wirtschaftlichen Vermögen, welches technisch reproduzierbar ist, ist der Abbau von natürlichen Vermögensbeständen wie z.B. die Reduktion der Artenvielfalt oder die Erdölförderung *irreversibel* oder bestenfalls nur langfristig wieder aufbaubar. Zudem besteht bei einer drastischen Bestandesabnahme an natürlichem Vermögen die Gefahr, dass ökologische Kreisläufe aus dem Gleichgewicht geraten, was sich negativ auf die ökonomische Situation auswirken könnte. So verändert der Abbau der Ozonschicht in der Stratosphäre die Energiebilanz der Erde, indem sich die Oberflächentemperatur erhöht und entsprechend auch ökonomische Konsequenzen nach sich zieht.

b) Umsetzung im Eco-Information-System (EIS)

Das Eco-Information-System unterteilt explizit sowohl das ökonomische als auch das ökologische System in eine Fluss- (Würfel A und B) und eine Bestandesdimension (Würfel C und D). Der enge Zusammenhang der beiden Dimensionen wird über die *Identität* zwischen der Differenz von Anfangs- und Endbestand und dem Nettofluss einer Grösse erreicht. Die Summe der in der betrachteten Periode geförderten Erdölmengen plus das natürlicherweise entstandene Erdöl (Würfel B) entspricht der Differenz des im Würfel D ausgewiesenen End- minus Anfangsbestandes an vorhandenen Erdölreserven. Dieser Zusammenhang stimmt definitionsgemäss für alle betrachteten Grössen, die Umsetzung ist jedoch nicht überall gleich einfach. So lässt sich zwar der Bruttoausstoss an CO_2 im Würfel B ermitteln, die Berechnung des Nettoausstosses – Korrektur um natürliche Abbauraten resp. Import/Exportmengen – bietet jedoch einige Schwierigkeiten. Fast unmöglich erweist sich die Erfassung der Bestandesveränderung, da Angaben über die CO_2-Mengen in der Atmosphäre (Frachten und nicht Konzentrationen) des Betrachtungsgebietes i.d.R. nicht vorhanden sind.

4.3.5 Struktur- und Analyseteil

a) Allgemein

Der ökonomisch-ökologische Würfel, die Unterscheidung in ein ökonomisches und ökologisches System sowie die Trennung in Fluss- und Bestandesgrössen bilden die wesentlichen Elemente des «Eco-Information-System». Zur Umsetzung dieses Ansatzes sind zwei Phasen zu unterscheiden: Zunächst werden im *Strukturteil* für alle Würfel A bis D die notwendigen Angaben erfasst und anschliessend im *Analyseteil* Kennziffern berechnet, die eine integrierte Beurteilung der vergangenen ökonomisch-ökologischen Entwicklung erlauben.

b) Strukturteil

Klassifikation: Im Strukturteil finden die verschiedensten Daten aus der Wirtschafts- und Umweltstatistik in den vier Würfeln A bis D Eingang. Dazu muss zunächst jeder dieser dreidimensionalen Würfel zu einer Matrix zusammengefasst werden. Grundsätzlich ist eine Aggregation über *jede* der drei Dimensionen (Aktivität, Akteur oder Folgen) möglich. Im Eco-Information-System (EIS) wird die Aggregation über die *Folgen* angestrebt, weil dadurch sowohl den ökonomischen als auch den ökologischen Würfeln die gleiche Systematik zugrundegelegt werden kann. Die so zu Matrizen mutierten ökonomisch-ökologischen Würfel unterscheiden bei der Aktivität zwischen der *Erstellung* (Produktion) und dem *Verbrauch* (Konsum) von Gütern respektive Dienstleistungen. In beiden Fällen sind dazu ökonomische und/oder ökologische Vorleistungen nötig. Im Wirtschaftskreislauf resultieren aus diesen Aktivitäten entweder ein ökonomisches Gut oder ein aus dem Konsum dieses Gutes entstehender ökonomischer Nutzen. Im ökologischen System hingegen führt die Produktion oder der Konsum zu einer Lagerung von Reststoffen. Diese Zusammenhänge bilden die Grundstruktur der einzelnen Matrizen, die in der Tabelle 4.2 dargestellt ist.

In der *Matrix A* (ökonomische Flussgrössen) werden für die traditionellen Wirtschaftssubjekte die mit den Produktions- resp. Verbrauchsprozessen verbundenen ökonomischen Folgen erfasst. So sind unter den ökonomischen Vorleistungen des Produktionsprozesses die für die Erstellung der Produkte notwendigen Material-, Energieverbräuche usw. aufzulisten. Beim ökonomischen Output handelt es sich um die Produktionsstückzahlen sowie den Bruttoproduktionswert. Die berücksichtigten Daten des Verbrauchsprozesses entsprechen nur teilweise der aus der Nationalen Buchhaltung bekannten Nachfrageseite. So fehlen z.B. die Investitionen, weil deren ökonomisch-ökologische Konsequenzen im Rahmen der Produktion erfasst werden. Die ökonomischen Vorleistungen des Verbrauchsprozesses entsprechen den Konsumausgaben. Der damit verbundene ökonomische Nutzen wird bis heute in den wenigsten Fällen monetär bewertet. Bei den Akteuren werden die Haushalte analog der Volkswirtschaftlichen Gesamtrechnung nicht als Produzenten, sondern als Konsumenten erfasst. Wie bei den Ausführungen über die Systemgrenzen noch zu zeigen sein wird, findet das Ausland als Produzent keine Verwendung. Damit aber die Identität zwischen Fluss- und Bestandesgrössen gelten kann, werden die für den Produktionsprozess notwendigen Importe und Exporte als Korrekturfaktoren berücksichtigt.

Tabelle 4.2
Strukturteil des «Eco-Information-System (EIS)»

A	Branchen	Haushalte	Staat	Tot.	Korr.-faktor
Prod. prozess					**Ausl.**
ökon. Vorl.	X	–	X	X	X
ökon. Output	X	–	X	X	X
Verbr. prozess					
ökon. Vorl.	–	X	X	X	X
ökon. Nutzen	–	X	X	X	–

B	Branchen	Haushalte	Staat	Tot.	Korrekturfaktoren	
Prod. prozess					Ausl.	Nat.
ökol. Vorl.	X	–	X	X	–	X
ökol. Restst.	X	–	X	X	X	X
Verbr. prozess					,	
ökol. Vorl.	–	X	X	X	–	X
ökol. Restst.	–	X	X	X	X	X
Total						
ökol. Vorl.	X	X	X	X	–	X
ökol. Restst.	X	X	X	X	X	X

C	Branchen	Haushalte	Staat	Total
ökon. Bestandesgrössen				
Quantitativ	X	X	X	X
Qualitativ	X	X	X	X

D	Branchen	Haushalte	Staat	Total
ökol. Bestandesgrössen				
Quantitativ	X	X	X	X
Qualitativ	X	X	X	X

Die ökologischen Flussgrössen der *Matrix B* werden analog der ökonomischen Einteilung klassifiziert. Weil jedoch das ökologische System eine Selbstregenerationsfähigkeit aufweist, wird neben dem Ausland auch die Natur als Korrekturfaktor für den Ausgleich zwischen Fluss- und Bestandesgrösse berücksichtigt. Auch hier gilt es, die für die Erstellung der ökonomischen Produkte notwendigen ökologischen Vorleistungen wie Wasser- oder Landverbrauch sowie den Einsatz von der

Umwelt direkt entzogenen natürlichen Ressourcen wie die Erdölförderung zu erfassen. Analog des ökonomischen Outputs entstehen sowohl bei den Produktions- als auch bei den Verbrauchsprozessen Reststoffe, die an das ökologische System abgegeben werden. Bei diesen ökologischen Reststoffen werden somit Emissionsangaben, Abfalldaten usw. berücksichtigt. Im Gegensatz zum ökonomischen System, in dem der Wert der erstellten Güter (BIP über die Entstehungsseite) dem Wert der gesamten Verbrauchsprozesse (Verwendungsseite) entspricht, addieren sich im ökologischen System die Vorleistungen und die Reststoffe aus den beiden betrachteten Aktivitäten.

In den *Bestandesmatrizen (C und D)* wird das jeweilige Kapital in seiner Quantität und Qualität erfasst. Quantitative Bestände werden sowohl beim ökonomischen als auch beim ökologischen Vermögen in physischen Einheiten angegeben (z.B. der Fahrzeugpark resp. die Bodenfläche). Hingegen werden qualitative Vermögensbestände in der ökonomischen Matrix zu Marktpreisen bewertet (Wert des Realkapitals), während sie in der ökologischen Matrix anhand von Zustandsinformationen (Immissionskonzentrationen) ausgewiesen werden.

Systemgrenze: Einer der zentralen Punkte bei der Erfassung von ökonomischen und ökologischen Folgen ist die verwendete Systemgrenze. Sowohl mit der Produktion als auch mit dem Konsum eines Gutes sind neben den direkten auch indirekte *Auswirkungen* verbunden. So könnten bei den Emissionen einer Autofahrt neben dem unmittelbaren Schadstoffausstoss bei der Autofahrt auch die ökologischen Folgen, die bei der Herstellung des Autos im Ausland anfielen, berücksichtigt werden. Gegen eine Berücksichtigung der Folgen einer Aktivität von der *«Wiege bis zur Bahre»* sprechen bei einer Umsetzung des «Eco Information-System» für geographische Gebiete folgende Gründe:

- Ein integriertes Erfassungs- und Analysesystem liefert den politischen Entscheidungsträgern Informationen für die Ausgestaltung einer sich der Nachhaltigkeit verpflichtenden Umweltpolitik. Der *politische Handlungsspielraum* beschränkt sich jedoch auf die geographischen Grenzen, weshalb auch eine Berücksichtigung der ökonomischen und ökologischen Folgen innerhalb der Systemgrenze von Vorteil ist.

- Werden sowohl die innerhalb als auch ausserhalb des Betrachtungsgebietes anfallenden ökologischen Konsequenzen einer Aktivität erfasst, wird die *Verknüpfung* mit den ökonomischen Grössen und dem vorherrschenden Umweltzustand erschwert, da diese Angaben aus der Sicht der Bewohner die Situation in der Region reflektieren sollen.

- Wird im Betrachtungsgebiet ein importiertes Gut konsumiert, müssten z.B. auch die Emissionen aus der Produktion im Ausland betrachtet werden. Wird in diesem Ausland ebenfalls ein «Eco-Information-System» angewendet, kommt es entweder zu Doppelzählungen oder im Ausland würden – trotz effektiv verursachten Emissionen – keine ökologischen Folgen berücksichtigt. Beide Lösungen sind nicht sinnvoll.

Ähnlich dem aus der ökonomischen Theorie bekannten Inlandsprinzip werden deshalb nur die direkten ökonomisch-ökologischen Folgen einer Aktivität erfasst, welche im Betrachtungsgebiet durchgeführt wurde. Der Vorwurf, dass dadurch eine ökologische Verbesserung auf Kosten des Auslandes erfolgen kann, indem umweltverschmutzende Aktivitäten ausgelagert werden, verliert seine Bedeutung, sobald auch die übrigen Gebiete integrierte Erfassungsmethoden anwenden.[44] Dieses *«integrierte Inlandsprinzip»* lässt sich auch in Tabelle 4.2 erkennen, indem bei den ökonomischen und ökologischen Folgen das Ausland nur als Korrekturfaktor berücksichtigt wird.

c) Analyseteil

Damit eine integrierte Analyse als Grundlage für eine sich der Nachhaltigkeit verpflichtenden Wirtschafts- und Umweltpolitik dienen kann, genügt die im Strukturteil vorgenommene Erweiterung der ökonomischen Betrachtung um die ökologische Dimension nicht. Daher verlangt das «Eco-Information-System» neben dem Strukturteil noch einen Analyseteil. Dabei sind vorgängig die in den Matrizen B und D erfassten physischen Grössen – wo möglich – zu einer Masszahl zu aggregieren und sodann die in der Abbildung 4.6 durch die Pfeile 1 bis 3 dargestellten *integrierten Kennziffern* zu berechnen.

Bewertung: Die ökonomischen Daten (in den Matrizen A und C) werden in der Regel in *monetären Einheiten* ausgedrückt, obwohl hinter ihnen physische Güter stehen. Durch den Handel auf dem Markt ergeben sich Preise, was die Aggregation über verschiedene Güter ermöglicht. So lassen sich z.B. der in Kilowattstunden gemessene

44 Mit dem integrierten Inlandsprinzip und der Nebenbedingung, dass alle übrigen Gebiete mitmachen, ist zwar eine vollständige Erfassung der mit einer Aktivität verbundenen ökonomischen und ökologischen Folgen gesichert. Stehen jedoch die durch die Aktivität induzierten externen Effekte oder Spillovers bei den übrigen Gebieten im Zentrum, so müsste die Systemabgrenzung durch die geographische Dimension des Umweltproblems definiert werden, was aber auf heute noch nicht zu lösende institutionelle Hindernisse stösst.

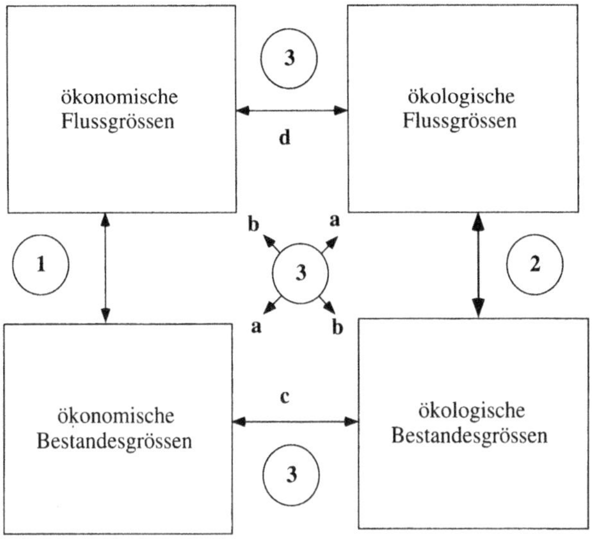

Abbildung 4.6
Integrierte Kennziffern

Stromverbrauch und die Anzahl produzierter Schuhe über diesen Numéraire problemlos addieren. Bei den Umweltgütern und somit bei den meisten Daten der Matrizen B und D fehlen jedoch die Preise, da sie entweder *öffentliche Güter* darstellen, weiterhin als *«freie Güter»* betrachtet werden oder die starke *Gegenwartsorientierung* der ökonomischen Märkte eine adäquate Berücksichtigung der meist langfristig auftretenden Umweltschäden nicht erlaubt.[45]

Da die Monetarisierung der meisten ökologischen Daten mit grossen methodischen Problemen und damit zusammenhängendem *grossem Arbeitsaufwand* verbunden ist, nimmt das Eco-Information-System eine ökologische Gewichtung vor. Hierbei werden Beurteilungsmethoden zur Berechnung der Schadschöpfung (vgl. Kapitel 1) angewendet. Im Vordergrund stehen in einer ersten Ausbaustufe die Emissionen und die Immissionen. Bei den Emissionen werden die einzelnen Stoffe entsprechend ihrer Schädlichkeit gewichtet und anschliessend zu einer Masszahl zusammengefasst, wobei sich dazu die im Kapitel 1 diskutierten verschiedenen Methoden anbieten. Das Resultat ist die sogenannte *Schadschöpfung* des Betrachtungsgebietes in einer bestimmten Zeiteinheit. Die *Schadschöpfungseinheiten* – als messbarer Ausdruck dieser relativen Schädlichkeit – lassen eine objektive Beurteilung der aggregierten Emissionsfrachten in einer Masszahl zu. Dadurch können zum einen die Transparenz bei Vergleichen zwischen

45 Vgl. Pommerehne (1987), Frey, B.S. (1980), Bernholz (1984).

den Akteuren (Unternehmungen, Branchen, Regionen) erhöht und zum andern die Grundlagen zur Berechnung von integrierten Kennziffern geliefert werden.

Zur Analyse des Umweltzustandes werden u.a. die Immissionen betrachtet. Diese stehen zwar in einem Zusammenhang mit den Emissionen, werden aber auch stark von chemischen und meteorologischen Faktoren beeinflusst. Wie bei den Emissionen besteht auch hier das Problem, dass der Umweltzustand von verschiedenen, nicht direkt miteinander vergleichbaren Stoffen abhängt. Damit ein einheitliches Beurteilungskriterium angewendet werden kann, ist wieder die Zusammenfassung zu einer Masszahl notwendig. Es bietet sich das Konzept der *Immissionsbelastungspunkte* (Immibel) an. «Dabei werden die relativen Überschreitungen der jeweiligen Immissionsgrenzwerte (Jahresmittel) aller berücksichtigten Schadstoffe ... sowie aller berücksichtigten Messstellen addiert».[46] Weil die Verteilung und Anzahl der berücksichtigten Messtellen das Resultat der Immibel stark beeinflussen können, ist es wichtig, dass eine für das Betrachtungsgebiet repräsentative Auswahl erfolgt. Für die Region Nordwestschweiz z.B. wurden deshalb eine typische Land- und eine typische Stadtstation zur Berechnung der Immibel verwendet.

Kennziffern: Mit dem Strukturteil und der Bewertung einzelner Grössen liegen Informationen vor, die Aussagen über die Entwicklung einzelner Bereiche des ökonomischen und ökologischen Systems erlauben. Nachhaltigkeit in der Wirtschafts- und Umweltpolitik verlangt jedoch ein integriertes Erfassungssystem, welches über den Zusammenhang zwischen der ökonomischen Leistung und den ökologischen Folgen Auskunft gibt. Aus diesem Grund sind Kennzahlen zu berechnen, welche die Interdependenzen der Systeme aufzeigen. Wie aus Abbildung 4.6 hervorgeht, gibt es drei Arten von Kennziffern.

Die Zusammenhänge zwischen den ökonomischen Fluss- und Bestandesgrössen (Pfeil 1) werden seit Bestehen der Volkswirtschaftlichen Gesamtrechnung analysiert. Grössen wie *die Arbeits- resp. Kapitalproduktivität oder der Kapitalkoeffizient* unterstützen schon lange die Beurteilung einer ökonomischen Situation. Bei den Abhängigkeiten, die durch den Pfeil 2 beschrieben werden, stehen vor allem naturwissenschaftliche Fragen im Zentrum. So wird der Zusammenhang zwischen Emission und Immission untersucht oder im Rahmen der Treibhausproblematik wird der Frage nachgegangen, inwieweit der Ausstoss von Schadstoffen (Kohlendioxid) bestimmte Bestandesveränderungen (Meeresspiegel) bewirken. Daneben können aber analog zum Kapital-

46 Vgl. BAK (1993).

koeffizienten auch Kennziffern wie ein «*Ressourcennutzungskoeffizient*» berechnet werden. Dabei wird das Verhältnis zwischen Abbau einer Ressource und dem verbleibenden Bestand derselben untersucht. Die Interdependenzen zwischen Ökonomie und Ökologie werden sodann bei den Kennziffern der Pfeile 3 betrachtet. Neben Indikatoren wie Abfallaufkommen pro Kopf (Pfeil 3a), Produktivität des natürlichen Kapitals (Pfeil 3b) oder Bodenbedarf pro Beschäftigten (Pfeil 3c) steht vor allem die *ökonomisch-ökologische Effizienz*[47] im Vordergrund (Pfeil 3d). Hierbei geht es um die Frage, mit wieviel Schaden die Erarbeitung eines Wertschöpfungsfrankens verbunden ist. Als Kennziffer wird die Schadschöpfungsquote gebildet. Diese setzt die gesamte Schadschöpfung in Relation zur Wertschöpfung. Je kleiner ihr Wert ist, desto ökonomisch-ökologisch effizienter wirtschaftet eine Unternehmung, Branche oder Region. Eine Verbesserung der ökonomisch-ökologischen Situation tritt dann ein, wenn entweder die gleiche oder eine tiefere Schadschöpfungsmenge bei einer gesteigerten Wirtschaftskraft oder eine tiefere Schadschöpfung bei einer wirtschaftlichen Stagnation resultiert.

4.3.6 Fazit

In diesem Teil wurde mit dem Eco-Information-System ein integriertes ökonomisch-ökologisches Erfassungs- und Analyseinstrument vorgestellt, dessen Charakteristiken die *gleichgewichtige Erfassung* der ökonomischen und ökologischen Daten sowie die *systemübergreifende Analyse* sind. Mit dem Eco-Information-System werden Informationen über die Entwicklung einzelner Grössen im Zeitablauf (*Längsschnittbetrachtung*) erarbeitet. Die flexible Erfassungsart des ökonomisch-ökologischen Würfels erlaubt zudem Vergleiche zwischen den einzelnen Akteuren (*Querschnittsbetrachtung*) und verschiedenen Betrachtungsgebieten (Regionen). Voraussetzung ist die Verwendung einer analogen Systematik. Einerseits müssen dieselben Systemabgrenzungen (z.B. Inlandsprinzip) unterstellt werden und andererseits sind auch das Gewichtungsmodell bei den ökologischen Daten sowie der Umfang der darin berücksichtigten Grössen aufeinander abzustimmen.

47 Vgl. dazu Kapitel 1.1.

4.4 Erfahrung in der Nordwestschweiz

Das vorgestellte «Eco-Information-System» zeichnet sich durch seine grosse Flexibilität aus, weil bei der praktischen Umsetzung das würfelförmige Erfassungskonzept eine Anpassung an die jeweilige Datenlage zulässt. Die konzeptionellen Arbeiten werden seit 1991 regelmässig für die Region Nordwestschweiz getestet und laufend an die neuen Datensituation angepasst.

4.4.1 Projekt «Wirtschaft und Umwelt Nordwestschweiz»

1991 startete die BAK Konjunkturforschung Basel AG mit der Unterstützung der beiden Basler Kantone und verschiedenen in der Region ansässigen Unternehmen ein *Pilotprojekt*, mit dem Ziel, eine integrierte ökonomisch-ökologische Erfassungsmethode für die Region Nordwestschweiz zu erstellen. Die dabei gemachten Erfahrungen beweisen, dass das Eco-Information-System selbst bei der in vielen Bereichen noch bescheidenen Datenlage mindestens teilweise implementiert werden konnte. Die Ergebnisse des Projektes werden in der halbjährlich erscheinenden *Publikation «Wirtschaft und Umwelt Nordwestschweiz»*[48], die über die wirtschaftliche und ökologische Situation der Region orientiert und sich an die interessierte Bevölkerung und die politischen Entscheidungsträger richtet, veröffentlicht.

4.4.2 Resultate des Projektes

Bei der Umsetzung des Projektes hat sich für den *Strukturteil* gezeigt, dass für die Matrizen A und B recht detaillierte Daten, teilweise sogar aufgeschlüsselt nach den Akteuren (Branchen, Staat usw.), zur Verfügung stehen. Hingegen sind für die Matrizen C und D – die ökonomischen und ökologischen Vermögensbestände – vorwiegend Globalangaben für die gesamte Region vorhanden. Im *Analyseteil* standen die Aggregation der Emissionen und Immissionen sowie die ökonomisch-ökologische Effizienz im Vordergrund.

48 Vgl. BAK, diverse Jahrgänge.

a) Strukturteil

In der *Matrix A* wurden die Wertschöpfungen einzelner Branchen sowie das Bruttoinlandsprodukt der gesamten Region als Outputindikatoren des Produktionsprozesses erfasst. Dabei zeigte sich, dass die Nordwestschweiz während der Periode 1987 bis 1994 trendmässig jedes Jahr real um gut 1,5% wachsen konnte, wobei sich die chemische Industrie als die wichtigste Wachstumsstütze erwies. Bei den berücksichtigten Verbrauchsaktivitäten standen der Energieverbrauch und die Fahrten mit dem Auto im Vordergrund. Beide Aktivitäten werden für die gesamte Region aggregiert und in physischen Einheiten ausgewiesen. Auch in diesem Zusammenhang ist jedoch eine Differenzierung nach einzelnen Akteuren möglich, indem z.B. bei der Verkehrsentwicklung zwischen Freizeit- (Haushalte) und Geschäftsverkehr (Branchen, Staat) unterschieden oder der Energieverbrauch nach einzelnen Branchen differenziert wird. Über den betrachteten Zeithorizont nahmen sowohl die Verkehrsentwicklung als auch der Energiekonsum zu. Die entsprechenden jährlichen Zuwachsraten lagen bei 1,2% (leitungsgebundene Energie) respektive 2,9% (Verkehr).

Für die *Matrix B* – die ökologischen Folgen der ökonomischen Aktivitäten – standen die Emissionen in Luft und Wasser sowie die Abfallentwicklung im Zentrum. Mit Ausnahme der Kohlendioxidemissionen (CO_2), deren regionaler Ausstoss jährlich noch um über 1% zunimmt, konnten alle anderen berücksichtigten und in die Luft ausgestossenen Schadstoffe reduziert werden. Daraus lässt sich der Schwerpunkt der bisherigen Luftreinhaltepolitik ablesen. Diese war vorwiegend durch auferlegte Sanierungsvorschriften bei den Grossemittenten (Chemie und Tanklager/Tankstellen) gekennzeichnet, deren Emissionsniveau über den Betrachtungsraum auch stark reduziert werden konnte. Abfälle entstehen bei der Industrie als Resultat der Produktions- und bei den Haushalten als Resultat der diversen Konsumprozesse. Über die Betrachtungsperiode reduzierten sich letztere aufgrund der Einführung einer Abfallgebühr (Sackgebühr) drastisch, wobei gleichzeitig die Menge an gesammelten Wertstoffen zunahm. Die Industrieabfälle hingegen erhöhten sich sogar stärker als die trendmässige Entwicklung des Bruttoinlandsproduktes.

Die Daten für die *Matrizen C und D* liegen mit Ausnahme der Beschäftigung bei den ökonomischen sowie der Arealstatistik bei den ökologischen Beständen nur für die gesamte Region aggregiert vor. Bei der Umsetzung wurde der Qualität der natürlichen Vermögensbestände grosse Beachtung geschenkt. Insbesondere die Immissionskonzentration reflektiert dabei den Zustand der Ressource «Luft». Die Resultate bestätigten den starken Einfluss der Meteorologie und die Erfolge der Luftreinhaltepolitik. So sind die Sommermonate weiterhin durch eine hohe Anzahl Immibel gekennzeichnet, die vorwiegend auf die immer noch viel zu hohe Ozonbelastung zurückzuführen ist. Dagegen zeigt sich die Umstellung bei den Heizungen auf schwefelärmere Brennstoffe in den deutlich reduzierten Schwefeldioxidbelastungen.

b) Analyseteil

Um ein Gesamtbild der regionalen Umweltbelastung zu erhalten, wurden zunächst die verschiedenen Emissionen aggregiert. Als Gewichtungsmodell für die Schadstoffe mit einer eher lokalen Umweltgefährdung kam die *Schadschöpfungsrechnung*[49] zur Anwendung und als Indikator für den regionalen Beitrag an die globale Umweltproblematik das *Treibhauspotential*.[50] Bei den Immissionen spiegelten die Immibel und die Überschreitungen der Kurzzeitgrenzwerte die Luftqualität wieder. Aus den Resultaten geht hervor, dass die Schadschöpfung bei den Grossemittenten über die letzten acht Jahre kontinuierlich reduziert werden konnte, bei den Kleinemittenten (Haushalte) hingegen zunahm. Für eine umfassende Beurteilung der Situation von Wirtschaft und Umwelt sind die beiden Systeme zueinander in Beziehung zu setzen. Für das Projekt stand die ökonomisch-ökologische Effizienz im Vordergrund. Zwischen 1987 und 1994 konnte in der Region Nordwestschweiz die Schadschöpfungsquote jährlich um über 7% reduziert werden. Dieser Erfolg resultiert aus dem gesteigerten Wirtschaftswachstum bei gleichzeitig geringeren Emissionen. Die *Schadschöpfungseinheiten pro Bewohner* konnten ebenfalls reduziert werden. Zu dieser erfreulichen Entwicklung leistete die chemische Industrie einen positiven Beitrag; weniger gut schnitten die Bereiche Verkehr und Haushalte ab, was durch die CO_2-Emissionen, deren regionale Schadstofffracht jedes Jahr zunahm, bestätigt wird. Die Resultate des Projektes zeigen deutlich, dass ein umweltpolitischer Handlungsbedarf bei der CO_2-Reduktion und bei der Schadschöpfungsentwicklung der diversen Kleinemittenten besteht. Der bisherige polizeirechtliche Umweltschutz führte zwar bei den Grossemittenten zu Erfolgen, der Spielraum für weitere Reduktionen ist jedoch ausgereizt, weshalb in einer nächsten Phase mittels flächendeckenden marktwirtschaftlichen Instrumenten die Vielzahl an weiteren Emissionsquellen angegangen werden muss.

---

49 Vgl. Schaltegger & Sturm (1994).

50 Vgl. Heijungs et al. R. (1992).

4.5 Politikimplikationen

Integrierte ökonomisch-ökologische Erfassungsmethoden, wie das Eco-Information-System, verbessern die Informationsbasis für wirtschafts- und umweltpolitische Entscheide. Die gleichwertige Berücksichtigung des ökonomischen und ökologischen Systems sowie die gleichartige Erfassung der ökonomischen Leistung und der ökologischen Konsequenzen erhöht die *Transparenz* für die politischen Entscheidungsträger. Durch die Aggregation der laufenden Umweltbelastung (z.B. der Schadschöpfung) sowie der aktuellen Umweltqualität (z.B. der Immibel) kann der Stimmbürger die Leistung einer Regierung im Bereich des Umweltschutzes besser beurteilen. Neben den bisherigen Hauptdeterminanten der Regierungspopularität wie Arbeitslosigkeit, Inflation und Wirtschaftswachstum gewinnen *ökologische Belange* sowie die damit verbundene ökonomisch-ökologische Effizienz an *Bedeutung*. Die Regierung wird gezwungen, neben den klassischen Wirtschaftszielen vermehrt auch ökologische Anliegen in ihre Entscheidungen einzubeziehen. Insbesondere im Hinblick auf Wiederwahlen sind die Präferenzen der Individuen zu beachten. Je stärker die Umweltsensibilisierung der Bevölkerung fortgeschritten ist, desto *wirksamere Instrumente* sind im Umweltschutz einzusetzen.

Weitere Politikimplikationen einer integrierten ökonomisch-ökologischen Erfassungsmethode sind noch bezüglich der *Wettbewerbsfähigkeit* von Standorten zu erwarten. Bei Standortentscheiden gewinnt in den letzten Jahren neben den traditionellen Kriterien wie Infrastruktur, Steuerbelastung, Verfügbarkeit von Arbeitskräften usw. der *Faktor Umwelt* aufgrund der regionalen und globalen Umweltprobleme an Gewicht und zwar in zweierlei Hinsicht. Auf der einen Seite beeinflusst die Verfügbarkeit und Nutzung von natürlichen Ressourcen die Wettbewerbsfähigkeit von Standorten *direkt*. Altlasten in Böden verhindern die Ansiedlung von neuen Unternehmen oder eine schlechte Luftqualität kann zu einer Abwanderung von Arbeitskräften führen. Auf der anderen Seite sind auch *indirekte* Auswirkungen auf die Wettbewerbssituation zu erwarten. Bei einer Übernutzung der natürlichen Ressourcen muss mit verschärften umweltrechtlichen Auflagen gerechnet werden. Desweiteren könnten die durch die erhöhte Umweltsensitivität veränderten gesellschaftliche Wertevorstellungen das Nachfrageverhalten der Konsumenten beeinflussen.

Mit einer integrierten Erfassungsmethode können die politischen Instanzen ihre Anstrengungen, Erfolge und Absichten in der Umweltpolitik *dokumentieren*. Eine bessere resp. gute Umweltqualität reduziert die Gefahr einer Abwanderung von Steuerzahlern und erhöht die

Ansiedlungschancen neuer Unternehmungen, weil dadurch das Risiko zukünftiger Änderungen – seien sie rechtlicher oder gesellschaftlicher Art – einfacher abzuschätzen ist. Die Behörden haben somit genügend Anreize, für eine saubere Umwelt zu sorgen. Langfristig wird sich somit die Umweltqualität des Standortes verbessern, zumindest was die lokalen Umweltprobleme betrifft, weshalb der Standort insgesamt an Attraktivität gewinnt.

Literatur

Adriaanse, A. (1993): Environmental Policy Performance Indicators. Den Haag.

Alfsen, Knut;Torstein, Bye & Lorents, Lorentsen (1987): Natural Resource Accounting and Analysis: The Norwegian Experience 1978–1986. Oslo: Central Bureau of Statistics of Norway.

Altwegg, David (1988): Die Folgekosten von Waldschäden. Diss Nr.1051. Bamberg: difo-druck schmacht.

BAK Konjunkturforschung Basel AG: Wirtschaft und Umwelt Nordwestschweiz. Diverse Nummern seit Winter 1992/93. Basel.

BAK Konjunkturforschung Basel AG (1993): Wirtschaft und Umwelt Nordwestschweiz. Dokumentation. Basel: BAK.

Baltensperger, Max (1972): «Die volkswirtschaftliche Quantifizierung des Umweltverzehrs». In: Zeitschrift für Volkswirtschaft und Statistik, 405–437.

Bernholz, Peter & Breyer, Friederich (1984): Grundlagen der politischen Ökonomie. Tübingen: Mohr.

Binswanger u.a. (1983): Arbeit ohne Umweltzerstörung: Strategien einer neuen Wirtschaftspolitik. Frankfurt am Main: Fischer.

Boulding, Kenneth E. (1966): «The Economics of the Coming Spaceship Earth». In: Jarett, Henry (Hrsg.): Environmental Quality in a growing Economy. Baltimore: John Hopkins Press.

ETH Zürich (1993): Umweltstudie Aarau. Fallstudie der Abteilung für Umweltnaturwissenschaften. Zürich: ETH.

Eurostat (1994): European System for the Collection of Economic Information on the Environment (SERIEE). Manual 1994.

Frey, Bruno S. (1980): Umweltökonomie. Göttingen: Vandenhoeck & Ruprecht.

Frey, René L. (1979): Wachstumspolitik. Stuttgart & New York: Gustav Fischer.

Friend, Anthony & Rapport, David J. (1979): Towards a Comprehensive Framework for Environmental Statistics: A Stress-Response Approach. Ottawa: Statistics Canada.

Gesundheits- und Wirtschaftsamt der Stadt Zürich (1990): Umweltbericht der Stadt Zürich. Zürich: GWA.

Hauff, Volker (Hrsg.) (1987): Unsere gemeinsame Zukunft. Greven: Eggenkamp.

Heijungs, R. u.a. (Hrsg.) (1992): Environmental Life Cycle Assessment of Products. Guide and Backgrounds. Leiden (NL): Centrum voor Milieukunde.

Hueting, Roefie (1990): Correcting of national income for environmental losses: a practical solution for a theoretical dilemma. Paper prepared for the Conference on Ecological Economics, Washington D.C., 21.–23. Mai 1990.

Hueting, Roefie (1989): «Perspektiven einer umweltbezogenen Korrektur des Sozialproduktes». In: Zieschank & Leipert (Hrsg.) (1989), 219–228.

Immler, Hans (1985): Natur in der ökonomischen Theorie. Band 1: Vorklassik, Klassik, Marx. Opladen.

Institut National de la Statistique et des Etudes Economiques (INSEE) (1986 a): Les comptes du patrimoine naturel. Ministère de l'environnement, Serie C 137–138. Paris.

Institut National de la Statistique et des Etudes Economiques (INSEE) (1986 b): Les comptes satellites de l'environnement-méthodes et résultats. Ministère de l'environnement, Serie C 130. Paris.

Koordinationsstelle für Umweltschutz (1991): Umweltbericht Basel-Stadt. 1991. Basel: Regierungsrat des Kantons Basel-Stadt.

Leipert, Christian (1975): Unzulänglichkeiten des Sozialproduktes in seiner Eigenschaft als Wohlstandsmasses. Tübingen: J.C.B. Mohr.

Meyer, Carrie A. (1993): Environmental and Natural Resource Accounting: Where to Begin?. Washington: WRI Development.

OECD (1990): Environmental Indicators. Paris: OECD.

OECD (1991): The State of the Environment. Paris: OECD.

OECD (1993): OECD Environmental Data. Compendium 1993. Paris: OECD.

Pearce, D., Turner, K. (1990): Economics of Natural Resources and the Environment. New York: Harvester Wheatsheaf.

Peskin, Henry (1990): A Survey of Resource and Environmental Accounting Practices in Industrialized Countries. Draft 1.11.90 (unveröffentlicht).

Pommerehne, Werner (1987): Präferenzen für öffentliche Güter. Ansätze zu ihrer Erfassung. Tübingen: J.C.B. Mohr.

Radermacher, Walter (1993): «Nachhaltiges Einkommen. Gedanken zur Naturbewertung in der ökonomischen Gesamtrechnung». In: Wirtschaft und Statistik, Heft 5, Mai 1993, 331–339. Wiesbaden: Statistisches Bundesamt.

Repetto, Robert (1992): «Accounting for Environmental Assets». In: Scientific American, Juni 1992, 94–100.

Repetto, Robert (u.a.) (1989): Wasting Assets: natural ressources in the national income accounts. World Resource Institute, Washington D.C.

Schaltegger, Stefan & Sturm, Andreas (1994): Ökologieorientierte Entscheidungen in Unternehmen. Ökologisches Rechnungswesen statt Ökobilanzierung: Notwendigkeit, Kriterien, Konzepte. Bern: Paul Haupt. 2. Auflage.

Sherp, Jan (1994): What does an economist need to know about the environment? Economic Papers Number 107 der Europäischen Kommission. Brüssel.

SKUB (Schweizerische Kommission für Umweltbeobachtung (1993): Integrierte ökosystembezogene Umweltbeobachtung. Konzept für die Einführung eines Beobachtungssystems. Bern: Koordinationsstelle SKUB.

Stahmer Carsten (1992): «Integrierte Volkswirtschaftliche und Umweltgesamtrechnung». In: Wirtschaft und Statistik des statistischen Bundesamts, September 1992, 577–593.

Statistisches Bundesamt (1990): Umweltökonomische Gesamtrechnung – Ein Beitrag der amtlichen Statistik. Wiesbaden.

Stockwell, John; Sorensen, Jerome; Eckert, James & Carreras, Edward (1993): «The U.S. EPA Geographic Information System for Mapping Environmental Releases of Toxic Chemical Release Inventory (TRI) Chemicals». In: Risk Analysis, Vol. 13, No. 2. 1993, 155–164.

United Nations (1993): Integrated Environmental and Economic Accountig. New York.

Vaterlaus, Stephan (1991): Integrierte ökonomisch-ökologische Gesamtrechnungen. WWZ-Forschungsbericht 4/91. Basel.

Walther, Andreas (1990): Die Folgekostenrechnung von Umweltschäden. Erweiterung des volkswirtschaftlichen Rechnungswesens am Beispiel der Schweiz. Diss. Nr. 1209. Bamberg: difo-druck.

Zieschank, Roland; Weidner, Helmut; Knoepfel, Peter (Hrsg.) (1992): Umwelt-Information. Berichterstattung und Informationssysteme in zwölf Ländern. Berlin: Wissenschaftszentrum Berlin für Sozialforschung (WZB).

Zieschank, Roland & Leipert, Christian (Hrsg.) (1989): Perspektiven der Wirtschafts- und Umweltberichterstattung. Berlin: Wissenschaftliches Zentrum (WZB).

Teil IV

Problemorientierte Steuerungsinstrumente

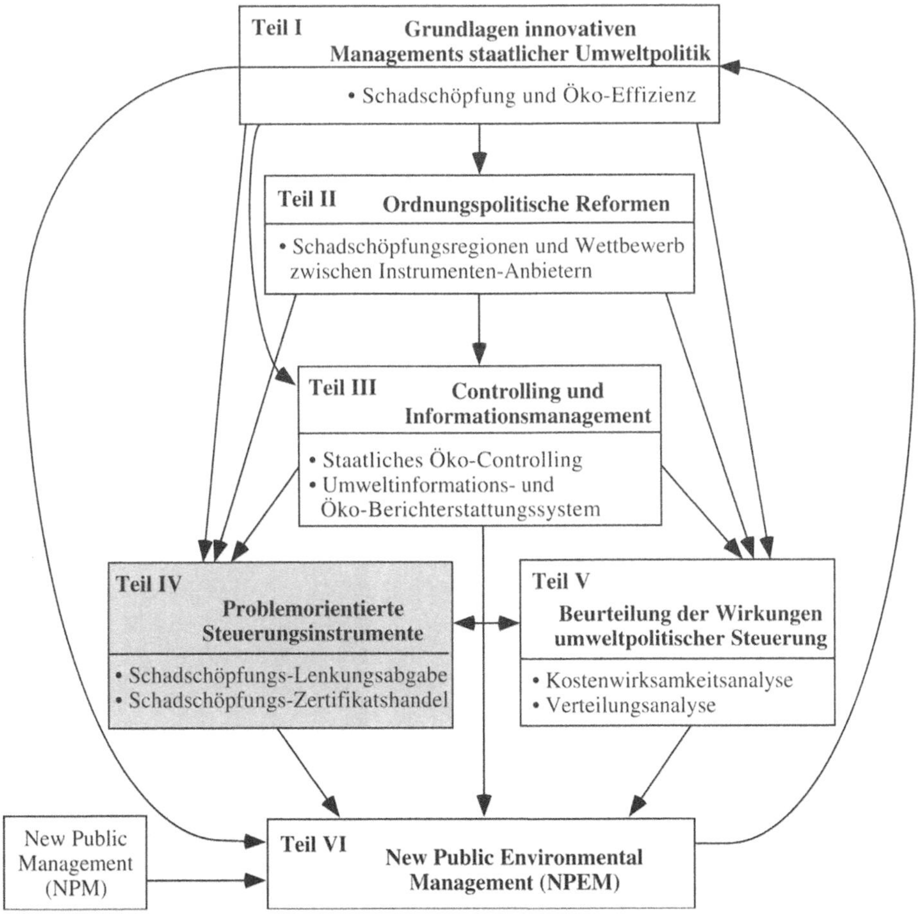

5 Die Schadschöpfungs-Lenkungsabgabe

Zusammenfassung

Lenkungsabgaben im Umweltschutz werden von den Ökonomen seit geraumer Zeit vehement gefordert. Im Vergleich zu polizeirechtlichen Verbots- und Auflagenlösungen können bei Lenkungsabgaben die unterschiedlichen Grenzvermeidungskosten berücksichtigt werden. Unabhängig davon, ob die vollständige Internalisierungsstragie (Internalisierung der externen Kosten) oder der Standard-Preis-Ansatz (Lenkung bis zu einem bestimmten Umweltqualitätsziel) verfolgt wird, sinken die gesamtwirtschaftlichen Kosten des Umweltschutzes gegenüber heute. Eine wichtige Bedeutung hat die Wahl der Bemessungsgrundlage, die möglichst emissionsnah sein sollte.
Durch die Berücksichtigung von Umweltproblemen anstelle lediglich von Einzelschadstoffen können zusätzlich die unterschiedlichen Grenzvermeidungskosten von Emissionen berücksichtigt werden. Dies entspricht dem Konzept einer Schadschöpfungsabgabe, welche die umweltpolitische Steuerung verbessert und Verzerrungen abbaut. Das konkrete Vorgehen kann dabei in vier Phasen unterteilt werden: Erfassung der Schadstoffe oder der Umwelteinwirkungen (Inventarisierung), Beurteilung (Klassifikation, Charakterisierung, monetäre Bewertung), Kostenumlage der Umweltschäden auf die Einwirkungsklassen bzw. auf die einzelnen Schadstoffe sowie Bestimmung der Steuersatzstruktur im Rahmen der Planung und Steuerung
An einem einfachen Beispiel zur Treibhausproblematik wird gezeigt, dass eine reine CO_2-Lenkungsabgabe nur etwas mehr als die Hälfte des relevanten Beitrages zur Treibhausproblematik abdecken würde. Nicht die mengenmässigen Emissionen der einzelnen Stoffe sind für die Belastung mit der Lenkungsabgabe entscheidend, sondern ihr relativer Schadschöpfungsbeitrag (z.B. «Global Warming Contribution»), der aus naturwissenschaftlichen Grundlagen berechnet wird.
In der Umweltpolitik verbessert eine Schadschöpfungsabgabe die Transparenz, da alle wichtigen Schadstoffe berücksichtigt werden. Die Ausklammerung bestimmter Schadstoffe aufgrund von Partikularinteressen wird offensichtlicher und damit auch schwieriger. Allerdings besteht die Gefahr, dass politische Faktoren die Gewichtung der relativen Schädlichkeit beeinflussen. Deshalb sollte diese Stufe unabhängigen Wissenschaftlern überlassen werden.

Die Idee der Schadschöpfungsabgabe besteht darin, nicht nur einzelne Schadstoffe (z.B. CO_2-Emissionen) oder Ressourcenverbräuche, sondern ganze Umweltprobleme und somit Bündel von Umwelteinwirkungen mit einer Veränderung bzw. Korrektur von Preisen zu lenken. Beispielhaft erklärt: alle oder zumindest alle in einem wesentlichen Mass zu einem bestimmten Umweltproblem (z.B. Treibhauseffekt) beitragenden Schadstoffe (Kohlendioxid, Methan, Lachgas usw.) sollten bei der Ausgestaltung einer umweltproblemorientierten (Treibhaus-)Abgabe berücksichtigt werden (Abbildung 5.1).

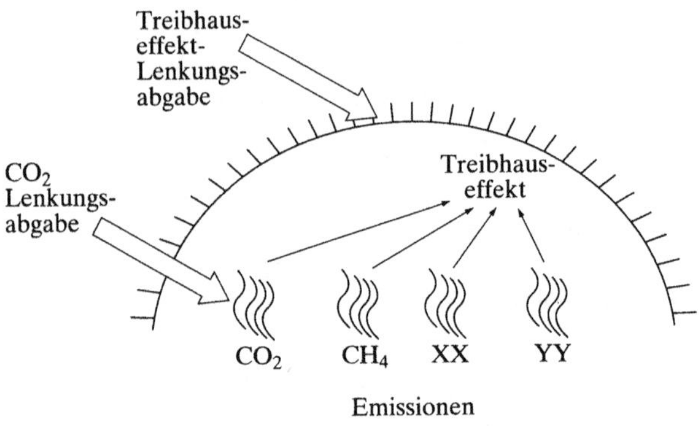

Abbildung 5.1
Schadschöpfungs- versus einzelstoffspezifische Lenkungsabgabe

Die Schadschöpfungsabgabe vermag nicht nur Preisanreize zur isolierten Reduktion eines Schadstoffs zu vermitteln, sondern zur Verminderung aller zum gleichen Umweltproblem beitragenden Schadstoffe.

Nach einer kurzen Einführung zum ökonomischen Hintergrund und zu den Bemessungsgrundlagen von Abgaben erfolgt im zentralen zweiten Abschnitt die Übertragung des Schadschöpfungskonzepts auf das Instrument der Lenkungsabgabe. Im dritten Abschnitt wird ein Anwendungsbeispiel dargelegt. Das Kapitel schliesst mit einer Analyse der Politikimplikationen.

5.1 Zweck, Funktionsweise und Bemessungsgrundlage von Abgaben

Zur Vorbereitung einer vertieften Diskussion der Schadschöpfungsabgabe wird zuerst auf folgende Fragen eingegangen:

- Weshalb sollen überhaupt Abgaben zur Lösung von Umweltproblemen erhoben werden?
- Welche Bemessungsgrundlagen eignen sich besonders?

5.1.1 Zweck und Funktionsweise

Viele Umweltgüter werden übernutzt, weil sie keinen oder einen zu tiefen Preis haben. Die mit einer Umweltbelastung entstehenden Kosten müssen nicht von den Verursachern getragen, sondern können auf Dritte abgewälzt werden («externe Kosten»).[1] Abgaben mit einer Lenkungswirkung können in Sozialkostenabgaben und Lenkungsabgaben unterschieden werden. Die Sozialkostenabgabe ist ein Instrument, um die externen Kosten nach dem physischen Verursacherprinzip zu internalisieren (Internalisierungsstrategie), während mit der Lenkungsabgabe versucht wird, einen bestimmten Umweltstandard (Umweltqualität) mittels des sog. «Standard-Preis-Ansatzes» zu erreichen.[2] Die Internalisierungsstrategie geht von den verursachten externen Kosten aus. Der Standard-Preis-Ansatz hingegen betrachtet einen politisch oder naturwissenschaftlich festgelegten Standard der Umweltqualität als Ziel.

- **Internalisierungsstragie**
  Bei diesem Vorgehen steht die vollständige Internalisierung der externen Kosten[3] im Zentrum. Die Nutzniesser von Gütern und Dienstleistungen sollen ihre individuellen Entscheidungen auf Grundlage aller durch ihre Handlungen entstehenden Kosten tätigen.

- **Standard-Preis-Ansatz**
  Theoretisch müsste der anzustrebende Umweltstandard so festgelegt werden, dass die Grenzvermeidungskosten einer zusätzlichen Reduktion der Schadschöpfung gerade den Grenzschadenskosten der zusätzlichen Umwelteinwirkung entsprechen, da in diesem Punkt das gesamtgesellschaftliche Optimum liegt. Weil die Informationen zu den Grenzschadenskosten aber fehlen oder nur lückenhaft bzw. ungenau vorhanden sind, wird auf einen politisch festgelegten Standard zurückgegriffen. Die Höhe der Abgabe zur Erreichung des Zielstandards ist abhängig von der Nachfrageelastizität der umweltschädigenden Güter.

Aufgrund grosser Informationsprobleme zur genauen Bestimmung externer Kosten handelt es sich in der Praxis immer um Lenkungsabgaben. Um gute Anhaltspunkte für eine möglichst optimale Abgabenhö-

---

1 Zu einer genauen Erläuterung des Begriffes der externen Kosten vgl. z.B. Baumol & Oates (1988), Blöchliger & Staehelin-Witt (1993, 44).
2 Vgl. Baumol & Oates (1988).
3 Es werden nur die marginalen und nicht die totalen externen Kosten internalisiert.

he zu erhalten, sind jedoch Schätzungen der externen Kosten sehr hilfreich.

Durch die Bildung bzw. Korrektur des Preises der Umweltgüter wird deren Übernutzung verhindert. Die in Abbildung 5.2 vorgenommene mikroökonomische Analyse macht dies deutlich.[4] Die Nachfrage N (Nachfragekurve) nach einem umweltschädigenden Gut hängt von den privaten Grenzkosten für das Individum (PGK) ab, während der gesamten Volkswirtschaft pro konsumierte Einheit die sozialen Grenzkosten (SGK), also die privaten plus die externen Kosten anfallen. Ohne Lenkungsabgabe wird die, gemessen an den sozialen Grenzkosten, zu grosse Menge QPGK des Gutes nachgefragt (wo die privaten Grenzkosten gleich der Nachfrage sind). Durch die Erhebung der Abgabe t auf einer Einheit des umweltschädigenden Gutes wird die nachgefragte Menge von QPGK auf QSGK reduziert. Da sich in diesem Punkt die Nachfragekurve und die soziale Grenzkostenkurve schneiden (d.h. die Nachfrager tragen auch die externen Kosten), ist eine gesamtwirtschaftlich optimale Situation erreicht.[5] Durch die reduzierte Nachfrage tritt

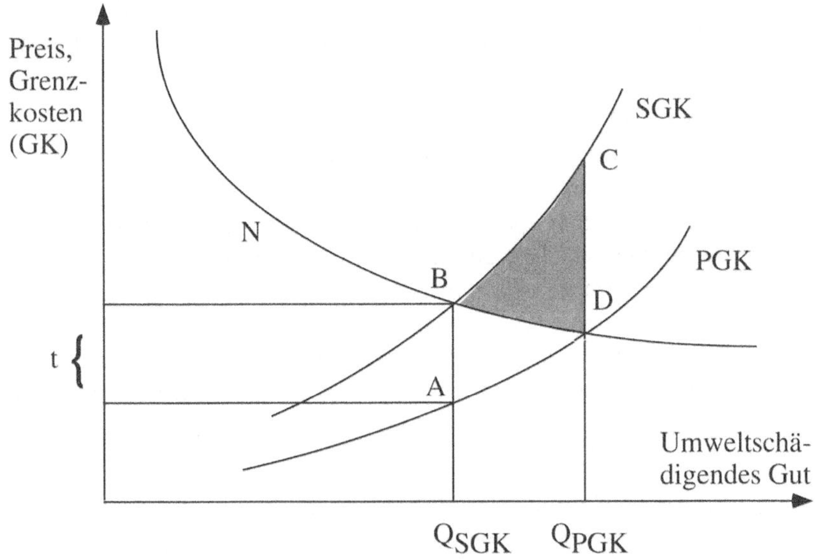

Abbildung 5.2
Internalisierung externer Kosten

4 Für eine detaillierte Betrachtung vgl. Frey, R.L. (1993, 82).
5 Dieses Vorgehen entspricht der Internalisierungsstrategie.

ein Nutzenverlust von der Höhe QPGKDBQSGK ein. Da sich aber die Kosten um QPGKDAQSGK vermindern, ergibt sich ein Nettonutzenverlust in der Höhe von ADB. Gleichzeitig führt die Steuer t aufgrund der kleineren Umweltbelastung zu einem Nutzengewinn im Ausmass von ABCD. Verrechnet man den Nettonutzenverlust mit dem Wohlfahrtsgewinn durch die Einführung der Steuer, so entspricht der Nettonutzengewinn der Fläche des Dreiecks BCD.[6]

Zur Ermittlung des optimal lenkenden Steuersatzes bedarf es je nach Strategie (Internalisierungs- oder Standard-Preis-Ansatz) einer Ermittlung der externen Kosten und/oder der Nachfrageelastizitäten. Wie in Kapitel 1 dargelegt, stehen verschiedene sozio-ökonomische Methoden (Ansätze zur Präferenzerfassung öffentlicher Güter) zur Berechnung dieser Grössen zur Verfügung. Zur Steuerung des Verhaltens sind aber nicht die totalen oder die durchschnittlichen Kosten relevant, sondern die marginalen, d.h. die pro zusätzlich verkaufter Einheit verursachten Schadenskosten.[7] Im Gegensatz zu den sozio-politischen und naturwissenschaftlich orientierten Ansätzen erlauben die sozio-ökonomischen Methoden eine auf Wertschätzungen von Individuen basierende monetäre Einschätzung des Grössenrahmens von Umweltschäden (externen Kosten) bzw. deren Vermeidung.[8]

Abgaben zielen im Gegensatz zu polizeirechtlichen Instrumenten des Umweltschutzes auf freiwillige Verhaltensänderungen ab. Umweltschädigendes Verhalten wird nicht verboten, sondern muss bezahlt werden. Demgegenüber wird umweltschonendes Verhalten durch Kosteneinsparungen und – im Fall des Ökobonus[9] – durch Rückzahlungen belohnt! Beim Ökobonus-Prinzip werden die Einnahmen aus der Abgabe pro Kopf bzw. pro Arbeitsplatz zurückerstattet.[10] Jeder Produzent und Konsument kann sich daher gemäss seinen eigenen Präferenzen und Möglichkeiten verhalten. Allerdings sind Abgaben nicht a priori allokations- oder kosteneffizienter als andere Massnahmen. Die Ausführungen zur Kostenwirksamkeitsanalyse in Kapitel 7 werden zeigen, dass auch andere Instrumente kostengünstig sein können. Für eine Analyse der Effektivität und der Effizienz von Umweltabgaben sind daher für jede spezifische Problemstellung die jeweiligen Kostenwirksamkeiten zu ermitteln. Grundsätzlich kann aber erwartet werden, dass

6 Vgl. Blöchliger & Staehelin-Witt (1993, 46f.).

7 Vgl. z.B. Blöchliger & Staehelin-Witt (1993, 48).

8 Im Abschnitt 5.2.3 wird näher auf mögliche Strategien zur Ausgestaltung einer Schadschöpfungsabgabe eingegangen.

9 Vgl. z.B. Novy & Pfeiffer (1994), VCS (1989).

10 Es sind auch andere Rückverteilungsschlüssel (z.B. aufgrund der einbezahlten Summen für die Altersvorsorge) denkbar.

Abgaben, insbesondere im Vergleich zu polizeirechtlichen Ansätzen, meistens zu den effizientesten und wirksamsten umweltpolitischen Strategien gehören.

5.1.2 Bemessungsgrundlagen

Die Wahl der Bemessungsgrundlage beeinflusst insbesondere die Wirksamkeit einer Abgabe. Da mit zunehmender Distanz zu den Umwelteinwirkungen (z.B. Emissionen) die Allokations- und Kosteneffizienz einer Abgabe i.d.R. abnimmt, sollte einerseits die Bemessungsgrundlage möglichst emissionsnah sein, d.h. direkt auf den Emissionen oder unmittelbaren Umwelteinwirkungen erhoben werden. Andererseits sollte die Abgabe aber auch einfach, d.h. kostengünstig zu erheben sein. Wenn nichts anderes erwähnt ist, liegt der Fokus im folgenden auf Lenkungs- und nicht auf Sozialkostenabgaben.

Als Bemessungsgrundlagen kommen grundsätzlich folgende Grössen oder eine Kombination hiervon in Frage (Abbildung 5.3):

- **1) Input**
  Abgaben können auf die für eine Umweltbelastung veranwortlichen Inputs (z.B. Benzin, chemische Stoffe, Energie) bei einem Produktionsprozess oder einer sonstigen Aktivität erhoben werden. Der Vorteil liegt bei der relativ einfachen Erfass- und Besteuerbarkeit. Nachteilig wirkt sich die fehlende Berücksichtigung des Umwandlungsprozesses aus. Es werden zwar sparsame, nicht aber unbedingt alle umweltfreundlicheren Technologien bevorzugt. Ebenso ist es möglich, dass gewisse Anbieter auf andere, vielleicht noch schädlichere Inputs ausweichen, welche noch nicht mit einer Abgabe bela-

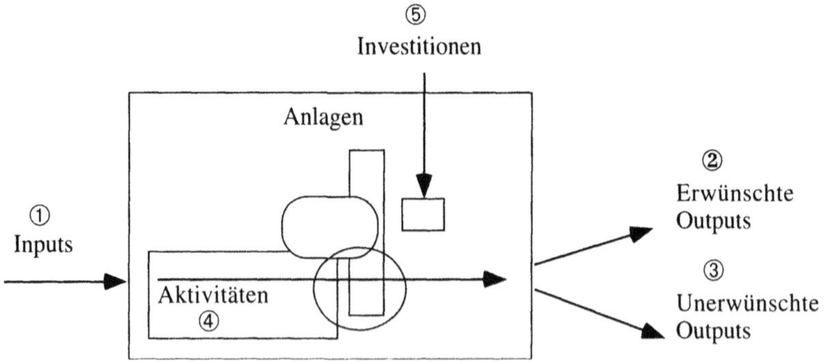

Abbildung 5.3
Mögliche Bemessungsgrundlagen einer Lenkungsabgabe

stet sind. Eine Inputbelastung ist also nur gerechtfertigt, wenn erstens ein strenger Zusammenhang zwischen Input und Umweltbelastung besteht (wie z.B. bei CO_2-Emissionen durch Verbrennungsprozesse) und zweitens keine Möglichkeiten zum Ausweichen auf nicht besteuerte, mindestens gleich schädliche Inputs existieren.

- **2) Erwünschter Output (gewünschtes Gut)**
  Bei der Besteuerung kann auch beim Endprodukt angesetzt werden. Jedes Produkt sollte dann entsprechend seiner Umweltbelastung, welches es in seinem gesamten Lebenszyklus verursacht (inkl. Entsorgung) besteuert werden. Für die Produzenten entsteht ein Anreiz, umweltverträglichere Produkte herzustellen. Sie erhöhen damit die Absatzchancen, da die Lenkungsabgabe tiefer liegt. Wird dieses System auf alle angebotenen Produkte angewendet, so spiegeln die relativen Preise zwischen den einzelnen Gütern die wahren Knappheiten (auch bezüglich der Knappheit der Umweltgüter) wider. Diese auf den ersten Blick bestechende Idee scheitert bis auf weiteres aber an der in der Realität vorhandenen Produktevielfalt und an der Komplexität der Beurteilung der Umweltverträglichkeit von Produkten. Demzufolge müssten für die unzähligen Produkte sämtliche Umwelteinwirkungen erfasst werden, die sie während ihres Lebenszyklus verursachen und darauf eine entsprechende Lenkungsabgabe erhoben werden. Der administrative Aufwand dürfte in einem solchen Fall sehr gross werden.

- **3) Unerwünschter Output (Emissionen und andere Umwelteinwirkungen)**
  Eine weitere Variante ist die direkte Besteuerung der Emissionen. Die Höhe der Steuer auf die einzelnen Schadstoffe wird nach ihrer absoluten und relativen Schädlichkeit bzw. den durch sie verursachten absoluten und relativen Schadenskosten bemessen. Dabei variiert die Schadenswirkung je nach Standort, Wetterlage, Zeitpunkt usw. Damit wird das Kriterium der Emissionsnähe erfüllt. Allerdings entsteht im Falle einer Vielzahl von Emissionsquellen und Emittenten ein grosser Erhebungs- und Kontrollaufwand (z.B. im Verkehrsbereich). Dies wirkt sich wiederum negativ auf die ökonomische Effizienz der Lenkungsabgaben aus. Bis heute werden deshalb fast nur Lenkungsabgaben auf einzelne Emissionen diskutiert.

- **4) Aktivitäten**
  Wird die Abgabe auf einer umweltschädigenden Aktivität (z.B. auf die Kilometerleistung eines Autofahrers) erhoben, so muss ein eindeutiger Zusammenhang zur Umweltschädigung vorliegen. Alle

gleich belasteten Aktivitäten müssen den gleichen Schaden bewirken. Aufgrund der unterschiedlichen Technologien bei der gleichen Aktivität ist die Schaffung dieser Voraussetzung oft mit einem grossen administrativen Aufwand verbunden oder ist nicht erfüllt (z.B. im Falle des Autofahrens müssten also die Abgaben pro gefahrenem Kilometer nach Fahrzeugtyp, Alter des Automobils usw. differenziert werden[11]).

- **5) Investitionen und Anlagen**
  Die undifferenzierte Belastung von Kapitaleinsatz führt lediglich zu geringeren Investitionsanreizen, ohne gezielt das Verhalten gegenüber der Umwelt zu beeinflussen. Eine fallweise Unterscheidung ist sehr aufwendig. Zudem sind die Umweltbelastungen, die von einer Investition oder von einer Anlage ausgehen, nicht konstant. Sie variieren je nach Auslastung und Modernisierungsgrad. Eine Besteuerung von Neuanlagen führt nicht zwangsläufig zu weniger Umweltschäden. Es entsteht im Gegenteil ein verstärkter Anreiz, alte Anlagen mit grösserer Schädlichkeit stärker auszulasten.

Im Prinzip ist eine an der Schadschöpfung orientierte Bemessungsgrundlage aufgrund ihrer Einwirkungsnähe am erfolgversprechendsten. Die Lenkungswirkung kann damit am besten und effizientesten erreicht werden. Die CO_2-Abgabe stellt aufgrund der praktisch fehlenden Verminderungstechnologien eine Ausnahme dar. Der Zusammenhang zwischen Inputs und CO_2-Emissionen ist vom Umwandlungsprozess weitgehend unabhängig. Deshalb drängt sich bei einer CO_2-Lenkungsabgabe eine kostengünstigere, inputseitige Bemessungsgrundlage auf.[12] Es stellt sich jedoch grundsätzlich die Frage, ob die alleinige Berücksichtigung eines Schadstoffes dem Problem des Treibhauseffekts gerecht wird.

Wo nichts anderes erwähnt ist, beziehen sich die folgenden Ausführungen auf Lenkungsabgaben, die sich am unerwüschten Output bzw. an der Schadschöpfung orientieren.

5.2 Lösung von Umweltproblemen statt Lenkung von Emissionen

Nach einer Diskussion der erwarteten Vorteile einer Anwendung des Schadschöpfungskonzepts auf Lenkungsabgaben folgt eine Darlegung

11 Vgl. z.B. Mauch et al. (1991).
12 Vgl. Eckerle (1993), Erwingmann & Hansmeyer (1991), Schlesinger et al. (1993).

des konkreten Vorgehens mit den Schritten Erfassung, Klassifikation und Gewichtung, Bewertung der Umweltschäden und Ermittlung der Nachfrageelastizitäten sowie Umlage der Lenkungsabgaben auf die einzelnen Schadstoffe. Das Kapitel wird mit einer **vergleichenden Betrachtung** einer Schadschöpfungs-Lenkungsabgabe gegenüber einer einzelstoffspezifischen Lenkungsabgabe geschlossen.

5.2.1 Erwartete Vorteile einer Problembetrachtung

Die Theorie und (spärliche) Praxis der Lenkungsabgaben bezieht sich vorwiegend auf die Besteuerung emittierter Schadstoffe (unerwünschter Output).[13] Um die richtige Abgabenhöhe zu ermitteln, wird oft versucht, mittels verschiedener Methoden den Schadensbeitrag der einzelnen Schadstoffe isoliert zu ermitteln.[14] Dies ist aus zwei Gründen mit Problemen behaftet:

- Eine monetäre Bewertung von Umweltschäden basiert direkt oder indirekt auf der Ermittlung der Zahlungsbereitschaft von Individuen.[15] Eine einigermassen zuverlässige Wertschätzung für eine Schadstoffreduktion existiert aber nur, wenn deren Nutzen auch gut einschätzbar ist und möglichst ohne Zeitverzögerung eintritt. Die erwähnten Voraussetzungen sind für einzelne Umwelteinwirkungen und Emissionen in den allermeisten Fällen nicht erfüllt. Die Fühlbarkeit für Umweltprobleme (z.B. Sommersmog) ist hingegen deutlich besser gewährleistet als bei einzelnen Schadstoffen. Hiermit wird offensichtlich, dass sich eine problemorientierte Betrachtung aufdrängt.
- Eine Möglichkeit, um Individuen eine Wertschätzung für eine Schadstoffreduktion empfinden lassen zu können, wäre eine gute Informationsvermittlung über den Zusammenhang zwischen Emissionen, Immissionen und Umweltschäden. Nach der Emission laufen in unserer Umwelt noch verschiedene chemische Prozesse ab, die zu Immissionen führen und schliesslich Umweltschäden zur Folge haben. Bei diesen Vorgängen können aus den emittierten Schadstoffen neue Stoffe (z.B. Ozon) entstehen. In anderen Fällen

13 So wird im Zusammenhang mit dem Treibhauseffekt immer von einer CO_2-Abgabe gesprochen, obwohl dieser Schadstoff nur für etwa die Hälfte dieses Umweltproblems verantwortlich ist.
14 Vgl. z.B. Schulz (1985).
15 Vgl. z.B. Hautau u.a. (1987), Pearce & Turner (1990), Pommerehne (1987), Staehelin-Witt (1993).

können auch Wirkungen (z.B. Treibhauseffekt, Ozonschichtabbau) erzeugt werden, die nicht mehr einem Schadstoff alleine zugeordnet werden können. Auch bei einer guten Vermittlung der teilweise lückenhaften Informationen über diese Zusammenhänge sind nicht nur Laien, sondern auch Experten überfordert, die Kosten, welche einzelne Schadstoffe verursachen, abzuschätzen oder gar zu berechnen. Aufgrund dieser komplexen Zusammenhänge verfügen Bevölkerung, Politiker und Verwaltung über einen ungenügenden Informationsstand, um den Schadensbeitrag der einzelnen Stoffe zu erkennen. Die direkt oder durch Handlungen indirekt geäusserte Zahlungsbereitschaft zur Reduktion einzelner Umwelteinwirkungen ist demnach verfälscht.

Als Alternative zum auf einzelne Schadstoffe beschränkten Fokus bietet sich die an Umweltproblemen (z.B. Sommersmog) orientierte Betrachtungsweise an. Bezüglich der monetären Bewertung von Umweltgütern und Umweltproblemen bietet sie wesentliche Vorteile.

- Erstens fallen die bei einer schadstofforientierten Betrachtung auftretenden Probleme bei der Ermittlung der Zahlungsbereitschaft deutlich weniger stark ins Gewicht. So ist das *Bewusstsein der Bevölkerung gegenüber direkt sicht- und fühlbaren Umweltproblemen sicher grösser* als im Falle einzelner Schadstoffe. Hiermit ist auch eine grössere Fühlbarkeit der Problemrelevanz vorhanden. Deshalb führt eine auf dieser Ebene angesetzte, auf Zahlungsbereitschaftsanalysen basierende monetäre Bewertung zu besseren Resultaten.
- Zweitens wird die Erklärung des komplexen Zusammenhangs zwischen Emissionen und Wirkungen ausgewiesenen *naturwissenschaftlichen Experten* überlassen.
- Drittens besteht bei einer am eigentlichen Umweltproblem orientierten Lenkungsabgabe weniger die Gefahr einer *Suboptimierung* (Reduktion der Emission eines Schadstoffes, ohne das Umweltproblem zu beheben, da z.B. andere am Problem beteiligte Einwirkungen zunehmen).
- Viertens werden die Umweltschutzmassnahmen dort angesetzt, wo das eigentliche Umweltproblem am *kostengünstigsten* bekämpft werden kann (Kapitel 1). Politische Entscheidungsträger, wie auch Unternehmungen und Private haben somit die Möglichkeit, diejenigen Alternativen vermehrt zu wählen, welche über die tiefsten Grenzvermeidungskosten bezüglich des eigentlich anvisierten Umweltproblems verfügen. Hierdurch erhalten sie den Ansporn, einen

Ausgleich der Grenznutzen bzw. der Grenzvermeidungskosten unterschiedlicher Umweltschutzmassnahmen zu realisieren.[16]

5.2.2 Ausgestaltung der Schadschöpfungsabgabe

Das konkrete Vorgehen zur Ausgestaltung einer am Ideal der Sozialkostenabgabe orientierten Schadschöpfungsabgabe kann in die in Abbildung 5.4 aufgezeigten Phasen unterteilt werden.

- Erfassung der Schadstoffe oder Umwelteinwirkungen (Inventarisierung)
- Beurteilung (Klassifikation, Charakterisierung und evtl. Gewichtung sowie monetäre Bewertung)
- Umlage der monetär bewerteten Umweltschäden bzw. Umweltgüter auf die Einwirkungsklassen bzw. die Schadschöpfung sowie Kostenumlage auf die einzelnen Schadstoffe
- Planung und Steuerung (Bestimmung der partiellen bzw. generellen Steuersatzstruktur resp. der Höhe der Abgaben, administrative Planung der Umsetzung, eventuell Anpassung der Abgabesätze auf Über- oder Unterschreitungen der Ziele)

Die leicht schattierten Kästchen (Abb. 5.4: Mitte und oben links) betreffen die Schritte zur Ermittlung ökologischer Massgrössen. Es sind dies z.B.:

- Inventarisierung (Massgrösse Kilogramm usw.)
- Klassifikation (Einwirkungsklassen wie Treibhauseffekt usw.)
- Charakterisierung (Indikatoren wie Global Warming Potential (GWP))
- Berechnung der Indikatoren (wie Global Warming Contribution (GWC))
- Berechnung der gesamten Schadschöpfung (Schadschöpfungseinheiten).[17]

Die etwas dunkler schattierten Kästchen rechts in der Mitte der Abbildung 4.4 betreffen Schritte zur Ermittlung ökonomischer Massgrössen. Es sind dies z.B. Franken Schadenskosten durch den Treibhauseffekt

16 Der Ausgleich von Grenznutzen ist der Gegenstand des sogenannten «2. Gossenschen Gesetzes». Vgl. z.B. Frey R. L. (1994, 38).

17 GWP * kg Emissionen = GWC.

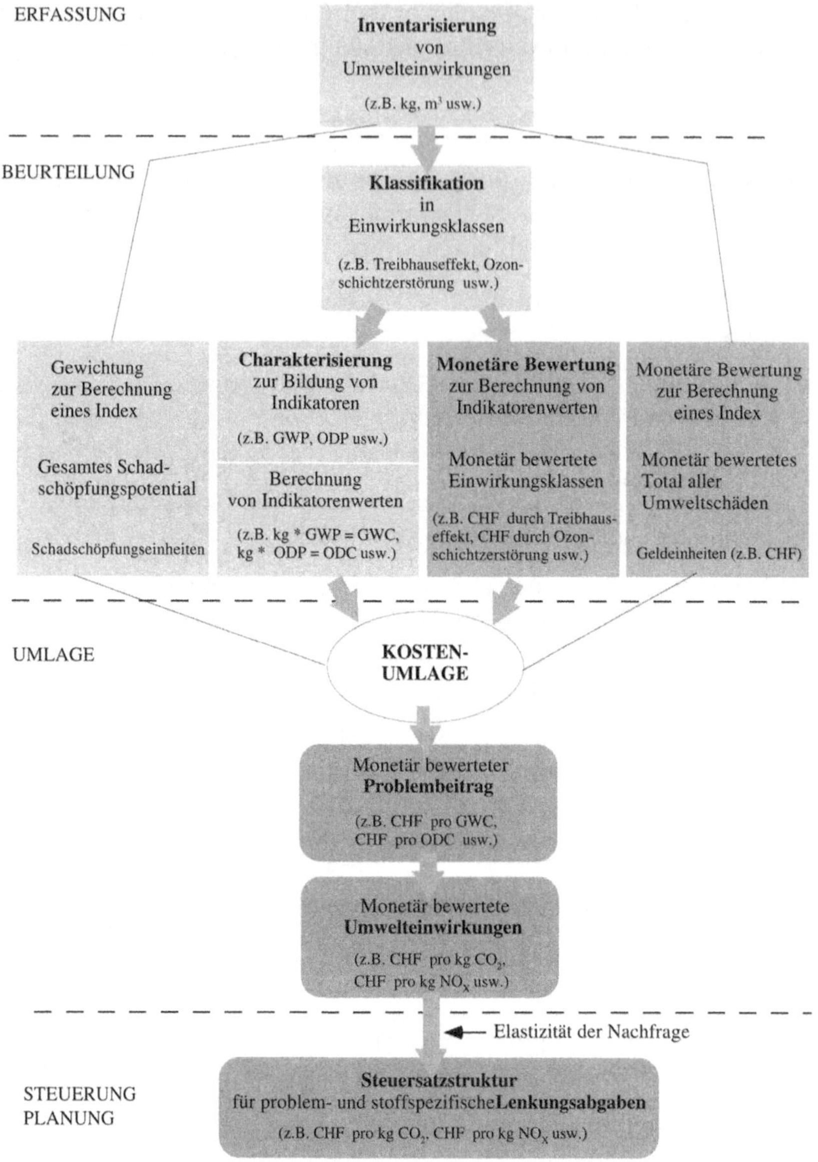

Abbildung 5.4
Vorgehen zur Ausgestaltung einer Schadschöpfungsabgabe

usw. für monetär bewertete Einwirkungsklassen und Franken Schadenskosten der gesamten Umweltbelastung bei der Berechnung eines monetären Indexwertes.

Die am dunkelsten schattierten Kästchen im unteren Teil der Abbildung repräsentieren Resultate und Schritte, welche integriert ökonomisch-ökologische Kenngrössen betreffen. Es sind dies z.B. Schweizer Franken pro Beitragseinheit zum Treibhauseffekt (CHF pro GWC) für monetär bewertete Problembeiträge, z.B. Franken pro Kilogramm CO_2 für die monetär bewertete Umwelteinwirkungseinheit und die stoff- und problemspezifische Abgabe.

Zur Realisierung einer Schadschöpfungsabgabe müssen nach der Erfassung in der zweiten Phase des Ausgestaltungsprozesses (Beurteilung) sowohl Methoden zur Klassifikation und Charakterisierung als auch zur sozio-ökonomischen Bewertung verwendet werden. Das gesamte Vorgehen präsentiert sich auf den ersten Blick sehr einfach. Besonders bei der Planung und Steuerung bzw. der Ermittlung von Steuersatzstruktur sowie der problem- und stoffspezifischen Abgaben sind jedoch verschiedene Informationen und Berechnungen, insbesondere auch bezüglich der Preiselastizität der Nachfrage, notwendig. Dabei handelt es sich aber um Problemstellungen, die in ähnlicher Form auch heute schon gemeistert werden und auch bei einer einzelstoffspezifischen Abgabe auftauchen.

5.2.3 Erfassung und Beurteilung

Bei einer problemorientierten, mehrstufigen Beurteilung von Umwelteinwirkungen (Abbildung 5.4) gilt es zuerst, alle emittierten Schadstoffe und alle Umwelteinwirkungen, die zu einem bestimmten Umweltproblem (vgl. auch Kapitel 1) beitragen, zu erfassen (**Inventory**). Hierzu ist eine sinnvolle **Klassifikation** von allgemein anerkannten Umweltproblemen notwendig. Diese hat die von den betrachteten Schadstoffen verursachten, in Problembereiche eingeteilten Immissionen möglichst umfassend abzubilden. Die einzelnen Kategorien müssen klar voneinander abgrenzbar sein. Ein solches Klassifikationsmodell,[18] das von Naturwissenschaftlern, Umweltämtern und auch der Wirtschaft weitgehend anerkannt wird, unterscheidet z.B. für Luftschadstoffe folgenden Einwirkungsklassen:[19]

18 Sog. CML-Modell, CML = Center for Milieukunde, Universität Leiden, vgl. Heijungs et al. (1992a).

19 Vgl. Heijungs et al. (1992a, 68).

- Treibhauseffekt
- Ozonschichtabbau
- Saurer Regen
- Wintersmog
- Photochemischer Smog
- Toxische Wirkungen

Diese Aufzählung erhebt keinen Anspruch auf Vollständigkeit. Sie deckt aber den Grossteil der durch Luftschadstoffe verursachten Probleme ab. Tabelle 1.2 in Kapitel 1 gab eine Übersicht der von Naturwissenschaftlern erarbeiteten und nach Umweltproblemen klassierten Einwirkungsarten.

Für viele Volkswirtschaften wird die Erfassung einer Reihe von Schadstoffen bereits heute durchgeführt. Klassifikationen, die über die in der Chemie üblichen Summenparameter hinausgehen, werden jedoch kaum vorgenommen.

Nach der Erfassung und Klassifikation erfolgt die **Charakterisierung**. In dieser Phase werden alle an einem bestimmten Umweltproblem beteiligten Einwirkungen bezüglich ihres Problembeitrags gewichtet und in einem problemspezifischen Indikator, dem sogenannten Schadschöpfungsindikator, zusammengefasst. Beispiele solcher Indikatoren für Luftschadstoffe sind:[20]

- Global Warming Potential (GWP)
- Ozone Depletion Potential (ODP)
- Acidification Potential (AP)
- Photochemical Smog (POCP) usw.

Diese naturwissenschaftliche Beurteilung beruht teilweise auf sehr zuverlässigen und gesicherten Informationen. Bezüglich der Ursachen und Wirkungen anderer Umweltprobleme (z.B. humantoxikologische Effekte) streiten sich hingegen die Experten (noch). Über das unterschiedliche Gefährdungspotential treibhauswirksamer Gase besteht beispielsweise ein breiter Konsens. Tabelle 5.1 zeigt den relativen Schadensbeitrag einzelner Stoffe bezüglich verschiedener Zeithorizonte.

Die Auswahl von wichtigen, zum Treibhauseffekt beitragenden Stoffen in Tabelle 5.1 zeigt ihr Gefährdungspotential in der Einheit GWP (Global Warming Potential, pro Kilogramm des entsprechenden Stoffes) für drei unterschiedliche Zeithorizonte. GWP ist eine auf der Treibhausschädlichkeit von CO_2 normierte Grösse. Der effektive Beitrag zum Treibhauseffekt (GWC Global Warming Contribution) wird

20 Vgl. Heijungs et al. (1992a, 1992b).

durch Multiplikation des GWP mit den Emissionen (in kg) des entsprechenden Schadstoffes berechnet.[21]

Ein Schadstoff kann gleichzeitig für verschiedene Umweltprobleme mitverantwortlich sein. So trägt z.B. Schwefeldioxid zur Problematik des Wintersmogs und des Sauren Regens bei. Dies muss bei der weiter unten (Abschnitte 5.2.3 und 5.3) dargestellten Umlage der Kosten der Umweltschäden auf die Schadstoffklassen berücksichtigt werden, wobei ein Beitrag zu mehreren Problembereichen natürlich eine mehrfache Belastung mit problemspezifischen Lenkungsabgaben zur Folge hat.

Tabelle 5.1
Relative Schädlichkeit der Treibhausgase in GWP (Quelle: Heijungs u.a. 1992b, 66f.)

	GWP 20 Jahre	GWP 100 Jahre	GWP 500 Jahre
CO_2	1	1	1
Methan (CH_4)	35	11	4
Lachgas (N_2O)	260	270	170
FCKW 11	4500	3400	1400
FCKW 12	7100	7100	4100
FCKW 13	11000	13000	15000
H-FCKW-22	4200	1600	540
FCKW 113	4600	4500	2500
FCKW 114	6100	7000	5800
FCKW 115	5500	7000	8500
Trichlorethan	360	100	34

Ein zusätzlich möglicher, in diesem Teil nicht weiter verfolgter Schritt ist die Zusammenfassung aller Schadschöpfungsindikatoren zu einem Schadschöpfungsindex, der alle Umwelteinwirkungen über alle Umweltprobleme in einer Masszahl ausdrückt (z.B. in Schadschöpfungseinheiten oder Immissionsbelastungspunkten).[22] «Es besteht hierbei das Problem, dass sowohl Umweltmedien als auch Umweltprobleme relativ zueinander gewichtet werden müssen. Bei der Bestimmung der gesamten Schadschöpfung mittels eines einzelnen Massstabs («Valuation») gelangen üblicherweise sozio-politische Methoden zur Anwen-

21 Die naturwissenschaftlichen Zusammenhänge sind hier bewusst vereinfacht dargestellt worden. Zur Erläuterung des prinzipiellen Vorgehens genügen sie aber vollauf. Vgl. z.B. Odum 1991, Senn 1986.

22 Vgl. Kapitel 4 zur regionalen Umweltbuchhaltung.

dung».[23] Das gesellschaftliche Urteil sowie jenes wichtiger Interessengruppen, wie z.B. nationaler Umweltämter oder Produzenten, nimmt eine zentrale Rolle ein.

5.2.4 Bestimmung der Abgabenhöhe für die Planung und Steuerung

Wie weiter oben dargelegt, kann die Bestimmung der Höhe der Lenkungsabgabe mittels zweier Strategien erfolgen. Die Internalisierungsstrategie beruht auf den verursachten externen Kosten. Der Standard-Preis-Ansatz hingegen geht von einem zu erreichenden politisch oder naturwissenschaftlich festgelegten Umweltqualitätsstandard aus. Eine problemorientierte Ausgestaltung der beiden Ansätze wird im folgenden beschrieben.

a) Die Internalisierungsstragie

Bei der Internalisierungsstrategie steht, wie es der Name besagt, die vollständige Internalisierung der externen Kosten im Zentrum. Mit den bereits angesprochenen Methoden zur Präferenzerfassung öffentlicher Güter erfolgt eine monetäre Erfassung der Umweltschäden (d.h. der externen Kosten). Die ermittelten Kosten liefern die zentrale Grundlage für die Festsetzung der Sozialkostenabgaben. Zentral ist hierbei die Ausrichtung der Bewertung auf die einzelnen Umweltprobleme (z.B. Sommersmog) oder durch sie bedingte Problembereiche (z.B. Ernteverluste).[24] Natürlich ist es bei der monetären Bewertung vorerst unmöglich, genaue Werte anzugeben.[25] Es können aber Bandbreiten ermittelt werden, innerhalb derer die wahren Kosten mit grosser Wahrscheinlichkeit liegen und durch empirische Studien (z.B. Saurer Regen) teilweise belegt werden.[26] Teilweise weichen die Schätzungen aber auch massiv voneinander ab (z.B. bei den Kosten des Treibhauseffektes).[27]

Auf Grundlage der von Naturwissenschaftlern gelieferten Klassifikation und Charakterisierung können die mit sozio-ökonomischen Me-

23 Schaltegger & Sturm (1994a).

24 Die Begründung liegt in den in Abschnitt 5.2.1 angesprochenen Vorteilen gegenüber der direkten Bewertung einzelner Schadstoffe.

25 Vor allem intertemporale Umweltschäden, welche den Tod vieler Menschen verursachen und erst in der Zukunft auftreten (aber heute verursacht werden) werfen methodische Probleme auf (Ist eine Diskontierungsrate sinnvoll? Wenn ja welche? Wie wird ein Menschenleben bewertet? usw.).

26 Vgl. Schulz (1985).

27 Vgl. Bauer (1993).

thoden ermittelten Kosten spezifischer Umweltprobleme auf einzelne Schadstoffe und Umwelteinwirkungen umgelegt werden. Da bekanntlich ein Schadstoff über verschiedene Kanäle für mehrere Probleme verantwortlich sein kann, müssen für eine die gesamte Umweltschädlichkeit berücksichtigende Sozialkostenabgabe auf einen Schadstoff alle durch ihn mitverursachten Umweltprobleme berücksichtigt werden. Die Stoffe können hierdurch, entsprechend ihrem Schadensbeitrag, belastet werden.

Die Höhe der Steuer bemisst sich an der Summe der marginalen externen Kosten, die auf einen Schadstoff zurückgeführt werden können. Der Schadstoff Y kann z.B. für drei bedeutende Umweltschäden mitverantwortlich sein. In Abbildung 5.5 bezeichnet N die aggregierte Nachfragekurve (= Summe der marginalen Zahlungsbereitschaften) für die den Schadstoff Y verursachenden Tätigkeiten. PGK bezeichnet die dabei anfallenden privaten Grenzkosten. Ohne Abgabe würde die Menge Q0 der Tätigkeiten nachgefragt, was gemäss der Argumentation in Abschnitt 5.1.1 dieses Kapitels gesellschaftlich suboptimal ist. Durch

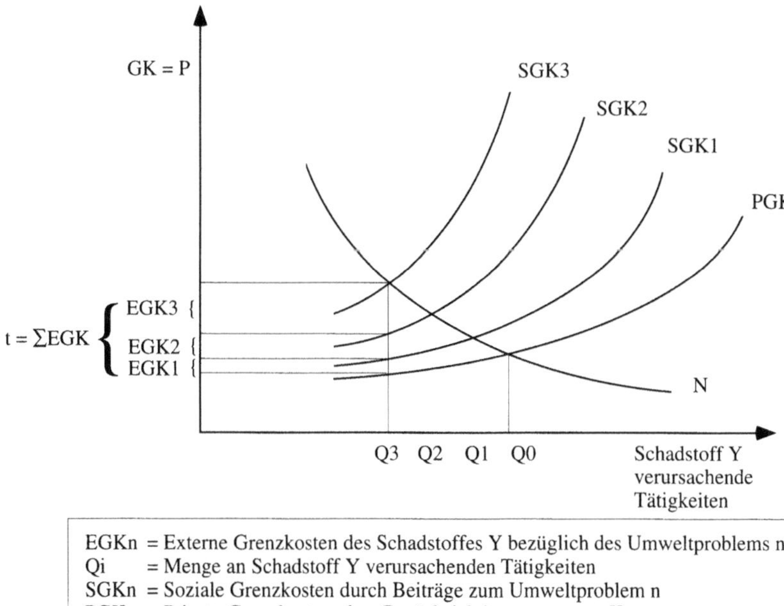

EGKn	= Externe Grenzkosten des Schadstoffes Y bezüglich des Umweltproblems n
Qi	= Menge an Schadstoff Y verursachenden Tätigkeiten
SGKn	= Soziale Grenzkosten durch Beiträge zum Umweltproblem n
PGK	= Private Grenzkosten ohne Berücksichtigung externer Kosten
GK	= Grenzkosten
P	= Preis, t = notwendige Lenkungsabgabe auf Schadstoff Y

Abbildung 5.5
Abgabe bei mehreren Schäden durch einen Schadstoff

die Berücksichtigung der verschiedenen externen Grenzkosten (z.B. EGK1 für Beiträge zum Sommersmog, EGK2 für Sauren Regen, EGK3 für Treibhauseffekt) ergibt sich die soziale Grenzkostenkurve SGK3.[28] Ihr Schnittpunkt mit der Nachfragekurve N führt zur gesellschaftlich erwünschten Menge Q3. Diese wird erreicht durch die Erhebung einer Abgabe t pro Emissions- oder Gütereinheit, d.h. in Höhe der totalen externen Grenzkosten auf der Höhe der Menge Q3.

Wie oben erwähnt, gibt es einige wenige sozio-ökonomische Studien, welche aufgrund von Berechnungen von Schadens- oder Vermeidungskosten für einzelne emittierte Schadstoffe (i.b. SO_2) bezüglich eines bestimmten Umweltproblems (z.B. Saurer Regen) einen monetären Wert ermittelt haben.[29] In diesem Sinne haben z.B. Bergmann & Westermann (1984) externe Kosten für SO_2 berechnet.

Sobald nun aber der Emission eines Schadstoffs ein monetärer Wert zugeordnet werden kann, lassen sich unter Zuhilfenahme eines Klassifikations- und Charakterisierungsmodells für alle anderen zum gleichen Umweltproblem beitragenden Umwelteinwirkungen ebenfalls monetäre Werte (z.B. relative durchschnittliche Schadenskosten) berechnen. In Tabelle 5.2 sind die berechneten Grössen für das Übersäuerungspotential aufgelistet.[30]

Tabelle 5.2
Schadenskosten pro Kilogramm emittierter zur Übersäuerung beitragender Schadstoffe

Übersäuerungspotential (Acidification Potential) Klasse AP	Luftemission in kg	ECU/kg
Ammonium	1.88	5.698
HCl	0.88	2.667
HF	1.60	4.849
NH_3	1.88	5.698
NO	1.07	3.243
NO_2	0.70	2.121
NO_x	0.70	2.121
SO_2	1.00	3.031
SO_x	1.00	3.031

28 Die externen Grenzkosten (EGK) ergeben sich aus der Differenz zwischen den sozialen und den privaten Grenzkosten.

29 Der Wert für SO_2 stammt aus Bergmann & Westermann (1984), die restlichen Werte wurden mit dem Charakterisierungsmodell von Heijungs et al. (1992) errechnet.

30 Vgl. Bergman & Westerman (1984).

Aufgrund solcher Berechnungen wie in Tabelle 5.2 können lediglich die *durchschnittlichen* Schadenskosten einer Emission, jedoch nicht die zur Berechnung einer Lenkungsabgabe notwendigen Grenzschadenskosten berechnet werden. Für den Standard-Preis-Ansatz liefern solche Berechnungen jedoch Anhaltspunkte. [31]

b) Der Standard-Preis-Ansatz

Theoretisch müsste der Umweltstandard so festgelegt werden, dass die Grenzvermeidungskosten einer zusätzlichen Reduktion des Schadschöpfungsindikators gerade den Grenzschadenskosten einer zusätzlichen Einheit des Schadschöpfungsindikators (z.B. GWC) entsprechen (vgl. auch Abbildung 5.5, Abschnitt 5.2.3). Da die Informationen zu den Grenzschadenskosten und den Grenzvermeidungskosten meist fehlen oder nur lückenhaft bzw. ungenau vorhanden sind, wird oft vorgeschlagen, auf einen politisch festgelegten Standard zurückzugreifen (Abb. 5.6).[32]

Der Standard findet seinen Ausdruck in der Praxis heute meistens in Form von Grenzwerten oder Emissionsfrachten.[33] In neuerer Zeit wurden jedoch auch Zielwerte für spezifische Umweltprobleme festgelegt (z.B. Überdüngung). Zur Erreichung der angestrebten Ziele (Standards) sind die Nachfrageelastizitäten abzuschätzen und ein Steuersatz für den Umweltindikator (z.B. 10 CHF pro GWC) festzulegen. Die Struktur der Steuersätze wird wiederum gemäss dem relativen Schadensbeitrag verschiedener Umwelteinwirkungen (z.B. CO_2, CH_4, usw.) zum betrachteten Umweltproblem bestimmt.

Die individuellen Entscheidungsträger reduzieren die einzelnen Umwelteinwirkungen (z.B. Emission von CH_4) nach dem Prinzip der minimalen Grenzvermeidungskosten. Sie vermindern zuerst an derjenigen Stelle und bei denjenigen Stoffen ihre Emissionen, wo es am kostengünstigsten möglich ist.

Die (am Umweltproblem orientierte) optimale Struktur der Steuersätze resultiert im Ausgleich der Grenzvermeidungskosten pro Schadschöpfungseinheit für alle Schadstoffe. In dieser Situation muss die

31 Dies kann z.B. erfolgen, indem die Gesamtschadenskosten durch den Schadstoff den von Politik und Gesellschaft akzeptierten gesamten Schadenskosten gegenübergestellt werden und ein angestrebter Emissionsstandard und entsprechende Grenzvermeidungskosten abgeleitet werden.

32 Vgl. z.B. Baumol & Oates (1988).

33 Emissionsfrachten sind als Standards besser geeignet, da sie im Gegensatz zu den Grenzwerten nicht von der Anzahl Quellen abhängen.

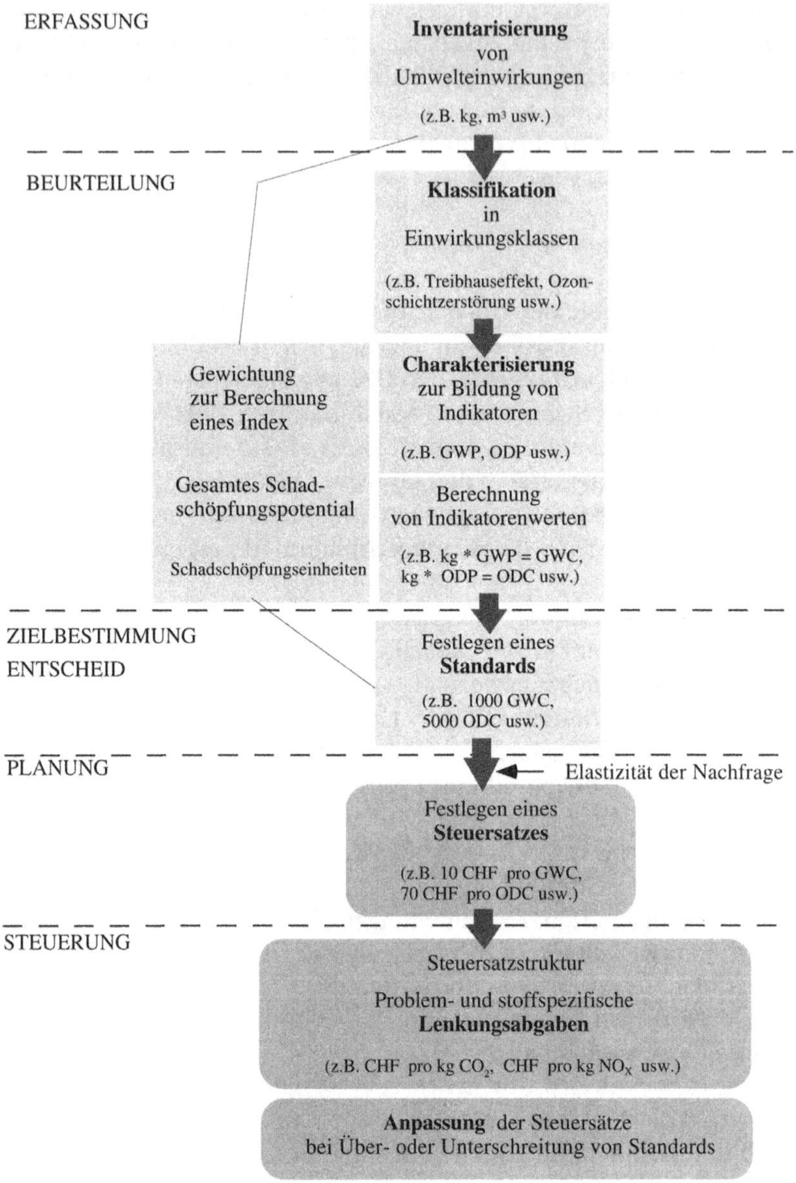

Abbildung 5.6
Die Schadschöpfungsabgabe auf Grundlage des Standard-Preis-Ansatzes

letzte reduzierte Einheit des Schadschöpfungsbeitrags (z.B. GWC) für alle Schadstoffe dieselben Vermeidungskosten bewirken. Das Ausmass der mengenmässigen Reduktion wird daher je nach Schadstoff variieren. Die Abbildung 5.7 zeigt unterschiedliche (hypothetische) Verläufe der Grenzvermeidungskosten für CH_4 (Methan) und CO_2 (Kohlendioxid). Der Schadschöpfungsindikator hat die Einheit Global Warming Contribution (GWC) und misst den Beitrag einer bestimmten Emissionsmenge zum Treibhauseffekt für einen bestimmten Zeithorizont. Ein naturwissenschaftlich als verträglich erachteter und politisch akzeptierter Zielwert bzw. Standard (z.B. Beitrag zum Treibhauseffekt in Global Warming Contribution bzw. GWC-Einheiten) soll nun auf kostengünstigste Art und Weise erreicht werden.

Die waagrechte Addition der beiden Kurven für die Grenzvermeidungskosten zeigt die Kurve der totalen Grenzvermeidungskosten (GVKGWC im Diagramm rechts). Ihr Schnittpunkt mit dem festgelegten Standard zeigt das Niveau an Grenzvermeidungskosten (GVK*) der letzten Reduktion einer Einheit GWC. Durch Übertragung dieses Punktes auf die beiden anderen Diagramme kann die bei den einzelnen Stoffen optimale Reduktion an GWC abgelesen werden. In unserem Beispiel wird durch die individuellen Entscheidungsträger CO_2 stark und Methan nur gering reduziert (in bezug auf GWC; die in Kilogramm ermittelten Massenströme müssen über den Prozess der Charakterisierung zurückgerechnet werden und stehen in einem anderen Verhältnis zueinander). Der Grund dafür liegt in den stärker ansteigenden Grenzvermeidungskosten von Methan (CH_4). Würde versucht, den GWC-Zielwert ausschliesslich durch eine Verminderung der CO_2-Emissionen zu erreichen, so wären die Grenzvermeidungskosten (GVK1, CO_2-Steuer) höher als bei der zusätzlichen Berücksichtigung von Methan (GVK*).

Aus den drei Diagrammen in Abbildung 5.7 wird der Vorteil einer Schadschöpfungs-Lenkungsabgabe gegenüber einer einzelstoffspezifischen Lenkungsabgabe sehr gut ersichtlich. Eine einzelstoffspezifische CO_2-Lenkungsabgabe erfordert in unserem Beispiel eine grosse Reduktion von CO_2 (Strecke c) um den gewünschten Standard zu erreichen. Der Vergleich der totalen Vermeidungskosten bei einer traditionellen CO_2-Lenkungsabgabe mit denjenigen bei einer Schadschöpfungs-Lenkungsabgabe zeigt, dass letzteres Vorgehen kostengünstiger ist. Die Fläche unter den Grenzvermeidungskostenkurven, welche die jeweiligen Vermeidungskosten anzeigt, ist bei der Schadschöpfungsabgabe deutlich kleiner. Die Fläche C entspricht der Summe der Flächen A und B. Sie ist kleiner als die Fläche D (gestreifte Fläche), welche die Kosten zur Vermeidung des Treibhauseffekts bei einer alleinigen Reduktion von CO_2 darstellt.

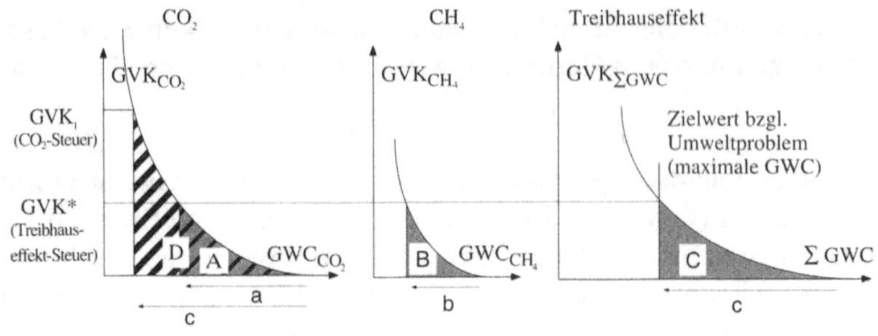

Abbildung 5.7
Unterschiedliche Vermeidungskosten bei einer Schadschöpfungs-Lenkungsabgabe und einer einzelstoffspezifischen Lenkungsabgabe

Ein schadschöpfungsorientiertes Vorgehen minimiert die Vermeidungskosten. Bei gegebenem Standard erfolgt eine optimale Allokation knapper Ressourcen. Die Bestimmung des Niveaus der Lenkungsabgabe kann in einem für den Standard-Preis-Ansatz typischen Trial & Error-Prozess vorgenommen werden. Als Basisinformationen dienen Schätzungen von Preiselastizitäten der Nachfrage. «Je zuverlässiger die Kenntnisse über die Preiselastizitäten sind, desto leichter wird der richtige Abgabesatz gefunden».[34] Bei diesem Ansatz braucht das Ausmass der externen Kosten – im Gegensatz zur Internalisierungsstrategie – nicht bekannt zu sein.

5.2.5 Fazit

Zur Ermittlung einer Schadschöpfungs-Lenkungsabgabe weist das hier beschriebene problemorientierte Vorgehen hauptsächlich folgende Vorteile auf:

- Man kann sich unter bestimmten Umweltschäden und -problemen merklich mehr vorstellen als unter einzelnen Schadstoffen. Die Bewertung der eigentlichen Umweltschäden erfasst die Präferenzen der Individuen besser, da ihre Zahlungsbereitschaft bezüglich spezifischer Umweltprobleme besser zur Geltung kommt, als dies für einzelne Schadstoffe möglich ist.

34 Frey R. L. (1993, 90).

- Der schwierige Zusammenhang zwischen Emissionen und Immissionen einerseits sowie Immissionen und Umweltschäden andererseits wird von Naturwissenschaftlern in der Klassifikations- und Charakterisierungsphase angegangen. Von den vergleichsweise schlechter informierten Individuen werden keine Kenntnisse dieser Zusammenhänge erwartet.
- Durch die Klassifikation und Charakterisierung (eventuell auch durch eine sozio-politische Gewichtung) können die Kosten der Schäden aller zu einem bestimmten Umweltproblem beitragenden Umwelteinwirkungen umgelagert werden. Die ganzheitliche Sicht ermöglicht die Ermittlung des verursachergerechten Verhältnisses der Belastung aller wichtigen Schadstoffe mit einer Abgabe. Unter ganzheitlicher Sicht wird daher die Erfassung aller mit einem bestimmten Umweltproblem verbundenen Schäden und die Berücksichtigung der Interdependenzen unter den Schadstoffen verstanden. Es ist zu betonen, dass die Schadschöpfungsabgabe erhebungstechnisch wieder einer Abgabe auf einzelne Emissionen entspricht. Deshalb lässt sich eine ökologisch *effektive und allokationseffiziente Struktur der Lenkungsabgaben* ermitteln. Somit kann ein Ausgleich der Grenzvermeidungskosten verschiedener Umwelteinwirkungen stattfinden.

Zusammenfassend kann vermerkt werden, dass die Schadschöpfungsabgabe verspricht, einerseits kosten- und allokationseffizienter und andererseits ökologisch wirksamer zu sein als eine traditionelle Lenkungsabgabe. Dabei besticht eine Ausgestaltung als Standard-Preis-Ansatz aufgrund des im Vergleich zur Internalisierungsstrategie geringen Informationsbedarfs. So ist bei einem Trial and Error-Verfahren nicht einmal die Ermittlung von Vermeidungskosten erforderlich. Allerdings können bei einer dauernden Änderung der Steuersätze im Trial & Error-Prozess politische Akzeptanzprobleme auftreten (vgl. Abschnitt 5.4.3).[35]

Als hinderlich erweisen sich die Neuheit und Komplexität des Konzepts der Schadschöpfungsabgabe. Die Entwicklung und Anwendung von Bewertungs-, Klassifikations- und Charakterisierungsverfahren sind zeitaufwendig und bedingen speziell geschulte Fachleute. Hierdurch ergeben sich hohe Informationskosten. Auch sind bei den Politikern und der Verwaltung verbesserte Kenntnisse über umweltrelevante Zusammenhänge notwendig. Diese Nachteile lassen die rasche Umsetzung eines ausgereiften Konzepts einer Schadschöpfungsabgabe zur

35 Dies ist aber ein allgemeines Problem beim Standard-Preis-Ansatz.

Zeit noch als futuristisch erscheinen. Als Zielvorstellung und Referenzmodell für ein umfassenderes Vorgehen bei der Bestimmung von Abgabesätzen zur Lenkung umweltrelevanter Tätigkeiten liefert es aber schon im jetzigen Stadium eine sinnvolle Grundlage für ein Management der staatlichen Umweltpolitik. Auch kann es als Basis für einzelne Problembereiche schon heute gute Dienste leisten.[36] Werden diese hier angesprochenen Nachteile jedoch im Vergleich zu einer einzelstoffspezifischen Lenkungsabgabe beurteilt, so ist offensichtlich, dass die Vorteile der Schadschöpfungsabgabe überwiegen.

Wie in Kapitel 6 noch gezeigt wird, treten verschiedene der hier diskutierten Informations-, Daten- und Berechnungsprobleme bei einem entsprechenden Zertifikatshandel nicht auf.

5.3 Anwendungsbeispiel: Treibhaus-Lenkungsabgabe statt CO_2-Lenkungsabgabe

Das folgende Anwendungsbeispiel für die Schweiz basiert auf realen Daten. Dort wo die notwendigen Informationen bislang noch fehlten, wurden möglichst plausible Annahmen getroffen, die jedoch als solche ausgewiesen werden.

Schon in vorherigen Abschnitten dieses Kapitels diente der Treibhauseffekt als Beispiel. Die in diesem Bereich intensiv vorangetriebene Forschung führte bereits zu einigen grundlegenden Erkenntnissen über naturwissenschaftliche Zusammenhänge. Neu ist im Gegensatz zu anderen Untersuchungen, dass nicht eine Beschränkung auf CO_2 stattfindet, sondern alle relevanten Treibhausgase betrachtet werden.

In Tabelle 5.3 sind die für die Schweiz 1992 geltenden Emissionsfrachten treibhauswirksamer Gase aufgeführt. Bei einer mengenmässigen Betrachtung nimmt CO_2 mit 97% eine erdrückende Stellung ein. Wird jedoch der Beitrag verschiedener Schadstoffe zum Treibhauseffekt anhand der relativen Problembeiträge (Global Warmth Contribution: GWC) betrachtet, so ist CO_2 mit 56% nach wie vor wichtig, doch gewinnen FCKWs, Lachgas und Methan mit zusammen 36% unübersehbar an Bedeutung.

36 So kann z.B. abgeklärt werden, inwiefern mit einer Lenkungsabgabe auf einen oder wenige wesentliche Schadstoffe ein ausreichendes Ergebnis erzielt werden kann.

Tabelle 5.3
Absolute und relative Emissionsfrachten Ende der 80er Jahre sowie effektive absolute und relative Beiträge zum Treibhauseffekt einzelner anthropogener Treibhausgase für die Schweiz bei einem Zeithorizont von 100 Jahren (Quellen: Biedermann u.a. (1992, A10); eigene Berechnungen) [37]

Treibhaus-wirksame Schadstoffe	Emissionen in der Schweiz (mengenmässig; geographisch) in Tonnen	%-Anteile (mengenmässige Emissionen)	Emissionen in der Schweiz (Global Warming Contribution)*, ** *in GWC*	%-Anteile Global Warming Contribution
CO_2	46'900'000	97.48	46'900	56.21
Methan	253'000	0.53	4'647	5.57
Lachgas	36'100	0.08	10'469	12.55
FCKW & Verw.	5'660	0.01	15'535	18.62
Kohlenmonoxid	430'000	0.89	1'124	1.35
Stickoxide	190'000	0.39	1'520	1.82
NMVOC	297'000	0.62	3'243	3.89
Total	48'111'760	100.00	83'438	100.00

* Der «Global Warming Contribution: GWC» (oder der eigentliche Greenhouse Effect) berechnet sich durch die Multiplikation der Emissionsmenge eines Stoffes mit dem entsprechenden Wert des Global Warming Potential. Vgl. Heijungs et al. (1992a, 67).

** Das von Biedermann et al. (1992) zur Berechnung dieser Werte verwendete Beurteilungsmodell differiert leicht von den in Abschnitt 5.2.3 gemachten Angaben zur relativen Schädlichkeit der Treibhausgase gemäss Heijungs et al. (1992b). Die Resultate eigener Nachrechnungen durch interessierte Leser können daher von den in dieser Spalte gemachten Angaben abweichen.

Hohmeyer (1992) hat die globalen Schadenskosten des Treibhauseffektes berechnet. Bei einer angenommenen Verdoppelung bis Verdreifachung der Konzentration an Treibhausgasen ermittelt er totale Kosten zwischen 550 und 1090 Milliarden US$. Auf ähnliche Grössenordnungen kommen auch andere Autoren.[38] Die Schweiz mit einem Anteil von etwas mehr als 0.2% an den globalen Treibhausgasemissionen (in GWP)[39] verursacht dabei Kosten zwischen 1.4 und 2.8 Milliarden US$ pro Jahr. Auf Basis der heutigen Emissionen in der Schweiz lassen sich

37 Zu ähnlichen Ergebnissen gelangt PSI 1992), die z.B. einen CO_2-Anteil von 53% und einen Lachgasanteil von 13% berechnen. In einer Studie des BUWAL (1994) wird der Anteil des CO_2 mit 74% massiv höher angegeben. Der Unterschied ist auf die tieferen Werte der Emissionsfrachten für Lachgas und FCKW und auf die fehlende Berücksichtigung der Vorläufersubstanzen NO_X, VOC und Kohlenmonoxid zurückzuführen.

38 Vgl. z.B. Bauer (1993), Nordhaus (1991).

39 Vgl. Biedermann et al. (1992, 10).

dann für die einzelnen Treibhausgase die in Tabelle 5.4 aufgelisteten Schadenskostenbeiträge berechnen.

Aus den vorliegenden Berechnungen wird klar, dass eine reine Konzentration auf CO_2 andere bedeutende Treibhausgase vernachlässigt. Aufgrund des höheren Treibhauswirkungspotentials, insbesondere von FCKW und verwandten Stoffen, ist CO_2 jedoch «nur» für rund 56.2% der Schadenskosten (d.h. zwischen rund 800 und 1600 Mrd US$ pro Jahr) verantwortlich. Von den anderen treibhauswirksamen Stoffen tragen FCKWs und «Verwandte» sowie Lachgas trotz ihrer relativ geringen Emissionsmengen (0.08% der gesamten mengenmässigen, treibhauswirksamen Emissionen) zu über 30% der Schadenskosten bei. Durch die Schadschöpfungsbetrachtung bzw. durch eine Charakterisierung kann der Schadensbeitrag aller Stoffe ermittelt und der entsprechende Handlungsbedarf erkannt werden. Eine Lenkungsabgabe zur Bekämpfung des Treibhauseffektes ist deshalb nicht ausschliesslich auf CO_2 zu beschränken.

Tabelle 5.4
Schadenskostenbeiträge einzelner Treibhausgase in der Schweiz bei einem Zeithorizont von 100 Jahren (Quellen: Hohmeyer (1992, 42ff.); Biedermann u.a. (1992, A10); eigene Berechnungen)

	Schadenskostenbeiträge		
Treibhauswirksame Schadstoffe	**Untere Grenze in Mrd. US$**	**Obere Grenze in Mrd. US$**	**%-Anteile**
CO_2	793	1'557	56.21
Methan	79	154	5.57
Lachgas	177	348	12.55
FCKW & Verwandte	263	516	18.62
Kohlenmonoxid	19	37	1.35
Stickoxide	25	50	1.82
NMVOC	54	108	3.89
Total	1'411	2'770	100.00

Aufgrund zu erwartender unterschiedlicher Vermeidungskosten ermöglicht eine Schadschöpfungs-Lenkungsabgabe eine kostengünstigere Reduktion des Treibhauseffektes als eine isolierte CO_2-Lenkungsabgabe (vgl. auch Abschnitt 5.2.3).

Zur Höhe der Lenkungsabgabe auf CO_2 existiert noch kein breiter Konsens (vor allem nicht bezüglich einer vollständigen Internalisierung der externen Kosten). Eine Studie im Auftrag des Bundesamtes für Konjunkturfragen[40] ergab auf Basis verschiedener Schadenskosten-

40 Bundesamt für Konjunkturfragen (1994, 44).

schätzungen von CO_2 ein Intervall der Emissionszuschläge von 51 – 1330 Franken pro Tonne CO_2. Zur Vereinfachung beschränken wir uns im folgenden auf einen Wert von 200 Franken pro Tonne CO_2. Ausgehend von identischen Nachfrageelastizitäten können mit Hilfe des Erderwärmungsbeitrags (Global Warming Contribution GWC) die Lenkungsabgaben für die anderen Treibhausgase berechnet werden (vgl. Tabelle 5.5).

Tabelle 5.5
Steuerbelastung der einzelnen Treibhausgase auf Basis einer vorgeschlagenen CO_2-Lenkungsabgabe. (Quellen: Biedermann u.a. (1992, A10); Bundesamt für Konjunkturfragen (1994, 30ff); eigene Berechnungen)

Treibhaus-wirksame Stoffe	**Emissionen in der Schweiz (geographisch, pro Jahr) *in Tonnen***	**GWC (Global Warming Contribution) *in %***	**Totale Steuerbelastung mit 200 CHF pro 1000 GWC *in 1000 CHF***	**Belastung des entsprechenden Treibhausgases *in CHF pro Tonne***
CO_2	46'900'000	56.21	9'380'000	200
Methan (CH_4)	253'000	5.57	929'400	3'674
Lachgas (N_2O)	36'100	12.55	2'093'800	58'000
FCKW & Verwandte:				
FCKW 11	680	2.85	476'035	700'052
FCKW 12	1'080	9.45	1'576'917	1'460'109
FCKW 113	710	3.57	596'444	840'062
FCKW 114	90	0.74	124'209	1'380'103
FCKW 115	80	0.66	110'408	1'380'103
H-FCKW 22	500	0.90	150'011	300'022
Trichlorethan	2'500	0.30	50'004	20'001
Halone	20	0.14	23'201	1'160'086
Kohlenmonoxid	430'000	1.35	224'800	523
Stickoxide	190'000	1.82	304'000	1600
NMVOC	297'000	3.89	648'600	2184

Wie aus der Tabelle 5.5 ersichtlich ist, sind die anderen Treibhausgase neben CO_2 mit weit höheren Abgabesätzen pro Tonne zu belasten. Sie werden wohl in geringeren Mengen emittiert, sind aber auch wesentlich treibhauswirksamer. Die Berechnungen beruhen – wie oben erwähnt – auf der Annahme identischer Nachfrageelastizitäten. Ist die abgeleitete Nachfrage nach einem Treibhausgas bzw. die Nachfrage nach dem Gut, in welchem es vorkommt, unelastischer als nach CO_2, so muss die Lenkungsabgabe höher angesetzt werden. Ist die Nachfrage elastischer, dann genügt eine tiefere Lenkungsabgabe.

Für eine analoge Illustration eines Beispiels für den Standard-Preis-Ansatz fehlen zur Zeit entsprechende Daten. Dazu wären Untersuchungen zu den Grenzvermeidungskostenverläufen der jeweiligen Treibhausgase notwendig. Diese fehlen aber bis jetzt.

5.4 Politikimplikationen

5.4.1 Implikationen des Instrumentes auf die Politik

Durch die Verlagerung der Zahlungsbereitschaftsbetrachtung von einzelnen Emissionen und Umwelteinwirkungen auf die vorstellungsmässig besser fass- und spürbare Ebene von Umweltproblemen (Einwirkungsklassen) können die Präferenzen der Individuen besser ermittelt und somit auch besser berücksichtigt werden. Die Ermittlung der komplexen Zusammenhänge zwischen Schadstoffen und Umweltschäden ist die Aufgabe fachkundiger Naturwissenschaftler. Im Hinblick auf spezifische Umweltprobleme ist eine zutreffendere Ermittlung der Präferenzen der Individuen einfacher möglich als bei einer Einzelstoffbetrachtung. Durch die erhöhte Transparenz wird eine Neuausrichtung und Intensivierung des Wettbewerbs zwischen verschiedenen politischen Parteien gefördert. Ähnlich wie bei der ökologischen Kostenwirksamkeitsanalyse erschwert eine erhöhte Transparenz Ablenkungsmanöver und Vertuschungsversuche und entkräftet Verweise darauf, dass andere auch nichts tun würden. Die verbesserte Informationslage kann zwar insbesondere bei internationalen Umweltproblemen das Free-Rider-Problem nicht lösen. Der politische Prozess wird aber dennoch zugunsten einer Einführung wahrer relativer Preise für Umwelteinwirkungen und die so dringend notwendige Kostenwahrheit beeinflusst.

5.4.2 Implikationen der Politik auf das Instrument

Durch die Einführung einer Schadschöpfungs-Lenkungsabgabe werden im laufenden politischen Prozess Informationen zur Verfügung gestellt, die über die notwendige Belastung einzelner Schadstoffe umfassend Auskunft geben. Aufgrund der «Gefahr grösserer Transparenz» werden sich potentiell besonders «entblösste» Gruppen entsprechend wehren. Der mit einer Schadschöpfungs-Lenkungsabgabe verbundene Strukturwandel wird insbesondere von potentiellen Verlierern antizipativ bekämpft, während die potentiellen Gewinner oftmals gar noch nicht organisiert sind. Doch selbst bei einem Grundsatzentscheid, eine problemorientierte Lenkungsabgabe einzuführen, ist mit politischen Widerständen zu rechnen. Es kann angenommen werden, dass die Gegner entweder die Kosten, die durch sie verursacht werden, untertreiben (d.h. sie untertreiben den Nutzen der Umweltgüter) oder mit einem grossen Verlust an Arbeitsplätzen drohen (d.h. sie übertreiben die Effekte der Kosten einer Lenkungsabgabe auf eine Industrie und die Gesellschaft). Das mehrstufige und deshalb etwas schwerer durchschaubare System der Ermittlung der Höhe der Lenkungsabgaben liefert auch genügend Angriffsfläche für eine Verzerrung der Zusammenhänge und die Erstellung verschiedenster Gegengutachten. Ein Angriffspunkt stellt insbesondere die notwendige Gewichtung aller zu einem Umweltproblem beitragenden Emissionen dar.

Die Chance, die Verantwortlichkeiten einzelner Schadstoffe zu ermitteln, birgt aber gleichzeitig die bereits angesprochene Gefahr in sich, dass Beurteilungsmodelle in noch stärkerem Masse von Interessengruppen beeinflusst werden. So werden naturwissenschaftlichen Experten bei der Entwicklung von Klassifikations- und Charakterisierungsmodellen Anreize gegeben, ihre politischen Präferenzen mitzuberücksichtigen. Dasselbe gilt selbstverständlich auch für die Entwickler sozio-politisch und -ökonomisch orientierter Gewichtungs- und Bewertungsmodelle. Die Problematik der Entwicklung der Beurteilungsmodelle und der Erstellung von Gegengutachten sowie die Rolle der dabei involvierten Wissenschafter legt eine kurze Betrachtung des «Wissenschaftsmarktes» nahe.

Idealerweise sollten Wissenschaftler Anreize haben, Zusammenhänge wertfrei aufzuzeigen und sich nicht durch normative Darstellungen als Meinungsvertreter von Interessengruppen darzustellen. Dies kann nur gelingen, wenn die Aufträge zur Entwicklung von Beurteilungsmodellen von weitgehend unabhängigen Stellen finanziert und an unabhängige Experten, deren Reputation von der Qualität ihrer wissenschaftlichen Arbeit abhängt, vergeben werden. Letztere Voraussetzung ist nur dann gegeben, wenn auf dem Markt für wissenschaftliche Erkenntnisse Wettbewerb herrscht und keine Koalitionen zwischen z.B. regulierenden Behörden, Verwaltung, Interessenverbänden usw. gebildet werden.

Eine vergleichende Analyse zeigt, dass eine Schadschöpfungsbetrachtung zu keiner Verzerrung von Informationen führt. Auch heute schon wehren sich Interessengruppen gegen eine Einführung von Lenkungsabgaben. Durch die Problembetrachtung und durch die Bereitstellung verbesserter Informationen steigen aber die Kosten des Widerstandes (vgl. 5.4.1). So werden interessenpolitisch motivierte, gesamthaft aber ineffiziente und unwirksame Massnahmen offensichtlicher. Dies vermindert den Einfluss entsprechender Interessengruppen, womit die Präferenzen von Individuen besser berücksichtigt werden können.

5.4.3 Politische Akzeptanz

Die Einführung eines neuen wirtschaftspolitischen Instrumentes braucht in einem demokratischen System wie demjenigen der Schweiz ein hohes Mass an politischer Akzeptanz. Die Aspekte der Transparenz und der Verwendung der Einnahmen sind für eine Schadschöpfungsabgabe von besonderer Bedeutung.

Angriffsfläche bildet die bereits angesprochene Komplexität der Ermittlung der Abgabensätze. Politiker und Stimmbürger werden die Delegierung einer wichtigen Frage an Wissenschafter eventuell nicht akzeptieren und deshalb Empfehlungen für eine bestimmte Steuersatzstruktur nur teilweise befolgen. Der komplizierte Prozess der Berechnung kann Vorwürfe der Willkür provozieren. Ebenso ist es politisch unrealistisch, häufige Anpassungen des Steuersatzes nach dem Prinzip des Standard-Preis-Ansatzes vorzunehmen. Der Anpassungsprozess des Steuersatzes würde als Versagen des Instrumentes interpretiert. Genauere Untersuchungen zum Ausmass der kurz- und langfristigen Preiselastizitäten der Nachfrage sind deshalb unabdingbar.

Uneinigkeiten bezüglich der Einführung von Lenkungsabgaben treten oft bei der Frage der Verwendung der anfallenden Einnahmen auf. Grundsätzlich können die Einnahmen als Steuern in die Staatskasse fliessen oder an die Bevölkerung zurückerstattet werden (nach dem Prinzip des Öko-Bonus). Ein Verzicht auf eine Rückerstattung würde zu verschiedenen Problemen und dem Widerstand von Unternehmen und von Verbänden führen. Erstens kann es zu einer Vermischung fiskal- und umweltpolitischer Ziele führen. Damit wäre die wirtschaftspolitische Regel, dass mit einem Instrument nur ein Ziel verfolgt werden soll, verletzt.[41] Zweitens kann die politische Akzeptanz einer derart ausgestalteten Lenkungsabgabe aus drei Gründen sinken:[42]

- Erstens können die Einnahmen aus der Abgabe mit einer Erhöhung der Staatsquote verbunden sein.

41 Tinbergen (1966). Vgl. Blöchliger & Staehelin-Witt (1993a, 1993b).
42 Frey, R.L. (1993, 106).

- Zweitens wird sie als ungerecht empfunden, da die ärmeren Bevölkerungsschichten verhältnismässig stärker belastet werden.
- Drittens steigt der Index der Konsumentenpreise und somit die Inflation. Letzteres ist im Prinzip jedoch nur ein Problem, wenn die Kaufkraft sinkt.

Eine Rückerstattung der erhobenen Abgaben verhindert, dass die Lenkungsabgabe mit einer neuen Steuer gleichgesetzt wird. Dabei hat die Rückerstattung möglichst transparent zu erfolgen, z.B. in Form eines Checks. Aufgrund der geringeren Spürbarkeit sind Verrechnungen irgendwelcher Art, wie z.B. mit den Prämien für die Krankenversicherung, zu vermeiden. Ebenso ist auf Ausnahmeregelungen für bestimmte Gruppen zu verzichten. Dies könnte zu einem unerwünschten Ansteigen des administrativen Aufwandes und langfristig zu einer Verwässerung des Instrumentes führen. Die Ausgestaltung einer Lenkungsabgabe im Sinne des Öko-Bonus-Prinzips kann die politische Durchsetzbarkeit erhöhen, weshalb dies bei der Gestaltung einer Schadschöpfungsabgabe berücksichtigt werden sollte.

Politiker werden erst dann bereit sein, die Transparenz zu erhöhen und eine Schadschöpfungsabgabe einzuführen, wenn sie sich hiermit bessere Wahlchancen ausrechnen können. Mit dem zunehmenden Abbau von Handelsschranken und dem verstärkten Standortwettbewerb steigt jedoch auch der Druck seitens der Wähler, dass eine effiziente und wirksame Umweltpolitik betrieben wird.

Literatur

Bauer, Antonie (1993): Der Treibhauseffekt. Tübingen: Mohr.

Baumol, William J. & Oates, Wallace E. (1988): The Theory of Environmental Policy. New York: Cambridge University Press.

Bergmann, H. & Westermann, G. (1984): Tentative Estimate of Damage Caused by SO_2 Emissions. Document prepared for the 5th CIDIE meeting, Luxembourg, 13.–15. June.

Biedermann, Andy; Hofstetter, Patrick; Schläpfer, Kurt (1992): Treibhausgasbilanz Schweiz. Zürich: Greenpeace.

Blöchliger, Hansjörg & Staehelin-Witt, Elke (1993): «Öffentliche Güter, Externalitäten und Eigentumsrechte». In: Frey, René L. u.a. (Hrsg.): Mit Ökonomie zur Ökologie. Basel: Helbing & Lichtenhahn.

Bundesamt für Konjunkturfragen (1994): Externe Kosten der fossilen Ressourcennutzung. Bern: Bundesamt für Konjunkturfragen.

BUWAL (Hrsg.) (1994): Die globale Erwärmung und die Schweiz: Grundlagen einer nationalen Strategie. Bericht der interdepartementalen Arbeitsgruppe über die Änderung des Klimasystems. Bern: BUWAL.

Eckerle, Konrad (1993): Auswirkungen einer CO_2-Abgabe auf Energieverbrauch und CO_2-Emissionen. Basel: Prognos.

Eidgenössisches Departement des Innern (EDI) (1994): CO_2-Abgabe auf fossilen Energieträgern. Erläuternder Bericht. Bern: EDI.

Erwingmann, Dieter & Hansmeyer, Karl-Heinrich (1991): «CO_2-Abgaben – Gratwanderung zwischen Effizienz und Praktikabilität». In: Zeitschrift für Umweltpolitik und Umweltrecht (ZfU), 2/91, 115–132.
Frey, René L. (1993): Strategien und Instrumente. In Frey, René L. u.a. (Hrsg.): Mit Ökonomie zur Ökologie. Basel: Helbing & Lichtenhahn.
Frey, René L. (1994): Wirtschaft, Staat und Wohlfahrt. Basel: Helbing & Lichtenhahn.
Heijungs, R.; Guinée, G.; Huppes, R.; Lankreijer, H.; de Haes, U.; Wegener Sleeswijk, A.; Ansems, P.; Eggels, P.; van Duin, R. & de Goede, H. (1992a): Environmental Life Cycle Assessment of Products. Guide. Leiden: Centrum voor Milieukunde.
Heijungs, R.; Guinée, G.; Huppes, R.; Lankreijer, H.; de Haes, U.; Wegener Sleeswijk, A.; Ansems, P.; Eggels, P.; van Duin, R. & de Goede, H. (1992b): Environmental Life Cycle Assessment of Products. Backgrounds. Leiden: Centrum voor Milieukunde.
Hohmeyer, Olav & Gärtner, M. (1992): The Cost of Climate Change. Karlsruhe: Fraunhofer Institut.
Iten, Rolf (1990): Die mikroökonomische Bewertung von Veränderungen der Umweltqualität. Winterthur: Schellenberg.
Jeanrenaud, Claude u.a. (1993): Coûts sociaux du trafic urbain. Une évaluation monétaire pour la Ville de Neuchâtel. Rapport 42 du PNR «Ville Transport». Zürich.
Johansson, Per-Olov (1987): The Economic Theory and Measurement of Environmental Benefits. Cambridge: University Press.
Kuik, O.J.; Oosterjuis, F.H.; Jansen, H.; Holm, K. & Ewers, H.-J. (1991): Assessment of Benefits of Environmental Measures. Bodmin: Graham & Trotman, European Communities Environmental Policy Series.
Mauch, Samuel; Maibach, Markus & Iten Rolf (1991): Der fahrleistungsabhängige Ökobonus. Synthesebericht: Konzept für eine Lenkungsabgabe im privaten Strassenverkehr. Bern: BUWAL.
Nordhaus, William D. (1991): A Sketch of the Economics of the Greenhouse Effect. American Economic Review 81, 146–150.
Novy, Peter & Pfeiffer, Gerald (1994): Der Ökobonus: Eine soziale und umweltfreundliche Ökoabgabe mit Rückvergütung. Frankfurt a. M.: Lang.
Odum, Eugene P. (1991): Prinzipien der Ökologie. Heidelberg: Spektrum der Wissenschaften.
Pearce, David & Turner, R. Kerry (1990): Economics of Natural Resources and the Environment. New York: Harvester Wheatsheaf.
Pommerehne, Werner (1987): Präferenzen für öffentliche Güter. Tübingen: Mohr.
Rechsteiner, Rudolf (1994): «Möglichkeiten und Grenzen einer CO_2-Abgabe». In: Neue Zürcher Zeitung.
PSI (1992): The Economics of Global Warming. Würenlingen: Paul Scherrer Institut.
Schaltegger, Stefan & Thomas, Tom (1993b): «PACT für einen Schadschöpfungs-Zertifikatshandel». In: Zeitschrift für Umweltpolitik und Umweltrecht (ZfU), Heft 3/94, 357–381.
Senn, Joseph F. (1986): Ökologieorientierte Unternehmensführung: Theoretische Grundlagen, empirische Fallanalysen und mögliche Basisstrategien. Frankfurt a. M.: Lang.
Schlesinger, Michael; Mashur, Klaus & Eyett, Doris (1993): Bewertung wirtschaftlicher Auswirkungen einer CO_2-Abgabe. Basel: Prognos.
Schulz, Werner (1985): Der monetäre Wert besserer Luft. Frankfurt a. M.: Lang.
Stephan, Gunter; van Nieuwkoop, Renger & Wiedmer, Thomas (1992): «Social Incidence and Economic Costs of Carbon Limits». Environmental and Resource Economics, Nr. 3/92.
Tinbergen, Jan (1966): Economic Policy: Principles and Design, Amsterdam: North Holland.
VCS (Hrsg.) (1989): Der Ökobonus: Vorschläge zur Realisierung des Modells. Herzogenbuchsee: VCS.

6 Der Schadschöpfungs-Zertifikatshandel: PACT

Zusammenfassung

Der Emissions-Zertifikatshandel sowie verwandte Formen der Regulierung (Bubble Policy, Netting, Offset-Policy, Emissions Banking usw.) entsprechen weitgehend der Idealvorstellung des marktwirtschaftlichen Umweltschutzes.
Dabei dürfen Unternehmungen nur dann den regulierten Schadstoff (z.B. SO_2) emittieren, wenn sie über entsprechende Emissionszertifikate verfügen. Die gesamte Emissionsmenge in einem bestimmten geographischen Raum ist durch die maximale Anzahl Zertifikate (Emissionsrechte) beschränkt. Reduziert eine Firma ihre Emissionen, so kann sie die entsprechenden Zertifikate an andere verkaufen oder für später aufbewahren. Dies ermöglicht Firmen, ihre Emissionen dort zu reduzieren, wo es am kostengünstigsten ist.
Der Handel von Emissionszertifikaten ist bis heute auf gleiche Schadstoffe beschränkt. Aufgrund erfolgreicher Erfahrungen, wird das Emissionshandelskonzept in den USA zur Zeit jedoch auf ein grösseres Spektrum von Schadstoffen ausgedehnt.
Zur Realisierung des kostengünstigsten Schutzes der Umwelt ist es naheliegend, einen Schadschöpfungs-Zertifikatshandel (Pollution Added Credit Trading: PACT) einzuführen, d.h., statt Einzelstoffen alle zu einem bestimmten Umweltproblem beitragenden Schadstoffe einzubeziehen. Hierdurch können zusätzlich die Unterschiede zwischen den Grenzvermeidungskosten verschiedener Emissionen berücksichtigt werden.
Ein umfassendes PACT-System, das alle Emittenten einschliesst, die zu einem bestimmten Umweltproblem (z.B. Treibhauseffekt) beitragen, wäre die Ideallösung. Wie in einem Fallbeispiel für den Flugverkehr gezeigt wird, empfiehlt sich jedoch in der Realität eine pragmatische Vorgehensweise. Es wird ein konkretes PACT-Modell vorgeschlagen, das die verschiedenen Schadstoffemissionen des Flugverkehrs gewichtet, mit dem Ziel, die beiden durch den Flugverkehr mitverursachten globalen Umweltprobleme, den Treibhauseffekt und den Abbau der Ozonschicht, zu bekämpfen.

Theoretisch betrachtet sind marktwirtschaftliche Instrumente des Umweltschutzes, abgesehen von wenigen Ausnahmen, herkömmlichen polizeirechtlichen Regulierungsansätzen überlegen.[1] Der Emissions-Zertifikatshandel kann dabei als die Ideal- oder Urform marktwirtschaftlichen Umweltschutzes betrachtet werden.

Der Handel von Emissionsgutschriften wurde bisher jeweils auf eine gleiche oder gleichartige Schadstoff-Emission, ein Umweltmedium und eine Region (z.B. NO_X-Emissionen in die Luft über Basel) beschränkt (vgl. Abbildung 1.1, Kapitel 1: stofforientierte Ziele). Wie später noch eingehend erläutert wird, lassen sich die bisherigen Zertifikatsmodelle nur für wenige, in grossen Mengen von vielen Quellen emittierte Stoffe anwenden.

Weder die zaghafte und verwässerte praktische Umsetzung des Emissionshandels-Konzeptes für einzelne Schadstoffe wie SO_2, NO_X oder VOC, noch die bisher erzielten Resultate entsprechen jedoch den Wunschvorstellungen der Ökonomenschaft. Dies gilt sowohl für die Vereinigten Staaten,[2] dem Ursprungsland des Ansatzes, als auch für seine bisher einzige europäische Anwendung, dem Basler Emissionsverbund[3]. Revisionsanstrengungen sind deshalb in Gang[4] oder wurden vorgeschlagen[5].

Ein aktuelles Diskussionsthema unter amerikanischen Emissionshandelsexperten ist hierbei die im Rahmen der Überarbeitung des amerikanischen Clean Air Act von 1990 formulierte «Section 112 (g)». Dort wird ausdrücklich festgehalten, dass die gegenseitige Verrechnung bzw. der **gegenseitige Handel unterschiedlicher Schadstoffe** («inter- oder cross-pollutant trading») ermöglicht werden soll.[6] Dabei soll jede Verrechnung zwischen zwei unterschiedlichen Stoffen erlaubt werden, wenn die Emission eines Schadstoffes:[7]

- durch die Reduktion einer gleichen oder grösseren Menge eines gefährlicheren Stoffes oder
- durch eine schädlichere Menge eines anderen Stoffes kompensiert wird.

1 Vgl. z. B. Frey et al. (1991).
2 Vgl. z.B. Hahn & Hester (1989), Tietenberg (1989).
3 Vgl. z.B. Staehelin-Witt & Spillmann (1992).
4 SCAQMD (1992).
5 Staehelin-Witt & Spillmann (1992).
6 Dies entspricht der Idee des Schadschöpfungskonzepts.
7 Caldwell-Kenkel (1993).

6.1 Konzept

Der «Schadschöpfungs-Zertifikatshandel» oder «**Pollution Added Credit Trading (PACT)**» ist der erste Lösungsvorschlag zur konkreten Handhabung eines Inter-pollutant tradings. PACT ist im Kern eine Methode zur gegenseitigen Verrechnung einzelstofflicher Emissionsgutschriften durch eine Anwendung der Erkenntnisse des Schadschöpfungskonzepts auf den Emissionshandel. Das Konzept des Schadschöpfungs-Zertifikatshandels beruht auf der Vorstellung, dass es bei der Regulierung von Umweltbelastungen sinnvoller ist, sich auf wünschbare problemspezifische Umweltschutzziele zu konzentrieren, als auf individuelle Stoffe, die diese Ziele gefährden (vgl. auch Abbildung 1.1, Kapitel 1). So empfiehlt es sich, z.B. alle kanzerogenen Schadstoffe gemeinsam und mit dem gleichen Instrumentarium in einer «Krebsglocke» zu regulieren (Abbildung 1.1: problemspezifische Ziele). Der Würfel links unten in Abbildung 6.1 stellt die Dimensionen heutiger Emissionshandels-Konzepte dar (ein Stoff, ein Umweltmedium, eine Region). Das dunkel schattierte Gebiet repräsentiert die Dimensionen von PACT im Falle einer Glocke für krebserregende Stoffe (mehrere Substanzen, mehrere Umweltmedien, eine Region).

Eine gegenseitige Verrechnung von Umwelteinwirkungen mag auf

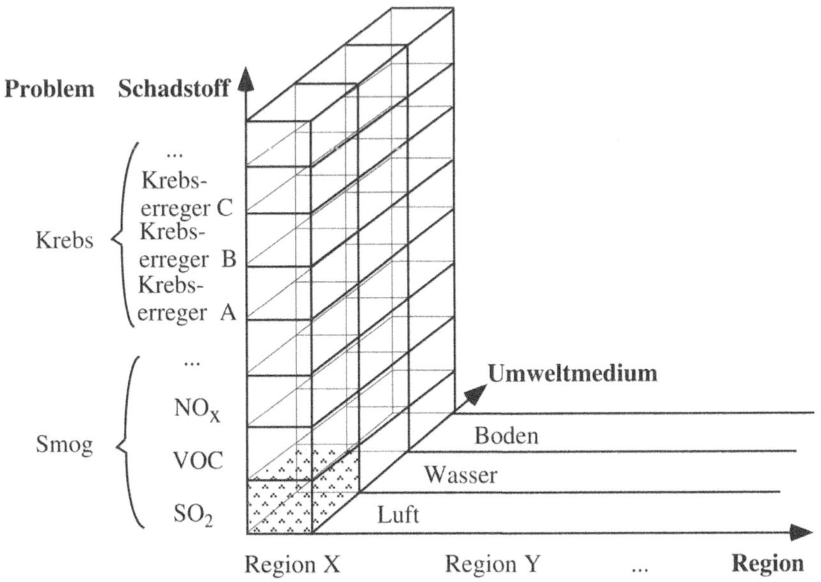

Abbildung 6.1
Vergleich der Dimensionen von Emissionshandel und PACT

den ersten Blick undurchsichtig oder gar der Umwelt gegenüber nachträglich erscheinen, doch gilt es zu bedenken, dass einerseits für die Emission kleiner Mengen eines toxischen Stoffes sehr viele Schadschöpfungskredite erworben werden müssen und andererseits die Reduktion relativ ungefährlicher Substanzen nur sehr wenige Gutschriften einbringt. Das Recht, gefährliche Schadstoffe zu erzeugen, kann folglich nicht einfach durch die Verminderung wenig problematischer Emissionen «erkauft» werden.

Der Prozess zur Einführung eines Schadschöpfungs-Zertifikatshandels beginnt mit dem Prozess der Bestimmung der Schadschöpfung (vgl. Abbildung 6.2). Als erstes muss das problemspezifische Ziel des Schadschöpfungs-Zertifikatshandelsplans definiert werden. Hieraus leiten sich die angemessene geographische Grösse der Schadschöpfungsregionen und die zu berücksichtigenden Dimensionen (Umweltmedien, Stoffe) ab.

Abbildung 6.2
Prozesss zur Einführung eines Schadschöpfungs-Zertifikatshandels

Die Zertifikatswerte (Anzahl Krebsrisikoeinheiten pro Zertifikat) sollten so klein sein, dass genügend Marktliquidität gesichert ist, aber so gross, dass keine unnötigen Administrations- und Transaktionskosten entstehen. PACT ermöglicht nun, unter Beibehaltung der Grundprinzipien des Emissionshandels (inklusive anfänglicher Zuteilung oder Auktion von Rechten), dass, innerhalb einer imaginären «**Schadschöpfungsglocke**» (z.B. eine Glocke krebserregender Substanzen), eine Firma durch die Reduktion eines krebserregenden Stoffs Schadschöpfungszertifikate (z.B. Krebsrisikozertifikate) an eine andere Firma verkaufen kann, die einen anderen Krebserreger emittiert.[8] Die Berechnung der problemspezifischen Schadschöpfung einer Region, Unternehmung usw. schafft somit die Grundlage für eine gegenseitige Verrechnung von Schadstoffen.

Um die problemspezifische Schadschöpfung einer Region zu erheben, ist als erstes eine detaillierte Erhebung von allen zum Problem beitragenden Schadstoffe vorzunehmen (für eine Treibhausgasglocke wären dies z.B. CO_2, CH_4, FCKWs, N_2O usw.). Solche Emissionsinventare werden oftmals heute schon von den Umweltbehörden erstellt. In den Vereinigten Staaten werden die firmenspezifischen Emissionen von über 600 als gefährlich eingestuften Substanzen im sogenannten «Toxic Release Inventory (TRI)» sogar öffentlich publiziert.[9]

Da nicht alle Stoffe gleichermassen zu einem Umweltproblem beitragen, müssen sie gemäss ihrer Umweltgefährlichkeit gewichtet werden (vgl. hierzu Kapitel 1). Ein Vergleich und eine Kritik der heutigen Modelle zur Beurteilung von Umwelteinwirkungen zeigt, dass die meisten Ansätze nur auf eine limitierte Anzahl von Schadstoffen angewendet werden können. Dies schränkt jedoch keineswegs ihre Einsatzmöglichkeiten für den Zweck eines Schadschöpfungs-Zertifikatshandel ein. Der Treibhauseffekt z.B. wird nur durch gut ein halbes Dutzend Stoffe verursacht. Es eignen sich deshalb mehr Gewichtungsmethoden für PACT als für Produktlebensbetrachtungen[10]. Es sei an dieser Stelle auch betont, dass PACT an keine spezielle Gewichtungsmethode gebunden ist. Eine Gewichtung von Emissionen ermöglicht immer nur eine mehr oder weniger grobe Schätzung der Umweltwirkungen. Solche Schätzungen liefern aber eine genügend gute Grundlage für eine umweltpo-

8 Die Frage, ob bei der Einführung einer Zertifikatspolitik eine Auktion der zur Verfügung stehenden Zertifikate stattfinden soll oder ob sie nach dem sog. «Grandfathering-Prinzip» den Emittenten gratis zugeteilt werden sollten, wird hier nicht diskutiert, da die Fragestellung grundsätzlich jede Form eines Zertifikatshandels betrifft.

9 Vgl. z.B. EPA (1991b), Browner (1995).

10 Produktlebensbetrachtungen (engl. Product Life-Cycle Assessment) streben eine Untersuchung der Umwelteinwirkungen von Produkten und hierdurch verursachter Aktivitäten über deren gesamte Lebensdauer vom Rohstoffabbau bis zur Entsorgung an.

litische Strategie, sofern die konkrete PACT-Implementation durch die periodische Senkung der maximalen Anzahl Zertifikate begleitet ist und somit eine schnellere, kontinuierliche Verbesserung der Umweltqualität zu tieferen Kosten erzielt wird. Die problemspezifische Schadschöpfung kann anschliessend verbrieft und die entsprechenden Zertifikate können in einer Schadschöpfungsglocke handelbar gemacht werden. Mögliche Schadschöpfungsglocken können gemäss den Dimensionen des Emissionshandels bestimmt werden (Abbildung 6.1).

Problemorientierte Glocken können Stoffe, die in mehrere Umweltmedien emittiert werden, in Betracht ziehen (z.B. kanzerogene Stoffe in Boden, Luft, Wasser usw.).

Medien- und geographisch orientierte Schadschöpfungsglocken können z.B. für alle Wasseremissionen in den Rhein oder alle Luftemissionen in der Region Basel usw. definiert werden. Ein globales Treibhausgas-Emissionsreduktionsprogramm (mit einem Handel von Zertifikaten zwischen verschiedenen Ländern) würde Entwicklungsländern aufgrund tieferer Schadstoffreduktionskosten erlauben, Zertifikate an Industrieländer zu verkaufen und hierdurch ihre Umweltschutzbemühungen zu finanzieren.[11]

Beim Schadschöpfungs-Zertifikatshandel werden anstelle von Emissionsreduktionszertifikaten (emission reduction certificats: ERCs) Schadschöpfungsreduktionszertifikate (environmental impact added reduction certificates: EIARC oder bei Schadstoffen pollution added reduction certificats: PARCs) gehandelt. Im Falle einer Smog- oder Treibhausglocke wären dies Smog- respektive Treibhausgasreduktionszertifikate. Welche Kriterien zur Abgrenzung einer Schadschöpfungsglocke geeignet sind, kann nicht generell, sondern muss problemspezifisch beantwortet werden.

6.2 Chancen und Probleme eines Schadschöpfungs-Zertifikatshandels

6.2.1 Chancen von PACT

Das Konzept des Schadschöpfungs-Zertifikatshandels (PACT) weist gegenüber dem bisherigen Emissionshandel (Emission Trading) wesentliche Vorteile auf.

---

11 Für eine kritische Diskussion eines solchen Modells, siehe Victor (1991). Für ein Plädoyer für einen weltweiten CO_2-Zertifikatshandel vgl. Kappeler (1995), Unctad (1995).

Erstens lassen sich **Ausweichmanöver verhindern**. Ein Emissionshandelskonzept, das nur wenige Stoffe eines Umweltmediums reguliert, bietet den Emittenten Anreize, auf andere Schadstoffe oder Umweltmedien auszuweichen. In der Folge vermindern sich sowohl die ökologische Wirkung als auch die ökonomische Effizienz des Emissionshandels, da höhere Kosten zur Reduktion geringerer Emissionen anfallen.

Die Abbildungen 6.3a und 6.3b illustrieren die Bedeutung eines Einbezugs aller zu einem Umweltproblem beitragenden Schadstoffe in ein Zertifikatskonzept. Die Nachfrage nach Aufnahmekapazität für Emissionen (N) ist im Beispiel preiselastisch. Durch die Schaffung eines Emissionshandelskonzepts für nur einen einzelnen Schadstoff (z.B. SO_2) wird die maximale Emissionsmenge (= Anzahl Zertifikatsrechte) beschränkt (Abbildung 6.3a: maximale Emissionsmenge = EM, maximal mögliches Zertifikatsangebot = AM). Dies bedeutet, dass die Nutzung der Umwelt (z.B. Emission von SO_2) einen Preis erhält. In einem funktionierenden Emissionshandelsmarkt wird das tatsächliche Angebot an Zertifikaten (Angebotskurve AZ) selten dem maximalen Zertifikatsvolumen bzw. der verbrieften Maximalemission (AM) entsprechen. Dies ist insbesondere bei langen Laufzeiten der Emissionsrechte der Fall, da Zertifikaten, die z.B. gerade gehandelt oder für eine bevorstehende Kapazitätserweiterung gekauft werden, keine entsprechende Emission gegenübersteht (EZ EM). Auch kann bei tiefen Preisen eine Hortung oder Rückstellung von Zertifikaten für zukünftige Zwecke stattfinden. Bei kurzen Laufzeiten von Zertifikaten nähern sich AZ und AM an.

Wird nun die dem Zertifikatshandel unterstellte Substanz durch einen anderen, nicht regulierten Stoff substituiert (z.B. die Substitution

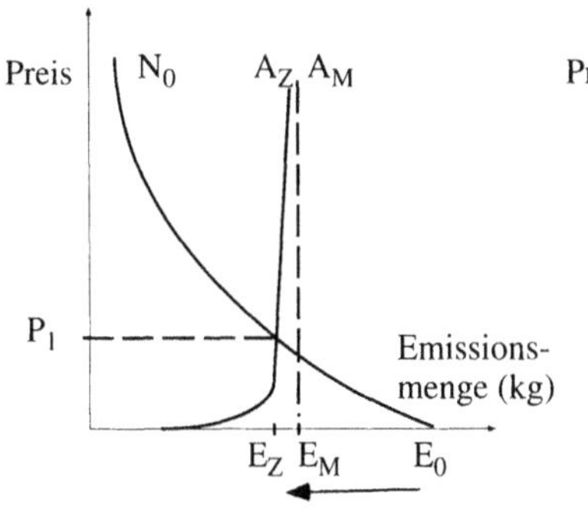

Abbildung 6.3a
Emissionsmenge und -preise vor und nach Einführung eines Zertifikatsmarktes für (nur) einen Schadstoff (z.B. SO_2)

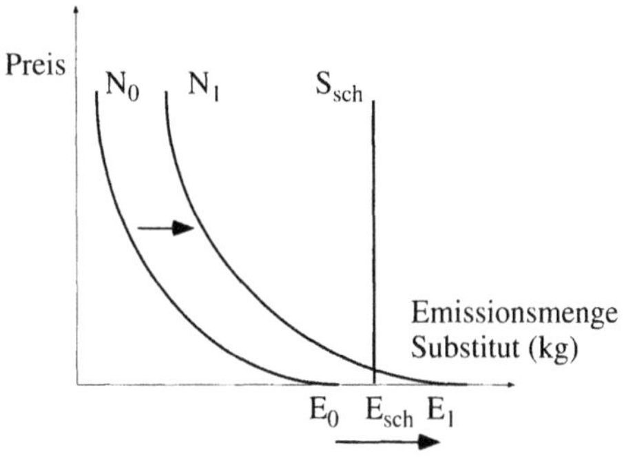

Abbildung 6.3b
Auswirkungen des Zertifikatsmarktes auf einen Substituts-Schadstoff (z.B. NO_x)

von SO_2 durch NO_X aus einem Verbrennungsprozess), dann wird die ökologische Effektivität der Regulierung in Frage gestellt. Durch die Schaffung des Zertifikatsmarktes (z.B. für SO_2) wird die Emission unregulierter Stoffe aus Substitutionsprozessen (z.B. NO_X in Abbildung 6.3b) relativ gesehen attraktiver, selbst wenn die Emissionsrechte für SO_2 gratis erhalten wurden. Hiermit dürften Substitutionsemissionen zunehmen (Rechtsverschiebung von N0 nach N1 in Abbildung 6.3b). Eine solche substitutionsbedingte Nachfrageverschiebung kann im Extremfall zu einer Überschreitung natürlicher Kapazitätsgrenzen oder Schädlichkeitsschwellen (Abbildung 6.3b: SSCH = Schädlichkeitsschwelle) führen.

Ein Wechsel in der Zusammensetzung emittierter Schadstoffe einer Unternehmung oder Region stellt keineswegs immer nur ein bewusstes Ausweichen vor strikten Regulierungen dar. So ändern sich auch mit dem technologischen Wandel die absolute Menge und die Struktur der Emissionen. Elektrische Energie wurde zu Beginn der industriellen Entwicklung westlicher Länder grossteils durch die Verbrennung von Kohle erzeugt. Das hierbei entstehende Schwefeldioxid ist heute aufgrund des technologischen Wandels grossteils durch andere Abfälle, wie z.B. durch NO_X oder radioaktiven Nuklearmüll abgelöst worden.

PACT ermöglicht eine Verhinderung von Umlagerungen von Emissionen in andere Umweltmedien und die Substitution von Schadstoffen. Unter einer PACT-Regulierung ist eine Änderung der Emissionsstruktur nur attraktiv, wenn eine Reduktion des Problembeitrags (z.B. durch die Reduktion der Gesamtbelastung) resultiert.

Ein zweiter Vorteil von PACT besteht darin, einen **Anreiz zur Reduktion einer Vielzahl stofflicher Emissionen** zu schaffen. Existieren z.B. nur wenige Emittenten eines Stoffes in einer Region, so haben sie unter dem alten Emissionshandelsprinzip keinen Ansporn, die Grenzwerte zu unterbieten. Beim Schadschöpfungs-Zertifikatshandel hingegen lohnt sich die Schadstoffreduktion, da Kredite an Emittenten anderer Schadstoffe veräussert werden können. Die politische und unternehmerische Perspektive wird von einer Technologie- und Stofforientierung zu einer Problemorientierung erweitert.

Drittens können nicht nur die Unterschiede von Grenzkosten verschiedener Quellen sondern zusätzlich auch die *Grenzkosten der Vermeidung unterschiedlicher Schadstoffe* ausgeglichen werden. Es wurde empirisch nachgewiesen, dass nur schon bei vier unterschiedlichen Luftschadstoffen die Differenzen zwischen Grenzvermeidungskosten um mehr als das Dreizehn- bzw. Vierundzwanzigfache variieren können.[12] Weitere Schätzungen über Variationen von Grenzvermeidungskosten zwischen unterschiedlichen Quellen und Stoffen kommen auf

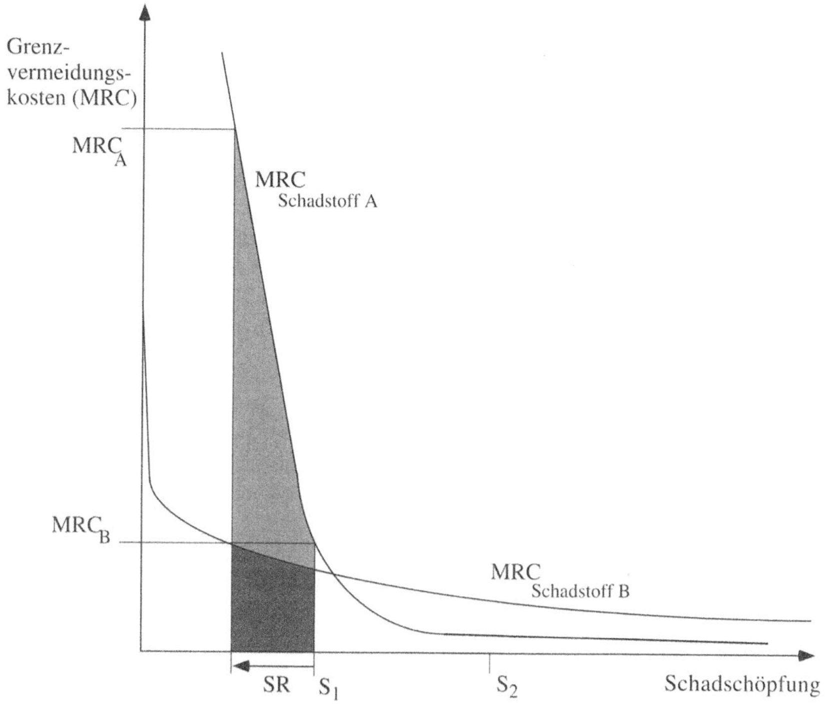

Abbildung 6.4
Grenzvermeidungskosten verschiedener Schadstoffe

Faktoren bis zu 200. PACT vermag also im Vergleich zum bisherigen Emissionshandels-Konzept eine *massgebliche zusätzliche Reduktion der Kosten* zur Senkung von Umweltrisiken zu erzielen. Abbildung 6.4 illustriert das Einsparpotential durch ein Interpollutant-Trading.[13]

Angenommen, das aktuelle Schadschöpfungs-Niveau sei S_1 und die Vermeidung eines bestimmten Umweltschadens oder -risikos (Schadschöpfungsreduktion: SR) könne durch die Reduktion von Schadstoff A oder Stoff B erzielt werden. Im dargestellten Beispiel sind die Grenzvermeidungskosten im massgeblichen Bereich von A deutlich grösser als jene von B, wobei die ökologische Wirkung beider Massnahmen identisch ist. Man beachte, dass dies jedoch nicht immer der Fall war. Bei einem höheren Schadensniveau (z.B. S_2) war die Schadschöpfungs-

12 Vgl. z.B. Howe (1991), Stritt & Jeanrenaud (1992).
13 Vgl. Kapitel 1.1 zum Ausgleich der Grenznutzen einer Reduktion von Umweltbelastungen.

reduktion durch die Vermeidung einer Emission von Substanz B kostengünstiger. PACT ermöglicht nicht nur den Ausgleich der Grenzvermeidungskosten verschiedener Quellen, sondern auch unterschiedlicher Schadstoffe.

Es könnte argumentiert werden, dass ein Cross-pollutant trading auch unter dem bisherigen, stofforientierten Emissionshandelskonzept möglich ist. Wenn z.B. eine Unternehmensleitung die NO_X-Emissionen ihrer Firma reduzieren und dafür vermehrt SO_2 ausstossen möchte, so könnte sie den Erlös aus dem Verkauf von NO_X-Zertifikaten für den Kauf von SO_2-Krediten verwenden. Mit anderen Worten, der Geldmarkt ermöglicht heute schon, was PACT anstrebt. Diese Überlegung ist prinzipiell richtig, doch sie vernachlässigt wichtige Aspekte. Einerseits ist der Spielraum für unternehmerische Entscheidungen deutlich kleiner, wenn für jeden Stoff das maximale Emissionsniveau jährlich um einen bestimmten Prozentsatz gesenkt wird (z.B. 10% weniger SO_2, 10% weniger NO_X usw.), als wenn das gesamte Belastungsniveau jährlich um den gleichen Prozentsatz vermindert wird. (Wenn z.B. die zugelassene Schadschöpfung von der Behörde jährlich um 10% reduziert wird, dann kann z.B. der Ausstoss von SO_2 gleichbleiben und derjenige von NO_X umso mehr gesenkt werden.) Aus dem gleichen Grund sind Schadschöpfungs-Zertifikatsmärkte auch resistenter gegenüber monopolistischen oder oligopolistischen Marktstrukturen als Märkte für Einzelstoffe.

Andererseits hat eine Einheitswährung für Emissionen, die gleiche Risiken verursachen, eine deutliche **Senkung von Transaktionskosten** zur Folge. Emittenten, die Zertifikate veräussern möchten, sind mit Transaktionskosten, wie Kosten der Dokumentation, Zertifizierung, Marktpartnersuche usw. konfrontiert. Transaktionskosten stellen bei den heutigen Emissionszertifikatsmodellen ein zentrales Handelshemmnis dar.[14] Die Kosten einer einzelnen Transaktion sinken mit einer zunehmenden Anzahl Transaktionen beträchtlich, da die Marktteilnehmer Erfahrungen gewinnen, Brokerdienstleistungen angeboten werden, Transaktionen standardisiert werden usw.[15]

Viertens wird durch die **Vergrösserung der Anzahl Handelsoptionen** sowohl ein grösseres Zertifikatsangebot als auch eine grössere Nachfrage geschaffen, was einen regeren Handel zur Folge hat. Das Problem der Marktliquidität ist ein zentrales Hemmnis für die Durch-

14 Vgl. z.B. Staehelin-Witt & Spillmann (1992, 89f.).

15 So betonen auch Hahn & Stavins (1991, 14f.): «A small number of sources could be a risk that the market for tradeable permits would become noncompetitive. At the other extreme, transaction costs with a large number of trades would substantially fall.»

setzung des Emissionshandels. So lassen sich bis heute nur Stoffe, die in sehr grossen Mengen von einer grossen, aber überblickbaren Anzahl Firmen emittiert werden, einem Emissionshandel unterstellen (z.B. SO_2). Entweicht eine Substanz nur sporadisch oder nur bei wenigen Firmen, so fehlt entweder das Angebot entsprechender Zertifikate oder deren Nachfrage oder die zeitliche Übereinstimmung von beidem. Die Mehrzahl von Schadstoffen fallen in diese Kategorie. Hinzu kommt, dass durch die langjährige strikte Regulierung, die absoluten Emissionen sowie die ökologischen Schäden durch z.B. SO_2 und somit auch die Bedeutung dieses Stoffes ständig sinken. Ein Vorteil von PACT besteht nun darin, dass der Zertifikatsmarkt selbst durch eine Änderung der Schadstoffzusammensetzung (z.B. als Resultat neuer Technologien) nicht «austrocknen» muss.

Im Falle des amerikanischen SO_2-Programms existieren zwei separate Zertifikats-Auktionen. Eine für «Spot»-Kredite, die noch im gleichen Jahr eingesetzt werden müssen und eine für «Langzeit»-Kredite, die bis zu sieben Jahre später eingesetzt werden können. Der Zukunftsmarkt ist wegen zu vieler Unsicherheiten sozusagen inexistent. Doch auch der Spotmarkt harzt. So ist das Auktionsverfahren wegen seiner Ineffizienz kritisiert worden, und auch der amerikanische Kongress musste eingestehen, dass künstliche Massnahmen zur Erhöhung der Marktliquidität notwendig seien.[16] Dies obwohl viele SO_2-Emittenten mit stark unterschiedlichen Grenzvermeidungskosten existieren. Eine Übertragung des bisherigen Emissionshandels-Modells auf weniger gängige Schadstoffe scheint somit nicht angebracht. Zur Erhöhung der Liquidität scheint die Einführung eines Schadschöpfungs-Zertifikatshandels notwendig zu sein.

Fünftens ermöglicht eine erhöhte Markt-Liquidität eine **Schaffung räumlich kleinerer Handelszonen (Glocken) und spornt zu zusätzlichen Innovationen an**. Dass die Grösse einer Emissionsglocke ökologisch relevant ist, zeigte sich deutlich am geplanten und kräftig kritisierten Handel von SO_2-Zertifikaten zwischen einem an der Ostküste angesiedelten Energieunternehmen (potentieller Verkäufer) und einer Firma im Mittelwesten der U.S.A.[17] Die amerikanische SO_2-Glocke erstreckt sich von der Ost- bis zur Westküste. Die Schwefeldioxidemissionen des Energieversorgers werden in den Atlantik verfrachtet, während diejenigen des potentiellen Käufers von Zertifikaten grossteils in den Adirondacks, einem durch seine vielen Seen bekannten Nationalpark, niederfallen. Es wurde befürchtet, dass der Handel nicht nur für die

16 Hausker (1992, 569).
17 Dao (1993).

Adirondacks, sondern auch gesamthaft einen negativen ökologischen Einfluss bewirken könnte, da unterschiedlich sensible Ökosysteme der gleichen Emissionsmenge ausgesetzt sind.[18] Von einer Verkleinerung der amerikanischen SO_2-Glocke wird abgesehen, da der SO_2-Zertifikatsmarkt zu stark an Liquidität verlieren würde.

Das vielleicht schlagkräftigste Argument für PACT besteht in der Ermöglichung bzw. Steigerung von Optionen für einen **firmeninternen Handel**. Vor allem bei grossen Unternehmungen haben firmeninterne Optimierungen des Schadstoffausstosses einem externen Handel gegenüber den Vorteil deutlich tieferer Transaktionskosten.

Zu erwähnen wäre noch, dass durch einen Schadschöpfungs-Zertifikatshandel eine ökologisch nicht begründbare Diskriminierung oder Bevorzugung von Emittenten verhindert werden kann. Die Einführung einzelstoffbezogener Abgabe- oder Zertifikatslösungen, wie z.B. eine CO_2-Abgabe oder ein SO_2-Zertifikatsmarkt, können zu einer aus naturwissenschaftlicher Sicht eventuell nicht begründbaren relativen Bevorzugung gewisser Technologien, Inputstoffe oder Industrien führen.

6.2.2 Grenzen von PACT

Das Konzept des Pollution Added Credit Trading weist neben generellen Grenzen, die jedem Emissionshandel gesetzt sind[19], auch spezifische Probleme auf.

Da die unterschiedlichen zugrundeliegenden Fragestellungen, Perspektiven und Probleme verschiedener *Beurteilungsmodelle* (vgl. Kapitel 1) meistens unberücksichtigt bleiben, konnte sich bis heute weder in wissenschaftlichen Gremien noch bei Umweltämtern ein bestimmtes Konzept als Standard durchsetzen. Ein weiterer Grund mag darin liegen, dass sich die wenigsten Modelle für eine umfassende ökologische Rechnungslegung von Produkten, Unternehmungen usw. eignen.[20] Für die Etablierung von Schadschöpfungsglocken sind jedoch oftmals wenig umfassende Beurteilungsmodelle genügend. So müssen bei einem Treibhausgas-Zertifikatshandel lediglich ein gutes halbes Dutzend Stoffe gewichtet werden. Dabei bestehen z.B. geringe naturwissenschaftliche Zweifel über die unterschiedliche Treibhausgefährlichkeit der beteiligten Stoffe (vgl. Heijungs u.a. 1992a, ibid 1992b). Für die Etablierung von PACT spielt es im Prinzip keine Rolle, welches Beur-

18 Goffmann (1993).
19 Gemeint sind insbesondere politische und moralische Grenzen. Vgl. Thomas (1993).
20 Vgl. Schaltegger & Sturm (1992a), ibid (1994).

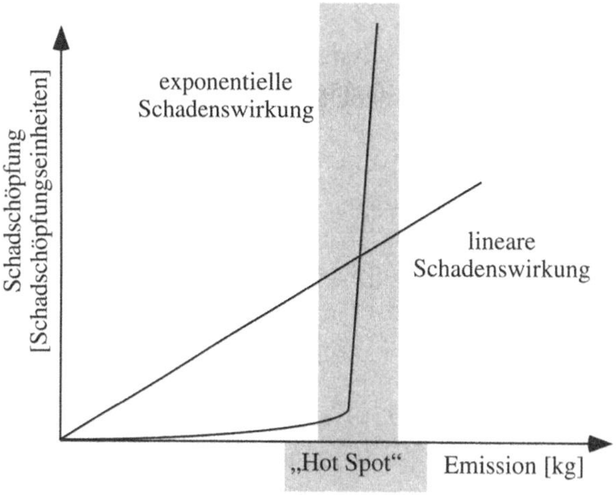

Abbildung 6.5
Lineare und exponentielle Dosis-Wirkungsbeziehungen

teilungsmodell gewählt wird. Da die relativen Gewichte zur Beurteilung von Umwelteinwirkungen zwischen den Modellen jedoch differieren können, werden je nach Wahl des einen oder anderen Konzepts unterschiedliche Interessengruppen bevorzugt bzw. benachteiligt. Aus einer politischen Perspektive ist deshalb der Auswahl eines Beurteilungsmodells grosse Bedeutung beizumessen (vgl. Abschnitt 6.4).

Aus naturwissenschaftlicher Sicht ist zwischen linearen («non-threshold») und nicht linearen bzw. exponentiellen («threshold») Dosis-Wirkungs-Beziehungen zu unterscheiden (Abbildung 6.5). Alle Substanzen, die unter einer bestimmten Konzentration wirkungslos und ab einer Schwellenkonzentration stark wirkungsvoll sind («hot spot»), gehören zur letzten Kategorie. Dabei spielt es keine Rolle, ob die nicht-lineare bzw. exponentielle Kurve später wieder abflacht oder nicht. Der Handel mit Stoffen, welche exponentielle Schadenswirkungen erzielen, sollte nicht oder nur unterhalb der Schwellenkonzentration zugelassen werden, es sei denn, es würde noch ein Beurteilungsmodell entwickelt, das exponentielle Dosis-Wirkungs-Beziehungen berücksichtigt.

Denn die Schadschöpfungsverminderung durch eine Reduktion einer linear reagierenden Substanz wäre kleiner als die Schadenserhöhung durch zusätzliche Emissionen eines exponentiell reagierenden Stoffes im kritischen Bereich. Zur Anschauung dieses Sachverhalts vergleiche man die Schadschöpfungserhöhung bzw. -reduktion der dargestellten Substanzen in der schraffierten Fläche in Abbildung 6.5.

Kanzerogene Stoffe dürften sich für eine PACT-Regulierung besonders eignen. So behandelt die amerikanische Umweltbehörde z.B. kanzerogene Stoffe als linear reagierende Substanzen, für die es gemäss dem Stand der Forschung keine Ungefährlichkeitsschwelle gibt.[21] Die Gründe hierfür liegen in der linearen Dosis-Wirkungs-Relation sowie im Sachverhalt, dass Krebskrankheiten nicht durch eine Substanz oder wenige dominierende Stoffe hervorgerufen werden. Es dürfte deshalb möglich und angebracht sein, kanzerogene Stoffe und die hiermit verbundenen relativen Risiken in ein Zertifikatshandelskonzept einzubinden.

Durch PACT entsteht eine völlig *neue Situation für die Regulierung von Emissionen.* So könnte derselbe Stoff in mehreren Bubbles gehandelt werden. FCKWs tragen z.B. sowohl zum Treibhauseffekt als auch zur Zerstörung der Ozonschicht bei. Sie könnten deshalb je in einer «Treibhaus-» und einer «Ozonschicht-Glocke» reguliert werden. Käme eine solche Doppelunterstellung einer «Überregulierung» gleich? Diese Frage lässt sich schon deshalb nicht schlüssig beantworten, weil unterschiedliche Interessengruppen grundsätzlich andere Interpretationen von «Überregulierung» vornehmen. Eine Regulierung desselben Schadstoffes mit mehreren unterschiedlichen Vorschriften ist heute jedoch eher die Regel als die Ausnahme. Je «multipotenter» die Einflüsse einer Substanz sind, desto mehr Regelungen wird sie unterworfen (z. B. Arbeitsplatz-, Nahrungsmittelgesetze usw.).

Trotz einer Senkung der Gesamtbelastung und der Möglichkeit regionale Verschiebungen von Emissionen durch eine Verkleinerung der Glocke zu bewirken, besteht die Gefahr *lokaler Ballungen von Umwelteinwirkungen* oder zu hoher Konzentrationen bestimmter Problemstoffe (z.B. verschiedener krebserregender Stoffe). Dies kann insbesondere dann geschehen, wenn z.B. aus politischen Gründen zu grosse räumliche Glocken oder «Bubbles» mit übermässig vielen Stoffen gebildet werden. Um solches zu verhindern, müssen «Schadschöpfungsglocken» bzw. Schadschöpfungsregionen bezüglich Gebietsgrösse und Problemkreis gut durchdacht und konkret definiert werden (vgl. auch Kapitel 2). Weder die Bildung schadstoffspezifischer (z. B. Schwermetallglocke für Wasser-, Luft- und Bodenverschmutzungen) noch problemspezifischer (z.B. Smogglocke) Glocken sollte grundsätzlich abgelehnt werden. Ausser der Verwerfung der Idee, eine unspezifische Umweltrisiko-Handelsregion (alle Emissionen in alle Umweltmedien) zu formulieren, liessen sich bisher keine sinnvollen, *generellen* Kriterien zur Bildung geeigneter Schadschöpfungsglocken entwickeln. Es scheint vielmehr notwendig zu sein, dass ein interdisziplinär zusammengesetztes Gremium von Fachleuten aus Toxikologie, Meteorologie, Ökonomie, Behörden, Industrie, Umweltschutzorganisationen

21 Vgl. auch Ottoboni (1991).

usw. die konkreten Systemgrenzen einer spezifischen Schadschöpfungsglocke definiert. Ein Pakt zwischen unterschiedlichen Wissenschaftsdisziplinen und Interessengruppen ist erforderlich.

6.3 Politische Implikationen

Bezüglich der Auswirkungen des Instrumentes des Schadschöpfungs-Emissionshandels auf die Politik und die Unternehmungen ist zu vermerken, dass es enorme Chancen zur Steigerung der Effizienz der staatlichen Umweltpolitik in sich birgt. Im Vergleich zu einer Vorschriftspolitik sind deutlich weniger Detailregulierungen und Einzeleingriffe notwendig. Im Vergleich zu den herkömmlichen Ansätzen für den Emissionshandel und für Lenkungsabgaben können mehr Umwelteinwirkungen effizient reguliert und somit eine umfassendere und wirksamere Umweltpolitik betrieben werden. Dies ist gesellschaftlich, nicht aber unbedingt von allen Interessengruppen erwünscht.

Von der Politik und den Umweltbehörden wird verlangt, dass sie die total zur Verfügung stehende *Zertifikatsmenge*, ihre *jährliche Reduktion* und die *anfängliche Zuteilung* für jede Firma regeln. Diese Schritte bestimmen über die Höhe, den Wert und die Zuteilung von Eigentumsrechten. Hierin besteht zwar kein grundsätzlicher Unterschied zu einem einzelstofforientierten Emissionshandel, doch der Umfang und damit die Bedeutung der Zuteilung von Rechten nimmt durch den Einbezug vieler Stoffe stark zu.

Von Unternehmensleitungen wie auch von der Bevölkerung wird aber verlangt, dass sie *Vertrauen in die Zuverlässigkeit gemessener Emissionswerte* und entsprechender technischer Apparaturen haben. Zusätzlich muss eine Unternehmensleitung für ein effektives Management des Schadschöpfungszertifikats-Vermögens detailliert über die relativen Preise sowie die Stoffflüsse und Emissionen der Firma im Bilde sein. Für ein effizientes «Handling» von Stofffluss- und Emissionsdaten ist die Führung von Stoff- und Energieflussrechnungen bzw. der Aufbau eines *ökologischen Rechnungswesens*[22] notwendig.

Auch ist ein grosses *Vertrauen in die politischen Institutionen* erforderlich, dass die einmal zugeteilten Eigentumsrechte langfristig gesichert und nicht je nach Wirtschaftslage und politischen Kräfteverhältnissen geändert werden. Dies gilt insbesondere für eine nachträgliche Schaffung zusätzlicher Zertifikate und der damit einhergehenden Erodierung ihres Marktwertes. Exogene Preisschocks verunsichern Ent-

22 Schaltegger & Sturm (1992a, 1994).

scheidungsträger. Je höher die Unsicherheitskosten bei der Kalkulation der Rendite von Umweltschutzinvestitionen veranschlagt werden, desto weniger lohnt es sich, Projekte zu tätigen.

Ein funktionierender Schadschöpfungs-Zertifikatshandel könnte eine stabile marktwirtschaftliche Regulierung vieler Umweltprobleme unserer Wirtschaft ermöglichen und im Vergleich zu heute den *unternehmerischen Spielraum vergrössern.* Die ökonomischen Anreize wären stärker als heute im Einklang mit sozialen Wertvorstellungen und würden ein *aktives Umweltschutzmanagement begünstigen.* Die neuen gesetzlichen Rahmenbedingungen würden somit ein grundsätzlich anderes Verhalten von Unternehmungsleitungen finanziell bevorzugen als bis jetzt.

Ein wesentlicher Nachteil von PACT ist, dass das erforderliche Gewichtungsschema politisch festgelegt werden muss. In einem entsprechenden politischen Prozess, sollte er überhaupt stattfinden, ist mit starken lobbyistischen Einflüssen jeglichen Couleurs zu rechnen. Der Einfluss aktueller politischer Prozesse auf das Instrument hemmt oder hindert somit die Einführung des PACT. Auch Änderungen des Beurteilungskonzeptes oder der Anzahl Zertifikate aufgrund neuer wissenschaftlicher Erkenntnisse oder veränderter gesellschaftlicher Prioritäten dürften in einer demokratischen Gesellschaft nur schwerlich zu bewerkstelligen sein, da sie zu einer Neubewertung von Schadstoffen und «Zertifikatsvermögen» führen und somit Opposition gut organisierter Kreise hervorrufen.

6.4 Zusammenfassung und Ausblick

Das Konzept des Pollution Added Credit Trading (PACT) ist eine Weiterentwicklung des Emissionshandelsgedankens und eröffnet eine neue Dimension marktwirtschaftlichen Umweltschutzes.

Der Fokus der Regulierung ändert sich von einer Schadstoff- zu einer Umweltrisiko-Betrachtung. Mit einem Schadschöpfungs-Zertifikatshandel können bisher selbst in der Theorie unangesprochene Potentiale für Kosteneinsparungen beim Umweltschutz realisiert werden. Es sind dies Kosteneinsparungen durch den Einbezug unterschiedlicher Grenzvermeidungskosten von Stoffen sowie niedriger Verminderungskosten unregelmässig oder von wenigen Verursachern emittierter Substanzen. Auch können im Vergleich zu einer getrennten Regulierung einer Vielzahl von Stoffen (separate Emissionszertifikatsmärkte) massgebliche Transaktionskosten vermieden werden. Dies begründet sich durch den Vorteil einer gegenüber vielen «Zertifikats-Währungen».

Durch PACT können aber auch wesentliche ökologische Vorteile errungen werden. Eine ganzheitliche, stärker an den Umweltproblemen orientierte Regulierung wird ermöglicht. Verlagerung von Emissionen in andere Umweltmedien lassen sich verhindern. Die räumliche Grösse von Zertifikatshandelszonen kann verkleinert werden, wodurch sich das Risiko regionaler Ballungen senkt. Ökologisch relevante Stoffe, die selten oder nur von wenigen Emittenten ausgestossen werden, können in einen Emissionshandel einbezogen werden.

Das Konzept des Schadschöpfungs-Emissionshandels birgt enorme Chancen zur Steigerung der Effizienz und Effektivität der staatlichen Umweltpolitik. Dies ist gesellschaftlich, nicht aber von allen Interessengruppen erwünscht. Die potentiellen Schwierigkeiten von PACT sind bewältigbar. Der Ansatz erfordert offizielle Gewichtungsschemata für die regulierten Schadstoffe (die auf absehbare Zeit zwar nicht vollauf naturwissenschaftlich begründet sein können, doch einen politischen Kompromiss oder Konsens zu widerspiegeln vermögen), zuverlässige und kontrollierbare Messinstrumente, langfristig gesicherte Eigentumsrechte und den politischen Willen, ökologische Probleme zu bewältigen.

Der erstere Aspekt, die politische Bereitschaft, insbesondere zur Festlegung offizieller Gewichtungsfaktoren, dürfte das grösste Hindernis zur Durchsetzung von PACT sein. Doch bekanntlich kann ein Pakt vieler Interessengruppen selbst grosse Mauern überwinden.

Das Konzept eines Schadschöpfungs-Zertifikatshandels wird im folgenden Abschnitt am konkreten Beispiel des Flugverkehrs illustriert.

6.5 Anwendungsbeispiel Flugverkehr

Den Flugzeugemissionen wird heute ein erheblich grösserer Einfluss an den globalen Umweltproblemen (Treibhauseffekt und Abbau der Ozonschicht) beigemessen, als noch vor zehn Jahren. Vor dem Hintergrund eines überproportionalen Wachstums des Weltluftverkehrs in den nächsten Jahren besteht deshalb ein beträchtliches Gefährdungspotential für das ökologische Gleichgewicht. Zur Lösung dieser Umweltprobleme wurden bisher hauptsächlich polizeirechtliche Regulierungsansätze (Gebote, Verbote) und Lenkungsabgaben diskutiert. Als Alternative dazu wird im folgenden ein mögliches Grundmodell eines Schadschöpfungs-Zertifikatshandels vorgestellt.[23]

---

23 Vgl. dazu Hilber (1994).

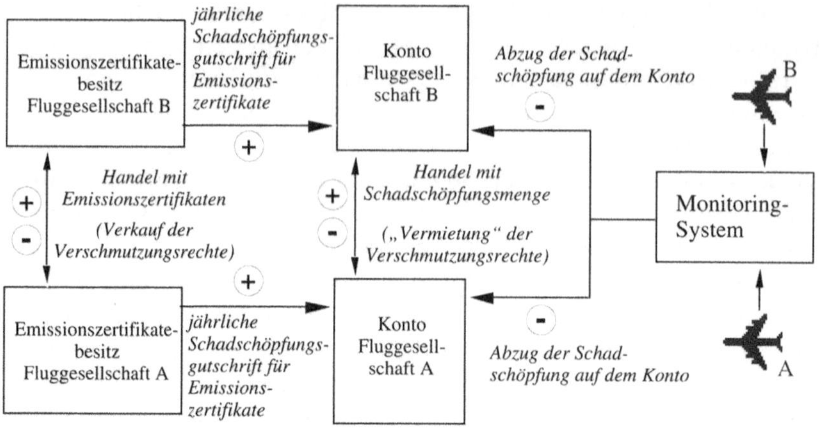

Abbildung 6.6
Grundmodell

6.5.1 Das Grundmodell

In einem politischen Prozess (internationale Vereinbarung, politische Entscheidung innerhalb eines Staates oder einer Staatengemeinschaft) wird für den Flugverkehr in einem bestimmten Gebiet (z.B. Europa) ein *Flugverkehrs-Gesamtschadschöpfungsziel* [24] festgelegt.[25] Die so bestimmte Gesamtschadschöpfung wird in Schadschöpfungseinheiten (SSE) eingeteilt und in Emissionszertifikaten verbrieft.

Die Emissionszertifikate, welche ein Grundrecht zur Verursachung einer bestimmten Schadschöpfungsmenge definieren, werden nach einem vorgegebenen Verfahren gratis an die beteiligten Fluggesellschaften abgegeben. Dem Inhaber eines Emissionszertifikates wird *jährlich* eine bestimmte Schadschöpfungsmenge (in SSE) auf ein *Konto* gutgeschrieben. Die Fluggesellschaften erhalten damit das Recht, im jeweiligen Jahr im Ausmass der sich in ihrem Besitze befindenden Zertifikate, Schadstoffe zu emittieren. Die *Emissionszertifikate* (Grundrechte) sowie die jährlich erlaubte *Schadschöpfungsmenge* (Kontingente) sind frei handelbar. Der Verkauf einer gutgeschriebenen Schadschöpfungs-

24 Schadschöpfung wird hier definiert als Summe aller durch einen Flug verursachten und nach ihrer relativen ökologischen Schädlichkeit gewichteten Schadstoffemissionen in die Atmosphäre. Die *Gesamtschadschöpfung* für ein bestimmtes Gebiet ergibt sich als die Summe der Schadschöpfungen der einzelnen Flüge während einem Jahr in diesem Gebiet (vgl. auch Kapitel 1).

25 Vgl. dazu Hilber (1994, 12ff.).

menge kann dabei als eine einjährige «Vermietung» der Schadschöpfungszertifikate interpretiert werden.

Die Schadschöpfung pro Flug wird direkt am Flughafen mit Hilfe eines Berechnungsmodells ermittelt und automatisch dem Konto der Fluggesellschaft belastet. Das Grundmodell ist in Abbildung 6.6 dargestellt.

6.5.2 Konkrete Ausgestaltung

a) Räumliche Abgrenzung

Im Idealfall entspricht die «Schadschöpfungszertifikateregion» genau dem Wirkungsgebiet der Belastungen.[26] In diesem Fall wären alle Spillovers internalisiert. Angesichts der globalen Umwelteinwirkungen des Flugverkehrs müsste das System demnach die *ganze Welt umfassen.* Das Zustandekommen einer Verhandlungslösung für die Einführung eines weltumspannenden Schadschöpfungszertifikatehandels scheint jedoch aus mehreren Gründen (Trittbrettfahrerverhalten einzelner Länder, uneinheitliches politisch-institutionelles Umfeld und praktische Implementierungsprobleme in Ländern der Dritten Welt) sehr unwahrscheinlich.

Die Einführung eines Schadschöpfungszertifikatehandels auf der Ebene eines Flughafens oder eines kleinen Landes weist verschiedene Probleme auf:

- Illiquidität des Zertifikatemarktes und dadurch hohe Transaktionskosten;
- strategisches Verhalten der Fluggesellschaften aufgrund bilateraler Teilmonopole (bei dominierender Stellung der nationalen Fluggesellschaft);
- Ausweichen der älteren Flugzeuge einer Airline auf Flughäfen ohne Zertifikatehandel;
- Gefahr von Retorsionsmassnahmen für die nationale Fluggesellschaft (Diskriminierungsversuche bei Verkehrsrechten oder Benachteiligungen auf fremden Flugplätzen).

Zwei Hauptgründe sprechen für die Einführung eines Schadschöpfungszertifikatehandels auf der *Ebene der Europäischen Union (EU):*

---

26 Vgl. die Ausführungen über die «Umweltbelastungs-Cluster» in Kapitel 2 und über die «PACT-Glocke» in Abschnitt 6.1.

ein einheitliches politisch-institutionelles Umfeld (Verhinderung des Trittbrettfahrerverhaltens von einzelnen Ländern) und eine Marktgrösse (ca. 130 registrierte Fluggesellschaften in Europa), welche einen liquiden Zertifikatemarkt und, bei Institutionalisierung an der Börse, auch relativ niedrige Transaktionskosten garantieren.

Einem europäischen Schadschöpfungszertifikatehandel könnten nebst den Mitgliedstaaten der EU weitere europäische Länder über bilaterale Verträge angegliedert werden.

b) Berechnung der Schadschöpfung

Für die Berechnung der Schadschöpfung eines Fluges sind verschiedene Gewichtungsfaktoren notwendig. Die Frage, wie die Gewichtungsfaktoren bestimmt werden sollen, ist jedoch sehr schwierig und aus naturwissenschaftlicher Sicht (noch) kaum zu beantworten. Die Gewichtungsproblematik im Flugverkehr liegt einerseits in der Nichtlinearität chemischer Prozesse, andererseits ergeben sich Probleme, wenn eine chemische Substanz für mehr als einen ökologischen Effekt verantwortlich ist. Das Problem der Gewichtung der ökologischen Umweltschädlichkeiten der verschiedenen Schadstoffe muss allerdings für die hier untersuchten Umweltbelastungen relativiert werden: Das Gewichtungsmodell umfasst lediglich drei relevante Schadstoffe: Kohlendioxid, Stickoxid und Wasserdampf.

Die bestehenden Gewichtungsmodelle[27] sind für die Flugzeugemissionen nicht direkt anwendbar, da die NO_X- und Wasserdampfemissionen in höheren Luftschichten eine ganz andere ökologische Wirkung haben als in Bodennähe und zudem für Wasserdampf- und CO_2-Emissionen bisher keine Grenzwerte festgelegt wurden. Es muss deshalb, unter Zuhilfenahme der Resultate laufender Forschungsprojekte, ein bestehendes Gewichtungsmodell adaptiert beziehungsweise ein spezifisches, neues entwickelt werden. Dazu können zwei imaginäre problemspezifische Glocken gebildet werden. Der Flugverkehr trägt durch die Emissionen von Wasserdampf, CO_2 und NO_X zum Treibhauseffekt und durch die NO_X-Emissionen zur Zerstörung der Ozonschicht bei. Die Grundidee eines Gewichtungsmodells für den Flugverkehr ist anhand eines Beispiels mit fiktiven Zahlen in Abbildung 6.7 dargestellt.

---

27 Vgl. dazu Schaltegger & Sturm (1992, 72ff.).

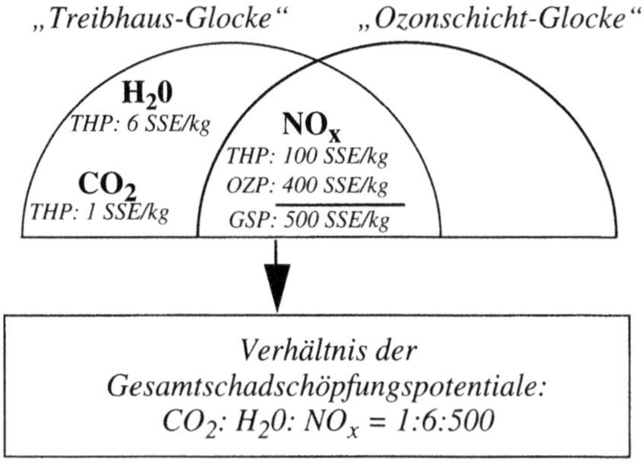

Abbildung 6.7
Gewichtungsmodell (THP: Treibhauspotential, OZP: Ozonzerstörungspotential, GSP: Gesamtschadschöpfungspotential)

c) *Das Berechnungsmodell*

Für die Ermittlung der Gesamtschadschöpfung des Flugverkehrs und die Überwachung der Schadschöpfung eines Fluges (Monitoring) ist ein Berechnungsmodell notwendig.

Dabei besteht ein Konflikt zwischen der Genauigkeit der ermittelten Werte und den Kosten der Berechnung. Eine exakte Berechnung der Schadschöpfung verursacht enorme Informationsbeschaffungs- und administrative Kosten und ist deshalb nicht praktikabel. Bei einfachen Berechnungsverfahren dagegen besteht kein direkter Zusammenhang zwischen der Bemessungsgrundlage und den Emissionen oder der Schadschöpfung.[28] Die Fluggesellschaften werden jedoch die Leistungserbringung immer in bezug auf die Bemessungsgrundlage anpassen, d.h. sie werden versuchen, die Bemessungsgrundlage zu reduzieren. Ein weiterer Nachteil einfacher Erhebungsverfahren ist die Manipulierbarkeit.

Die Berechnungskriterien sollten deshalb idealerweise so gewählt werden, dass sie *administrativ einfach* erhoben werden können, die *ökologisch richtigen Anreize* an die Fluggesellschaften vermitteln und *Manipulationen des Systems ausschliessen.*

In Abbildung 6.8 wird die vorgeschlagene Berechnungsformel anhand eines fiktiven Beispiels erläutert.

Im folgenden wird ein mögliches Modell zur Berechnung der Schadschöpfung vorgeschlagen. Dabei wird darauf geachtet, dass die Schadschöpfung aufgrund einiger weniger (zum grössten Teil bereits heute

---

28 So besteht beispielsweise zwischen dem Treibstoffverbrauch und den NO_X-Emissionen kein direkter Zusammenhang. Vgl. dazu beispielsweise Wurzel (1993).

Notwendige Eingaben für die Berechnung am Flughafen

Flug Nr. XXX

Flugzeugtyp (FT):	A 310
Maximales Abfluggewicht (MA):	50 Tonnen
Triebwerktyp (TT):	Pratt & Whitney, Triebwerktyp XYZ
Flugroute (FR):	Zürich–Los Angeles (Distanz: 10'000 km, Ø Flughöhe: 12 km, Westroute)
Datum (DA):	14.03.94

Berechnung der Schadschöpfung für Flug Nr. XXX

i	Schadstoff	E (t/km)	Strecke (km)	E (in t pro Flug)
1	NO_x	0.0003	10'000	3
2	H_2O	0.02	10'000	200
3	CO_2	0.05	10'000	500

i	Schadstoff	E (in kg/Flug)	GF 1	S (in SSE)
1	NO_x	3	500	1'500
2	H_2O	200	6	1'200
3	CO_2	500	1	500

i	Schadstoff	S (in SSE)	GF 2	S (in SSE)
1	NO_x	1'500	1.5	2'250
2	H_2O	1'200	11.0	1'200
3	CO_2	500	1.0	500

i	Schadstoff	S (in SSE)	GF 3	S (in SSE)
1	NO_x	2'250	0.8	1'800
2	H_2O	1'200	1.0	1'200
3	CO_2	500	1.0	500
			$\Sigma =$	3'500

Die Schadschöpfung für diesen Flug beträgt somit 3'500 Schadschöpfungseinheiten (SSE). Der berechnete Betrag wird der Fluggesellschaft auf ihr Konto belastet.

Gewichtungsfaktoren:

Flugunabhängiger Gewichtungsfaktor:

GF 1: Relative ökologische Schädlichkeit des Schadstoffs

2. Flugabhängige Gewichtungsfaktoren:

GF 2: Einfluss der spezifischen Strecke (Flughöhe, Breitengrad)

GF 3: Einfluss der Jahreszeit

Abkürzungen:

E: Emissionen

S: Schadschöpfung

SSE: Schadschöpfungseinheiten

Abbildung 6.8
Fiktives Beispiel zur Berechnung der Schadschöpfung eines Fluges

vorhandener) Daten ermittelt wird. Zur Berechnung der Schadschöpfung eines Fluges benötigt die Flughafenbehörde (gemäss dem vorgeschlagenen Modell) fünf Daten: den Flugzeugtyp (FT), das maximale Abfluggewicht (MA), den Triebwerktyp (TT), das Datum des Fluges (DA) und die Flugroute (FR).

Die Schadschöpfung eines Fluges kann nach folgender Formel berechnet werden:

$$s_f = \sum_{i=1}^{3} E_i(FT,MA,TT) * L(FR) * GF1_i * GF2_i(FR) * GF3_i(DA)$$

mit S_f = Schadschöpfung des Fluges f in Schadschöpfungseinheiten (SSE)

E_i(FT, MA, TT) = Emission des Schadstoffes i pro km (in t/km)

L(FR) = Flugstreckenlänge (in km)[29]

$GF1_i$ = Gewichtungsfaktor für die relative ökologische Schädlichkeit des Schadstoffes i (Durchschnittswert)

$GF2_i$ = Gewichtungsfaktor für den Einfluss der spezifischen Flugroute auf die relative Schädlichkeit des Schadstoffes i

$GF3_i$ = Gewichtungsfaktor für den Einfluss der Jahreszeit auf die relative Schädlichkeit des Schadstoffes i

Die Gesamtschadschöpfung des europäischen Flugverkehrs (während eines Jahres) ergibt sich als die Summe der Schadschöpfungen der einzelnen Flüge (während eines Jahres):

$$GS = \sum_{f=1}^{F} S_f$$

mit GS = Gesamtschadschöpfung des gesamten europäischen Flugverkehrs während eines Jahres (in SSE)

29 Die Flugstreckenlänge kann unterschiedlich definiert werden. Da sich der Zertifikatehandel auf das Gebiet Europas beschränkt, wäre es denkbar, die Strecke nur auf die Distanz vom Startort bis zum Verlassen der europäischen Grenze zu beschränken. Diese Methode würde Langstreckenflüge begünstigen, da sie nur für einen kleinen Prozentsatz ihrer tatsächlichen Schadschöpfung Zertifikate erwerben müssten.

F = Anzahl der Flüge im Gebiet des Zertifikatehandels während eines Jahres

Das Berechnungssystem kann wie folgt beurteilt werden:

- **Anreizwirkungen**: Eine derart ausgestaltete Berechnungsmethode bietet den Fluggesellschaften infolge steigender Betriebskosten einen ökonomischen Anreiz, schadstoffärmere Flugzeuge und Triebwerke einzusetzen, die Auslastung zu steigern und die Flugroutenwahl (Flughöhe und Route) unter ökologischen Gesichtspunkten zu optimieren.
- **Genauigkeit der Werte:** Die Schadschöpfung kann annäherungsweise berechnet werden. Die tatsächliche Schadschöpfung ist jedoch nicht ermittelbar.
- **Administrativer Aufwand:** Die Entwicklung und Implementierung des Kontrollsystems verlangt einen hohen administrativen Aufwand. Für eine zuverlässige Ermittlung der Gewichtungsfaktoren ist noch ein erheblicher Forschungsaufwand notwendig. Zudem ist ein (unter den europäischen Flughäfen vernetztes) Computersystem zur Berechnung und Erfassung der Schadschöpfung erforderlich. Die Betriebskosten des Schadschöpfungs-Kontrollsystems dürften jedoch vergleichsweise niedrig sein, da das System automatisiert werden kann.
- **Praktikabilität:** Der Betrieb des Kontrollsystems ist administrativ einfach und langfristig kostengünstig. Die Entwicklung und Implementierung des Systems ist dagegen aufwendig und vermutlich mit Schwierigkeiten behaftet. Dies dürfte zu erheblichen anfänglichen Akzeptanz- und Implementierungswiderständen bei allen Beteiligten führen.

d) Ausgestaltung der Schadschöpfungszertifikate

Die Gesamtschadschöpfung wird in Schadschöpfungseinheiten (SSE)[30] eingeteilt und in Schadschöpfungszertifikate verbrieft. Ein Emissionszertifikat ist ein Wertpapier, welches dem Inhaber erlaubt, jährlich eine bestimmte Schadschöpfungsmenge zu emittieren. Der Wert eines Zertifikates (Anzahl Schadschöpfungseinheiten pro Zertifikat) wird so

30 Die Schadschöpfungseinheit ist im Grunde genommen eine Einheitswährung für Emissionen. Ein solcher einheitlicher geldähnlicher Massstab bewirkt eine deutliche Senkung der Transaktionskosten (vgl. dazu Abschnitt 6.2.1).

klein gewählt, dass genügend Marktliquidität gesichert ist, aber so gross, dass keine unnötigen administrativen Kosten und Transaktionskosten entstehen. Der Inhaber eines Schadschöpfungszertifikates erhält jährlich eine genau definierte Schadschöpfungsmenge auf seinem Konto gutgeschrieben.[31]

- **Gültigkeitsdauer der Schadschöpfungszertifikate:** Sowohl eine befristete als auch eine unbefristete Gültigkeitsdauer der Zertifikate ist denkbar. Eine Befristung gibt der Umweltbehörde die Gelegenheit, von Zeit zu Zeit die Umweltstandards durch Neuausgabe eines verringerten Schadschöpfungskontingents zu verschärfen. Allerdings hat die damit gewonnene Flexibilität den Nachteil einer erhöhten Investitionsunsicherheit auf der Seite der Fluggesellschaften. Eine Anpassung des Umweltziels ist zudem auch mit einer Offenmarktpolitik der Umweltbehörde (vgl. Abschnitt f) möglich. Um den Fluggesellschaften sichere Rahmenbedingungen zu ermöglichen, wird deshalb zweckmässigerweise eine sehr lange (z.B. 20–30jährige) oder unbefristete Gültigkeitsdauer gewählt.
- **Gültigkeitsdauer der Schadschöpfungsgutschriften:** Bei einer einjährigen Gültigkeitsdauer der Gutschriften würden am Jahresende die Preise dieser Wertpapiere vermutlich stark schwanken. Da aber die Fluggesellschaften kurzfristig vom Besitz dieser Gutschriften abhängig sind, hätte eine einjährige Gültigkeitsdauer eine Reduktion der Planungssicherheit und der Flexibilität der Fluggesellschaften (und somit auch ihrer Akzeptanz für das Instrument) zur Folge. Die jährlich gutgeschriebene Schadschöpfungsmenge hat deshalb zweckmässigerweise eine Gültigkeitsdauer von etwas länger als einem Jahr (z.B. von 15 Monaten).[32] Diese Massnahme ermöglicht es auch, die aufgrund von Planungsfehlern notwendigen Transaktionen am Jahresende zu vermeiden und somit Transaktionskosten zu senken. Die Einhaltung des Schadschöpfungsziels ist trotzdem gewährleistet, da die Gesamtschadschöpfung über die Zeit konstant bleibt.[33]

---

31 Aus theoretischer Sicht wäre es zwar auch denkbar, die intertemporale Allokation der Schadschöpfung gänzlich dem Markt zu überlassen. Von dieser Vorgehensweise ist jedoch auf Grund intertemporaler Externalitäten und unvollständiger Zukunftsmärkte abzuraten (Heister & Michaelis 1991, 71). Vgl. dazu auch Bernholz & Breyer (1984, 159ff.).

32 Die Schadschöpfung muss folglich «datiert» werden (z.B. SSE 94, SSE 95). Vgl. dazu auch Hilber (1994).

33 Eine solche Flexibilisierung ist deshalb ökologisch unbedenklich, weil im Gegensatz zu regionalen Umweltproblemen keine Gefahr lokal zu hoher Umweltbelastungen (hot spots) besteht und die zeitlich unterschiedliche Schadschöpfung der Emissionen über das

e) Erstzuteilung der Schadschöpfungszertifikate

Grundsätzlich bestehen zwei Möglichkeiten, Zertifikate den Fluggesellschaften zuzuteilen: Sie können entweder unentgeltlich verteilt oder versteigert werden.[34] Sind die Transaktionskosten nahe null, so hat die Wahl des Zuteilungsverfahrens keine Auswirkung auf die Erreichung der kosteneffizienten Endallokation.[35] Die beiden Verfahren haben jedoch unterschiedliche Verteilungswirkungen. Je nach Verteilungsverfahren werden die privaten Budgets der Emittenten auf der Kostenseite und die öffentlichen Budgets auf der Einnahmenseite berührt.

Aufgrund von wirtschaftstheoretischen, politisch-ökonomischen und pragmatischen Überlegungen drängt sich als Zuteilungsverfahren die Gratisvergabe auf.[36] In diesem Zuteilungsverfahren werden die Zertifikate auf der Basis des status quo (bisherige Schadschöpfung) an die Fluggesellschaften abgegeben. Die Nutzungsrechte werden somit bis zu einer politisch vorgegebenen Grenze den Altemittenten zuerkannt. Dadurch wird der Bestandesschutz gewahrt. Vorteilhaft bei der unentgeltlichen Zuteilung der Zertifikate ist die Tatsache, dass Transferströme vom privaten in den öffentlichen Sektor – die bei der Versteigerung und auch bei der Abgabenlösung anfallen – vermieden werden können. Auch das Problem der Planungsunsicherheit besteht bei einer Gratisvergabe nicht mehr. Die Gratisvergabe weist jedoch ebenfalls einige Nachteile auf (vgl. auch Abschnitt 6.6.3):

- **Transaktionskosten:** Werden die Schadschöpfungszertifikate gratis an die Altemittenten abgegeben, führt erst ein Handel zwischen den einzelnen Emittenten zu einer effizienten Allokation. Transaktionskosten können jedoch verhindern, dass alle vorteilhaften Tauschhandlungen getätigt werden.
- **Gefahr von Marktzutrittsbeschränkungen:** Durch die Zuteilung der Emissionsrechte an die Altemittenten erhalten diese (im Gegensatz zu Neuemittenten) jährlich eine Knappheitsrente aus der Privatisierung dieser Rechte. Dieser Vermögensnachteil könnte den Marktzutritt für Neuemittenten beschränken.

Berechnungssystem korrekt ermittelt wird.

34 Bei der Versteigerung oder bei der Gratisabgabe wird implizit davon ausgegangen, dass die Ansprüche auf die Umwelt der Allgemeinheit (dem Staat) gehören. Der Staat stellt diese Ansprüche den Emittenten zur Verfügung.

35 Die Unabhängigkeit der Endallokation vom Zuteilungsverfahren lässt sich intuitiv damit erklären, dass der Preis, den der Käufer beim Kauf eines Zertifikates zu entrichten hat, einen einmaligen Transfer darstellt, der seine Grenzkosten nicht beeinflusst.

36 Vgl. Hilber (1994, 30ff.).

- **Bemessungsgrundlage:** Um Zertifikate in Höhe der bisherigen Schadschöpfung auszugeben, müssten genaue Daten über die einzelbetrieblichen Schadschöpfungen vorliegen. Dabei sollte zweckmässigerweise als Ausgangslage ein in der Vergangenheit liegender, nicht zu beeinflussender Zeitpunkt gewählt werden. Dies ist jedoch für den Flugverkehr nicht möglich, da die zurückliegende Schadschöpfung wegen Datenmangel nicht mehr zuverlässig berechnet werden kann. Die benötigten Daten müssten deshalb mit dem beschriebenen Berechnungsverfahren über ein oder mehrere Jahre erst ermittelt werden. Dabei besteht jedoch das Problem, dass die Fluggesellschaften dem Anreiz erliegen, zusätzliche Schadstoffe zu emittieren oder Umweltschutzinvestitionen bewusst zurückzuhalten.

  Dieses strategische Verhalten kann dadurch verhindert werden, dass ein anderes Zuteilungskriterium gewählt wird. Als Kriterien kommen etwa folgende Grössen in Betracht: die Wertschöpfung, die geflogenen Personenkilometer, die Transportleistung (in Tonnenkilometern) oder die Bewegungsleistung[37]. Je nach Kriterium erhält eine Fluggesellschaft einen unterschiedlichen Anteil an der Knappheitsrente aus der Privatisierung der Umweltgüter. Die Wahl des Kriteriums ist folglich eine Verteilungsfrage. Diese Frage bedingt ein Werturteil und muss politisch beantwortet werden. Bei der Wahl der Bemessungsgrundlage ist jedoch aus ökonomischer Sicht darauf zu achten, dass das Kriterium einfach zu erheben und nicht manipulierbar ist. Dadurch können falsche Anreize und hohe administrative Kosten verhindert werden.

f) Steuerung der Gesamtschadschöpfung im Zeitablauf

Werden unbefristet formulierte Zertifikate ausgegeben, kann das Gesamtschadschöpfungsniveau entweder durch Abwertung der Zertifikate oder durch Offenmarktpolitik einer europäischen Umweltbehörde gesteuert werden:

- **Abwertung der Zertifikate:** Die jährlich erlaubte Schadschöpfungsmenge wird über eine bestimmte Zeitspanne abgewertet (durch

---

37 Die Bewegungsleistung ist definiert als Produkt aus der Anzahl Bewegungen und dem maximal möglichen Abfluggewicht des jeweiligen Flugzeugs. Die Bewegungsleistung wird jeweils für eine Flugplan-periode aus den angemeldeten Linien- und Charterflügen ermittelt (Envico 1993, 4).

Senkung der Anzahl Schadschöpfungseinheiten pro Zertifikat), bis das gewünschte Ziel erreicht ist. Sofern die heutige Schadschöpfungsmenge geringer ist als die ökologisch kritische Schadschöpfungsmenge, wäre es aber auch denkbar, das Schadschöpfungsziel etwas über dem heutigen Schadschöpfungsniveau anzusetzen und die Zertifikate nicht abzuwerten. Erst wenn das Wachstum des Flugverkehrs ein ökologisch kritisches Ausmass erreicht hat, würde die Schadschöpfungserlaubnis zu einem knappen Gut, und es bildete sich ein entsprechender Knappheitspreis. Mit einem solchen Verfahren könnten die Übergangsprobleme, welche sich bei der Implementierungsphase eines Zertifikatesystems ergeben, vermieden werden. Da die Fluggesellschaften für ihre langfristigen Investitionsentscheidungen auf stabile Rahmenbedingungen angewiesen sind, wird der Abwertungspfad bereits bei der Erstausgabe der Zertifikate (z.B. für zehn Jahre) angekündigt. Es wird weiter darauf geachtet, dass den Fluggesellschaften ein bestimmter Zeitraum zugestanden wird, innerhalb dessen sie die nötigen Anpassungen vornehmen können. Dadurch werden Schockwirkungen innerhalb der Flugverkehrsbranche vermieden.

- **Offenmarktpolitik:** Anstelle einer Abwertung der Schadschöpfungszertifikate wäre eine Steuerung der Schadschöpfungsmenge über eine europäische Umweltbehörde denkbar. Ähnlich wie eine Zentralbank die Geldmenge reguliert, könnte die europäische Umweltbehörde als Marktteilnehmer Zertifikate kaufen und verkaufen und so die Schadschöpfungsmenge regulieren. Diese Massnahme hätte den Vorteil, dass die Fluggesellschaften weiterhin frei über ihre zugeteilte Schadschöpfungsmenge verfügen könnten, was die politische Durchsetzbarkeit erhöhen würde. Ein Aufkauf von Zertifikaten durch die europäische Umweltbehörde bei anfänglich freier Vergabe hat jedoch den Nachteil, dass öffentliche Ausgaben entstehen, welche der Allgemeinheit aufgebürdet werden. Dieses Instrument sollte deshalb mit Zurückhaltung angewendet werden.

g) Beteiligungsberechtigter Kreis

Bei der Ausgestaltung des Schadschöpfungszertifikatehandels stellt sich die Frage, ob Nichtemittenten zum Kauf und Verkauf von Zertifikaten zugelassen werden sollen. Wenn die Gesamtschadschöpfung durch politische Einflussnahme der Fluggesellschaften aus wohlfahrtstheoretischer Sicht zu hoch festgesetzt wird, so können diese Ineffizienzen durch das Handeln einzelner Individuen oder Gruppen korrigiert werden. Allerdings ist eine solche Korrektur unwahrscheinlich, da es sich bei den untersuchten Umweltgütern um internationale öffentliche Güter handelt.[38] Wenn sich die «optimale» Umweltqualität eindeutig bestimmen liesse und als Ziel formuliert würde, so hätte die Beteiligung von Nichtemittenten eine «Beeinträchtigung der Effizienz» zur Folge. Aufgrund unvollständiger Information über die tatsächlichen Kosten und Nutzen der Umweltgüter und somit über die «optimale» Umweltqualität können jedoch keine Aussagen über «Effizienzverbesserungen» oder «Effizienzbeeinträchtigungen» durch die Beteiligung von Privatpersonen oder Umweltgruppen gemacht werden.

h) Institutionelle Ausgestaltung

Die Zertifikatelösung kommt zwar einer reinen marktwirtschaftlichen Lösung sehr nahe. Sie entbindet jedoch die EU nicht von der Aufgabe, den institutionellen Rahmen festzulegen:

- **«Monitoring» (Überwachung der Emissionen):** Da die direkte Messung der Schadschöpfung am Flugzeug technisch nicht möglich ist, muss die Schadschöpfung der einzelnen Flüge durch das vorgeschlagene Berechnungssystem erfasst werden. Die Schadschöpfung wird bei der Landung direkt am Flughafen berechnet und dem Konto der Fluggesellschaft belastet. Weist eine Fluggesellschaft am Jahresende einen negativen Kontostand auf, wird sie automatisch mit einer Busse bestraft. Im Folgejahr wird dieser Fluggesellschaft der Fehlbetrag des letzten Jahres von der zugeteilten Schadschöpfungsmenge abgezogen.[39] Durch diese Massnahme wird (ebenso wie bei der Flexibilisierung der Gültigkeitsdauer der Schadschöpfungsgutschriften) eine kurzfristige Abhängigkeit vom Gutschriftenmarkt vermieden. Dadurch kann die Planungssicherheit und damit die Akzeptanz des Instruments bei den Fluggesellschaften erhöht werden, ohne dabei das ökologische Ziel zu gefährden. Gleichzeitig sinken die Transaktionskosten.

- **Handel an der Börse:** Hohe Transaktionskosten behindern die optimale Allokation der Schadschöpfungszertifikate. Wie aus dem

38 Vgl. dazu Tietenberg (1981, 642).
39 Diese Strafbestimmung lehnt sich an das US-amerikanische «Acid Rain»-Programm an (Rico 1993, 13).

Bereich der Unternehmensfinanzierung bekannt ist, können organisierte Märkte die Transaktionskosten zum Teil deutlich reduzieren.[40] Es ist deshalb zweckmässig, dass die Fluggesellschaften die Zertifikate und die Schadschöpfungsgutschriften an einer Börse handeln. Auf einen Ausdruck der Zertifikate wird dabei verzichtet. Die Übertragung des Eigentums erfolgt lediglich durch Eintrag in ein Zertifikatebuch. Durch den Börsenhandel werden die Knappheitspreise bei genügender Marktliquidität exakt gefunden.

- **Schadschöpfungs-Kontensystem:** Entsprechend den Eintragungen im Zertifikatebuch wird den Fluggesellschaften jährlich die erlaubte Schadschöpfungsgutschrift auf einem Konto gutgeschrieben, ähnlich einer Dividendenauszahlung einer Aktie auf ein Bankkonto. Ein Handel von Schadschöpfungsgutschriften wird direkt auf den Konten der betreffenden Fluggesellschaften registriert. Die zentrale Verwaltung des Kontensystems, welches mit dem Monitoring-System der Flughäfen verbunden ist, könnte einer Bank, z.B. der Europäischen Investitionsbank (EIB), übertragen werden.
- **Europäische Umweltbehörde:** Diese Behörde hätte den Auftrag, den Wettbewerb zu überwachen. Als Marktteilnehmer hätte sie zudem die Möglichkeit, Offenmarktpolitik zu betreiben.

6.5.3 Probleme

a) Wettbewerbspolitische Probleme

Die kosteneffiziente Realisierung eines Schadschöpfungsziels mit dem Instrument der Schadschöpfungszertifikate hängt entscheidend vom Funktionieren des Wettbewerbs auf dem Zertifikatemarkt ab. Es muss deshalb untersucht werden, in welchem Masse wettbewerbspolitische Probleme zu Effizienzverlusten führen können.

- **Illiquidität des Zertifikatemarktes und strategisches Verhalten:** Ein Problem bezüglich der Liquidität des Marktes könnte sich in der Zukunft dann ergeben, wenn weltweit eine Entwicklung hin zu *wenigen* grossen transnationalen Fluggesellschaften eintreten würde. Strategisches Verhalten der Fluggesellschaften bleibt aber auch in einem oligopolistischen Zertifikatemarkt unwahrscheinlich.

40 Vgl. Heister et al. (1991, 110).

Schadschöpfungsrechte sind nur ein Produktionsfaktor und ihr Aufkauf somit nur ein Wettbewerbsparameter unter vielen. Eine Fluggesellschaft könnte die Marktposition ihrer Konkurrenten ebenso gut dadurch beeinflussen, dass sie andere knappe Produktionsfaktoren aufkauft. Es wäre erheblich billiger, den Konkurrenten gezielt auf dem Flugverkehrsmarkt zu treffen, etwa durch Preisunterbietung. Bei jedem Versuch, den Zertifikatemarkt in seiner Form als Wertpapierbörse zu missbrauchen, müsste zudem mit dem Eingreifen der europäischen Umweltbehörde in das Marktgeschehen und mit Massnahmen der Börsenaufsicht gerechnet werden.

- **Staatliche Beteiligung an nationalen Fluggesellschaften:** Die nationalen Fluggesellschaften (flag carriers) stehen mehr oder weniger stark unter staatlichem Einfluss[41] und werden zum Teil als Instrumente der nationalen Politik betrachtet. Dies liegt unter anderem an der militärischen Bedeutung des Flugverkehrs und an nationalem Prestigedenken. Die staatlichen Fluggesellschaften verhalten sich nicht wie Gewinnmaximierer, sondern eher wie *«Prestigemaximierer»*. Wenn Fluggesellschaften ihre Emissionsrechte veräussern, nehmen sie grundsätzlich eine Verkleinerung ihres Betriebes und damit ihres Prestiges in Kauf. Da die ökonomischen Anreize zur Wahrnehmung von möglichen Kosteneinsparungen weitgehend fehlen, ist nicht sichergestellt, dass es zu einer Angleichung der Grenzvermeidungskosten kommt.[42]

- **Diskriminierung von Neuemittenten:** Da die zulässige Schadschöpfung durch Zertifikate beschränkt wird, entstehen *Knappheitsrenten*. Ein Emissionszertifikat kann als ein Wertpapier interpretiert werden, welches eine immerwährende jährliche Knappheitsrente verspricht. Für die Kapitalisierung der Knappheitsrente wird der Einfachheit halber angenommen, dass die Schadschöpfungserlaubnismenge pro Jahr nicht abgewertet wird, und dass aufgrund des Wachstums des Luftverkehrs die Knappheitsrente des ersten Jahres (KR_1) mit einer durchschnittlichen jährlichen Wachstumsrate w ansteigt.[43] Die jährlichen Renten werden mit dem Zinssatz i abdis-

41 Bei den meisten der 22 nationalen Fluggesellschaften in Europa ist der jeweilige Staat mitbeteiligt. Einzig die British Airways ist vollständig privat. Die Air France und die meisten südeuropäischen Fluggesellschaften befinden sich ganz in staatlichem Besitz (OECD 1988, 14ff.).

42 Allerdings unterliegen auch die staatlichen Fluggesellschaften einem gewissen Spardruck, denn auch die Regierungen können sich keine allzu grossen staatlichen Defizite leisten.

43 Aufgrund des Wachstums des Luftverkehrs ist zu erwarten, dass die Emissionsrechte knapper werden. Dadurch erhöht sich die Rente. Durch ökologische Innovationen und

kontiert. Der Preis eines Emissionszertifikates (P_Z) kann dann nach folgender Formel bestimmt werden:

$$P_z = \sum_{t=1}^{\infty} KR_1 \frac{(1+w)^t}{(1+i)^t} = KR_1 \frac{1+w}{1+i} + KR_1 \frac{(1+w)^2}{(1+i)^2} + ... = KR_1 \frac{1+w}{i-w}$$

für i > w.

Bei einer hohen Wachstumsrate w können die Emissionszertifikate einen sehr hohen Preis erlangen.

Bei der Erstzuteilung der Zertifikate nach dem Gratisvergabe-Verfahren erhalten die bestehenden Fluggesellschaften eine (vermutlich beträchtliche) Rente aus der Privatisierung des Schadschöpfungsrechts. Dies kann als ein einmaliger Vermögenseffekt für die Altemittenten interpretiert werden. Die potentiellen Neuemittenten können bei der Zuteilung der Emissionszertifikate nicht berücksichtigt werden, da sie zu diesem Zeitpunkt noch gar nicht Marktteilnehmer sind.[44] Durch den einmaligen Vermögenseffekt entsteht somit eine Ungleichbehandlung zwischen Neu- und Altemittenten. Die neu in den Flugverkehrsmarkt eintretenden Fluggesellschaften müssen jedoch nicht mit höheren Kosten kalkulieren als die Altemittenten. Die Neuemittenten bezahlen den Zertifikatepreis und die Altemittenten bezahlen in derselben Höhe Opportunitätskosten, da sie auf den Erlös aus dem Verkauf der betreffenden Zertifikate verzichten. Unter der Annahme vollständiger Konkurrenz bieten sowohl der Altemittent als auch der Neuemittent die Flugleistungen zu einem Preis gleich den privaten Grenzkosten an. Es entstehen keine Markteintrittsbarrieren. In einem oligopolistischen Markt könnte jedoch der Neueintritt einer Fluggesellschaft einen Preiskampf auf dem Flugverkehrsmarkt auslösen. Der einmalige Vermögenseffekt schafft dann «ungleich lange Spiesse». Die Altemittenten sind aufgrund des Vermögensvorteils eher im Stande, den Preiskampf zu überstehen als eine neueintretende Fluggesellschaft. Es handelt sich dabei um eine Art *«natürliche» Markteintrittsbarriere*. Etablierte Flug-

---

die dadurch ausgelöste Reduktion der Schadschöpfung könnte der Faktor w jedoch auch einen negativen Wert annehmen.

44 Als Zwischenlösung wäre denkbar, dass ein bestimmter Teil der Zertifikate gratis verteilt wird und ein anderer Teil für die Neuemittenten zur Gratisverteilung zurückbehalten wird. Dabei stellen sich jedoch zwei grundsätzliche Probleme: Erstens wird jeder Restbestand einmal aufgebraucht sein, womit die Ungleichbehandlung nur zeitlich verschoben, jedoch nicht aufgehoben wird. Zweitens wird jede bestehende Fluggesellschaft versucht sein, zusätzliche Emissionszertifikate nicht zu kaufen, sondern als Neuemittent aufzutreten und sich die Emissionszertifikate so gratis zu beschaffen (Staehelin-Witt & Spillmann 1992, 105).

gesellschaften haben aufgrund des gebildeten Kapitals Vorteile gegenüber potentiellen Konkurrenten, welche neu in den Markt eintreten wollen. In einem oligopolistischen Markt könnte durch die Verstärkung dieser natürlichen Markteintrittsbarriere die Gefahr erhöht werden, dass der Wettbewerb im Zeitablauf immer mehr an Dynamik einbüsst, um schliesslich in einen Zustand friedlichen Oligopolverhaltens einzumünden.

b) Transaktionskosten

Probleme könnten auftreten, wenn sich die Marktstruktur des weltweiten Flugverkehrs zur Form eines Oligopols entwickelt. Der Börsenbetrieb des Emissionszertifikatehandels könnte nicht mehr aufrecht erhalten werden, und die Transaktionen müssten einzeln ausgehandelt werden. Allerdings wären auch die pro Tauschgeschäft gehandelten Zertifikate- und Schadschöpfungsmengen vermutlich grösser, was die Transaktionskosten pro gehandelte Einheit sinken lässt. Grundsätzlich ist zu erwarten, dass die Transaktionskosten pro gehandelte Einheit mit der Zeit eher sinken werden. Die Emittenten gewinnen an Erfahrungen und Transaktionen werden zur Routine. Zudem ist zu erwarten, dass sich ähnlich wie beim «Acid Rain»-Programm private Dienstleistungen (Broker, Makler) entwickeln, um die Transaktionskosten zu reduzieren.[45]

c) Administrative Kosten

Bei der Emissionszertifikatelösung fallen neben den Transaktionskosten zusätzlich administrative Kosten bei der europäischen Umweltbehörde, bei der Bank, welche die Zertifikate und Konten verwaltet, bei den Flughafenbehörden und bei den Fluggesellschaften an.

- Europäische Umweltbehörde: Administrative Kosten entstehen der Umweltbehörde bei der Ausgabe der Zertifikate, bei der Entwicklung, Implementierung und Überwachung des Monitoring-Systems, bei der Wettbewerbsüberwachung sowie bei der Bussenverwaltung.
- Bank: Administrative Kosten entstehen im Zusammenhang mit der Kontenführung und der Verwaltung der Zertifikate.

45 Vgl. Rico (1993, 17).

- Flughafenbehörden: Bei den Flughafenbehörden entstehen administrative Kosten im Zusammenhang mit dem Betrieb des Monitoring-Systems.
- Fluggesellschaften: Neben den Transaktionskosten entstehen den Fluggesellschaften Informationskosten bei der Bestimmung des Bedarfs an Emissionszertifikaten und Kosten zur Erlangung eines Marktüberblicks.

Wenn sich die EU für ein bestimmtes zu erreichendes Schadschöpfungsziel entschieden hat, müssen bei einem Vergleich der verschiedenen umweltpolitischen Ansätze die nicht-instrumentenspezifischen Kosten (z.B. Kosten der Entwicklung und Implementierung des Monitoring-Systems) nicht mehr berücksichtigt werden. Emissionszertifikate sind somit einer polizeirechtlichen Regulierung dann vorzuziehen, wenn die Einsparungen bei den Vermeidungskosten grösser sind als die Transaktionskosten zuzüglich der zusätzlichen *instrumentenspezifischen* administrativen Kosten der Zertifikatelösung.[46] Die relative Vorteilhaftigkeit der Instrumente ist dabei abhängig von der Höhe des Reduktionsziels. Bei einem sehr hohen Reduktionsziel fallen die Einsparungen der Vermeidungskosten stärker ins Gewicht, da die administrativen Kosten kaum von der Höhe des Reduktionsziels abhängig sind.[47] Die Vorteile liegen dann eindeutig bei der Zertifikatelösung.

d) *Implementierungsprobleme*

Der Emissionszertifikatehandel ist ein relativ neuartiges umweltpolitisches Instrument. Es mangelt deshalb noch an konkreten Erfahrungen, wie ein solches Instrument implementiert werden soll. Die rechtlichen Grundlagen, welche den Zertifikateansatz überhaupt erst zulassen, müssen zuerst geschaffen werden. Dabei können komplexe *juristische* Probleme auftauchen. Daneben existieren aber auch (nicht-instrumentenspezifische) *naturwissenschaftliche* Probleme, etwa bei der Gewichtung der Schädlichkeiten der verschiedenen Schadstoffe, oder *technische* Probleme, z.B. bei der Entwicklung eines zuverlässigen Monitoring-Systems. Diese Implementierungsprobleme müssen sicherlich

46 Ein solcher Vergleich ist jedoch unvollständig, da die unterschiedlichen ökologischen Innovationsanreize der Instrumente (dynamische Anreizwirkungen) nicht mitberücksichtigt werden.

47 Es handelt sich um Fixkosten.

ernst genommen werden. Doch die Bedenken sind nicht so gewichtig, dass sie einen generellen Ablehnungsgrund darstellen.

In einer Einführungsphase bestehen auch erhebliche Unsicherheiten über die *ökonomischen* Auswirkungen des Instrumentes. Die bisher gratis erhaltenen Umweltnutzungsrechte werden plötzlich zu Kostenfaktoren. Dies kann zu Anpassungsproblemen bei den Fluggesellschaften führen. Dieses Problem wird noch dadurch verschärft, dass der Zertifikatemarkt (wie alle Märkte) eine bestimmte Zeit braucht, um sich zu entwickeln. Ein Handel mit Zertifikaten und Schadschöpfungsgutschriften wird nur zögernd einsetzen, und es werden sich zu Beginn keine einheitlichen Marktpreise bilden.[48] Es ist deshalb sinnvoll, den Fluggesellschaften einen bestimmten Zeitraum zuzugestehen, währenddessen sie die nötigen Anpassungen vornehmen können. Dies könnte durch eine stufenweise Abwertung der Zertifikate über mehrere Perioden erfolgen.

6.6 Schadschöpfungs-Lenkungsabgabe versus Schadschöpfungs-Zertifikatshandel

Die Einführung einer Schadschöpfungsabgabe ist ohne Zweifel allen Modellen einer Energie- oder Einzelstoff-Lenkungsabgabe (wie z.B. CO_2-Steuer) vorzuziehen. Denn erstens sollte die Schadschöpfung (d.h. die Umwelteinwirkung) und nicht die Wertschöpfung (d.h. das erwünschte Gut Nutzenergie) besteuert (d.h. bestraft) werden. Werte (z.B. Energie) können ja mehr oder weniger umweltbelastend erzeugt werden. Zweitens sollten Umweltprobleme umfassend und so effizient wie möglich gelöst werden. «Schwarzer-Peter-» (CO_2 ist an allem schuld.) und «Katz-und-Maus-Spiele» (Staat reguliert, Firmen weichen aus, Staat reguliert Ausweichstoff, Firmen weichen wieder aus usw.) sind deshalb zu verhindern. Sie kosten viel, verärgern alle und sind ökologisch unwirksam. Keine Frage, der Einbezug aller zu einem Problem beitragenden Stoffe ist unbedingt anzustreben.

Trotz aller unbestreitbaren Vorteile und positiven Eigenschaften einer Schadschöpfungsabgabe, ist jedoch zu bedenken, dass bei der heutigen Umweltsituation für sehr viele Anwendungsfälle Lenkungsabgaben gegenüber Zertifikatsmodellen Nachteile aufweisen.[49] Zu beachten ist insbesondere, dass Lenkungsabgabe-Lösungen Schwankun-

48 Vgl. Rico (1993, 15).

49 Für einen Einblick in die aktuellere, allgemeine Diskussion um Zertifikatslösungen vgl. z.B. Gawel (1993) und Huckestein (1993).

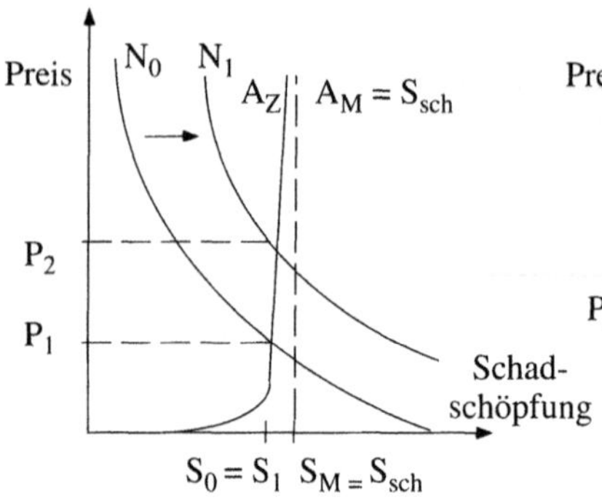

Abbildung 6.9a
Schadschöpfungs-Zertifikatshandel

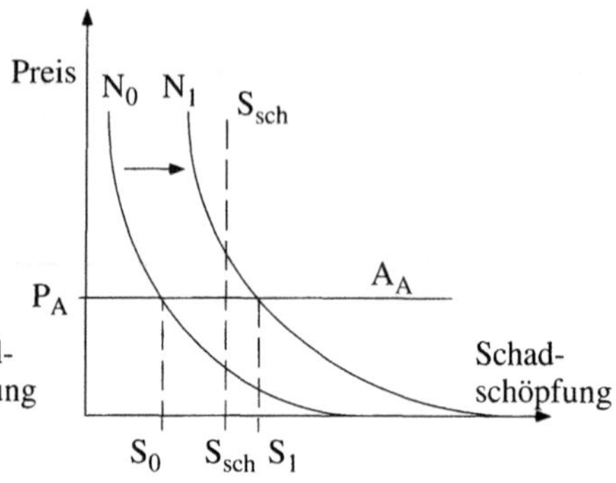

Abbildung 6.9b
Schadschöpfungs-Lenkungsabgabe

gen der gesamten Umweltbelastung (Schadschöpfung) infolge einer veränderten Wirtschaftslage zulassen (Abbildung 6.9b: Rechtsverschiebung von N_0 bzw. S_0 zu N_1 bzw. S_1). Dabei kann es ohne weiteres vorkommen, dass irreversible Umweltschäden verursacht (bzw. Schadensschwellen, z.B. S_{SCH} in Abbildung 6.9b, überschritten) werden. Dies ist nicht so bei Zertifikatslösungen.[50] Abbildung 6.9a zeigt, dass die maximale Umweltbelastung durch das Angebot an Schadschöpfungszertifikaten fixiert ist (senkrechte Angebotskurve = maximales Angebot A_M). Die verbriefte Emissionsmenge (inklusive einer Sicherheitsmarge) sollte idealerweise der ermittelten Schädlichkeitsschwelle entsprechen. Genauso wie eine Nachfrageerhöhung nach natürlicher Aufnahmekapazität für Emissionen die freie Aufnahmekapazität verknappt, beeinflussen Schwankungen in der Nachfrage nach Zertifikaten die Knappheit der Rechte und somit deren Preis, ohne die Erreichung des Umweltschutzziels zu gefährden. Zertifikatsmodelle sind direkter auf das Erreichen der hauptsächlichen Zielgrösse der Regulierung (Reduktion eines bestimmten Umweltrisikos) ausgerichtet. Sie garantieren die gewünschte Umweltqualität (z.B. S_{SCH}) durch die beschränkte Anzahl von Verschmutzungsrechten (A_M = maximales Angebot). Wie schon früher dargelegt, werden zu einem bestimmten Zeitpunkt nicht alle angebotenen Zertifikate (A_Z) auch tatsächlich für Emissionen genutzt werden ($A_Z < A_M$).

Wie aus der Abbildung 6.9b ersichtlich, vermögen Lenkungsabgaben die ökologische Zielerreichung im dynamischen Wirtschaftsgeschehen aufgrund dauernder Produktionsschwankungen und Techno-

50 Vgl. auch Perlis (1991).

logieänderungen hingegen nicht sicherzustellen (Schwankung der absoluten Schadschöpfung z.B. von S_0 nach S_1 in Abbildung 6.9b). In der Darstellung 6.9b würde z.B. die natürliche Kapazitätsgrenze S_{SCH} überschritten. Dafür bewirken Änderungen der Art und Menge von Emissionen keine Preisschwankungen (P_A ist konstant in Abbildung 6.9b, während in Abbildung 6.9a P_1 auf P_2 steigt). **Lenkungsabgaben sind somit ökologisch weniger effektiv (wirksam) als Zertifikatslösungen**; sie können aber gewisse denkbare Kosten für die Wirtschaft verhindern, da die maximalen Umweltbelastungen nicht gegen oben starr vorgegeben sind. So könnte ein Zertifikatshandelssystem bei einem wirtschaftlichen Boom zu einer solchen Verknappung der Ressource «Aufnahmekapazität Umwelt» führen, dass sie zum limitierenden Faktor wirtschaftlichen Wachstums würde. Bei dieser Argumentation ist jedoch zu bedenken, dass einem wirtschaftlichen Wachstum nur dann Grenzen gesetzt werden, wenn es nicht umweltverträglich (nachhaltig) ist. Auch können sich weitsichtige Unternehmungen durch den rechtzeitigen Kauf von Zertifikaten vorsehen. Es lässt sich folgern, dass Mengenlösungen vor allem unter Berücksichtigung von politischen, ökonomischen und ökologischen Unsicherheiten zu einer besseren Annäherung an ein Optimum führen als Preislösungen.[51]

Das Problem, dass Lenkungsabgaben zur Erhöhung der Staatsquote beitragen, oder dass eine Rückvergütung der Einnahmen vorgenommen werden muss (Modell Ökobonus und dessen Varianten), ist mit gutem Willen lösbar. Die damit verbundenen administrativen Kosten für Bürokratie und Firmen bleiben jedoch. Im Gegensatz hierzu können Zertifikate zwischen allen Wirtschaftssubjekten (privat) gehandelt werden. Emittenten müssen lediglich ihre Zertifikate gegenüber den Behörden vorweisen können. Zertifikatslösungen erfordern im Prinzip

51 Diese Aussage muss jedoch relativiert werden, wenn der Einfluss von Unsicherheit berücksichtigt wird. Die ökologische Treffsicherheit, die die Zertifikatelösung bietet, wird erkauft durch eine zusätzliche ökonomische Unsicherheit. Ob eine Verlagerung der Unsicherheit vom ökologischen in das ökonomische System von Vorteil ist, hängt aus wohlfahrtstheoretischer Sicht von der Anpassungsfähigkeit der beiden Systeme (und damit der relativen Steigungen der marginalen Umwelt- und Grenzvermeidungskosten) ab. Mengenlösungen führen unter Unsicherheit nur dann zu einer besseren Annäherung an die Optima als Preislösungen, wenn die Vermutung besteht, dass die Grenzvermeidungskosten mit zunehmender Vermeidung nur langsam ansteigen, andererseits aber die marginalen Umweltkosten mit zunehmender Verschmutzung rasch anwachsen. Mengenlösungen haben demzufolge Vorteile, wenn die Umweltverschmutzung bereits ein kritisches Ausmass erreicht hat. Vgl. Cansier (1988, 23ff.), Heister & Michaelis (1991, 78f.). Die Diskussion über bestimmte Eigenschaften der Preis- und Mengenfixierung bei Unsicherheit geht zurück auf Weitzman (1974). Vgl. dazu auch Baumol & Oates (1988, 57ff.), Roberts & Spence (1992, 240ff.).

weniger staatliche Administration (was nicht verhindert, dass auch hier künstlich Bürokratie aufgebläht werden kann). Auch ist bei Regulierungen von Preisen von Zeit zu Zeit die Höhe der Abgaben aktuellen Verhältnissen anzupassen. Dies dürfte in politischen, meist langwierigen Prozessen vonstatten gehen. Theoretisch betrachtet könnte die Höhe der Lenkungsabgabe (PSt) geänderten Verhältnissen angepasst und die Effektivität sichergestellt werden. Die staatspolitische Realität, nicht zuletzt angesichts der aktuellen Versuche, in den Vereinigten Staaten eine neue Steuer einzuführen, qualifiziert eine solche Idee jedoch als utopisch. Lenkungsabgaben sind demnach, insbesondere wegen der politischen Realitäten tendenziell weniger flexibel und effizient als Zertifikatslösungen.[52] Offen bleibt aber die moralische und semantische Frage, ob Emittenten mit Abgaben bestraft werden sollten oder das Recht zu emittieren käuflich sein sollte.[53]

Literatur

American Petroleum Institute (1990): The Use of Economic Incentive Mechanisms in Environmental Management. Washington: API.

Baumol, William J. & Oates, Wallace E. (1988): The Theory of Environmental Policy. Cambridge: Cambridge University Press.

Bernholz, Peter & Breyer, Friedrich (1984): Grundlagen der Politischen Ökonomie. Tübingen: Mohr.

Bonus, Holger (1976): «Möglichkeiten der Internalisierung externer Effekte als Instrument der Koordination von Umweltzielen und gesellschaftlichen Zielen». In: Albach, Horst (Hrsg.): Die Bedeutung gesellschaftlicher Veränderungen für die Willensbildung im Unternehmen. Schriften des Vereins für Socialpolitik, Bd. 88. Berlin: Duncker & Humblot, 207–226.

Braunschweig, Arthur; Förster, Ruth; Hofstetter, Patrick & Müller-Wenk, Ruedi (1994): Evaluation und Weiterentwicklung von Bewertungsmethoden für Ökobilanzen – Erste Ergebnisse. Diskussionsbeiträge. St. Gallen: Institut für Wirtschaft und Ökologie.

Browner, Carol (1995): «Final Rule Adds 286 Chemicals to TRI List». Chemical Marketing Report, Vol.246 (22), 3–5.

Bundesamt für Umweltschutz (Hrsg.) (1984): Ökobilanzen von Packstoffen. SRU, Nr. 24/84. Bern: BUS

Caldwell-Kenkel, Jane (1993): Discussion Session: Interpollutant Trading. Conference paper, 1/93. Seattle-Tacoma.

Cansier, Dieter (1988): «Öffentliche Finanzen im Dienst der Umweltpolitik. Neuere theoretische Ansätze». In: Charles B. Blankart, Dieter Cansier & Dietrich Dickertmann (Hrsg.): Öffentliche Finanzen und Umweltpolitik I. Berlin: Duncker & Humblot.

Dales, H. (1968): Pollution, Property and Prices. An Essay in Policy-Making and Economics. Toronto: University of Toronto Press.

Dao, James (1993): «A New, Unregulated Market: Selling the Right to Pollute». In: The New York Times 2.9.1993.

Envico AG (1993): Luftprogramm für den Kanton Zürich. Teilplan Flughafen. Massnahme Flugbetrieb. Zürich: Flughafen Zürich.

52 Vgl. z.B. auch Oates (1984).
53 Vgl. z.B. Thomas (1993).

Environmental Protection Agency (US EPA), Office of Pollution Prevention and Toxics (1991): Toxic Release Inventory. Reporting Form R and Instructions. Revised 1991 Version. Washington D. C.: EPA.
Erdmann, Georg (1992): Energieökonomik. Stuttgart: Poeschel.
Flierl, Karl (1993): «Ökobilanzen schaffen Ökoklarheit». Ciba-Magazin, Nr. 2, 11–15.
Frey, René L. (1972): «Umweltschutz als wirtschaftspolitische Aufgabe». Schweizerische Zeitschrift für Volkswirtschaft und Statistik, 108. Jg.
Frey, René L.; Staehelin-Witt, Elke & Blöchliger, Hansjörg (Hrsg.) (1991): Mit Ökonomie zur Ökologie. Basel: Helbling & Lichtenhahn.
Gawel, Erik (1993): «Die Emissionsrechtelösung und ihre Praxisvarianten – eine Neubewertung». Zeitschrift für Umweltpolitik und Umweltrecht (ZfU), Nr.1/93,31–54.
Goffman, Joseph (1993): «Less Acid Rain for the Buck». The New York Times 17.4.93.
Grimsted, Bradley; Schaltegger, Stefan; Stinson, Christopher & Waldron, Christopher (1994): «Environmental Impacts of Pollution Prevention». Pollution Prevention Review, Summer.
Guinée, G. & Heijungs, R. (1993): «Classification Factors for Toxic Substances Within the Framework of Life Cycle Assessment of Products». In: Chemosphere, Vol. 26, No. 10, 1925–1944.
Hahn, Robert W. & Hester, Gordon L. (1989): «Where Did All the Markets Go? An Analysis of EPA's Emissions Trading Program». In: Yale Journal on Regulation, Vol. 6, 109–153.
Hahn, Robert W. & Stavins, Robert N. (1991): «Incentive-Based Environmental Regulation: A New Era from an Old Idea?». Ecology Law Quarterly, Vol. 18, 1–44.
Hausker, Karl. (1992): «The Politics and Economics of Auction Design in the Market for Sulfur Dioxide Pollution». In: Journal of Policy Analysis and Management, Vol. 11, No. 4, 553–572.
Heijungs, R.; Guinée, G.; Huppes, R.; Lankreijer, H.; de Haes, U.; Wegener Sleeswijk, A.; Ansems, P.; Eggels, P.; van Duin, R. & de Goede, H. (1992a): Environmental Life Cycle Assessment of Products. Guide, Leiden: CML.
Heijungs, R.; Guinée, G.; Huppes, R.; Lankreijer, H.; de Haes, U.; Wegener Sleeswijk, A.; Ansems, P.; Eggels, P.; van Duin, R. & de Goede, H. (1992b): Environmental Life Cycle Assessment of Products. Backgrounds. Leiden: Centrum voor Milieukunde.
Heister, Johannes & Michaelis, Peter (1991): «Handelbare Emissionsrechte für Kohlendioxid». In: Zeitschrift für angewandte Umweltforschung, 4. Jg., H. 1, 68–80.
Heister, Johannes; Klepper, Gernot; Krämer, Hans R.; Michaelis, Peter; Mohr, Ernst; Neu, Axel D.; Schmidt, Rainer & Weichert, Ronald (1991): Umweltpolitik mit handelbaren Emissionsrechten. Tübingen: Mohr.
Hilber, Christian (1994): Chancen und Probleme eines europäischen Emissionszertifikatehandels im Flugverkehr. Lizentiatsarbeit, Wirtschaftswissenschaftliches Zentrum WWZ, Institut für Volkswirtschaft, Universität Basel.
Howe, Charles W. (1991): «An Evaluation of U.S. Air and Water Policies». In: Environment, Vol. 33, No. 7, 10–36.
Huckestein, Burkhard (1993): «Umweltlizenzen – Anwendungsbedingungen einer ökonomisch effizienten Umweltpolitik durch Mengensteuerung». In: Zeitschrift für Umweltpolitik und Umweltrecht (ZfU), Nr. 1/93, 1–29.
Kappeler, Beat (1995): «Mehr Markt für CO_2-Sünder. Mit einer Weltbörse für Verschmutzungsrechte das Umweltproblem meistern». Die Weltwoche, Vol. 12, 23. März.
Müller-Wenk, Ruedi (1978): Die ökologische Buchhaltung. Ein Informations- und Steuerungsinstrument für umweltkonforme Unternehmenspolitik. Frankfurt: Campus.
Oates, William E. (1984): «Economic Incentives for Environmental Management: The Recent U.S. Experience». In: Schneider & Sprenger (Hrsg.): Mehr Umwelt für weniger Geld. München: IFO-Institut für Wirtschaftsforschung.
OECD (1988): Deregulation and Airline Competition. Paris: OECD.
Ottoboni, Alice M. (1991): The Dose Makes the Poison. A Plain-Language Guide to Toxicology. New York: Van Nostrand Reinhold.
Pekelney, David (1993): «Emissions Trading: Applications To Improve Air and Water Quality». In: Pollution Prevention Review, Spring, 139–148.
Rico, Renée (1993): «United States' Experience in Designing and Implementing an Emission

Trading System for Sulfur Dioxide». Working Paper, Laxenburg: International Institute for Applied System Analysis (IIASA).
Roberts, Marc J. & Spence, Michael (1992): «Effluent Charges and Licenses under Uncertainty». In: Anil Markandya & Julie Richardson (Hrsg.): The Earthscan Reader in Environmental Economics. London: Earthscan, 240–252.
Sandor, Richard & Walsh, Michael (1993): «Environmental Futures: Preliminary Thoughts on the Market for Sulfur Dioxide Emission Allowances». Manuscript.
SCAQMD (South Coast Air Quality Management District) (1992): RECLAIM (Regional Clean Air Incentives Market). Diamond Bar, California.
Schaltegger, Stefan & Sturm, Andreas (1992): Ökologieorientierte Entscheidungen in Unternehmen. Ökologisches Rechnungswesen statt Ökobilanzierung: Notwendigkeit, Kriterien, Konzepte. Bern: Haupt (1. Auflage).
Schaltegger, Stefan & Sturm, Andreas (1994): Ökologieorientierte Entscheidungen in Unternehmen. Ökologisches Rechnungswesen statt Ökobilanzierung: Notwendigkeit, Kriterien, Konzepte. Bern: Haupt (2. überarbeitete und erweiterte Auflage).
Schaltegger, Stefan & Thomas, Tom (1993a): «Eine neue Dimension im Zertifikatshandel. Die Suche nach «Wechselkursen» zwischen Schadstoffen». In: Neue Zürcher Zeitung, 2. 4. 1993.
Schaltegger, Stefan & Thomas, Tom (1993b): «PACT für einen Schadschöpfungs-Zertifikatshandel». In: Zeitschrift für Umweltpoltik und Umweltrecht (ZfU), Heft 3/94, 357–381.
Schaltegger, Stefan & Thomas, Tom (1994): «Pollution Added Credit Trading (PACT)». WWZ-Discussion Paper No. 9410, April. Basel: WWZ.
Schaltegger, Stefan & Thomas, Tom (forthcoming): «Pollution Added Credit Trading (PACT). New Dimensions in Emission Trading». In: Ecological Economics.
Staehelin-Witt, Elke & Spillmann, Andreas (1992): Emissionshandel. Ein marktwirtschaftlicher Weg für die schweizerische Umweltpolitik. WWZ-Studie Nr. 40.
Stavins, Robert N. (1988): Project 88. Harnessing Market Forces To Protect Our Environment: Initiatives For The New President. Washington D.C.
Stavins, Robert N. (1991): Project 88 – Round II. Incentives for Action: Designing Market-Based Environmental Strategies. Washington D.C.
Stritt, Marc-Alain & Jeanrenaud, Claude (1992): L'effet des mesures de protection de l'environnement sur les coûts de production dans l'industries, Rapport sur les structures économiques. OFQC.
Thomas, Tom E. (1992): «The Political Implications of Environmental Privatization». Paper presented at the 1992 annual research conference of the Association for Public Policy Analysis and Management. Denver, Colorado.
Tietenberg, Tomas H. (1980): «Transferable Discharge Permits and the Control of Air Pollution: A Survey and Synthesis». In: Zeitschrift für Umweltpolitik und Umweltrecht (ZfU), Nr.1/80, 477–508.
Tietenberg, Thomas H. (1981): «Transferable Discharge Permits and the Control of Air Pollution: A Survey and Synthesis: Reply». In: Land Economics, Vol. 57, No. 4, 642–644.
Tietenberg, Tomas H. (1989): «Marketable Permits in the U.S.: A Decade of Experience». In: Roskamp, Karl W. (Ed.): Public Finance and the Performance of Enterprises. Detroit Michigan: Wayne State University Press.
Tietenberg, Thomas H. (1995): «Transferable Discharge Permits and Global Warming». In: Bromley, Daniel (Ed.): The Handbook of Environmental Economics, 317–378.
UNCTAD (1995a): Controlling Carbon Dioxide Emissions. The Tradeable Permit System. Geneva: UNCTAD/GID/11.
UNCTAD (1995b): Combating Global Warming. Possible Rules, Regulations and Administrative Arrangements for a Global Market in CO_2-Emission Entitlements, Genf: Unctad/GID/8.
UNCTAD (1995c): Combating Global Warming. Study on a Global System of Tradeable Carbon Emission Entitlements. Geneva: UNCTAD/RDP/DFP/1.
Vaterlaus, Stephan (1993): Wirtschaft und Umwelt Nordwestschweiz. Basel: BAK.
Veds, Lars & Nielsen, Henning (1993): Green Management. Herning: European Educational Publishers.
Victor, David G. (1991): «Limits of market-based strategies for slowing global warming: The case of tradeable permits». In: Policy Science, No. 24, 199–222.

Weitzman, Martin L. (1974): «Prices vs. Quantities». In: The Review of Economic Studies, Vol. 41, No. 4, 477–549.

Wurzel, Dietmar (1993): Schadstoffe in der Luftfahrt. Wirkung und Prävention – Ein Verbundprogramm von Forschung und Industrie. Köln: Deutsche Forschungsanstalt für Luft- und Raumfahrt.

Teil V

Beurteilung der Wirkung umweltpolitischer Instrumente

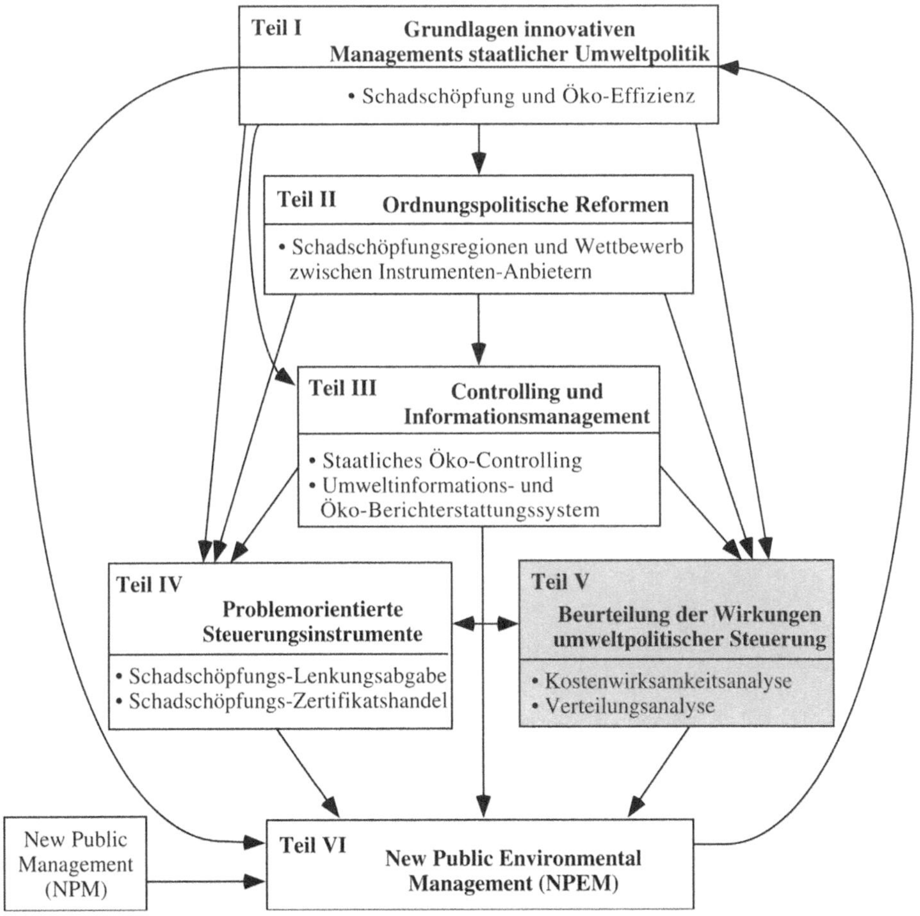

7 Kostenwirksamkeitsanalysen im Umweltschutz

Zusammenfassung

Eine moderne Umweltpolitik erfordert, dass diejenigen Instrumente eingesetzt werden, die mit gegebenen Kosten eine möglichst grosse Reduktion der Schadschöpfung (oder mit möglichst geringen Kosten eine vorgegebene Reduktion der Schadschöpfung) bewirken. Hierzu müssen mit Kostenwirksamkeitsanalysen die verschiedenen umweltpolitischen Instrumente unter dem Kriterium der ökonomisch-ökologischen Effizienz analysiert werden.

Mit Kostenwirksamkeitsanalysen wird überprüft, ob die aus theoretischer Sicht besten (d.h. marktwirtschaftlichen) Instrumente auch unter Berücksichtigung der in der Realität auftretenden Kosten alternativen Instrumenten vorgezogen werden sollen bzw. welche marktwirtschaftlichen Instrumente im spezifischen Anwendungsfall am geeignetsten sind.

Die bis jetzt durchgeführten Untersuchungen zeigen, dass das Kostenwirksamkeits-Verhältnis verschiedener Instrumente eine sehr grosse Spannweite aufweist. Die bisher einzige Untersuchung, die einen Schadschöpfungsindex als Grundlage für die Wirksamkeitsmessung hat, kommt zum Ergebnis, dass das beste Instrument eine um den Faktor 200 bessere Kostenwirksamkeit hat als das schlechteste Instrument. Marktwirtschaftliche Instrumente schneiden dabei bedeutend besser ab als Gebote und Verbote.

Der Einsatz von Kostenwirksamkeitsanalysen ermöglicht eine bessere Beurteilung der durch die Politiker vorgeschlagenen Instrumente. Tendenziell wird durch diesen Informationsmechanismus eine öko-effiziente Politik betrieben.

Staatliche Umweltschutzmassnahmen verursachen Kosten und Nutzen. Erfolgreiche Manager staatlicher Umweltpolitik müssen sicherstellen, dass nicht nur die Nutzen die Kosten übertreffen, sondern auch dass die Finanzmittel dort eingesetzt werden, wo der grösste Umweltnutzen erzielt wird.

Sowohl Kosten-Nutzen- als auch Kostenwirksamkeitsanalysen (KWA) werden seit Jahren in vielen Politikbereichen angewandt.[1] Das Ziel solcher Untersuchungen besteht darin, sicherzustellen, dass die knappen staatlichen Mittel allokationseffizient verwendet werden. Oder mit anderen Worten, das Geld soll dort eingesetzt werden, wo die grösstmögliche Zielerreichung realisiert werden kann. Werden die Kosten politischer Massnahmen und Programme den in Geld bezifferten Nutzen gegenübergestellt, so spricht man von einer Kosten-Nutzen-Analyse (KNA).[2] Die geldmässigen direkten Kosten können meist recht gut ermittelt werden.[3] Insbesondere im Umweltschutz lassen sich die Nutzen hingegen oftmals nicht oder nur unzureichend monetär quantifizieren. In solchen Fällen kann man sich mit der Messung der Wirksamkeit von Massnahmen behelfen. Die Wirksamkeit von Umweltschutzmassnahmen ist die schliesslich reduzierte bzw. verhinderte Schadschöpfung.[4] In der staatlichen Umweltpolitik steht hiermit die ökonomisch-ökologische Effizienz im Vordergrund.[5]

In diesem Kapitel wird die Frage diskutiert, inwiefern das Schadschöpfungskonzept der Durchführung von Kostenwirksamkeitsanalysen im Umweltschutz, d.h. der ökonomischen Analyse von Umweltschutzmassnahmen, dienlich sein kann.[6] Mit Kostenwirksamkeitsanalysen in der Umweltpolitik wird untersucht,

- welche unterschiedlichen Kosten

---

1 Vgl. z.B. Hanusch (1994), Mühlenkamp (1994).

2 Für einen Überblick über das Instrument der Kosten-Nutzen-Analyse vgl. z.B. Hanusch (1994), Hanusch u.a. (1987), Mühlenkamp (1994). Zu Nutzwertanalysen vgl. z.B. Bechmann (1978).

3 Im folgenden wird einfachheitshalber von Kosten des Umweltschutzes gesprochen. Es gibt selbstverständlich auch eine nicht zu unterschätzende Anzahl von Massnahmen, die zu Kosteneinsparungen oder sogar zu Erträgen führen können.

4 Es wird hier davon ausgegangen, dass umweltpolitische Strategien und Massnahmen zu einer Reduktion von Umwelteinwirkungen führt. In Wirklichkeit kommt es jedoch auch vor, dass z.B. die Herstellung und der Betrieb von Umweltschutzanlagen (z.B. gewisse Kehrichtverbrennungsanlagen) zu höheren Umwelteinwirkungen führen als sie an Schadschöpfung vermindern.

5 Zu den verschiedenen Effizienzkonzepten vgl. Kapitel 1.

6 Das folgende Kapitel konzentriert sich hierauf, obwohl analoge Überlegungen sich auch bei der ökologischen Beurteilung von anderen wirtschaftlich, politisch oder gesellschaftlich motivierten Handlungen vornehmen lassen. Für Beispiele betriebswirtschaftlicher Fragestellungen vgl. Schaltegger & Sturm (1994a).

- beim Einsatz alternativer Umweltschutzinstrumente
- zur Verbesserung der Umweltqualität «um eine Schadschöpfungseinheit» anfallen.

Es erstaunt, dass sich, mit einer in Abschnitt 7.3.2 diskutierten Ausnahme, Kostenwirksamkeitsanalysen für Umweltschutzmassnahmen bis heute ausschliesslich auf die Betrachtung einzelner Schadstoffe konzentrieren.[7] Dies, obwohl das Ziel von Kostenwirksamkeitsanalysen im Umweltschutz darin besteht, die Effizienz eines Instrumentes bezüglich der Verbesserung der allgemeinen Umweltqualität (oder zumindest der Bekämpfung eines Umweltproblems) und nicht nur bezüglich der Reduktion eines bestimmten Schadstoffes zu bestimmen. Mit einem gegebenen Budget soll eine möglichst grosse Verminderung von Umwelteinwirkungen oder ein gegebenes Reduktionsziel mit dem kleinsten finanziellen Aufwand erreicht werden. Die zweite Betrachtungsart dürfte von grösserer praktischer Bedeutung sein. So wird in der Umweltpolitik das Erreichen vorgegebener Grenzwerte und Frachtziele mit möglichst geringen Kosten häufiger diskutiert als der umgekehrte Fall.

In den folgenden zwei Abschnitten (7.1 und 7.2) wird die Methodik der Kostenwirksamkeitsanalyse in ihren Grundzügen dargestellt. Anschliessend wird ihre Anwendung am Beispiel zweier Untersuchungen von Luftreinhaltemassnahmen demonstriert (Abschnitt 7.3). Dabei wurde in einem Fall eine Schadschöpfungsbetrachtung vorgenommen. Das Kapitel wird mit einer Analyse zu erwartender Auswirkungen des Instrumentes auf die staatliche Umweltpolitik sowie einer Diskussion abgerundet, welche Anreize politische Akteure haben, Kostenwirksamkeitsanalysen im Umweltschutz einzusetzen oder zu bekämpfen (Abschnitt 7.4).

7.1 Prozess und Instrument der ökologischen Kostenwirksamkeitsanalyse

Die Grundvoraussetzung der Anwendung von Kostenwirksamkeitsanalysen im Umweltschutz ist, dass im politischen Prozess Umweltschutzziele (z.B. Immissionsgrenzwerte oder maximale Emissionsfrachten) oder maximale Budgets festgelegt sind (Abbildung 7.1). Sind diese Voraussetzungen erfüllt (was mit Frachtzielen und insbesondere Grenzwerten für viele Schadstoffe zweifelsohne der Fall ist), so müssen verschiedene mögliche Umweltschutzmassnahmen zusammengestellt (aufgelistet) werden.

---

7 Vgl. z. B. U.S. EPA (1991), Howe (1991).

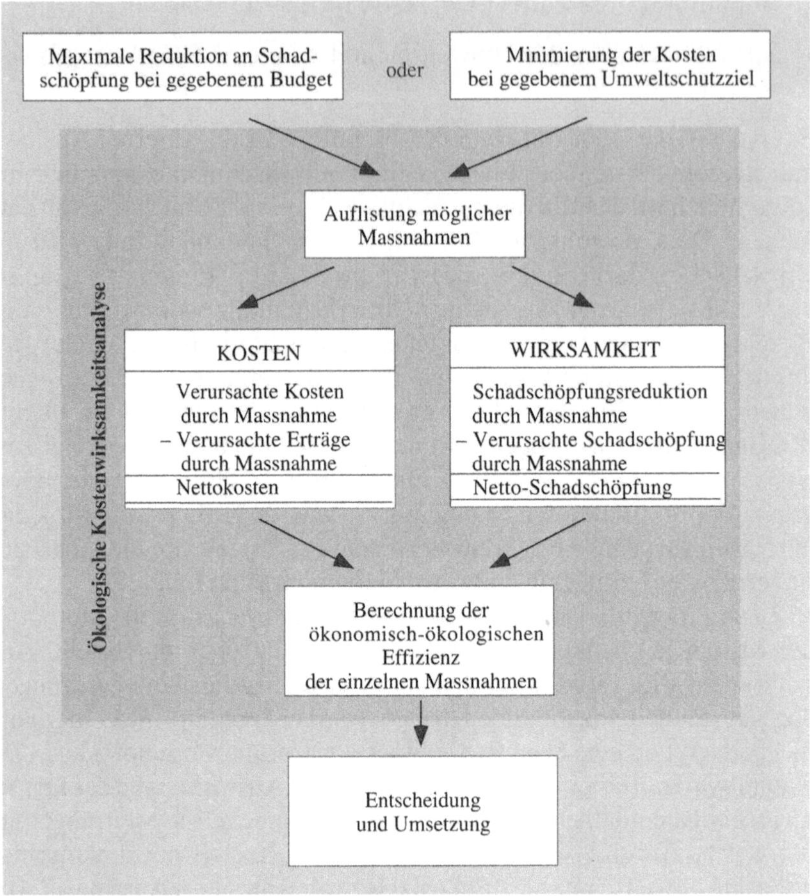

Abbildung 7.1
Prozess der ökologischen Kostenwirksamkeitsanalyse

Zur Beurteilung der ökonomisch-ökologischen Effizienz, d.h. der ökologischen Wirkung der eingesetzten finanziellen Mittel, sind zwei Berechnungen vorzunehmen. Erstens ist die Nettoreduktion der Schadschöpfung zu bestimmen. Dabei ist die durch eine Umweltschutzmassnahme bewirkte Erhöhung der Schadschöpfung (z.B. durch Betrieb und Herstellung einer Kehrrichtverbrennungsanlage verursachte Umweltbelastung) von der Schadschöpfungsverminderung (bzw. -vermeidung) zu subtrahieren.

Zweitens sind die Nettokosten zu ermitteln. Dabei sind Kosteneinsparungen und Erlöse von den Kosten der Massnahme zu subtrahieren.

Durch eine Gegenüberstellung der Nettoreduktion der Schadschöpfung und der Nettokosten kann die **ökonomisch-ökologische Effizienz** einer Alternative bestimmt werden. Demnach sind diejenigen Massnahmen zu bevorzugen, welche pro Franken Kosten die grösste Vermeidung an Schadschöpfung bewirken. Durch die Ermittlung des Beitrags zu einem bestimmten Umweltproblem oder durch die Berechnung der gesamten Schadschöpfung kann das Kriterium der Grenzvermeidungskosten nicht nur bezüglich einzelner Schadstoffe, sondern viel umfassender, nämlich bezüglich bestimmter Umweltprobleme bzw. der gesamten Schadschöpfung berücksichtigt werden.

$$\text{Ökonomisch-ökologische Effizienz} = \frac{NRS}{NK}$$

NRS = Nettoreduktion an Schadschöpfung durch die Massnahme
= Schadschöpfungsreduktion – verursachte Schadschöpfung

NK = Nettokosten der Massnahme
= Kosten – Kosteneinsparung – Erträge

Nach der Umsetzung der Massnahmen bedarf es einer laufenden Kontrolle der Wirkungen. Weichen die tatsächlichen Umweltqualitätsverbesserungen oder die wahren Kosten von den errechneten in beträchtlichem Ausmass ab, so müssen die unterschiedlichen Handlungsalternativen neu beurteilt werden.

Im folgenden werden einzelne methodische Aspekte etwas näher betrachtet. Dazu gehören Fragen der Ermittlung der finanziellen und ökologischen Wirkungen von Umweltschutzmassnahmen, die Bedeutung des Prinzips vergleichender Betrachtungen sowie die Abgrenzung der Kostenwirksamkeitsanalyse zur Kosten-Nutzen-Analyse.

7.2 Elemente der Kostenwirksamkeitsanalyse

7.2.1 Ermittlung der Kosten

Die Ermittlung von Kosten und Kosteneinsparungen ist in jenen Fällen kein Problem, wo *Marktpreise bestehen,* d.h. bei den auf Märkten angebotenen Waren und Dienstleistungen. «Ökonomen schliessen aus dem beobachteten Verhalten (dem freiwilligen Tausch von Geld gegen

Leistung), dass niemand für ein bestimmtes Gut einen Preis zahlen wird, der grösser ist als der Nutzen, den er aus dem Konsum dieses Gutes zieht. Man spricht deshalb auch von der «Präferenzaufdeckungsfunktion des Marktmechanismus».[8] So können beispielsweise die direkten volkswirtschaftlichen Kosten der Einführung des Katalysators mit dem Preisunterschied zwischen allen neuen Autos mit und allen neuen Autos ohne Katalysator berechnet werden.[9] Die Nettokosten einer Umweltschutzmassnahme ergeben sich aus den Kosten minus den Kosteneinsparungen.

Schwieriger wird es, wenn solche direkt beobachtbaren *Marktpreise fehlen,* also neben direkten auch indirekte finanzielle Wirkungen auftreten. Indirekte Kosten sind z.B. die oftmals vernachlässigten Transaktionskosten (TK), wie administrative Kosten zur Ein- und Durchführung einer Massnahme berücksichtigt werden.

$$NK_U = \Delta P_X * \Delta M_X - KE_U$$

NK_U = Nettokosten der Umweltschutzmassnahme
ΔPX = Preisunterschied des Gutes X aufgrund der Umweltschutzmassnahme
ΔM_X = Abgesetzte Menge bei neuem Preis
KE_U = Kosteneinsparungen durch die Umweltschutzmassnahme (Erlöse, Erträge, Nutzen = negative Kosten)

Nach der Einführung einer neuen Regelung entstehen aufgrund institutioneller Rigiditäten Anpassungskosten (AT), z.B. in Form von Umgewöhnung, Informationssuche, Ausbildung, Durchsetzung usw. sowie der Überprüfung der Einhaltung und der erzielten Resultate. Diese indirekten Kosten können je nach Handlungsalternative stark voneinander abweichen und die Attraktivität einer Massnahme entscheidend beeinflussen. Dabei kann festgehalten werden, dass marktwirtschaftliche Instrumente (wie z.B. Lenkungsabgaben) in der Regel geringere Aufwendungen für die Durchsetzung verursachen als polizeirechtliche Massnahmen. Letztere benötigen oft häufige und intensivere Kontrollen für ihre wirksame Umsetzung.

Die Nettokosten berechnen sich dann aus der Summe der direkten und indirekten Kosten abzüglich der Kosteneinsparungen.[10]

---

8 Pommerehne & Römer (1992, 172).

9 Sofern von gleichen Entsorgungskosten ausgegangen werden kann. Andernfalls sind diese dem Preisunterschied zwischen einem Auto ohne und einem Auto mit Katalysator zuzurechnen.

$$NK_U = \text{direkte Kosten} + \text{indirekte Kosten} - KE_U$$

NK_U = Nettokosten der Umweltschutzmassnahme
KE_U = Kosteneinsparungen durch die Umweltschutzmassnahme (Erlöse, Erträge, Nutzen = negative Kosten)

Gewisse Massnahmen können entgegengesetzte Kostenwirkungen zur Folge haben. So kann z.B. eine Herabsetzung der Höchstgeschwindigkeit für Lastwagen auf Autobahnen gleichzeitig mit höheren Zeiterfordernissen (= Kostenerhöhung) und einer geringeren Unfallgefahr (= Kosteneinsparung) einhergehen. Die Wertschätzung für solche Auswirkungen kann oft nicht direkt beobachtet werden und ist individuell unterschiedlich. Informationen über ihre Grösse müssen aus dem Verhalten der Individuen (indirekte Verfahren der Präferenzerfassung) ermittelt oder direkt (direkte Verfahren wie Befragungen oder Budgetspiele) abgefragt werden.[11] Trotz der mittlerweile guten theoretischen Fundierung solcher Methoden, sind genaue Schätzungen nicht möglich. Allerdings weisen verschiedene Untersuchungen der Bewertung von Zeit-, Unfall-, Lärm- und auch Umweltkosten sehr ähnliche Grössenordnungen auf.[12] So werden z.B. die Zeitkosten im Berufs- und Pendlerverkehr üblicherweise mit dem durchschnittlichen Lohnsatz pro Stunde bewertet, während im Freizeit- und Einkaufsverkehr der Ansatz mindestens um die Hälfte tiefer liegt.[13]

$$NK_U = \Delta P_X * MX + (IK + TK + AK) - KE_U$$

NK_U = Nettokosten der Umweltschutzmassnahme
ΔP_X = Preisunterschied des Gutes X durch die Umweltschutzmassnahme
M_X = Abgesetzte Menge des Gutes X mit neuem Preis
IK = Intangible, nicht ökologische, externe Kosten, die nicht in der Schadschöpfung berücksichtigt sind
TK = Transaktionskosten zur Ein- und Durchführung der Massnahme
AK = Anpassungskosten durch institutionelle Rigiditäten

10 Theoretisch kann auch zwischen direkten und indirekten Kosteneinsparungen unterschieden werden.
11 Zu einer kurzen Übersicht sozio-ökonomischer Bewertungsmethoden vgl. Kapitel 1 sowie Staehelin-Witt (1993).
12 Für einen Überblick vgl. Pommerehne (1987), Pommerehne & Römer (1992).
13 Vgl. Bretschger et al. (1993, 33).

KE_U = Kosteneinsparungen durch die Umweltschutzmassnahme
(Erlöse, Erträge, Nutzen = negative Kosten)

Eine weitergehende Ermittlung der Kosten einer Umweltschutzmassnahme wird neben den direkten Kostenwirkungen, auch Effekte auf Drittmärkte (z.B. besser erholte Arbeitskraft und höhere Arbeitsleistung) und nicht internalisierte externe Kosten[14] berücksichtigen, die nicht in der Schadschöpfung erfasst sind (z.B. bessere Erholung dank Ruhe im Garten).

In der Praxis werden viele indirekte Kosten und Nutzen der betrachteten Umweltschutzmassnahmen nicht detailliert erfasst oder berechnet werden können. Sie lassen sich jedoch oft abschätzen. Für ökologische Kostenwirksamkeitsanalysen entscheidend ist, dass bei allen Alternativen die gleichen indirekten Kosten und Nutzen betrachtet werden und dass keine resultatverschiebenden Effekte unberücksichtigt bleiben. Es ist aufgrund methodischer Schwierigkeiten und der hiermit entstehenden Kosten der Entscheidungsvorbereitung davon auszugehen, dass die Anwender die indirekten finanziellen Wirkungen nicht oder nur in ungefähren Grössenordnungen berücksichtigen können.

7.2.2 Ermittlung der Wirksamkeit

Die grundsätzliche Vorgehensweise zur Ermittlung der Schadschöpfung wurde in Kapitel 1 dargelegt. Wie bei der Ermittlung der Kosten einer Umweltschutzmassnahme kann auch bei den ökologischen Auswirkungen unterschieden werden in potentielle:

- direkte Schadschöpfungswirkungen
- indirekte Schadschöpfungswirkungen

Die **direkte, unmittelbare ökologische Wirkung** einer Umweltschutzmassnahme sollte zweckgemäss durch eine Reduktion der Schadschöpfung gekennzeichnet sein. Da hierfür oftmals Anlagen, Installationen, Werkzeuge usw. sowie organisatorische und betriebliche Änderungen

---

14 Technologische externe Effekte sind Nutzen und Kosten die bei Dritten anfallen, jedoch nicht im Preissystem enthalten sind. Pekuniäre externe Effekte hingegen sind «Preiseffekte, die entstehen, wenn es aufgrund von einer Änderung im Faktorangebot oder der Nachfrage zu einer Reallokation von Ressourcen kommt». Zur Beurteilung der gesamten ökonomischen Auswirkungen einer Massnahme sind nicht nur die technologischen, also die nicht internalisierten Effekte zu berücksichtigen. Vgl. dazu Blöchliger & Staehelin-Witt (1993, 52f.).

erforderlich sind, werden nicht nur Umwelteinwirkungen reduziert, sondern auch zusätzlich verursacht. Es stellt sich also die Frage, ob überhaupt bzw. wie stark die Massnahmen umweltentlastend wirken. Dies lässt sich mit der durch eine Umweltschutzmassnahme bewirkten Nettoreduktion an Schadschöpfung bzw. der ökologischen Effizienz ermitteln.

$$NS_U = RS_D - VS_D$$

NS_U = Nettoreduktion an Schadschöpfung durch die Umweltschutzmassnahme
RS_D = Direkt reduzierte Schadschöpfung
VS_D = Durch Umweltschutzmassnahme direkt verursachte Schadschöpfung

---

Wurde mehr Schadschöpfung reduziert als verursacht, so ist die Nettoreduktion der Schadschöpfung positiv und die Umweltschutzmassnahme bzw. -politik sinnvoll.

$$NS_U = RS_D + RS_I - VS_D - VS_I$$

NS_U = Nettoreduktion an Schadschöpfung durch die Umweltschutzmassnahme
RS_D = Direkt reduzierte Schadschöpfung
RS_I = Indirekt reduzierte Schadschöpfung
VS_D = Durch Umweltschutzmassnahme direkt verursachte Schadschöpfung
VS_I = Durch Umweltschutzmassnahme indirekt verursachte Schadschöpfung

---

Neben direkten Schadschöpfungswirkungen gibt es auch **indirekte ökologische Wirkungen** durch induzierte Verhaltensänderungen geographischer (z.B. Ausweichen auf andere Ortschaften, Regionen, Standorte usw.), institutioneller (z.B. Verlagerung der umweltbelastenden Aktivität auf andere Institutionen)[15] oder marktlicher Natur (z.B. Änderung des Angebots oder Nachfrageverschiebung auf andere Güter- oder Faktormärkte).

15 Durch eine Verlagerung der Entscheidungskompetenzen auf höhere Ebenen besteht die Gefahr, dass weniger problemadäquate Instrumente eingesetzt werden und die Kosten sich erhöhen.

Auch kann die Einführung einer Umweltschutzmassnahme zur Reduktion von Schadschöpfung bei anderen z.B. vor- oder nachgelagerten Produktionsprozessen führen. Wie auch bei der Erfassung finanzieller Wirkungen wird aufgrund methodischer Schwierigkeiten und grosser Erhebungskosten in der Regel auf die systematische Berücksichtigung indirekter Schadschöpfungswirkungen verzichtet werden. Es ist aber unschwer zu vermuten, dass die indirekten Effekte verschiedener Massnahmen beträchtliche Unterschiede aufweisen und somit die Vorziehenswürdigkeit stark beeinflussen können. Auch hier gilt der Grundsatz, dass alle miteinander zu vergleichenden Alternativen bezüglich des gleichen Spektrums an Schadschöpfungseinflüssen untersucht und keine reihenfolgenverschiebende Aspekte ausgelassen werden sollten.

7.2.3 Vergleichende Analyse mit oder ohne Prinzip

Nicht alle Verhaltensänderungen der Individuen auf bestimmte staatliche Massnahmen erfolgen sofort. Eine vollständige Anpassung an die neuen Gegebenheiten erfolgt i.d.R. erst längerfristig (z.B. Wohnortanpassung wegen teurerer Mobilität). Daher muss nicht primär die kurzfristige, sondern die mittel- und langfristige Wirksamkeit zu verschiedenen Zeitpunkten in der Zukunft (z.B. in 5 oder 10 Jahren) betrachtet werden. Die Beurteilung von zum Zeitpunkt t0 eingeführten Massnahmen hat deshalb zu einem Zeitpunkt in der Zukunft (t1) zu erfolgen, indem die wichtigsten Anpassungsprozesse bereits stattgefunden haben (vgl. Abbildung 7.2).

Es ist dabei aber unzulässig, die **zukünftige** Situation **mit Massnahmen** mit der **heutigen** Situation **ohne Massnahmen** zu vergleichen. In der Abbildung 7.2 entsprechen die durchgekreuzten Linien dieser zu vermeidenden Vorgehensweise (Vergleiche ohne Prinzip). Denn auch die Entwicklung des Status Quo (d.h. ohne Massnahmen) auf den entsprechenden Zeitpunkt hin muss entsprechend berücksichtigt werden (exogene Faktoren wie z.B. quantitatives Wirtschaftswachstum mit entsprechend stärkerer Umweltbelastung, Erhöhung der Anzahl Autos, Freihandel mit grösserer Arbeitsteilung und somit mehr Gütertransporten usw.). Die Situation in der Zukunft ist nun aber mit Unsicherheit behaftet. Deshalb ist es sinnvoll, **unterschiedliche Zukunftsszenarien** zu berücksichtigen (Szenario 1 = S1, Szenario 2 = S2).

Zweckmässige Vergleiche (Analyse mit Prinzip) sind in Abbildung 7.2 mit b_1 und b_2 bezeichnet. Die Reihenfolge der günstigsten Massnahmen kann sich aufgrund des Einbezugs unterschiedlicher Zukunftsszenarien ändern. Dieses Vorgehen ist nah verwandt mit der Durchfüh-

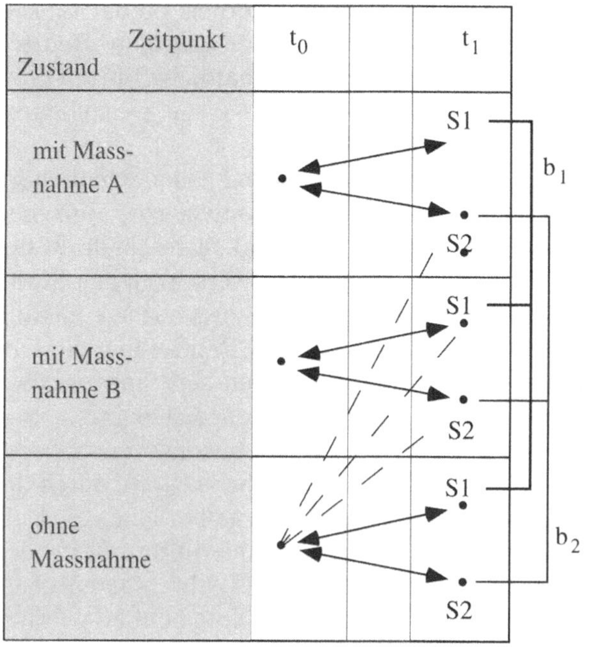

Abbildung 7.2
Kostenwirksamkeitsvergleiche mit und ohne Prinzip

rung einer Sensitivitätsanalyse: Durch die Berücksichtigung unterschiedlicher, zukünftiger Werte für exogene Variablen wird die Empfindlichkeit der Resultate (d.h. der Kosten und der ökologischen Wirksamkeiten) untersucht. Führen nur kleine Änderungen in den exogenen Faktoren zu grossen Abweichungen in den Resultaten (d.h. dem Kostenwirksamkeitsverhältnis), so nimmt die Verlässlichkeit der Aussagen stark ab, und es drängt sich eine Überprüfung der zugrunde gelegten Methodik auf. Bewirken hingegen unterschiedliche Szenarien kaum Änderungen in der Reihenfolge der günstigsten Massnahmen und Umweltschutzstrategien, so ist dies ein Indiz für die hohe Verlässlichkeit der Untersuchung.

7.2.4 Abgrenzung zur Kosten-Nutzen-Analyse

Die Erweiterung der Kostenwirksamkeitsanalyse führt zur Kosten-Nutzen-Analyse.[16] In letzterer wird zusätzlich eine monetäre Bewertung der Wirksamkeiten oder Nutzen angestrebt. Dies würde nicht nur eine Rangierung (relative Rangierung) der einzelnen Instrumente er-

16 Zur Kosten-Nutzen-Analyse vgl. z.B. Hanusch et al. (1987).

lauben, sondern es könnte zudem festgestellt werden, ob der Einsatz eines Instrumentes überhaupt einen Nettonutzen (absolute Beurteilung) abwirft, d.h. ob der zusätzliche volkswirtschaftliche Nutzen grösser ist als die zusätzlichen volkswirtschaftlichen Kosten, welche durch den Einsatz des Instrumentes entstehen.

In unserem Falle wäre die monetäre Bewertung einer Schadschöpfungseinheit notwendig, um den monetären Nettonutzen der einzelnen Instrumente zu ermitteln. Eine andere Möglichkeit bestände in der monetären Bewertung der Schäden, welche die verschiedenen Stoffe verursachen (z.B. der Schaden den eine Tonne zusätzliche Emission von NO_2 verursacht). Unter Verwendung eines Beurteilungsmodells kann dann der Wert einer Schadschöpfungseinheit berechnet werden. Zu beiden Varianten sind noch keine Untersuchungen bekannt.

Es existieren wohl Untersuchungen zur Wertschätzung von sauberer Luft.[17] Die schwache Fühlbarkeit der einzelnen Schadstoffe durch die Individuen hat aber in den zitierten Studien dazu geführt, dass die Luft mit Prädikaten bewertet wurde (z.B. «genügende» Luftqualität oder «Ferienluft»). In einer zweiten Stufe wurde die Zahlungsbereitschaft für eine Verbesserung der Luftqualität um eine Note oder eine Prädikatsstufe ermittelt. Eine Verwendung dieser Ergebnisse zur Bewertung einer Schadschöpfungseinheit ist aufgrund der Art und Weise der Ermittlung der subjektiven Wertschätzung der Luftqualität nicht möglich.

Neben den erwähnten praktischen limitieren auch theoretische Aspekte die Anwendbarkeit der Kosten-Nutzen-Analyse. In methodischer Hinsicht ist zu erwähnen, dass viele Nutzen nur sehr schwer bewertbar sind (z.B. Reduktion von tödlichen Krankheiten aufgrund weniger Luftverschmutzung, sogenannte intangible Nutzen) und teilweise moralische Bedenken gegen Bewertungen erhoben werden. Auch hat die Wahl der Diskontierungsrate einen grossen Einfluss auf die Resultate. Ihre einigermassen exakte Ermittlung ist aber praktisch unmöglich. Bei Betrachtungen mit langfristigem Zeithorizont (z.B. beim Treibhauseffekt) haben jedoch schon kleine Unterschiede in der Diskontierungsrate massive Auswirkungen auf das Ergebnis. Je nach Fall kann auch der Aufwand und der Zeitbedarf einer Kosten-Nutzen-Analyse sehr gross werden.

Zusätzlich muss beachtet werden, dass ein Unsicherheitsbereich sowohl in der Gewichtung als auch in der monetären Bewertung zu einem sehr grossen Vertrauensintervall der Resultate führen kann. Es

17 Vgl. Schulz (1985), für die Stadt Zürich: Schelbert et al. (1988), Bretschger et al. (1993).

ist aber zu hoffen, dass die intensive Forschung in beiden Gebieten verlässlichere Ergebnisse hervorbringt.

Für die staatliche Umweltpolitik ist beim heutigen Stand der Forschung die Kostenwirksamkeitsanalyse der Kosten-Nutzen-Analyse vorzuziehen.

7.3 Praxisanwendung ökologischer Kostenwirksamkeitsanalysen

7.3.1 Kostenwirksamkeit bei einem Schadstoff

Von der U.S. Environmental Protection Agency (EPA) wurden in den letzten Jahren verschiedene ökologische Kostenwirksamkeitsanalysen zu ihren eigenen umweltpolitischen Programmen erstellt.[18] Im Vordergrund der Untersuchungen steht dabei das «Saubere Luft Programm» (Clean Air Act), in dessen verwaltungsrechtlicher Dokumentation sogar ein Leitfaden zu Kosten-Wirksamkeitsanalysen («Guidance on Cost-Effectiveness») eingebunden ist (Abb. 7.3).

Zentraler Diskussionsgegenstand in dieser Leitlinie ist die kostengünstige Reduktion von emittierten Leitsubstanzen für photochemischen Smog. Wie auch andere in den U.S.A.[19] und Europa[20] erstellte Studien beziehen sich die Ausführungen ausschliesslich auf einzelne Emissionen, insbesondere Stickoxide (NO_X), Kohlenwasserstoffe (VOC), Staub (PM) und Schwefeldioxid (SO_2). Nur vereinzelt, wie im Falle des Leitfadens zum Clean Air Act, wird ein Bezug zu den durch die Emissionen verursachten Umweltproblemen (in diesem Fall photochemischer Smog in Kalifornien) gemacht. Das in Abbildung 7.3 dargelegte «Verfahren zur Selektion kostenwirksamer Kontrollstrategien» sieht in einem ersten Schritt die Erstellung eines Emissionsinventars der Schadstoffe NO_X und VOC, sowie die Modellierung der Verfrachtungen der Emissionen vor.

Auf Basis dieser Daten werden die Emissionsreduktionsziele (als Frachten in Tonnen) bestimmt. Die Suche und Entwicklung von Emissionskontrollmassnahmen sowie die Ermittlung der Kostenfunktionen dienen dann als Grundlage, um für jede Alternative die Vermeidungs-

18 Interessante Ausführungen sind z.B. in Walton & Basala (1981) oder EPA (1991) zu finden.

19 Vgl. z.B. Howe (1991).

20 Vgl. z.B. Stritt & Jeanrenaud (1992).

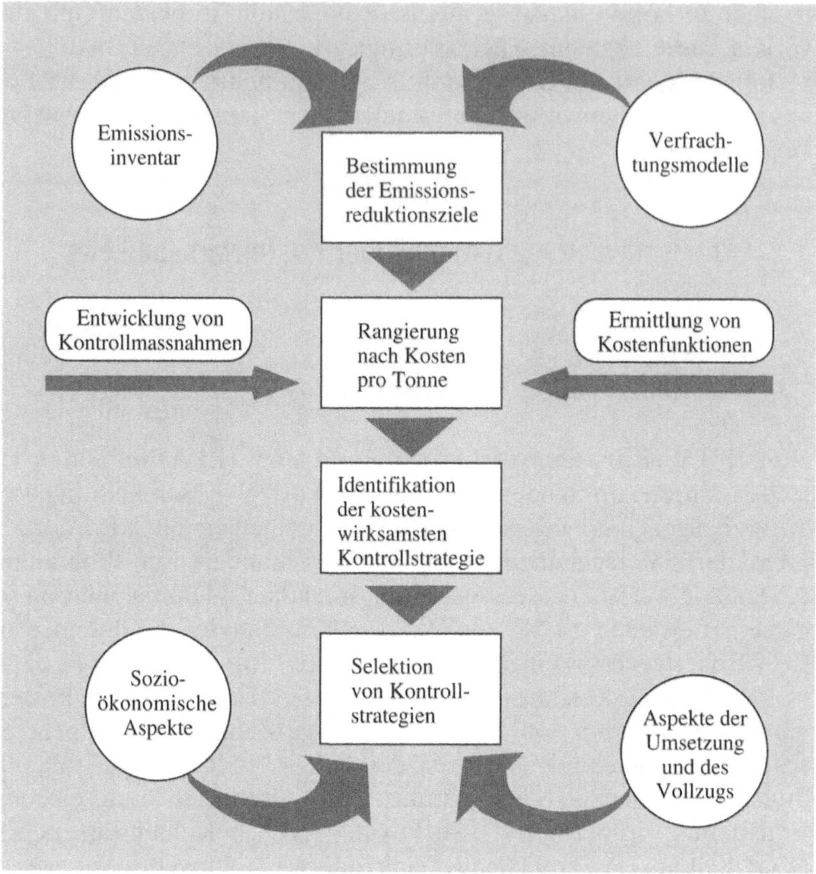

Abbildung 7.3
Verfahren der U.S. EPA zur Selektion kostenwirksamer Kontrollstrategien (ähnlich EPA 1991, 10)

kosten pro Tonne zu berechnen. Nachdem die kostengünstigste Strategie identifiziert wurde, erfolgt eine Selektion unter Berücksichtigung sozio-ökonomischer Aspekte sowie der Umsetzungs- und Vollzugschancen. Die Anwendung dieser Kostenwirksamkeitsanalyse hat zu bedeutenden Ergebnissen geführt. So konnten alleine bei verschiedenen Massnahmen zur Verminderung von einer Tonne VOC-Emissionen Unterschiede in den Grenzkosten zwischen 400$ und 20'000$ evaluiert werden, was einem Verhältnis zwischen den relativen Kostenwirksamkeiten der betrachteten Alternativen von 1:50 entspricht![21]

21 Siehe EPA (1991, 18).

Im Lichte einer effizienten Bekämpfung von Umweltproblemen gewinnt dieses Resultat noch mehr an Brisanz, wenn man Studien in Betracht zieht, die Unterschiede in der ökologischen Kostenwirksamkeit von Massnahmen zur Reduktion *unterschiedlicher* Emissionen von ca. 1:14 bis zu 1:200 ermitteln.[22]

7.3.2 Schadschöpfungsorientierte Kostenwirksamkeit

Eine praktische Umsetzung einer Kostenwirksamkeitsanalyse unter Berücksichtigung der Schadschöpfung nehmen Bretschger u.a. für den Kanton Zürich vor.[23] Sie berechnen die Kostenwirksamkeit von 14 Instrumenten der aktuellen und zukünftigen Luftreinhaltepolitik unter Zuhilfenahme einer Modells der Ökobilanzierung. Anschliessend stellen sie die Instrumente einander gegenüber und ermitteln so die kostengünstigsten Varianten zur Erreichung einer bestimmten Reduktion der Luftbelastung. Die Gewichtung der einzelnen Schadstoffe erfolgte mit einem sozio-politisch orientierten Modell[24]. Die Ermittlung der Gewichtungsfaktoren beruht auf Emissionsfrachtzielen, die z.T. anhand von Immissionsgrenzwerten errechnet wurden. Die gegenseitige Beeinflussung der Instrumente wurde ebenso berücksichtigt wie Szenarien für die sehr kurzfristigen (1994) als auch für längerfristige Wirkungen (Jahr 2000).

Die Resultate zeigen, dass mit den günstigsten Massnahmen ein sehr grosser Teil der Luftbelastung reduziert werden kann. So können, vereinfacht ausgedrückt, mit 20% der Kosten über 80% des gesamten Reduktionspotentials aller untersuchten Massnahmen ausgeschöpft werden. Zu den effizientesten Instrumenten gehören laut der Studie die Sanierung von Heizungen, die Katalysatoreinführung, eine VOC-Lenkungsabgabe von 5 CHFkg, die Sanierung der Benzinumschlagskette, eine Treibstofflenkungsabgabe von 1 CHF/l. sowie der Einbau von Entstickungsanlagen bei der Kehrichtverbrennung. Vergleichsweise weniger erfolgreich schneiden Wärmepumpen, Gebäudeisolationen, Anwohnerbevorzugung und Temporeduktionen von Personenwagen ab. Abbildung 7.4 zeigt beispielhaft auf, wie kostenwirksam (Franken pro Ökopunkt[25]) die untersuchten 14 Instrumente im Jahr 2000 wären.[26] Auffallend sind die massiven Unterschiede in der Kostenwirksamkeit

22 Vgl. z.B. Howe (1991), Stritt & Jeanrenaud (1992) und die dort zitierte Literatur.
23 Bretschger et al. (1993).
24 Es handelt sich um die Methode der «ökologischen Knappheit» (Ahbe et al. 1990).
25 Ein Ökopunkt der zitierten Studie entspricht methodisch dem hier verwendeten Begriff der Schadschöpfungseinheit.
26 Bretschger et al. (1993, 49).

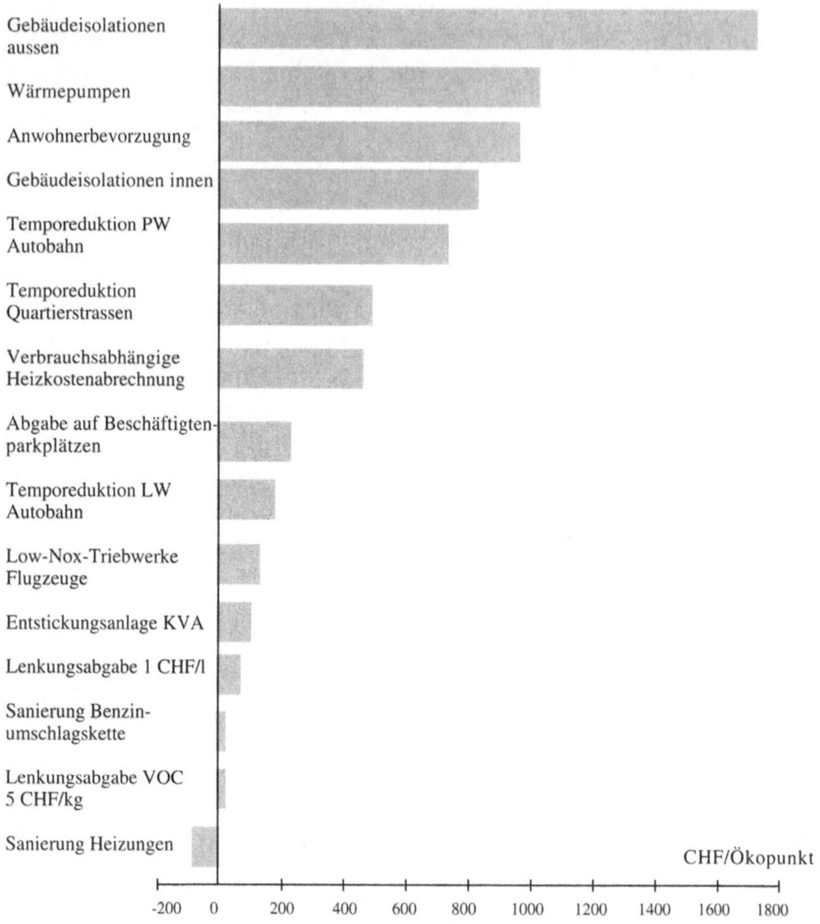

Abbildung 7.4
Kostenwirksamkeit von Massnahmen der Luftreinhaltepolitik im Kanton Zürich (Quelle: Bretschger et al. 1993)

der einzelnen Instrumente um teilweise mehr als den Faktor 200! Die negativen Kosten der Kategorie «Sanierung Heizungen» sind mit den durch die Energieeinsparung entstehenden Erträgen zu erklären.

Eine Sensitivitätsanalyse zeigt, dass die Ergebnisse bei Variation der exogenen Faktoren relativ stabil sind: Geringe Reaktionen zeigen nur die Attraktivität von Temporeduktionen bei einer veränderten Bewertung der Zeit und Energiesparmassnahmen im Gebäudebereich bei alternativen Szenarien für den zukünftigen Erdölpreis sowie für die Wahl des Zinssatzes.

Ein Schwachpunkt der Studie liegt sicher darin, dass nur ein Gewichtungsmodell verwendet wurde. Zwar wurde eine Variation der Gewichtungsfaktoren vorgenommen. Für die Beurteilung der Verlässlichkeit der Ergebnisse wäre es jedoch zweifelsohne wesentlicher, eine Analyse der Sensitivität der Resultate auf andere Beurteilungsmethoden vorzunehmen. Dies insbesondere auch, um die Anzahl der berücksichtigten Schadstoffe (in die Untersuchung wurden Stickoxide, flüchtige organische Verbindungen, Schwefeldioxid, Kohlenmonoxid, Kohlendioxid, Staub und Russ integriert) zu erweitern.

Eine Betrachtung eines Umweltmediums kann zwar sinnvoll sein, angesichts der grossen Unterschiede in der räumlichen Dimension von Umweltproblemen dürfte aber vor allem auch die Anwendung eines Klassifikations- und Charakterisierungsmodells interessante Ergebnisse liefern. Eine spezifischere Problemorientierung könnte anhand der in Kapitel 1 aufgeführten Einwirkungskategorien erfolgen. Auch ist es durchaus denkbar, dass verschiedene gesamthaft weniger effiziente Massnahmen bezüglich gewisser Umweltprobleme sehr wirksam sind.

Interessant wäre auch eine detailliertere Analyse der Auswirkungen unterschiedlicher Abgabesätze bei den Lenkungsabgaben (was bei den flüchtigen Kohlenwassserstoffen auch gemacht wurde). Damit könnte ein Bereich für einen sinnvollen Abgabesatz ermittelt werden und die Diskussion um die optimale Höhe der Lenkungsabgabe fruchtbar bereichert werden.

Nichtsdestotrotz stellt die hier besprochene Studie eine interessante erste Anwendung einer an der Schadschöpfung ausgerichteten Kostenwirksamkeitsanalyse dar. Sie ermöglicht, die vielen, in der aktuellen Politik diskutierten Instrumente nach dem Kriterium der ökonomisch-ökologischen Effizienz einheitlich und transparent zu beurteilen.

7.4 Politische Implikationen

Das hier besprochene Instrument der schadschöpfungsorientierten Kostenwirksamkeitsanalyse steht in enger Interaktion mit der politischen Sphäre. Einerseits wird die Kostenwirksamkeitsanalyse den Politikern als Instrument zur Verfügung gestellt, das ihren Handlungsspielraum verändert (Abschnitt 7.4.1). Als neues Evaluationsverfahren in der Umweltpolitik, erweitert das Instrument den Spielraum der Politiker und der Verwaltung. Die durch das Instrument verbesserte Information im laufenden politischen Prozess, engt ihn hingegen wieder ein. Andererseits versuchen natürlich die Politiker und Interessengruppen das Instrument zu ihren Gunsten zu beeinflussen (Abschnitt 7.4.2). Dies betrifft vor allem die Frage der Gewichtung sowie die Auswahl der betrachteten Umwelteinwirkungen.

7.4.1 Implikationen des Instrumentes auf die Politik

Der Einsatz der Kostenwirksamkeitsanalyse in der Umweltpolitik erhöht die Kenntnisse über die ökonomisch-ökologische Effizienz von Handlungsalternativen im Umweltbereich. Damit verbessert sich die Information der Entscheidungsträger im laufenden politischen Prozess.[27] Der Regierung und der Verwaltung wird ermöglicht, die kostengünstigsten Instrumente zur Erreichung eines gegebenen Umweltqualitätszieles auszuwählen. Dies ist insbesondere deshalb von Bedeutung, weil der ineffiziente Einsatz von Geldern gerade im Umweltschutz aufgrund fehlender Transparenz und Wirksamkeitsuntersuchungen sowie Ergebniskontrollen weit verbreitet ist. Dies wurde im wesentlichen auch aus der Studie von Bretschger u.a. (1993) ersichtlich. Werden solche Untersuchungsresultate nun breiten Bevölkerungsschichten bekannt und verständlich gemacht, so steigt auch der Druck der Wähler, kostengünstigere Instrumente einzusetzen. Die Wiederwahlrestriktion der Politiker und der Druck von Gesetzesreferenden und Verfassungsinitiativen engt den Handlungsspielraum der Politiker ein. Der Vorliebe der Verwaltung für polizeirechtliche Massnahmen können damit gewisse Einschränkungen gesetzt werden. Je besser zugänglich und je verständlicher die Informationen über die Kosten und Wirkungen der eingesetzten Instrumente und Massnahmen sind und je direkter die Demokratie ausgestaltet ist, umso stärker wirken die Restriktionen und der Druck.

Gelingt in einer späteren Phase auch die monetäre Bewertung einer Schadschöpfungseinheit, so ist eine erhöhte Kenntnis über die Präferenzen der Individuen (d.h. über ihre Bewertung von Umweltschäden) vorhanden. Es kann – zumindest theoretisch – eine optimale Menge an Umweltverschmutzung[28] ermittelt werden. Politische Parteien, die ja danach streben, Wahlen zu gewinnen, nutzen diese Informationen. Sie können durch eine Orientierung an den aufgedeckten Wählerpräferenzen im Umweltschutzbereich ihre Wahlchancen erhöhen. Diese Orientierung beinhaltet eine Anpassung des umweltpolitischen Programms

---

27 Für eine ausführliche Darstellung der Rolle der Information im laufenden politischen Prozess vgl. Frey, B.S. & Kirchgässner (1994, 361ff.).

28 Zum Konzept der optimalen Umweltverschmutzung vgl. Baumol & Oates (1988) oder Blöchliger & Staehelin-Witt (1993, 50).

in Richtung der von den Wählern als optimal empfundenen Umweltverschmutzung. Der Wettbewerb zwischen den Parteien wird somit intensiver. Dies führt zu einer stärkeren Berücksichtigung der Präferenzen der Individuen im laufenden politischen Prozess. Die Umweltpolitik wird transparenter und deshalb besser auf das von den Wählern gewünschte Ausmass ausgerichtet.

7.4.2 Implikationen der Politik auf das Instrument

Allerdings werden sich Interessengruppen, deren Angehörige eine grosse Schadschöpfung verursachen und bisher relativ wenig von Umweltschutzmassnahmen betroffen waren, gegen die Einführung der Kostenwirksamkeitsanalyse wehren. Einerseits kann dies auf der Ebene der Verwaltung geschehen oder der Einfluss kann im politischen Bereich geltend gemacht werden. Die Gegner der Kostenwirksamkeitsanalyse werden vor allem auf die zentrale Problematik der Gewichtung aufmerksam machen und dies als elementare Schwäche darstellen. Es ist zu erwarten, dass Gegengutachten (unter Verwendung anderer Gewichtungsmodelle, unterschiedlicher Systemabgrenzungen, Nutzungsperioden usw.) erstellt werden, die zu konträren Resultaten führen. Diese gezielte Gegeninformation vermag eventuell eine Abschwächung des Einflusses der Kostenwirksamkeitsanalyse im laufenden politischen Prozess zu bewirken. Mit einer Anwendung unterschiedlicher, sich konkurrierender Beurteilungsmodelle kann auf dieses Argument reagiert werden. Dabei kann die Kostenwirksamkeitsanalyse nur dort, wo die Resultate nicht in grossem Ausmasse voneinander abweichen, als seriöse Entscheidungshilfe angewendet werden. Gelänge langfristig die heute von internationalen Organisationen z.T. angestrebte Standardisierung von Vorgehensweisen und evtl. sogar Beurteilungsmodellen, so würde auch die Kostenwirksamkeitsanalyse im Umweltschutz an Einfluss gewinnen.

Einsparungen durch effizienteren Umweltschutz könnten für eine weitere Verbesserung der Umweltqualität oder andere Zwecke (z.B. Steuersenkungen, Wahlgeschenke usw.) eingesetzt werden. Würden die durch einen effizienten Umweltschutz eingesparten Gelder für Steuersenkungen eingesetzt, so dürfte dies zu Standortvorteilen führen. So profitieren die ansässigen Firmen und die Bevölkerung von weniger externen Kosten und tieferen Steuerbelastungen. Hinzu kommt die Gewissheit, dass eine effiziente Umweltpolitik durchgeführt wird, was das Vertrauen in die politischen Institutionen erhöht. Die Wettbewerbsfähigkeit des Standortes (Region) erhöht sich.

Auf der anderen Seite ist die Erarbeitung einer effizienten Umweltschutzpolitik mit positiven externen Effekten für andere Nationen verbunden. So sind die Resultate der Prioritätensetzungen und Massnahmenevaluationen öffentlich zugänglich, weshalb andere Regierungen davon profitieren könnten, ohne die Kosten der Durchführung der ökologieorientierten Kostenwirksamkeitsanalysen tragen zu müssen. In der Folge besteht die Gefahr, dass die Anwendung von Kostenwirksamkeitsanalysen in der Umweltpolitik ein «Unterangebot» erfährt, d.h. sie wird zuwenig durchgeführt. Hier könnten z.B. auch Umweltschutzorganisationen einspringen, die an einem möglichst widerstandsarmen und effizienten Vollzug des Umweltschutzes interessiert sind.

Literatur

Ahbe, Stefan; Braunschweig, Arthur & Müller Wenk, Ruedi (1990): Methodik für Ökobilanzen auf der Basis der ökologischen Optimierung. Bericht der Arbeitsgruppe Ökobilanz. Bern: BUWAL.

Baumol, William J. & Oates, Wallace E. (1988): The Theory of Environmental Policy. New York: Cambridge University Press.

Bechmann, Armin (1978): Nutzwertanalyse, Bewertungstheorie und Planung, Bern: Haupt.

Blöchliger, Hansjörg & Staehelin-Witt, Elke (1993): «Öffentliche Güter, Externalitäten und Eigentumsrechte». In: Frey, René L. u.a. (Hrsg.): Mit Ökonomie zur Ökologie. Basel: Helbing & Lichtenhahn.

Bretschger, Lucas; Buse, Ingo; Mäder, Stefan; Schleiniger, Reto & Schelbert, Heidi (1993): Saubere Luft im Kanton Zürich: Leitlinie für eine effiziente Luftreinhaltepolitik. Zürich: Zürcher Kantonalbank.

Frey, Bruno S. & Kirchgässner, Gebhard (1994): Demokratische Wirtschaftspolitik. München: Vahlen.

Frey, René L. (1993): «Strategien und Instrumente». In Frey, René L. u.a. (Hrsg.): Mit Ökonomie zur Ökologie. Basel: Helbing & Lichtenhahn.

Hanusch, Horst (1994): Nutzen-Kosten-Analyse. München: Vahlen.

Hanusch, Horst; Biene, P. & Schlumberger, M. (1987): Nutzen-Kosten-Analyse. München: Vahlen.

Howe, Charles (1991): «An Evaluation of U.S. Air and Water Policies». Environment, September, 10–36.

Leipert, Christian (1991): Die volkswirtschaftlichen Kosten der Umweltbelastung. Aus Politik und Zeitgeschichte, März 1991, 26–36.

Mühlenkamp, Holger (1994): Kosten-Nutzen-Analyse. München: Oldenbourg.

Pommerehne, Werner W. & Römer, Anselm (1992): Ansätze zur Erfassung der Präferenzen für öffentliche Güter. Jahrbuch für Sozialwissenschaft, 43, 171–210.

Schaltegger, Stefan & Sturm, Andreas (1991): Methodik der ökologischen Rechnungslegung in Unternehmen, WWZ-Studie Nr. 33. Basel: WWZ.

Schaltegger, Stefan & Sturm, Andreas (1992a): Ökologieorientierte Entscheidungen in Unternehmen. Ökologisches Rechnungswesen statt Ökobilanzierung: Notwendigkeit, Kriterien, Konzepte. Bern: Haupt. (1. Auflage).

Schaltegger, Stefan & Sturm, Andreas (1994a): Ökologieorientierte Entscheidungen in Unternehmen. Ökologisches Rechnungswesen statt Ökobilanzierung: Notwendigkeit, Kriterien, Konzepte. Bern: Haupt. (2. überarbeitete und aktualisierte Auflage).

Schelbert, Heidi; Maggi, Rico (1988): Wertvolle Umwelt. Ein wirtschaftswissenschaftlicher Beitrag zur Umwelteinschätzung in Stadt und Agglomeration Zürich. Zürcher Kantonalbank.

Schulz, Werner (1985): Der monetäre Wert besserer Luft. Frankfurt/Main: Lang.
Staehelin-Witt, Elke (1993): Bewertung von Umweltgütern. In: Frey u.a. (Hrsg.): Mit Ökonomie zur Ökologie. Basel: Helbing & Lichtenhahn.
Stritt, Marc-Alain & Jeanrenaud, Claude (1992): L'effet des mesures de protection de l'environnement sur les coûts de production dans l'industrie. Rapport sur les structures économiques. OFQC.
U.S. EPA (Environmental Protection Agency), Ambient Standards Branch, Air Quality Management Division (1991): The Clean Air Act Section 183 (d) Guidance on Cost-Effectiveness. Research Triangle Park: EPA.
Walton, Thomas & Basala, Allen C. (1981): «Cost-Effectiveness Analysis and Environmental Quality Management». U.S. Environmental Protection Agency, Office of Air Quality Planning and Standards. Research Triangle Park: N.C.

8 Verteilungsanalysen im Umweltschutz

Zusammenfassung

Umweltpolitische Massnahmen haben immer auch Verteilungswirkungen zur Folge. Die Kosten müssen von bestimmten Gruppen getragen werden und die Nutzen der verbesserten Umweltqualität sind (je nach Abgrenzung der betrachteten Gruppen) nicht gleichmässig verteilt. Verteilungsanalysen identifizieren Gewinner und Verlierer in der Umweltpolitik und erlauben gezielte Kompensationen.

Der Nutzen umweltpolitischer Massnahmen fällt in Relation zum Einkommen bei allen Einkommensschichten etwa in gleichem Ausmass an. Bei der Messung des Nutzens ist von Bedeutung, dass nicht lediglich ein Leitschadstoff, sondern die gesamte Schadschöpfung berücksichtigt wird. Damit können Über- bzw. Unterschätzungen gewisser Effekte vermieden werden.

Verteilungswirkungen haben ihre Ursache auch in der Verletzung der fiskalischen Äquivalenz. Das Postulat der fiskalischen Äquivalenz fordert eine Übereinstimmung der Gruppe der Nutzniesser mit den Kreisen der Entscheidungs- und Kostenträger. Verschiedene Gruppen, welche die Umwelt belasten, tragen die von ihnen verursachten Schäden nicht oder nur ungenügend. Bezüglich der räumlichen Dimension von Umweltproblemen bezweckt das Prinzip der fiskalischen Äquivalenz eine Verminderung von Spillovers (räumliche externe Effekte) und die Bildung von Problemlösungs-Cluster. Problemlösungs-Cluster dienen der Zusammenführung von Nutzniessern, Kosten- und Entscheidungsträgern.

Umweltbelastungen und Umweltschutzmassnahmen haben immer einen Einfluss auf die Verteilung von Einkommen (Wohlstand) und Lebensqualität (Wohlfahrt). Einzelne Gruppen profitieren, andere verlieren. Verteilungsanalysen (auch als Inzidenzanalysen bezeichnet) decken die Wirkungen von Umweltbelastungen bzw. Umweltschutzmassnahmen auf. Sie zeigen, wer besser gestellt wird und wer eine zusätzliche Last zu tragen hat. Im Gegensatz zu den in den in Teil IV behandelten Instrumenten und dem Evaluationsverfahren der Kostenwirksamkeitsanalyse von Kapitel 7 steht nicht die allokative Effizienz, sondern die distributive Wirkung von Umweltschutzmassnahmen im Vordergrund. Verteilungsanalysen können durch die Identifikation von Gewinnern und Verlierern auch die Durchsetzbarkeit von Umweltschutzmassnahmen verbessern, indem entsprechende Kompensationen an die Verlierer geleistet werden.[1]

Von grosser Bedeutung ist die Abgrenzung der betrachteten Gruppen, welche nach vielfältigen Kriterien denkbar ist. Dabei steht in vielen Fällen die soziale Verträglichkeit, d.h. eine Abgrenzung nach dem Einkommen im Vordergrund.

In Abschnitt 8.1 erfolgt eine Beschreibung des Vorgehens und möglicher Ansatzpunkte bei Verteilungsanalysen im Umweltschutz, untermauert mit empirischen Beispielen. Die Übertragung des Schadschöpfungskonzepts auf die Analyse der Verteilungswirkungen ist Gegenstand von Abschnitt 8.2, verbunden mit einer Kritik am traditionellen Vorgehen. Das Kapitel schliesst mit einem Fazit in Abschnitt 8.3.

8.1 Vorgehen und mögliche Ansatzpunkte

Bei Verteilunganalysen sind im wesentlichen vier Vorgehensschritte bzw. Fragestellungen zu unterscheiden (Tabelle 8.1):

- Definition des Untersuchungsgegenstandes und der zu analysierenden Verteilungswirkungen (Was wird untersucht?)
- Abgrenzung der betrachteten Gruppen oder Regionen (Wer wird untersucht?)
- Physische versus monetäre Indikatoren (Welche Indikatoren sollen gewählt werden?)
- Erhebung und Beurteilung der Verteilungswirkungen (Wer trägt die Lasten und wer profitiert in welchem Ausmass?)

1 Vgl. Frey, R.L. (1985).

8.1.1 Untersuchungsgegenstand und Verteilungswirkungen

Bezüglich des *Untersuchungsgegenstands* von Verteilungsanalysen lassen sich zwei Ansatzpunkte unterscheiden:

- *Erstens* können die Umverteilungswirkungen von **Umweltbelastungen** betrachtet werden. Die Fragestellung lautet dabei, wer eine Umweltbelastung verursacht und von wem sie getragen wird.
- *Zweitens* können die Umverteilungswirkungen von **Umweltschutzmassnahmen** ermittelt werden. Dabei interessiert, wer die Kosten einer Massnahme trägt und wer daraus in Form verbesserter Umweltqualität Nutzen zieht.

Dabei sind verschiedene Verteilungswirkungen zu beobachten:[2]

- Einerseits entstehen Kosten, die von bestimmten Gruppen getragen werden müssen (sog. **Kosteninzidenz**). Von den Kosten von Massnahmen zur Reduktion von Umweltbelastungen sind nicht alle gleich betroffen. Eine Treibstoffpreiserhöhung im Personenverkehr wird nicht von denselben Gruppen getragen wie der Filtereinbau bei Industrieanlagen.
- Andererseits entsteht bei Umweltschutzmassnahmen auch ein Nutzen durch die verbesserte Umweltqualität (sog. **Nutzeninzidenz**). Davon profitieren je nach Massnahme unterschiedliche gesellschaftliche Gruppen oder verschiedene Regionen.
- Zur gesamtheitlichen Beurteilung einer umweltpolitischen Massnahme muss der Nettoeffekt von Kosten und Nutzen betrachtet werden (sog. **Nettoinzidenz**).

Im folgenden stehen bei der Beurteilung der Verteilungswirkungen durch Umweltbelastungen die Kosteninzidenz und bei Verteilungswirkungen durch Umweltschutzmassnahmen die Nutzeninzidenz im Zentrum der Betrachtungen. In diesem Zusammenhang wird eine Schadschöpfungsbetrachtung relevant, da die Veränderung der Umweltqualität die Kosten- und die Nutzeninzidenz wesentlich bestimmt. Der Einbezug des Schadschöpfungskonzeptes ist bei der Beurteilung der Umweltqualität sinnvoll, wie bereits in Kapitel 1 ausgeführt wurde.

---

2 Vgl. Spillmann (1994, 20ff.).

8.1.2 Abgrenzung betrachteter Gruppen

Ein zentrales Element einer Verteilungsanalyse ist die Einteilung der betrachteten Gruppen. Verschiedene Kriterien können hier zur Anwendung gelangen, wobei die der Untersuchung zugrunde liegende Fragestellung für die Kriterienwahl entscheidend ist:

- Unterscheidung nach **Einkommen:**
  Steht die soziale Verträglichkeit im Vordergrund, so wird im Normalfall das Einkommen zur Abgrenzung der einzelnen Gruppen verwendet.[3]

- Unterscheidung nach weiteren **sozio-ökonomischen** oder **sozio-kulturellen Kriterien**:
  Eine Abgrenzung der betrachteten Gruppen kann auch unter Anwendung anderer sozio-ökonomischer oder sozio-kultureller Kriterien als dem Einkommen erfolgen wie z.B. Bauern, Rentner, Ausbildungsniveau, ethnischer Ursprung oder Hautfarbe.[4]

- **Geographische Abgrenzung:**
  Die geographische Dimension spielt bei überregionalen oder globalen Umweltproblemen eine wichtige Rolle, wie z.B. der «Nord-Süd-Problematik». Die Problemkreise von Verteilungswirkungen zwischen Nationen durch grenzenüberschreitende Umweltbelastungen (*«ökologische Spillovers»* wie z.B. Schadstoffverfrachtungen von Flüssen zwischen Oberlaufanliegern und Unterlaufanliegern, Wasserstauwerke zwischen der Türkei und dem Irak oder zwischen Indien und Bangladesh, die sogar kriegerische Konflikte hervorrufen können) und die häufig grenzüberschreitende Wirkung des Einsatzes umweltpolitischer Instrumente werden dabei angesprochen.

- Abgrenzung nach **sektoralen Kriterien:**
  Wird nach sektoralen Kriterien gruppiert, so steht die Frage im Vordergrund, welcher Wirtschaftssektor oder welche Branche eine Umweltbelastung (bzw. Kosten von Umweltmassnahmen) verursacht und welcher Sektor bzw. welche Branche sie trägt.

Wie aus den vier Abgrenzungskriterien ersichtlich wird, hat die Wahl der Unterscheidungsmerkmale auf die Resultate und die Aussagekraft einer Untersuchung einen wesentlichen Einfluss. Sie ist bei der Interpretation einer Verteilungsanalyse immer mitzuberücksichtigen.

---

3 Vgl. z.B. Spillmann (1994, 107ff.).
4 Vgl. z.B. Asch & Seneca (1978).

8.1.3 Wahl der Indikatoren

Bei der Erfassung der Umweltqualitätsänderung gelangen physische Indikatoren zur Anwendung. In bestimmten Fällen dienen eine oder mehrere weit verbreitete und schädliche Substanzen als Leitschadstoffe (z.B. NO_X oder SO_2 bei bestimmten Luftverschmutzungssituationen). Teilweise wird auch ein (evtl. gewichteter) Index verwendet. Dieser Index kann sich auf eine bestimmte Problemkategorie (Schadschöpfungsindikator) oder die gesamten Umweltbelastungen (Schadschöpfungsindex) beziehen.

Schadschöpfungsindikatoren und -indizes haben gegenüber Leitschadstoffen den Vorteil, dass sämtliche Umwelteinwirkungen berücksichtigt werden. Es besteht nicht die Gefahr, dass durch die Vernachlässigung wichtiger Schadstoffe Verzerrungen entstehen. Der Nachteil besteht in den Zusatzkosten der Erfassung der zusätzlichen Schadstoffe und in der Berechnung der Indizes.

Gruppen, die von einer grösseren Schadstoffreduktion begünstigt sind als andere, ziehen auf Grund einer Indikatorenbetrachtung (das heisst bei einer Beschränkung auf physische Indikatoren) einen grösseren Vorteil aus einer umweltpolitischen Massnahme. Diese Interpretation ist jedoch nur solange richtig, als alle Individuen dieselbe Wertschätzung für das Gut Umweltqualität haben, was in der Realität aber nicht gegeben ist. Eine reine Betrachtung physischer Indikatoren hat deshalb den Nachteil, dass unterschiedliche Präferenzen bezüglich der Umweltqualität in Abhängigkeit des verfügbaren Einkommens und des bestehenden Umweltqualitätsniveaus unberücksichtigt bleiben.

Auf die Resultate einer Verteilungsanalyse hat nun aber das Einkommen einen entscheidenden Einfluss. «Es ist beispielsweise denkbar, dass die Luftqualität mit einer umweltpolitischen Massnahme über eine grossflächige Region hinweg gleichmässig verbessert wird und folglich unterschiedliche soziale Schichten in einem vergleichbaren Umfang von der Luftreinhaltepolitik profitieren. Eine Inzidenzanalyse, die auf physischen Indikatoren basiert, würde demnach keine Umverteilungswirkungen feststellen. Ganz anders lautet die Schlussfolgerung einer Inzidenzanalyse mit monetären Indikatoren. Sollten nämlich höhere Einkommensschichten die Luftqualität höher bewerten, lautet jetzt das Verteilungsresultat, die Luftreinhaltepolitik begünstige die oberen Einkommensschichten.»[5] Deswegen ist eine Berücksichtigung der subjektiven Wertschätzung notwendig für die Ermittlung der Kosten der Umweltbelastung für einzelne Gruppen bzw. des Nutzenzu-

---

5 Spillmann (1994, 31f.).

gangs aus Umweltschutzmassnahmen. Diese Wertschätzung drückt sich in der Einkommenselastizität der Nachfrage nach Umweltqualität aus. Verschiedene Studien kommen zu positiven Werten zwischen 0.3 und 0.6.[6] Mit anderen Worten: steigt das Einkommen um 1 Prozent, so steigen die Ausgaben für eine Verbesserung der Umweltqualität um 0.3 bis 0.6 Prozent (z.B. in Form von zusätzlichen Transportkosten, um an einen Ort mit besserer Umweltqualität zu gelangen oder in Form von höheren Mieten, um an einem Ort mit besserer Umweltqualität zu wohnen).

Auch sind unterschiedliche Umweltqualitätsniveaus nicht zu vernachlässigen. Die Wertschätzung für eine Verbesserung der Umweltqualität ist umso grösser, je schlechter der momentane Zustand der allgemeinen Umweltqualität ist. Eine zusätzliche Umweltbelastung wird dort als schlimmer empfunden, wo schon eine starke Verschmutzung existiert, was dem Prinzip der zunehmenden Grenzschadenskosten der Umweltverschmutzung (GSK = Grenzschadenskosten) entspricht (Abb. 8.1). In die andere Richtung argumentiert spiegelt dieser Zusammenhang auch den abnehmenden Grenznutzen (= zusätzliche Reduktion pro Franken) zusätzlicher Umweltqualität wider.

Diese beiden Aspekte werden bei der monetären Bewertung berücksichtigt, wobei die subjektive, von den einzelnen Gruppen abhängige Sichtweise eingeschlossen werden sollte. Denn eine objektive Einschätzung des Nutzens ist nicht möglich und die subjektive kann von

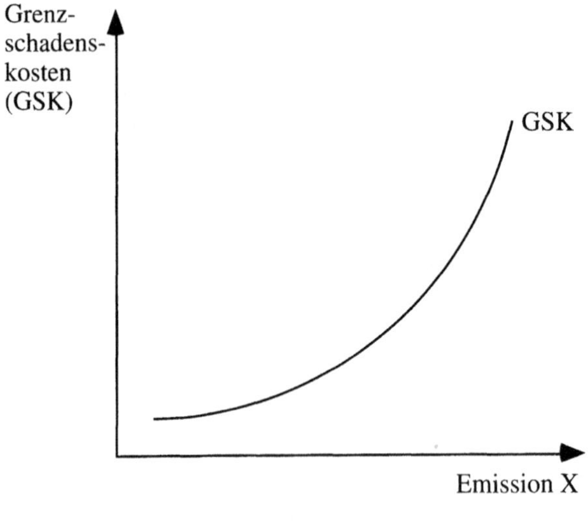

Abbildung 8.1
Zunehmende Grenzschadenskosten der Umweltverschmutzung oder abnehmender Grenznutzen der Umweltqualität

6 Gemäss einer Zusammenstellung von Spillmann (1994, 120).

den Individuen am besten selber vorgenommen werden. Die vom Einkommen und der bestehenden Umweltqualität abhängige Wertschätzung hat daher in den zu berechnenden Umverteilungswirkungen ihren Niederschlag zu finden.

Einer rein physischen Betrachtung ist die monetäre Bewertung grundsätzlich vorzuziehen. Sie ist aber aufwendiger, da sie zusätzliches spezifisches Fachwissen über die anzuwendenden Präferenzerfassungsmethoden[7] braucht und zahlreiche Daten benötigt.

8.1.4 Anwendungsbeispiele zur Nutzeninzidenz

Die ersten Verteilungsanalysen zur Nutzeninzidenz im Umweltbereich betrachteten den *Zusammenhang zwischen Einkommen und Umweltqualität* am Wohnort. Es wurde die Frage gestellt, wer die Umweltbelastung zu tragen hatte. So kam z.B. eine Untersuchung für die amerikanischen Städte Kansas City, St. Louis und Washington D.C. zum Schluss, dass die Luftqualität in Wohngebieten von unteren Einkommensschichten systematisch schlechter ist, als in Wohngebieten der oberen Einkommensklassen.[8] Die Luftqualität wurde mit einem Schadstoffindex gemessen, der aus Schwefeloxid und Schwebestoffen zusammengesetzt war, d.h. sich nicht nur auf einen Leitschadstoff stützte.

Aus dieser Untersuchung kann aber nicht generell geschlossen werden, dass die sozial benachteiligten Schichten stärker von Umweltschutzmassnahmen profitieren. Erstens müsste, wie unter 8.1.3 erwähnt, die Umweltqualität in Abhängigkeit des Einkommens bewertet werden. Durch die alleinige Verwendung physischer Indikatoren wird dieser Aspekt vernachlässigt. Zweitens gilt die Untersuchung nur für lokale Umweltprobleme. Die Effekte einer Reduktion von regionaler oder globaler Umweltbelastung müssen zusätzlich überprüft werden.

In späteren Studien[9] wurden die *Wirkungen von technischen Umweltschutzmassnahmen* untersucht. Als Problemstellung diente die Untersuchung des Nutzens einer Umweltschutzmassnahme für die einzelnen Einkommensschichten (mittels physischer Indikatoren). Die Studien kommen zum Resultat, dass alle Einkommensklassen gleichmässig profitieren. Daraus könnte der Schluss gezogen werden, dass keine

7 Eine umfassenden Überblick über Methoden zur Präferenzerfassung öffentlicher Güter ist bei Pommerehne (1987) zu finden.
8 Freeman (1972).
9 Vgl. Zupan (1973) und Harrison (1975).

nennenswerten Umverteilungswirkungen entstehen. Dabei wird aber wiederum die einkommensabhängige Bewertung der Umweltqualität vernachlässigt. Harrison & Rubinfeld (1978) berücksichtigen diese Tatsache. Sie gelangen zum Ergebnis, dass Umweltpolitik Umverteilungseffekte unter den Einkommensklassen zur Folge hat. Gruppen mit höherem Einkommen profitieren dabei (in absoluten Beträgen betrachtet) stärker.

Eine Untersuchung der Verteilungswirkungen der *umweltpolitischen Massnahme einer Treibstoffpreiserhöhung* kommt für die Stadt Bern am Beispiel der Luftqualität zum Schluss, dass die Bezüger höherer Einkommen in Absolutbeträgen mehr profitieren würden.[10] Relativ zum Einkommen werden die tieferen Einkommensbezüger aber kurzfristig nicht benachteiligt, weshalb die Massnahme als schwach sozialunverträglich[11] bezeichnet wird. Im Vergleich zu schwach belasteten Gebieten resultiert für stärker belastete Gebiete ein höherer Nutzengewinn.[12]

Bei allen Verteilungswirkungsanalysen sind in einem zusätzlichen Schritt die Effekte einer möglichen *Kapitalisierung der umweltpolitischen Massnahmen* zu betrachten: Wird durch Umweltschutzmassnahmen die Umweltqualität an einem Ort verbessert, so können bei funktionierenden Märkten bodengebundene Güter eine Wertsteigerung erfahren.[13] Wenn z.B. der Lärm an einer Strasse durch Schallschutzwände reduziert wird, so ist damit zu rechnen, dass vor allem die Immobilienbesitzer gewinnen, da sie aufgrund der ruhigeren Lage höhere Mieten verlangen können. Die Mieter haben zwar mehr Ruhe, dafür aber höhere Mietzinsen. Da die Immobilienbesitzer tendenziell den höheren Einkommensklassen angehören, ist durch diesen Vorgang die schwache Sozialverträglichkeit gefährdet.[14]

10 Vgl. Spillmann (1994, 136ff.).

11 Spillmann (1994, 20) definiert «schwach sozial ungerecht», wenn relativ tiefere Einkommensschichten in absoluten Grössen benachteiligt, jedoch relativ zum Einkommen bevorzugt werden.

12 Vgl. Spillmann (1994, 144).

13 Hiermit fallen sog. pekuniäre externe Effekte an, d.h. sich geldmässig auf andere Märkte auswirkende externe Effekte. Im Gegensatz zu technologischen externen Effekten (z.B. durch Umwelteinwirkungen), welche nicht durch Preisänderungen auf Märkten internalisiert werden, sind die pekuniären Externalitäten nicht zu internalisieren. Zu pekuniären externen Effekten vgl. z.B. Blöchliger & Staehelin-Witt (1993, 52).

14 Sofern die Zunahme ruhiger Immobilien zu einer Preisreduktion bzw. zu Einbussen der Mieteinnahmen bei den bisherigen Eigentümern ruhiger Immobilien führt, kommt es nicht zu einem Gewinn für die gesamte Gruppe der Immobilienbesitzer mit hohem Einkommen.

8.2 Vorzüge schadschöpfungsorientierter Verteilungsanalysen

In den folgenden Abschnitten wird das bisherige Vorgehen bei der Erstellung einer Verteilungsanalyse mit nur einem Leitschadstoff kritisch betrachtet. Die Aussagen einer Verteilungsanalyse können mit Hilfe des Schadschöpfungskonzepts breiter abgestützt und in verschiedener Hinsicht verbessert werden. Die Aussagekraft nimmt zu, Verzerrungen werden vermieden (Abschnitt 8.2.1) und die notwendige Abgrenzung erleichtert (Abschnitt 8.2.2).

8.2.1 Schadschöpfungsbetrachtung von Verteilungswirkungen

Das Problem der Vernachlässigung bestimmter Umwelteinwirkungen bei der ausschliesslichen Betrachtung einzelner Leitsubstanzen und Umwelteinwirkungen lässt sich an einem Vergleich von stark und weniger stark belasteten Gebieten illustrieren. Empirische Untersuchungen zeigen, dass im Durchschnitt (gemessen an der Zahlungsbereitschaft) stark belastete Gebiete von Umweltschutzmassnahmen stärker profitieren als schwach belastete Gebiete.[15]

Der zur Ermittlung des Nutzenzugangs verwendete Leitschadstoff tritt häufig lokal konzentriert auf. Grosse Belastungsunterschiede zwischen einzelnen Orten sind die Regel. So sind z.B. in Abbildung 8.2 die Individuen, die in der Agglomeration wohnen, die Verursacher (V) des Strassenverkehrs. Die Anwohner von Verkehrsachsen und solche, die im Zentrum wohnen, sind die durch die Leitsubstanz NO_X Belasteten (B). Stark belastete Gebiete profitieren nun von Umweltschutzmassnahmen offensichtlich in grösserem Ausmass als wenig belastete Gebiete. Dies hängt mit der stärkeren physischen Schadstoffreduktion (des Leitschadstoffes) und mit der (auf Grund des höheren Niveaus der Luftverschmutzung) grösseren Zahlungsbereitschaft für eine Luftqualitätsverbesserung zusammen.

Ein Schadschöpfungsindikator oder -index bezieht zusätzlich Schadstoffe mit in die Betrachtung ein, die z.T. überregionalen, kontinentalen oder sogar globalen Charakter haben. Die Sommersmogproblematik und der Treibhauseffekt sind Beispiele dafür. Durch die Betrachtung von Schadschöpfungsindikatoren mit einer Problemorientierung (z.B. für Sommersmog) anstelle lediglich einer Leitsubstanz (z.B. NO_X), d.h. durch eine umfassendere Betrachtung der Umweltqualität, ändert sich

15 Vgl. Spillmann (1994, 144).

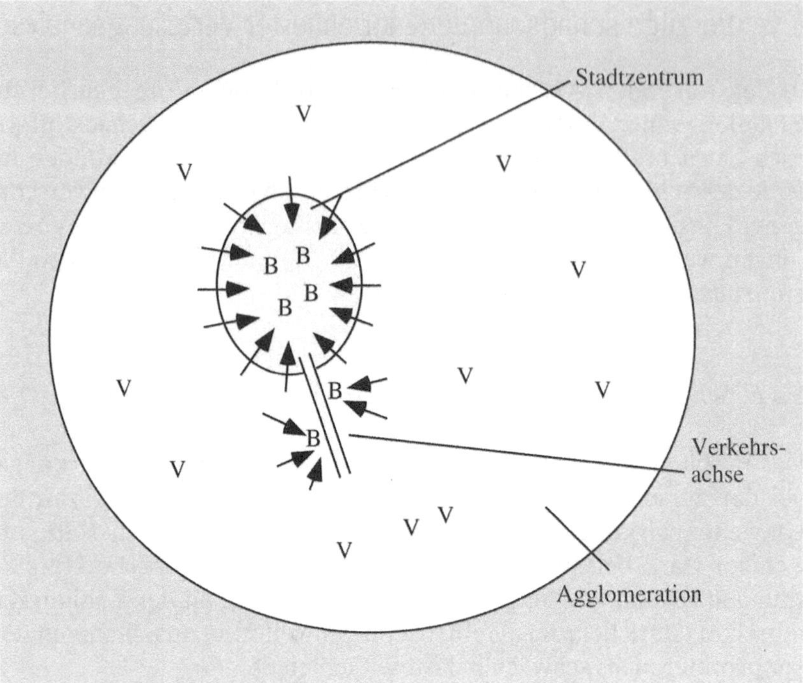

Abbildung 8.2
Verteilungsanalyse auf Basis eines Leitschadstoffes
B = Belastete, V = Verursacher

das Verhältnis der unterschiedlich belasteten Gebiete und hiermit auch der betroffenen Gruppen (vgl. Abbildung 8.3).

Nun werden z.B. die Verursacher auch als Belastete ausgewiesen (V = B). Die Verursacher tragen einen Teil der durch sie verursachten Belastungen. In Wirklichkeit werden somit die Umweltbelastungen zum Teil auch von der Gruppe mitgetragen, die bezüglich des Leitstoffes als ein «wenig belastetes Gebiet» erachtet wird.

Die Differenzen zwischen den betrachteten Gruppen können zwar (müssen aber nicht) absolut gleich bleiben, nehmen aber relativ betrachtet oft ab. In den meisten Fällen dürfte eine Nivellierung der Verteilungseffekte stattfinden. Die Diskrepanz zwischen stark und weniger stark belasteten Gebieten wird durch die Berücksichtigung eines Schadschöpfungsindikators (oder -index) tendenziell relativ kleiner.

Im Vergleich zur alleinigen Betrachtung des lokal in stark unterschiedlichem Ausmasse auftretenden Leitschadstoffes werden die bisher als «wenig belastete Gebiete» bezeichneten Orte von Umwelt-

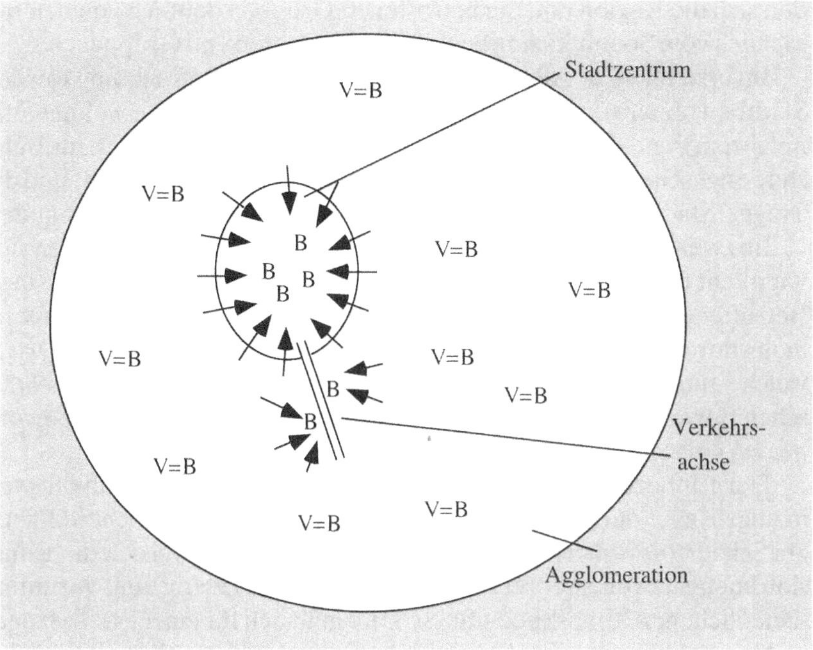

Abbildung 8.3
Verteilungsanalyse auf Basis eines Schadschöpfungsindikators
B= Belastete, V = Verursacher

schutzmassnahmen bei einer umfassenden (Schadschöpfungs-) Betrachtung relativ stärker profitieren.

Dies ist so, weil sie tatsächlich stärker belastet sind, als es aufgrund des Leitschadstoffes zu vermuten wäre. Das folgende Beispiel illustriert diesen Vorgang:

Der photochemische Smog (Sommersmog) wird vor allem durch den Strassenverkehr und bestimmte industrielle Prozesse bzw. verschiedene hierbei emittierte Vorläufersubstanzen (Leitstoffe) wie Stickoxide (NO_X) und Kohlenwasserstoffe (VOC) verursacht.[16] Unter Einfluss von Sonnenlicht werden die Vorläufersubstanzen in bodennahes Ozon umgewandelt, das dann in Regionen ausserhalb der Stadt verfrachtet wird. Die Vorläufersubstanzen treten gehäuft im Zentrum auf, sind in der Agglomeration aber deutlich weniger konzentriert oder in unbedeutendem Masse vorhanden. Wird bei einer Verteilungsanalyse der Umweltbelastung nur auf die Leitstoffe NO_X und VOC abgestützt, so unterschei-

16 Vgl. Heijungs et al. (1992).

den sich die Region und die betroffenen Gruppen deutlich von den tatsächlich vom Sommersmog betroffenen Gebieten und Gruppen.

Im ersten Fall der einzelschadstofforientierten Betrachtung werden Stadtbewohner von Individuen, die in der Agglomeration wohnen und mit ihrem Pendlerverkehr Stickoxide in der Stadt verursachen, als Belastete angesehen. Die Verursacher (Leute in der Agglomeration) und die Träger (Stadtbewohner) der Umweltbelastung fallen stark auseinander.

Im zweiten Fall, der problemorientierten Betrachtung, erweisen sich vor allem die Bewohner der Agglomeration als die vom Sommersmog Betroffenen. Da ein Teil des die Agglomeration belastenden Sommersmogs durch industrielle Prozesse städtischer Firmen verursacht wird, welche zum Steuereinkommen der Stadt beitragen, werden die städtischen Bewohner auch zu Verursachern und die Agglomerationsbewohner zu Trägern.

Der Einbezug mehrerer Schadstoffe ist auch deshalb sinnvoll, weil in aller Regel durch eine umweltpolitische Massnahme nicht lediglich ein Schadstoff isoliert reduziert wird. Im Normalfall werden die Emissionsmengen von mehreren Schadstoffen gleichzeitig und in unterschiedlichem Ausmass beeinflusst. Dies gilt auch für einzelstoffbezogene Massnahmen wie eine CO_2-Steuer, die auch massgebliche Reduktionen von Stickoxid und anderen Umwelteinwirkungen mit sich bringt.[17]

Aus den obigen Ausführungen ist ersichtlich, dass die räumliche Abgrenzung bei Verteilungsanalysen eine Schwierigkeit darstellt. Die Resultate ändern sich teilweise mit der Ausdehnung oder Verkleinerung der betrachteten Gebiete. Deren Festlegung ist oft mit Willkür verbunden. Orientiert sich jedoch eine Verteilungsanalyse an Umweltproblemen, so ist die geographische Abgrenzung bereits zu einem grossen Teil gegeben. Tabelle 8.2 gibt einige Beispiele hierfür.

Tabelle 8.2:
Die Dimension eines Umweltproblems als Kriterium der räumlichen Abgrenzung
*Gebiete in der Nähe des Süd- oder Nordpols sind stärker betroffen.

Umweltproblem	räumliche Abgrenzung
Treibhauseffekt	global
Zerstörung der Ozonschicht	global, kontinental*
Saurer Regen	kontinental
Sommersmog	regional
Wintersmog	regional/lokal
Lärm	lokal

17 Vgl. Eckerle (1993), Schlesinger et al. (1994).

Ohne eine Problemorientierung laufen Verteilungsanalysen im Umweltbereich Gefahr, dass sie aufgrund unterschiedlicher geographischer Abgrenzungen und/oder Auswirkungen der Umwelteinwirkungen innerhalb derselben Untersuchung verzerrt werden. Die Luftverschmutzung ist ein Beispiel, wo sowohl lokal begrenzte als auch globale Probleme vermischt werden.

Verteilungsanalysen, die sich an den durch die Klassifikation[18] festgelegten Umweltproblemen ausrichten, sind zudem besser fühlbar und entsprechend besser bewertbar. Einkommenselastizitäten zur Umweltqualität können einfacher und genauer sowie differenzierter ermittelt werden, weshalb die Nutzen von Umweltschutzmassnahmen und Kosten der Umweltbelastung für die einzelnen Gruppen besser einschätzbar sind.

8.2.2 Äquivalenz von Kostenträgern und Verursachern

Gemäss dem Prinzip der fiskalischen Äquivalenz[19] sollte sich die Gruppe der Verursacher von Staatsausgaben mit der Gruppe der Kostenträger (den Steuerzahlern) decken. Die Übereinstimmung dieser beiden Gruppen bewirkt ein zweckmässigeres Umgehen mit den öffentlichen Mitteln (vgl. Kapitel 2). Die Anwendung des Prinzips der fiskalischen Äquivalenz auf Umweltschutzfragen bedeutet, dass die Gruppe der ökonomischen Verursacher einer Umweltbelastung[20] der Gruppe der Kostenträger (der Finanzierer der Umweltschutzmassnahmen) entsprechen sollte. Das Prinzip der fiskalischen Äquivalenz lässt sich jedoch auch auf die Betrachtung physischer Umweltbelastungen übertragen. Das bedeutet, dass die Gruppe der Verursacher von Umweltbelastungen der Gruppe der Belasteten (unter den negativen technologischen externen Effekten leidende Individuen) entsprechen sollte. Diese Äquivalenz ist gruppenspezifisch und nicht individuell zu verstehen. Eine individuelle Äquivalenz[21] im Umweltbereich ist aufgrund der

18 Vgl. dazu die Ausführungen in Kapitel 1.

19 Vgl. Olson (1969).

20 Die physischen Verursacher sind diejenigen, welche die Umweltbelastung direkt bewirken (z.B. Automobilist verursacht Luftbelastung). Die ökonomischen Verursacher sind aufgrund der Eigentumsrechte an der Natur zu bestimmen. Besteht ein Recht auf gute Luft, so sind die Automobilisten ökonomische Verursacher, besteht ein Recht auf Luftverschmutzung, so sind die Anwohner die ökonomischen Verursacher ihrer eigenen Gesundheitsschäden. Zur Unterscheidung der ökonomischen Verursacher von den physischen Verursachern vgl. Blöchliger & Staehelin-Witt (1993, 53ff.).

21 Unter der individuellen Äquivalenz wird verstanden, dass jedes Individuum genau soviel Umwelteinwirkungen zu tragen hat, wie es verursacht.

technisch unmöglichen Ausschliessbarkeit (vom Nutzen einer Massnahme zur Verbesserung der Umwelt) nicht erreichbar. Hingegen kann aufgrund der teilweise begrenzten räumlichen Ausdehnung von Umweltproblemen die gruppenspezifische Äquivalenz gefordert werden.

Es stellt sich in diesem Zusammenhang die Frage, wie die fiskalische Äquivalenz gemessen werden kann und welche Auswirkungen starke Abweichungen vom Prinzip der fiskalischen Äquivalenz haben können. Hierzu können zwei Ansätze herangezogen werden, die im folgenden kurz behandelt werden.

- **Spillover-Ansatz**
  Ist zu weiten Teilen keine Deckung der Verursacher und der Kostenträger von Umweltschutzmassnahmen gegeben, so entstehen räumliche externe Effekte (Spillovers), die internalisiert werden müssen.[22] Besteht annahmegemäss ein Recht auf sauberes Wasser, so sind z.B. die Einleiter von Schmutzwasser in einen Fluss die ökonomischen Verursacher und die flussabwärts wohnenden Anlieger die Träger höherer Trinkwasseraufbereitungskosten (vgl. Abbildung 8.4).
  Die gering Belasteten sind nur schwer organisierbar, da sie nur wenig gewinnen können, aber vergleichsweise hohe Organisationskosten tragen müssten. Erschwerend kommt hinzu, dass der Nutzen aus einer Reduktion der Umweltbelastung für die jetzigen Kostenträger unsicher ist, in der Zukunft liegt und entsprechend geringer bewertet wird *(«temporale Spillovers»)*. Die Kosten des Umweltschutzes fallen für die Verschmutzer hingegen sofort an und werden entsprechend höher bewertet. Dies erklärt unter anderem, weshalb insbesondere unsichere, in der Zukunft liegende sowie grossräumige oder gar globale Umweltprobleme, wie z.B. der Treibhauseffekt, nicht ernsthaft bekämpft werden.[23]

- **Cluster-Ansatz**
  Bei der Beurteilung von Auswirkungen unterschiedlicher umweltrelevanter Verteilungsmuster ist eine Betrachtung von Problemlösungs- und Umweltproblem-Clusters sehr hilfreich. «Unter einem Cluster versteht man die Anhäufung sich gegenseitig beeinflussender und verstärkender spezifischer Eigenschaften.»[24]

  Problemlösungs-Clusters zeichnen sich durch die Häufung wirksamer und effizienter institutioneller, politischer und juristischer Pro-

22 Vgl. dazu die Ausführungen zur räumlichen Äquivalenz in Kapitel 2.
23 Zur globalen Umweltproblematik vgl. z.B. Weder (1993).
24 Frey, R.L. (1995).

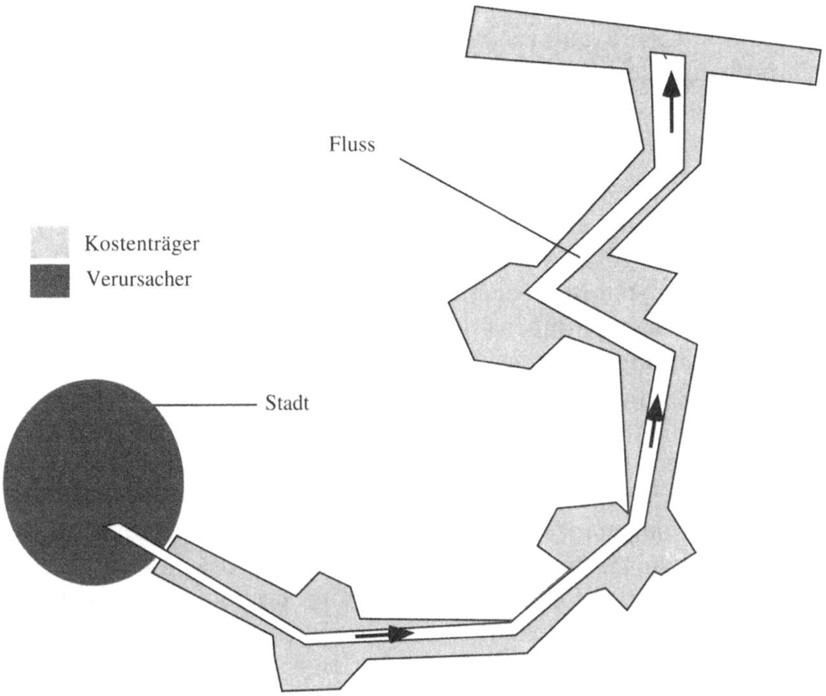

Abbildung 8.4
Verletzung der fiskalischen Äquivalenz im räumlichen Sinne

blemlösungskapazitäten zur Lösung von Umweltproblemen aus. Hierzu zählen effektive und effiziente Parlamente, Gerichte, Gesetze, Regulierungen, Forschungsinstitutionen, Vollzugsbehörden usw.

Umweltproblem-Clusters verfügen über eine Häufung von Umwelteinwirkungen, die zu einem spezifischen Umweltproblem beitragen.[25] Beispiele hierfür wären eine Häufung von CO_2-, CH_4-, N_2O-usw. Emissionen bezüglich des Treibhauseffekts oder ein besonders dichtes Auftreten von verschiedenen Kohlenwasserstoffen, Stickoxid usw. bezüglich des photochemischen Smogs (Sommersmog).

25 Die Schadschöpfungsregionen (Kapitel 2) sowie die in Kapitel 6 entwickelten «Schadschöpfungs-Glocken» sollten sich an den entsprechenden Umweltproblem-Clusters orientieren.

Eine wirksame und effiziente Beseitigung eines Umweltproblems wird nur dann gelingen, wenn sich Problemlösungs- und Umweltproblem-Cluster decken. Hieraus kann die Forderung nach einer «Cluster-Äquivalenz» (Problemlösungs-Cluster = Umweltproblem-Cluster) aufgestellt werden.

Wenig, Wirkungsloses oder nichts geschieht, wenn die politische Gebietskörperschaft, die über eine hohe Problemlösungsfähigkeit verfügt, nicht dem durch das Umweltproblem betroffenen Gebiet (Belastungsregion) entspricht. In solchen Fällen besteht bei den vom Umweltproblem betroffenen Gruppen und Gebieten die Tendenz, die Lösung und die Finanzierung der nächst höheren politischen Ebene zuzuschieben. Dies ist insbesondere bei grossräumigen, globalen Problemen problematisch, da sie vor allem auch aufgrund des Trittbrettfahrer-Phänomens von internationalen Institutionen gelöst werden müssten. Die Institutionen verfügen aber nicht über ausreichende institutionelle Entscheidungskompetenzen sowie politische und juristische Stärken. Bei kleinräumigeren Umweltproblemen besteht die Gefahr der Überzentralisierung[26], wodurch die Kosten des Umweltschutzes auch Nicht-Betroffenen (z.B. anderen Städten oder Regionen) angelastet werden.

8.3 Fazit

Die Aussagen einer Verteilungsanalyse können auf Grundlage einer Schadschöpfungsbetrachtung gestellt und hiermit verbessert werden.

- So trägt ein Schadschöpfungsindikator oder -index bei der Erfassung der Umweltqualität zur Vermeidung von Verzerrungen zwischen tatsächlichen und betrachteten Umwelteinwirkungen bei. Dieser Punkt ist von Bedeutung, wenn die Leitsubstanzen nicht linear mit der allgemeinen Umweltqualität bzw. dem anvisierten Umweltproblem und der betroffenen Gruppe bzw. Region korreliert sind oder wenn gewichtige Umwelteinwirkungen vernachlässigt werden.
- Die Verwendung eines Schadschöpfungsindikators, welcher ein spezifisches Umweltproblem berücksichtigt, ermöglicht eine zutreffendere, problembezogene Abgrenzung der betrachteten Gruppen und Regionen (z.B. eine Sommersmogregion um eine Stadt).
- Diskussionen um Verteilungswirkungen sind oft emotional beladen, weshalb es von Vorteil ist, wenn eine Versachlichung stattfindet,

26 Zur Überzentralisierung vgl. Eichenberger (1994), Frey, R.L. (1995).

indem über konkrete Umweltprobleme und nicht über verhältnismässig abstrakte Leitsubstanzen diskutiert wird.

- Schadschöpfungsorientierte Verteilungsanalysen sind gegenüber einzelstoffokussierten Betrachtungen aussagekräftiger und genauer. Ein Vergleich unterschiedlicher umweltpolitischer Massnahmen gibt somit einen besseren Aufschluss über deren Verteilungswirkungen, womit im politischen Prozess eine sozial verträgliche Variante ausgewählt werden kann. Gruppen, die zu den Verlierern gehören, können identifiziert und entsprechend kompensiert werden.[27] Die Durchsetzungschancen umweltpolitischer Massnahmen erhöhen sich dadurch. Die Kompensationen müssen aber direkt im Rahmen z.B. der Sozialpolitik erfolgen und dürfen nicht mit anderen Sektoralpolitiken (z.B. Umweltpolitik oder Landwirtschaftspolitik) verbunden werden.[28]
- Bei einer an Umweltproblemen orientierten Verteilungsanalyse dürfen die Kosten der Erfassung der Schadstoffe aber nicht vernachlässigt werden. Diese sind grösser als bei einer isolierten Betrachtung eines Leitschadstoffs. Wie in Kapitel 4 aufgezeigt wurde, verbessert sich die Verfügbarkeit von Daten zu regionalen Umwelteinwirkungen jedoch vielerorts laufend.

Literatur

Asch, Peter & Seneca, Joseph J. (1978): «The Incidence of Automobile Pollution Control». In: Public Finance Quarterly, 193ff.

Blöchliger, Hansjörg & Staehelin-Witt, Elke (1993): «Öffentliche Güter, Externalitäten und Eigentumsrechte». In: Frey, René L. u.a. (Hrsg.): Mit Ökonomie zur Ökologie. Basel: Helbing & Lichtenhahn, 37–66.

Eckerle, Konrad (1993): Auswirkungen einer CO_2-Abgabe auf Energieverbrauch und CO_2-Emissionen. Basel: Prognos.

Eichenberger, Reiner (1994): «The Benefits of Federalism and the Risk of Overcentralization». In: Kyklos, Vol. 47, 403–420.

Freeman, A. Myrick (1972): «Distribution of Environmental Quality». In: Kneese, Allen V. & Brower, B. (Hrsg.): Environmental Quality Analysis. London: Johns Hopkins University Press, 243ff.

Frey, René L. (1985): «Zur politischen Relevanz von Inzidenzanalysen am Beispiel der Schweiz». In: Hanusch, Horst; Roskamp, Karl W. & Wiseman, Jack (Hrsg.): Staat und Politische Ökonomie heute. Stuttgart: Gustav Fischer, 367–377.

Frey, René L. (1995): «Europäische Integration, Regionalstruktur und Föderalismus». In: Aussenwirtschaft, Sondernummer zum 60. Geburtstag von Georges Fischer.

Harrison, David (1975): Who Pays for Clean Air? Cambridge: Ballinger Publishing.

Harrison, David & Rubinfeld, Daniel L. (1978): «The Distribution of Benefits from Impro-

---

27 Vgl. Frey, R.L. (1985).

28 Vgl. Tinbergen (1966).

vements in Urban Air Quality». In: Journal of Environmental Economics and Management, Vol. 5, 313–332.
Heijungs, R.; Guinée, G.; Huppes, R.; Lankreijer, H.; de Haes, U.; Wegener Sleeswijk, A.; Ansems P.; Eggels, P.; van Duin, R. & de Goede, H. (1992a): Environmental Life Cycle Assessment of Products. Band 1: Guide. Band 2: Backgrounds. Leiden: Centrum voor Milieukunde.
Mitchell, William C. & Munger, Michael C. (1991): «Economic Models of Interest Groups: An Introductory Survey». In: American Journal of Political Science 35, 512–546.
Olson, Mancur (1965): The Logic of Collective Action. Boston: Harvard University Press.
Olson, Mancur (1969): «The Principle of Fiscal Equivalence: The Division of Responsiblities Among Different Levels of Government». In: American Economic Review, Papers and Proceedings, Vol. 59, 479–487.
Pommerehne, Werner W. (1987): Präferenzen für öffentliche Güter. Tübingen: Mohr.
Schärrer, Manfred (1987): «Schnüfflerschiff zur Jagd auf grosse Rheinverschmutzer». In: Neue Zürcher Zeitung, 14.9.1987.
Schlesinger, Michael; Mashur, Klaus & Eyett, Doris (1993): Bewertung wirtschaftlicher Auswirkungen einer CO_2-Abgabe. Basel: Prognos.
Spillmann, Andreas (1994): Soziale Gerechtigkeit im Umweltschutz. Chur & Zürich: Rüegger.
Tinbergen, Jan (1966): Economic Policy: Principles and Design. Amsterdam: North Holland.
Weder, Rolf (1993): «Globale Umwelt und Entwicklung». In: Frey, René L. u.a. (Hrsg.): Mit Ökonomie zur Ökologie. Basel: Helbing & Lichtenhahn, 157–178.
Zupan, Jeffrey M. (1973): The Distribution of Air Quality in the New York Region. London: Johns Hopkins University Press.

Teil VI

Schritte zu einem New Public Environmental Management (NPEM)

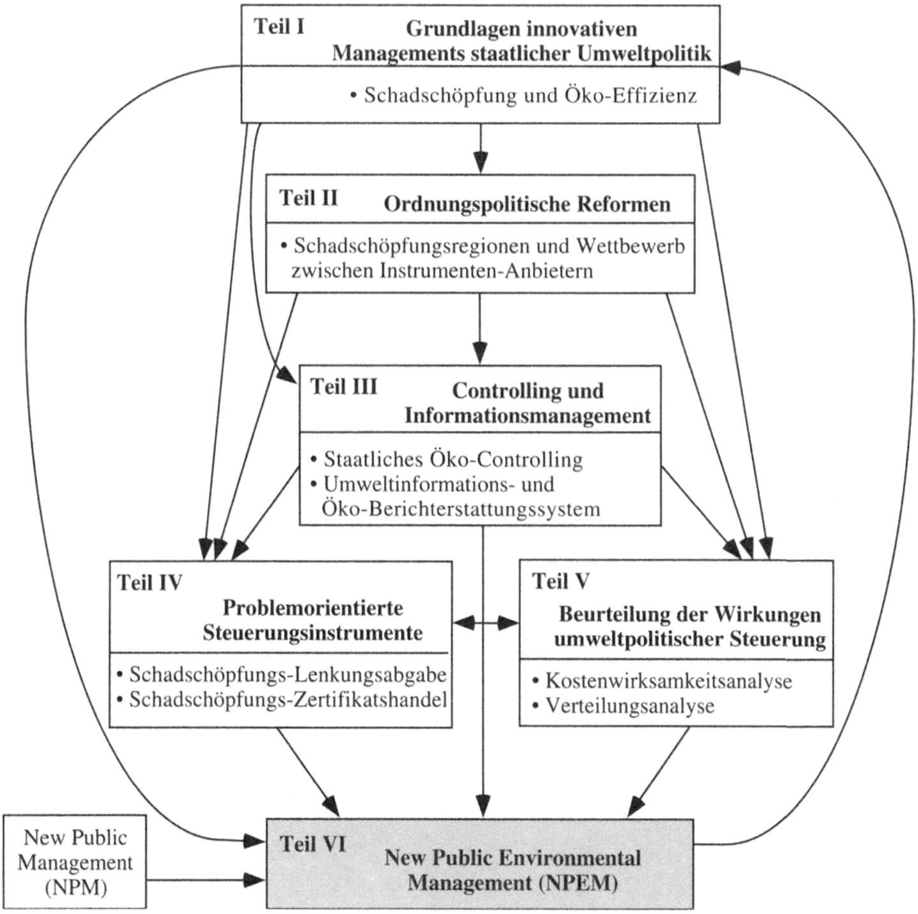

9 Integration zum Konzept des New Public Environmental Management (NPEM)

Zusammenfassung

Mit dem Konzept des New Public Environmental Management (NPEM) werden die bisher diskutierten Methoden innovativen Managements staatlicher Umweltpolitik mit dem Ansatz des New Public Management (NPM) verbunden und zu einem strategischen Programm für die Politik und Verwaltung entwickelt. Mit dem NPEM wird postuliert, dass die Behörden die staatliche Umweltpolitik nach betriebswirtschaftlichen Gesichtspunkten managen sollten. Folgende Entwicklungen unterstützen den Wandel von Beamten zu Managern:

- Höhere Transparenz durch bessere Informations-, Beurteilungs- und Managementkonzepte, die vermehrt auch für die öffentliche Verwaltung ausgestaltet werden.
- Änderung der institutionellen Rahmenbedingungen der Umweltbehörden durch zunehmende Finanzknappheit, steigender internationaler Wettbewerb zwischen Standorten bzw. Gebietskörperschaften, sinkendes Vertrauen der Bevölkerung in die öffentliche Verwaltung sowie das Vorhandensein neuer Methoden für das Management und eine Leistungsevaluation der Behörden

Für eine systematische Einführung des NPEM ist zuerst eine klare Kompetenzregelung zwischen Politik, Umweltbehörden und Privatwirtschaft vorzunehmen. Der Politik obliegt die normative Führung (i.b. die Bestimmung von Zielen und der hierfür zur Verfügung stehenden Finanzen). Die Umweltbehörden sind für das strategische Management zuständig, also für die Fragen was, von wem durchgeführt werden soll. Das operative Management (konkrete Vorgehensweise, wie und womit die vorgegebenen Ziele realisiert werden sollen) wird am besten der Privatwirtschaft überlassen.

Die Einführung des NPEM kennzeichnet sich in einem ersten Schritt durch die Konzentration der Umweltbehörden auf die Kernaufgaben der Umweltpolitik (mit Methoden wie Business Reengineering usw.). Zweitens geht es um die effiziente Bewältigung der Kernaufgaben durch den Einsatz moderner Managementmethoden.

In den vorangegangenen Kapiteln wurden verschiedene Instrumente eines innovativen Managements der staatlichen Umweltpolitik diskutiert, die durchaus einzeln in der heutigen Umweltpolitik Anwendung finden können. Um eine nachhaltige Steigerung der Effektivität und Effizienz zu erzielen, ist jedoch eine umfassende Revitalisierung von Politik und Verwaltung vonnöten. Hierzu werden die bisher diskutierten Bausteine mit dem Ansatz des New Public Management (NPM) ergänzt und in ein *Gesamtkonzept «New Public Environmental Management (NPEM)»* eingeordnet (vgl. Übersichtsdarstellung des Kapitels).

Nach einer kurzen Darlegung der Zusammenhänge zwischen den behandelten Teilen des Buches werden die Veränderungen der Rahmenbedinungen für Politik und Verwaltung sowie die Voraussetzungen und Konzepte des New Public Environmental Management diskutiert.

Die Grundlagen des innovativen Managements staatlicher Umweltpolitik (Teil I) liefern einen neuen Ansatz für ordnungspolitische Reformen und ermöglichen die Bildung von Schadschöpfungsregionen (Pfeil a zu Teil II). Für das Management von Schadschöpfungsregionen sowie für das Gestalten von Rahmenbedinungen für den Wettbewerbs zwischen Anbietern von Umweltschutzleistungen brauchen die Umweltbehörden ein Controlling und ein Informationsmanagementsystem (Pfeil b zu Teil III) sowie Instrumente zur Steuerung (Pfeil c von Teil II zu Teil IV) und zur Beurteilung der Wirkungen der Umweltpolitik (Pfeil d von Teil II zu Teil V). Die Koordination des Informationssystems mit Methoden der umweltpolitischen Steuerung und mit Wirkungsanalysen kann mit dem staatlichen Öko-Controlling erfolgen (Pfeil e von Teil III zu Teil IV sowie Pfeil f zu Teil V). Die Entwicklung von Konzepten für das Öko-Controlling und Informationsmanagement (Pfeil g), die problemorientierte Steuerung (Pfeil h) sowie von Instrumenten zur Beurteilung der Wirkung der umweltpolitischen Steuerung (Pfeile i) beruht auf den Grundlagen des innovativen Managements staatlicher Umweltpolitik (Teil I). Dabei können Wirkungsanalysen zur Beurteilung der Eignung verschiedener Steuerungsinstrumente für spezifische Einsatzgebiete herangezogen werden (Pfeil j zwischen Teil IV und V).

Die Zusammenfassung aller Bausteine (Pfeile k, l, m und n) dient der Entwicklung des New Public Environmental Management (NPEM), das seine Ausgangslage im Konzept des New Public Management (NPM) findet (Pfeil o). Die Erkenntnisse der praktischen Umsetzung des NPEM sollten in die laufende Weiterentwicklung der Grundlagen eines innovativen Managements staatlicher Umweltpolitik einfliessen (Pfeil p).

9.1 Wie Politiker und Beamte zu Managern werden

Der fromme Wunsch, dass Verwaltungsangestellte aus eigenem Antrieb nach modernen Managementgrundsätzen handeln, ist illusorisch. Ohne leistungsorientierte Anreize wird keine entsprechende Verhaltensänderung stattfinden. In Abschnitt 9.1 werden deshalb seit einigen Jahren stattfindende Änderungen der Rahmenbedingungen dargelegt, die der Politik und Verwaltung Anreize liefern, sich als Manager der staatlichen Umweltpolitik zu verhalten.

Ausgangspunkt ist dabei der durch das Welthandelsabkommen der World Trade Organization (WTO) und durch regionale Wirtschaftsintegrationen (z.B. in der Europäischen Union) zunehmende Wettbewerb der Standorte. Zusammen mit der akuten Finanzknappheit der öffentlichen Hand und dem verstärkten Bewusstsein der Interessengruppen, welche Umweltschutzkosten sie tragen müssten, wird der Druck auf die Gebietskörperschaften stärker, effizient zu handeln.[1] Im Rahmen der Umweltpolitik muss deshalb auch die Rolle der Umweltbehörden überdacht und neu gestaltet werden. Dieser Druck wirkt auf zwei verschiedenen Ebenen:

- Erstens können die Politiker und die Beamten durch bessere Mess- und Beurteilungskonzepte besser kontrolliert werden (Abschnitt 9.1.1).
- Zweitens entsteht ein politischer Druck, neue institutionelle Rahmenbedingungen in der Verwaltung einzuführen (Abschnitt 9.1.2).

Diese beiden Ebenen werden im folgenden näher betrachtet.

9.1.1 Erhöhte Transparenz durch neue Mess- und Beurteilungskonzepte

Das Angebot von Unternehmungen unterliegt einer Bewertung durch den Markt. Da die Löhne und das Prestige der Manager (und der Angestellten) mit dem Erfolg der Unternehmung positiv gekoppelt sind, besitzen Manager die notwendigen Verhaltensanreize, gute Leistungen zu erbringen.

Bei ausschliesslich vom *Staat hergestellten Gütern* fehlt meist eine Bewertung durch den Markt, da die Güter nicht auf Märkten verkauft

1 Die abnehmende Wertschätzung der öffentlichen Verwaltung durch die Bevölkerung erhöht diesen Druck zusätzlich

werden. Als Ersatz für die direkte Leistungsbewertung diente bisher die Bewertung der Herstellkosten der Güter. Diese Kosten werden als Massstab für die erbrachte Leistung (Outcome) verwendet: Die erzeugten Kosten werden mit der erbrachten Leistung fälschlicherweise gleichgesetzt. Für die Bürokraten bedeutet dies, dass nicht ihre effektiven Leistungen abgegolten werden. Vielmehr werden hohe Ausgaben belohnt, denn hohe Ausgaben sind mit hohem Einkommen, Macht und Prestige verbunden.[2]

Eines dieser vor allem vom Staat «hergestellten» Güter ist die Gewährleistung einer guten Umweltqualität (respektive die Reduktion der Umweltverschmutzung). Eine Marktbewertung der vom Staat erbrachten «Umweltschutzleistung» ist nur schwer möglich. Der Grund liegt darin, dass niemand vom Konsum einer guten Umweltqualität ausgeschlossen werden kann und somit niemand die wahre Zahlungsbereitschaft äussert. Politiker und Beamten erhalten somit kein automatisches «Feedback» über die Qualität (Zielerreichungsgrad, Effektivität) und die Kosteneffizienz ihrer erbrachten Leistungen (Reduktion der Umweltverschmutzung usw.). Indirekt werden die Politiker bei Wahlen sanktioniert, wobei aber ein ganzes Bündel von Leistungen (nicht nur im Bereich der Umweltpolitik) beurteilt wird.

Mit der verbesserten Bildung wurden die Bürger in den letzten Jahrzehnten anspruchsvoller, weshalb sie auch mehr Transparenz im politischen Prozess wünschen. Hinzu kommt die Entwicklung von Methoden, mit denen das Ergebnis der öffentlichen Leistungen (Einhaltung von Grenzwerten, Reduktion der Schadschöpfung bezüglich eines bestimmten Umweltproblems) besser beurteilt werden kann. Hinzu kommt, dass die Leistungen der Beamten selbst besser beurteilt werden können. Als wichtigste Innovationen können Neuerungen in drei Bereichen genannt werden:

a) *Bessere Konzepte zur Messung und zur Aufbereitung von Daten über die Umweltverschmutzung:* Seit einigen Jahren werden Konzepte zur besseren Erfassung und Beurteilung der Umweltverschmutzung entwickelt. Als Beispiele können das Schadschöpfungskonzept, die ökonomisch-ökologische Buchhaltung und die

2 Dies entspricht der Grundannahme der ökonomischen Theorie der Bürokratie von Niskanen (1971). Diese Annahme besagt, dass sich (Chef)-Bürokraten als Budgetmaximierer verhalten (vgl. dazu Blankart 1994, 441ff.) Die Beamten werden unter den gegebenen Rahmenbedingungen ihren diskretionären Spielraum ausnutzen, indem sie ihre Aufgabenbereiche auszudehnen versuchen. Für die Bevölkerung bedeutet dies, dass die Beamten und auch die Politiker sich nicht in einem übergeordneten gesellschaftlichen Sinn richtig verhalten. Denn öffentliche Leistungen werden in der Regel nicht kundengerecht (sondern ineffektiv) und ineffizient durch den Staat bereitgestellt.

monetäre Bewertung von Umweltschäden[3] angeführt werden (Kapitel 1 des Buches). Nebst der Entwicklung von Umweltinformations- und Ökoberichterstattungssystemen (Kapitel 4) haben sich in den letzen Jahren auch die sogenannten Monitoring-Techniken weiterentwickelt.[4] Diese Technologien erlauben es, die Schadstoffemissionen der einzelnen Unternehmungen genau zu messen und zu überwachen. In den Vereinigten Staaten wird das Monitoring der Umweltverschmutzung schon seit längerer Zeit mit Erfolg angewandt. Gelingt es, die Schadschöpfung der Unternehmungen und der Haushalte besser zu messen, so können auch Zielvorgaben mit diesen Werten verglichen werden. Der Zielerreichungsgrad dient dabei als Massstab für die Beurteilung der Leistung der Politiker (Wiederwahlrestriktion) und der Verwaltung (leistungsabhängige Entlöhnung, Sanktionsmechanismen).

b) *Entwicklung von betriebswirtschaftlichen Managementkonzepten für die Verwaltung:* Als Beispiele solcher Innovationen können genannt werden: Entwicklung von modernen Controlling-Konzepten (vgl. Kapitel 3) sowie von Methoden zur Leistungs-beurteilung und Leistungsabgeltung von Beamten (Personalbeurteilungskonzepte, leistungsabhängige Lohnsysteme). Da die Philosophie des New Public Management (NPM) bereits erfolgreich angewandt wurde und seit den neunziger Jahren in vielen Verwaltungen Einzug hält, werden diese Konzepte in den nächsten Jahren auch praktisch erprobt und weiterentwickelt werden können.[5]

c) *Verbesserung der volkswirtschaftlichen Konzepte zur Wirkungsmessung staatlicher Massnahmen:* Kostenwirksamkeits- und Inzidenzanalysen von staatlichen Massnahmen wurden in den letzten Jahren ständig verfeinert und erweitert (Kapitel 7 und 8). Dies liefert den Wählern (Kontrolle der Politiker) und den Politikern (Kontrolle der Verwaltung) bessere Informationsgrundlagen für die Wahl der richtigen Umweltschutzmassnahmen.

Die Integration dieser verschiedenen innovativen Konzepte ermöglicht die Einführung eines umfassenden Öko-Controlling zur Steuerung der Umweltpolitik auf der staatlichen Ebene (Kapitel 3).

---

3 Vgl. z.B. Staehelin-Witt (1993).
4 Vgl. z.B. Stevenson (1993).
5 Vgl. z.B. Krämer (1993), Schedler (1995).

Durch die Leistungsmessung erhalten die Beamten ein Feedback über ihre persönlichen Leistungen (Sanktionsmechanismus) und über das von ihnen beeinflusste staatliche Ergebnis (Outcome, Zielerreichungsgrad). Bisher mussten die Beamten nur vorgegebene Regeln einhalten. Neu sind sie verantwortlich für die effektive und effiziente Erbringung der Leistungen. Die Beamten haben unter den neuen Spielregeln (Übertragung der innovativen Konzepte auf die Verwaltung) vermehrt Anreize, sich kundenorientiert (bzw. bürgerorientiert) zu verhalten. Verfolgen die Beamten – oder besser die Manager staatlicher Umweltpolitik – ihren Eigennutz, so wird gleichzeitig die Wohlfahrt der Gesellschaft positiv beeinflusst (die Präferenzen der Bevölkerung werden besser berücksichtigt). Das Interesse der Beamten wird in die gleichen Bahnen gelenkt wie dasjenige der gesamten Gesellschaft.

9.1.2 Änderung institutioneller Rahmenbedingungen

Der Standortwettbewerb und auch die verbesserte Information im laufenden politischen Prozess (dank neuer Mess- und Beurteilungskonzepte wie unter Abschnitt 9.1.1 skizziert) halten Politiker vermehrt dazu an, Regeln zu schaffen, innerhalb derer sich ein effektiveres und effizienteres Handeln für die Verwaltungsangestellten lohnt. Es werden vermehrt Regeln konstruiert, unter denen sich das eigennützige Verhalten in der Verwaltung gesamtwirtschaftlich positiv auswirkt. Die Stimmbürger können aufgrund der verbesserten Information die Politiker hinsichtlich ihrer Umweltperformance besser beurteilen. Die Transparenz im politischen Prozess nimmt zu. Diese veränderten Bedingungen müssen von den Politikern berücksichtigt werden, weshalb sie tendenziell stärker auf die Präferenzen der Individuen Rücksicht nehmen. Ansonsten laufen sie Gefahr, nicht wiedergewählt zu werden. Zu den neuen Regeln gehört die anschliessend diskutierte Kompetenzverteilung innerhalb des New Public Environmental Management (NPEM), die in einer Konzentration auf die Kernaufgaben in der Verwaltung mündet. Als Stichworte können hier die Ermöglichung und Förderung von Wettbewerb oder die Implementierung anreizorientierter Managementgrundsätze beispielhaft erwähnt werden.

Die Änderung der Rahmenbedingungen (Finanzkrise öffentlicher Haushalte, steigender Standortwettbewerb, sinkendes Vertrauen in die Behörden, Entwicklung neuer Managementmethoden und Entwicklung von Methoden zur besseren Leistungsmessung) hat in den letzten Jahren unter dem Schlagwort des «New Public Management (NPM)» vermehrte Anstrengungen zur Effizienzsteigerung in der Verwaltung bewirkt.[6]

Beim NPM (auch wirkungsgeführte Verwaltung) geht es im Kern um die Einführung anreizorientierter Strukturen und Konzepte des betriebswirtschaftlichen Managements in die Verwaltung. Angestrebt wird, die Kompetenzen zwischen Politik, Verwaltung und Privatwirtschaft deutlich abzugrenzen, die Ziele der Verwaltung klarer als bisher vorzugeben, mehr Wettbewerb zur Erstellung spezifischer öffentlicher Leistungen zu schaffen sowie bessere und modernere Führungsinstrumente einzusetzen.

Natürlich ist dieser Prozess des NPM noch nicht abgeschlossen. Es gibt jedoch einige erfolgversprechende Beispiele eines wirkungsgeführten Managements staatlicher Politik (z.B. in der niederländischen Stadt Tilburg).[7] Damit die Beamten tatsächlich zu «echten» Managern der staatlichen Politik werden, sind in den erwähnten Forschungsbereichen noch weitere Anstrengungen nötig. Letztlich sind auch noch weitere Erfahrungen mit der Umsetzung dieser innovativen Konzepte notwendig.

Aufgrund der grossen gesellschaftlichen und ökologischen Wichtigkeit der staatlichen Umweltpolitik und ihrer steigenden Bedeutung als Standortfaktor ist es notwendig, moderne Managementgrundsätze auch in die staatliche Umweltpolitik und bei den Umweltbehörden in Form eines «New Public Environmental Management (NPEM)» einzubringen.[8]

Der nächste Abschnitt befasst sich mit der Kompetenzregelung und Arbeitsteilung im NPEM. Die darauf folgenden Abschnitte behandeln die Schaffung geeigneter Voraussetzungen durch die Politik sowie den Einsatz geeigneter umweltpolitischer Massnahmen durch die Verwaltung.

9.2 Kompetenzregelung

Im Mittelpunkt des New Public Management steht die Trennung von normativer, strategischer und operativer Führung.[9] Volk und Parlament legen die normativen Ziele in einem demokratischen Prozess fest

6 Vgl. Buschor (1995), Osborne & Gaebler (1992), Rosen (1993), Schedler (1993), ibid (1995a), ibid (1995b), Stahel (1995), Wolters & Hartkemeyer (1994).
7 Vgl. z.B. Krämer (1993).
8 Für den Ursprung des Konzepts vgl. Schaltegger, Hilber & Kubat (1995).
9 Zum Grundsatz der Trennung von strategischem und operativem Management in der Verwaltung vgl. Bichsel (1994), Buschor (1995), Schedler (1995a).

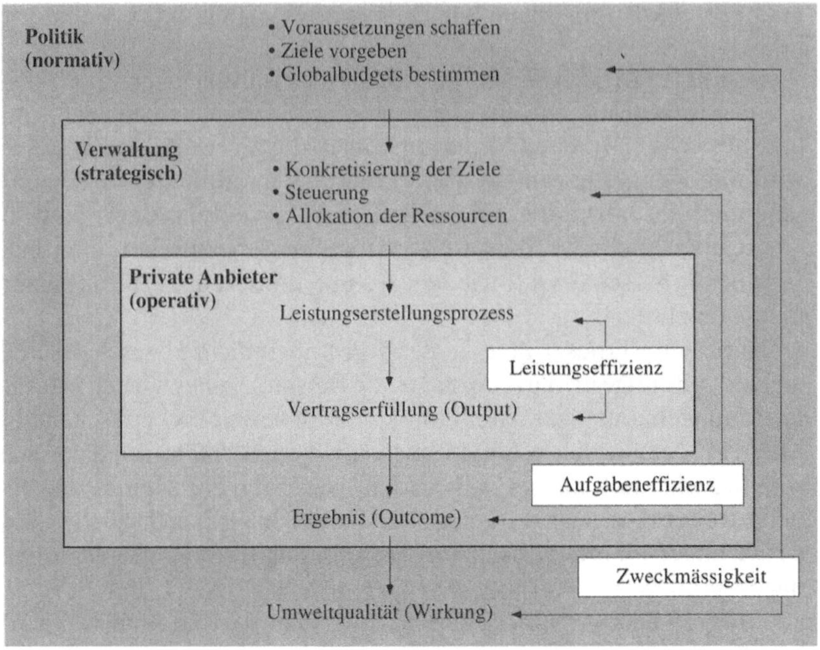

Abbildung 9.1
Kompetenz- und Arbeitsteilung zwischen Politik, Verwaltung und privaten Anbietern

(z.B. Wasserqualität X mit Budget T). Die strategische Führung besteht in der konkreten Vorgabe von Leistungszielen und Kosten durch die Umweltbehörden (Was soll mit welchem Budget erreicht werden? Z.B. 20% Reduktion der jährlichen Nitratemissionen mit einem Budget von 0.2T.). Die operative Ausführung bzw. die Leistungserstellung wird bewusst weitgehend Privaten überlassen (Wie sollen die Ziele erreicht werden? Z.B. durch den Bau und den Betrieb von Kläranlage Z.). Die öffentlichen Aufgaben der Verwaltung werden demnach nicht durch sie selbst, sondern durch Private erbracht.

Analog zum NPM basieren die Grundzüge des New Public Environmental Management auf einer Arbeitsteilung zwischen Politik (Volk, Parlament), Verwaltung (Umweltbehörden) und privaten Anbietern (Privatwirtschaft) von Umweltschutzleistungen (Abb. 9.1).

Die Politik (Volk und Parlament) ist zuständig für die normativen Aufgaben der staatlichen Umweltpolitik. Es sind dies die Schaffung geeigneter Voraussetzungen für ein wirkungsvolles und effizientes Agieren der öffentlichen Verwaltung sowie die Vorgabe klarer Ziele und Budgets.

Den Umweltbehörden (Verwaltung) obliegt das strategische Management. Dabei geht es darum, die politisch bestimmten Umweltschutzziele zu konkretisieren, die Leistungserstellung zu steuern und die weitere Allokation von Ressourcen vorzunehmen.

Sind private Anbieter in der Lage, spezifische Umweltschutzleistungen kostengünstiger zu erbringen als der Staat selbst, so sollte die Verwaltung Anreize genug haben, die Privatwirtschaft mit der Leistungserstellung (operative Ausführung) zu beauftragen.

Zur Beurteilung der Beiträge der verschiedenen Akteure (Politik, Verwaltung und private Anbieter) stehen folgende Kriterien zur Verfügung:

- **Leistungseffizienz**: Ihren spezifischen Stärken gemäss konzentrieren sich die privaten Anbieter auf die kundengerechte Erfüllung privater Verträge. Da die Firmen im Wettbewerb zueinander stehen, sind sie um die laufende Verbesserung der Leistungseffizienz (betriebliche Effizienz) zur Erreichung eines bestimmten Outputs (z.B. Bau und Betrieb einer Kläranlage mit vorgegebener Leistungsfähigkeit) bemüht.

- **Aufgabeneffizienz**: Die Leistung der Verwaltung (Umweltämter) kann demgegenüber an der Aufgabeneffizienz gemessen werden, mit der ein bestimmter Umweltnutzen erreicht wird (z.B. Reduktion der Emissionen in den Rhein zur Erzielung einer bestimmten Wasserqualität mit einem bestimmten Budget). Die ökonomisch-ökologische Aufgabeneffizienz kann durch geschicktes Abschliessen von privaten Verträgen mit den kostengünstigsten privaten Leistungserbringern verbessert werden.

- **Zweckmässigkeit**: Die Politiker und das Umweltministerium wiederum sind an den Wirkungen auf die Umweltqualität (Impacts) der von der Verwaltung veranlassten und gesteuerten Massnahmen interessiert. Sie beurteilen die Leistungen der Umweltbehörden bezüglich der vorgegebenen, mit einem bestimmten Budget zu erreichenden Ziele (z.B. mit Budget Z Wasserqualität des Rheins um 20% verbessert, ohne unerwünschte Verteilungswirkungen in der Bevölkerung auszulösen). Aufgabe der Politik ist es hierbei, die Zweckmässigkeit der Ziele, Budgets und ordnungspolitischen Strukturen zu überprüfen und geänderten Verhältnissen anzupassen.

Im folgenden Abschnitt wird die Schaffung geeigneter Voraussetzungen für das NPEM durch die Politik diskutiert.

9.3 Politische Voraussetzungen

Zentraler Aspekt des New Public Management ist, wie erwähnt, die Trennung von normativer, strategischer und operativer Führung.[10] Die normative Führung liegt bei der Politik. Das strategische Management ist Aufgabe der Umweltbehörden, die geeignete Voraussetzungen für ein wirkungsvolles und effizientes Handeln (bzw. für das operative Management) privater Anbieter von Umweltschutzleistungen schaffen müssen.

- Beim *normativen Management* geht es um die Festlegung der zu erreichenden *Ziele* sowie der hierfür zur Verfügung stehenden *Finanzmittel.*
- Beim *strategischen Management* sind Fragen zu klären, *was* (Konkretisierung der demokratisch legitimierten Zielvorgaben) am besten *von wem* (Träger) durchgeführt werden sollte. Dies sollte von den Umweltbehörden bestimmt werden.
- Das *operative Management* des Umweltschutzes akzeptiert die institutionellen Rahmenbedingungen und die vom strategischen Management gesetzten Zielvorgaben und setzt sich mit Fragen auseinander, *wie* (welche Vorgehensweisen) und *womit* (welche Instrumente) die Ziele am effizientesten realisiert werden können.

Im Rahmen des normativen Managements sind die wesentlichen politischen Voraussetzungen bzw. institutionellen Rahmenbedingungen für das New Public Environmental Management (die wirkungsorientierte Umweltpolitik) zu schaffen. Es sind dies (Abb. 9.2):

- demokratische Festlegung eindeutiger Umweltschutzziele
- leistungsorientierte Anreizstrukturen und Globalbudgetierung
- Zulassen von Schadschöpfungsregionen
- Zulassen von Wettbewerb bei der Erfüllung von Umweltschutzaufgaben

Verwaltungsangestellte in Umweltämtern (Vollzugsbehörden) können erst dann zu Managern öffentlicher Umweltschutzaufgaben werden und wirkungsorientiert handeln, wenn sie einen politischen Auftrag haben, Umweltschutz zu betreiben, und wenn klare, demokratisch legitimierte Zielvorgaben bestehen. Solche Ziele können auf einer

10 Zur Aufgabenteilung zwischen Politik und Verwaltung vgl. Buschor (1995).

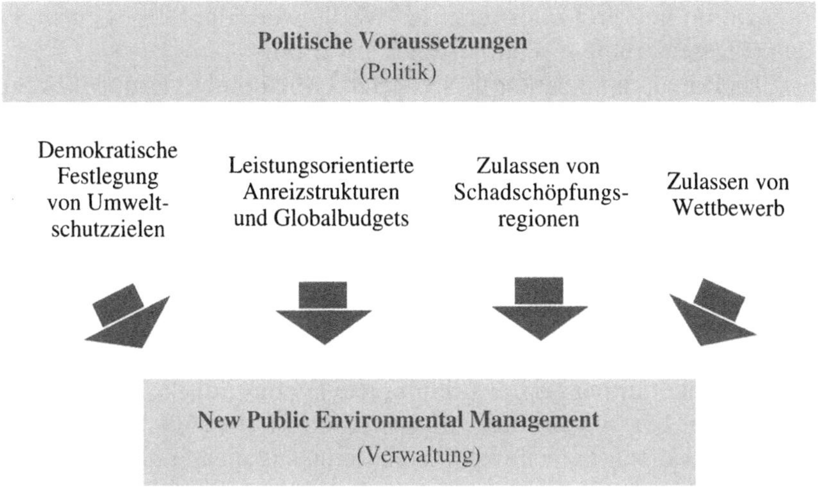

Abbildung 9.2
Politische Voraussetzungen zur Einführung des New Public Environmental Management (NPEM) bei den Umweltbehörden

generellen Ebene in Abstimmungen festgelegt und vom Umweltministerium in einem Leitbild festgehalten werden.

Unternehmerisches Agieren der Verwaltung erfordert die Einführung leistungsorientierter Anreizstrukturen in der Verwaltung (i.b. Abschaffung des Beamtenstatus, leistungsabhängige Entlöhnung und Karriereentwicklung, Ersatz einer detaillierten Inputsteuerung über Budgets durch eine leistungsorientierte Budgetierung usw.). Nur so besteht für die Verwaltung ein starkes Interesse, die politisch gewünschten Leistungen effektiv und kostengünstig zu erfüllen und eine Kundenorientierung (Bürgerorientierung) einzunehmen.

Eine der wichtigsten politischen Massnahmen des New Public Management ist die *leistungsgesteuerte Globalbudgetierung.* Das Prinzip der leistungsgesteuerten Globalbudgetierung ist im deutschen Sprachraum unter dem Namen «Tilburger-Modell» bekannt.[11] Dabei wird die heute vorherrschende Inputsteuerung über Budgets durch die globale Vorgabe von Kostendächern bei gleichzeitiger Erhöhung des Spielraums der Verwaltung ersetzt. Neben der Erhöhung der Effizienz trägt der Wettbewerb als Entdeckungsverfahren[12] auch zur Steigerung der

11 Buschor (1995).
12 Hayek (1945).

Innovation bei. So fördert erst der Wettbewerb die Lernprozesse bei den privaten Anbietern und in der Verwaltung.

Das Prinzip der leistungsgesteuerten Globalbudgetierung führt zur Festlegung von Globalbudgets zur Bekämpfung bestimmter Umweltprobleme (z.B. Sommersmog in der Region V). Hierzu können finanzielle («Kostendächer») und ökologische Globalbudgets (z.B. mindestens 20%ige Reduktion des Beitrags zum Sommersmog bis zum Jahre 2000) gesprochen werden. Sowohl die finanziellen als auch die ökologischen Globalbudgets bzw. Umweltschutzziele werden vom Souverän bestimmt.

Die logische Konsequenz aus dem Konzept der leistungsgesteuerten Globalbudgetierung ist die Bildung geeigneter, auf die Bekämpfung bestimmter Umweltprobleme ausgerichteter Funktionalregionen. Ein effektiver Vollzug kann nur gelingen, wenn Nutzniesser und Kostenträger von Umweltschutzmassnahmen übereinstimmen. Hierzu sind von der Politik (bzw. vom Umweltministerium) *Schadschöpfungsregionen* zu bilden, deren Abgrenzung sich nach der räumlichen Ausdehnung eines bestimmten Umweltproblems richtet (Kapitel 8). In vielen Fällen sind grenzüberschreitende Schadschöpfungsregionen erforderlich. Deren Bildung ist Gegenstand internationaler Verhandlungen oder Aufgabe supranationaler Umweltministerien.

Um Innovation und Kosteneffizienz zu fördern, ist der Grundsatz des *internen und externen Wettbewerbs* festzulegen. Dabei wird der Verwaltung das Recht eingeräumt, die Erstellung von Umweltschutzleistungen an verschiedene sich konkurrierende private Anbieter zu vergeben.

Im folgenden werden die Grundzüge und mögliche Massnahmen des NPEM auf Ebene der staatlichen Verwaltung (Umweltbehörden) diskutiert.

9.4 Einführung des NPEM für Umweltämter

Das strategische Management der staatlichen Umweltpolitik obliegt den Umweltbehörden. Die von politischen Rahmenbedingungen und Forderungen bewirkte und unterstützte Einführung des wirkungsorientierten staatlichen Umweltmanagements in der Verwaltung kennt zwei Phasen (Abb. 9.3):

1) Konzentration auf die Kernaufgaben der staatlichen Umweltpolitik
2) Steigerung der Effizienz, mit der die verbleibenden Kernaufgaben der Umweltämter bewältigt werden

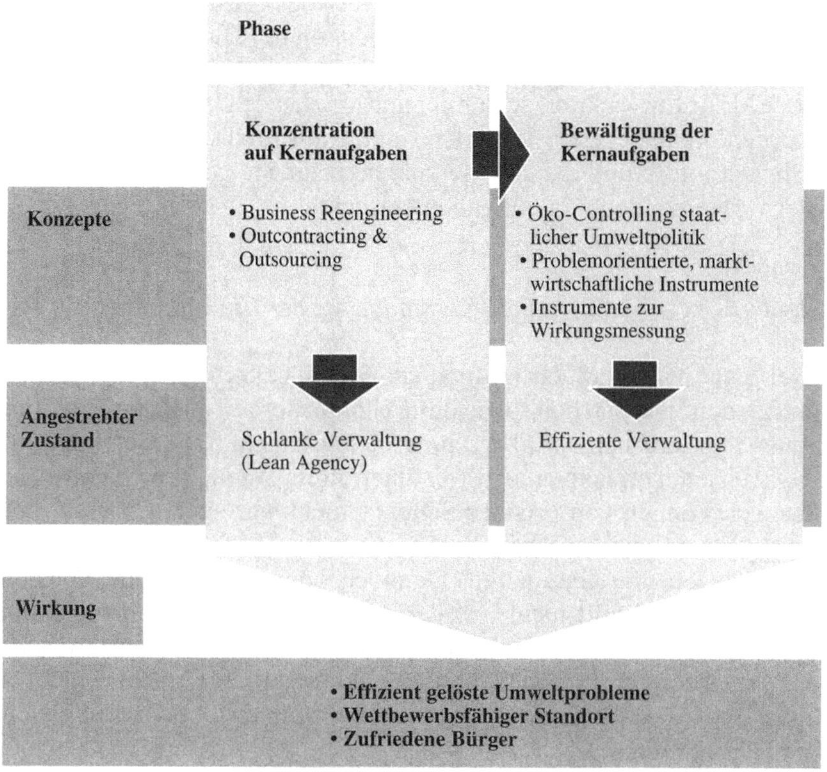

Abbildung 9.3
New Public Environmental Management

Während die Konzentration der Umweltämter auf die Kernaufgaben des staatlichen Umweltschutzes zu einer klaren Arbeitsteilung zwischen Politik, Verwaltung und Privatwirtschaft führen und im angestrebten Zustand einer «schlanken Verwaltung» (lean agency) münden soll, geht es bei der Bewältigung der (verbleibenden) Kernaufgaben um die Steigerung der Effizienz der Verwaltung.

Wichtige, in den folgenden Abschnitten diskutierte Konzepte zur Bildung einer schlanken Verwaltung (lean agency) sind Business Reengineering, Outsourcing und Outcontracting. Zentrale Instrumente zur Steigerung der Effizienz der umweltpolitischen Kernaktivitäten der Verwaltung betreffen vor allem das staatliche Öko-Controlling, problemorientierte Steuerungsinstrumente und Methoden zur Wirkungsmessung.

Politisch angestrebte Wirkungen des erfolgreich implementierten NPEM sind die effiziente und effektive Lösung von Umweltproblemen, die Sicherstellung und Steigerung der Wettbewerbsfähigkeit des Standortes sowie die Erhöhung der Zufriedenheit der Bürger.

Die folgenden zwei Abschnitte skizzieren mögliche Konzepte des NPEM zur Entwicklung schlanker und effizienter Umweltämter. Dabei werden zuerst der Prozess zur Konzentration auf die Kernaufgaben der Umweltpolitik und danach Massnahmen zur Steigerung der Effizienz der verbleibenden Kernaufgaben betrachtet.

9.4.1 Konzentration auf die Kernaufgaben der Umweltpolitik

Der Staat hat öffentliche Aufgaben. Hierzu gehört neben der inneren und äusseren Sicherheit sowie der Rechtssicherheit auch die Erhaltung einer intakten Umwelt. Dies heisst jedoch nicht, dass der Staat alle Umweltschutzaufgaben selbst erfüllen muss. Viele Umweltschutzleistungen können von privater Seite erbracht werden. Es besteht kein zwingender Grund, weshalb der Staat z.B. den Abfall einsammeln oder Kläranlagen betreiben sollte. Dennoch können bestimmte Umweltschutzleistungen oft nicht von den Firmen und Haushalten selbst erbracht werden (z.B. Betrieb von Kläranlagen für Haushaltsabwässer). Ein Wettbewerb zwischen privaten Anbietern für solche eindeutig definierte öffentliche Umweltschutzleistungen erhöht Kosteneffizienz und Innovation.[13]

Mit der ersten Phase der Einführung des New Public Environmental Management (NPEM) bei Umweltämtern wird eine Konzentration des öffentlichen Dienstes auf die eigentlichen umweltpolitischen Kernaufgaben des Staates angestrebt. Zur Unterstützung dieses Konzentrationsprozesses stehen folgende Konzepte im Vordergrund:

- Business Reengineering
- Outsourcing und Outcontracting
- problemorientierte, flexible Projektorganisation

Beim Konzept des **Business Reengineering bzw. der Aufgabenkritik** geht es um die grundlegende Hinterfragung von Leistungserstellungsprozessen.[14] «Hierbei wird überprüft, ob die entsprechenden Aufgaben wirklich vom Staat sichergestellt werden müssen (Zweckkritik), ob die Aufgabenerfüllung in der richtigen Menge und Qualität erfolgt und ob

13 Zum strategischen Management in der öffentlichen Verwaltung am Beispiel eines Neukonzepts für das Energie-Innovationsprogramm des Bundes vgl. Kriesi (1995).

14 Vgl. Hammer & Champy (1994), Servatius (1994), Frost, Treichler & Schmidt (1995).

sie vom zweckmässigen Aufgabenträger ausgeführt wird (Vollzugskritik).»[15] Das Resultat des Reengineering von Umweltschutzämtern und -aufgaben dürfte vielfach zu einer Deregulierung führen und in einer schlanken Verwaltung (lean agency) münden.[16]

Mit der Konzentration auf die *Steuerung* der Erstellung von Umweltschutzleistungen und der Steuerung von Umweltverhalten können die Umweltämter schlanker organisiert werden. Eine «Lean Agency» ist zwar weiterhin für die Erfüllung öffentlicher Aufgaben verantwortlich; in der Regel wird sie jedoch Umweltschutzleistungen nicht selber erbringen[17] (Prinzip der «Lean Production»).

Sind Private in der Lage, spezifische Umweltschutzleistungen kostengünstiger zu erbringen, so ist ein Outsourcing oder Outcontracting angebracht.

Die Begriffe «**Outsourcing**» und «**Outcontracting**» sind eine Neuschöpfung aus den Begriffen «Outside» und «Resourcing» respektive «Contracting». Beim Outsourcing geht es um die Auslagerung der Erstellung bestimmter, bezüglich der zu erreichenden Sollwerte (Zielvorgaben) klar definierter und bisher vom Staat selbst erbrachter Umweltschutzleistungen. Dies kann z.B. durch die Bildung selbständiger, im Wettbewerb zu privaten Anbietern stehender Profitcenter erfolgen. Beim Outcontracting handelt es sich um die auf privatrechtlichen Verträgen beruhende, externe Vergabe von Umweltschutzleistungen an die kostengünstigsten, privaten Anbieter.[18] Beim Outcontracting kann unterschieden werden zwischen:

- *Leistungs-Outcontracting:* Die Verwaltung bestimmt, mit welchen Mitteln das Umweltproblem bekämpft werden soll (z.B. chemisch-biologische Kläranlage zur Säuberung des Wassers). Private Anbieter entsprechender Umweltschutzleistungen (Erstellung und Betrieb einer chemisch-biologischen Kläranlage) stehen zueinander im Wettbewerb. Diejenigen erhalten den Zuschlag, die am kostengünstigsten die definierte Leistung erbringen. Das Umweltamt beschränkt sich auf die Steuerung der Leistungseffizienz und misst den

---

15 Buschor (1995, 275).

16 Vgl. Bösenberg & Metzen (1993), Metzen (1994), Dicke & Glismann (1995).

17 Wesentlich ist der politische Entscheid, dass die Verwaltung private Anbieter um die Erfüllung von Umweltschutzleistungen konkurrieren lassen darf. Auch muss mit der Einführung leistungsabhängiger Anreize der Verwaltung nahegelegt werden, die besten Angebote zu berücksichtigen. Hiermit entspricht das New Public Environmental Management einer konsequenten Politik der Deregulierung und Privatisierung. Die Behörde muss von der Erstellung von Umweltschutzleistungen aber nicht zwingendermassen ausgeschlossen sein.

18 Vgl. Frentz (1989), Buschor (1995).

Output (dass mit einer chemisch-biologischen Säuberung 20% der Nitratemissionen aus dem Abwasser entzogen wird).

- *Aufgaben-Outcontracting:* Die Verwaltung bestimmt die Qualitätskriterien zur Erreichung der ihr von der Politik vorgegebenen Ziele. Die Aufgabenerfüllung als solche wird ausgeschrieben (z.B. 20% weniger Wasseremissionen in den Rhein). Dabei kann die Abgeltung der Leistungen erfolgsabhängig ausgestaltet werden. Die Wahl der Mittel und die detaillierte Umsetzung zur Erreichung der vertraglich bestimmten Ziele ist privaten Anbietern überlassen. Da ihr Gewinn direkt von der Effizienz und Wirksamkeit ihrer Tätigkeiten abhängt, werden sie die kostengünstigsten Wege wählen, ohne die Zielerreichung zu gefährden. Die Verwaltung steuert lediglich die Aufgabeneffizienz und misst den Outcome (dass bei gegebenem Budget die Nitratemissionen in den Rhein um 20% reduziert wurden).

Grundsätzlich kann die Aufgabenerfüllung an mehrere Firmen vergeben werden. Wo dies jedoch nicht möglich ist, wie im Fall von natürlichen Monopolen mit kostspieliger Infrastruktur (z.B. Kläranlagen), kann eine Trennung von Infrastrukturanbieter (z.B. Erbauer der Anlagen) und Ersteller laufender Leistungen (z.B. Kanalreinigung, Betreiber der Anlagen usw.) vorgenommen und für Letzteres zeitlich beschränkte *Lizenzen vergeben* werden. Wesentlich ist, dass die Anbieter im Wettbewerb stehen und dezentral entscheiden, wie die ausgelagerten Umweltschutzeinrichtungen im Detail betrieben bzw. wie die vorgegebenen Ziele erreicht werden sollen.[19]

Als öffentliche Umweltschutzleistungen gelten gemeinhin der Betrieb von End-of-the-pipe-Anlagen wie Klärwerke, Kehrichtverbrennungsanlagen, Deponien usw. Von der öffentlichen Hand nach wie vor sträflich vernachlässigt werden aber ökonomisch und ökologisch viel sinnvollere Sparmassnahmen Gerade auch hier können mit Verträgen *ergebnisorientierte Leistungsaufträge an Private* vergeben werden (z.B. jährlich 10% Wassereinsparung in der Region V). Dabei kann die Bezahlung von der erzielten Leistung abhängig gemacht werden.

Bei der **problemorientierten, flexiblen Projektorganisation** geht es um die Schaffung geeigneter verwaltungsinterner Strukturen. Je schneller der technologische Wandel ist und je erfolgreicher das Umweltamt operiert, desto öfter wechseln die zu bekämpfenden Umweltprobleme. Um sich auf die Kernaufgaben der Umweltpolitik konzentrieren zu können, ist eine flexible Organisation erforderlich, die sich der aktuel-

19 Zur Gefahr der Bildung von Submissionskartellen bei der Vergabe von Lizenzen vgl. Blankart 1984, 436ff.

len Umweltprobleme effektiv und effizient annehmen und obsolet gewordene Fragestellungen «ad acta» legen kann. Dies ist heute meist nicht möglich, da die Umweltämter vorwiegend starr nach Umweltmedien (Wasser, Boden, Luft) und einzelnen Umwelteinwirkungen (z.B. Kohlenwasserstoffe) organisiert sind.[20] Um sich den wandelnden Gegebenheiten laufend anpassen zu können, ist deshalb bei den Umweltämter eine flache Hierarchie und eine problemorientierte, flexible Projektorganisation einzuführen. Zur Schaffung der «optimalen Betriebsgrösse» werden für die zu bekämpfenden Umweltprobleme *Schadschöpfungsregionen* gebildet. Das Organisationsprinzip der Schadschöpfungsregionen entspricht dem einer Holding, in der die vom Umweltamt (bzw. der Leitung der Unternehmung «staatliche Umweltpolitik») gebildeten «Tochterregionen» («Functional Profit Centers») nach spezifisch zu erfüllenden Funktionen (z.B. Bekämpfung Sommersmog in der Region X) weitgehend eigenständig auf Erfolgsbasis operieren (Kapitel 8).[21]

Mit den skizzierten Reformen wird eine schlanke Verwaltung angestrebt, die sich auf die (nicht privatisierbaren) Kernaufgaben des staatlichen Umweltschutzes konzentriert. Im Extremfall bleiben den Umweltämtern als Kernaufgabe nur noch zentrale, strategische Steuerungs- bzw. Controllingaufgaben.

Nach einer problemorientierten Reorganisation des Umweltamts sind leistungsorientierte Anreizstrukturen einzuführen. Dies kann durch die Schaffung grösserer Spielräume für die Verwaltungsangestellten, Abschaffung des Beamtenstatus, Einführung erfolgsabhängiger Entlöhnung und Karriereentwicklung usw. geschehen.

9.4.2 Effiziente Bewältigung der Kernaufgaben

Die zweite Phase des NPEM bezweckt eine Steigerung der Effizienz der staatlichen Verwaltung bei der Bewältigung der umweltpolitischen Kernaufgaben. Die zwei wesentlichen Aufgaben eines «schlanken Umweltamts» sind:

- die Steuerung des umweltrelevanten Verhaltens von Individuen und Organisationen mit umweltpolitischen Lenkungsinstrumenten
- die Steuerung der Erstellung von Umweltschutzleistungen wie das

20 Für die U.S.A. vgl. Marcus (1993).
21 Bei den Schadschöpfungsregionen kann es sich auch um Abteilungen des Umweltamts handeln.

Betreiben von Kläranlagen sowie Kehricht- und Sondermüll-Verbrennungsanlagen oder Deponien

Zentrale umweltpolitische Aufgabe des Staates ist die **Steuerung umweltrelevanten Verhaltens** von Individuen und Organisationen. Den Umweltämtern obliegt die Konkretisierung und Operationalisierung der politischen Zielvorgaben. Dies sollte durch die Erarbeitung von Umweltleitbildern geschehen. Nur durch eine solche Zielorientierung kann die Umweltpolitik konsequent auf die wirksame Behebung der eigentlichen Umweltprobleme fokussiert werden.

Innerhalb der Schadschöpfungsregionen müssen sich die Umweltschutzmanager an den politisch vorgegebenen, problemorientierten Zielen ausrichten. Sie kontrollieren nicht die Einhaltung von Gesetzen, sondern managen Beiträge zu spezifischen Umweltproblemen (z.B. Sommersmog). Im Gegensatz zu heute, wo Umweltprobleme im Prinzip durch eine spezielle Fachstelle bzw. Fachspezialisten behandelt werden, erfolgt beim NPEM die Umsetzung von Umweltschutzmassnahmen in einem prozess- und teamorientierten Arbeitsablauf, der von einem Projektmanagement geführt wird. Die Projektmanager verfügen über Qualitäten als Fachgeneralisten und sind auf Erfolgsbasis eingestellt. Dementsprechend stehen Manager der Schadschöpfungsregionen vor der Aufgabe, die Ziele mit minimalen Kosten zu erreichen oder eine maximale Reduktion von Umwelteinwirkungen mit einem gegebenen Budget zu erzielen. Dabei werden die Leistungen der Projektmanager an der erreichten Umweltleistung pro Franken (d.h. der ökonomisch-ökologischen Effizienz) gemessen.

Die logische Folgerung aus den politisch vorgegebenen, leistungsgesteuerten Globalbudgets ist der Einsatz möglichst effektiver und effizienter Steuerungsinstrumente des Umweltschutzes. Zur Steigerung der Öko-Effizienz müssen die Manager der Schadschöpfungsregionen deshalb marktwirtschaftliche Konzepte des Umweltschutzes sowie ein auf den Prinzipien des Öko-Controlling basierendes Konzept zur umweltpolitischen Steuerung einsetzen (Kapitel 3). Das Öko-Controlling dient insbesondere auch der Koordination und Integration des notwendigen Umweltinformations- und Berichterstattungssystems (Kapitel 4) mit den Instrumenten zur problemorientierten Steuerung (Teil IV) und mit den Methoden zur Beurteilung der Wirkungen der Massnahmen (Teil V).

Die Messung des Umweltzustands sollte mit einem systematisch aufgebauten Umweltinformationssystem[22] (Kapitel 4) erfolgen, wobei

22 Zur Sicherstellung der Vergleichbarkeit von Informationen über die Zeit sind Standards der Rechnungslegung zu definieren. Werden gar Vergleiche mit anderen Schadschöpfungsregionen angestrebt, so sind internationale Standards der Rechnungslegung not-

die erhobenen Daten auch der Kommunikation mit den Bürgern, Unternehmensleitungen und Politikern dienen. Die hierdurch bewirkte Rechenschaftslegung unterstützt eine klare Ausrichtung auf die Bürgerbedürfnisse (Kundenorientierung) und liefert die Grundlage zur erfolgsabhängigen Entlöhnung der Umweltmanager.

Denkbar ist auch, dass Management von Schadschöpfungsregionen an Private vergeben wird. Dies kann sowohl durch eine Auslagerung einzelner Steuerungsaktivitäten geschehen (z.B. Reduktion des Energieverbrauchs oder bestimmter Vorläufersubstanzen des Sommersmogs) als auch ein *erfolgsbasiertes Outcontracting des gesamten Managements einer Schadschöpfungsregion*. Entsteht ein Wettbewerb um Aufträge zur Steuerung der Umwelteinwirkungen einer Schadschöpfungsregion, so ergibt sich automatisch auch ein Wettbewerb zwischen unterschiedlichen umweltpolitischen Steuerungsinstrumenten. Dabei werden sich die effizientesten, wirksamen Methoden durchsetzen.

Wenn sich die Umweltämter auf die Kernaufgaben der Umweltpolitik konzentrieren, wird der Staat höchstens in Ausnahmefällen öffentliche Umweltschutzleistungen selber erbringen. Dies obwohl die öffentliche Aufgabe nach wie vor beim Staat verbleibt. Die zweite wesentliche Kernaufgabe der Umweltämter betrifft deshalb die **Steuerung der Erstellung öffentlicher Umweltschutzleistungen.** Dabei geht es vor allem um ein effizientes Management von Auslagerungsvorgängen (Outsourcing und Outcontracting, vgl. Abschnitt 9.4.1). Für eine Auslagerung besonders geeignet sind einerseits die Erstellung von Infrastrukturbauten (z.B. Kläranlagen) sowie andererseits der Betrieb von Anlagen (z.B. Betrieb von Kläranlagen) und die Ausführung spezifischer Umweltschutztätigkeiten (z.B. Wartung des Kanalisationsnetzes).

Wie bei der Steuerung des Umweltverhaltens ist die *leistungsgesteuerte Globalbudgetierung* auch die wichtigste Massnahme bei der Steuerung der Erstellung von Umweltschutzleistungen. Dabei erfolgt eine kunden- und bürgernahe, rationelle Leistungserstellung durch gezielten internen und externen Wettbewerb. Die Verwaltung gibt ein Projektziel in Form eines quantitativen Mengengerüsts der zu erbringenden Leistungen vor. Die zu erreichende Qualität der Zielerreichung (Outcome) wird klar definiert. Die *Erfolgsmassstäbe* (Benchmarks) des Outcome sind im voraus als Kennzahlen (Performanceindikatoren) zu definieren (vgl. auch Abschnitt 9.3).[23] Diejenigen privaten oder staatlichen Anbieter, die mit der kleinsten globalen Kostensumme die ge-

---

wendig, wie sie vom International Accounting Standards Committee (IASC) für das betriebliche Rechnungswesen definiert werden.

23 Zu Benchmarking vgl. Watson (1987).

wünschte, klar definierte Leistung erbringen, erhalten den Auftrag. Es ist auch denkbar, dass Vorgaben über die zu erbringende Leistungsmenge (Output) gemacht werden. Besser ist jedoch, wenn die Ersteller von Umweltschutzleistungen selbst bestimmen, wie die Aufgabenerfüllung erfolgt.

Um eine erfolgreiche Auslagerung von Aufgaben sowie deren wirksame und effiziente Erfüllung sicherzustellen, kann die Verwaltung ein auf das Outsourcing und Outcontracting ausgerichtetes *Controllingverfahren* aufbauen.[24] Wichtigste Voraussetzung, um den Controllingaufgaben gerecht zu werden und um einen kontinuierlichen Soll-Ist-Vergleich zu ermöglichen, ist ein aussagekräftiges Informationssystem zur Messung der erbrachten Leistungen sowie eine (finanzielle) Kostenrechnung. Nur wenn das Umweltamt über die Qualität der Leistungen sowie über die jeweiligen Vermeidungskosten informiert ist, kann eine effiziente und wirksame Auslagerung der Leistungserstellung erfolgen.

Ein möglicher Weg, die tiefsten Vermeidungskosten in Erfahrung zu bringen, ist die Ausschreibung einer bestimmten Leistungserstellung. Dieses Vorgehen entspricht dem Grundsatz, dass die Informationssammlung möglichst dezentral erfolgen sollte und entsprechende Anreize für die Informationslieferanten zu schaffen sind. Stehen potentielle Anbieter in Konkurrenz zueinander, so ist der Wettbewerb Ansporn genug, dem Umweltamt die kostengünstigste Alternative anzubieten. Eine Vielzahl von dezentral operierenden Anbietern wird immer besser in der Lage sein, die effizienteste Vermeidungsstrategie zu evaluieren, als ein zentrales Umweltamt. Somit werden auch Entscheidungen bezüglich der zu wählenden Technologie und bezüglich der Betreiber einer Umweltschutzeinrichtung erleichtert.

Zur Sicherstellung der Kosteneffizienz werden Schadschöpfungsmanager bei jedem Projekt eine *Projektevaluation* vornehmen. Diese Projektevaluation orientiert sich an den vorgegebenen Umweltschutzzielen und den Kernbedürfnissen der Bürger (Kunden). Die Zufriedenheit der Bevölkerung mit der Leistungserstellung wird mit Methoden der Marktforschung systematisch erhoben.

Die von den politischen Behörden (Umweltministerium) für den Souverän durchgeführte Beurteilung der Aufgabeneffizienz der Verwaltung (Umweltämter) erfordert die periodische Publikation von

24 Ein Controlling zur Auslagerung öffentlicher Aufgaben kann analog zum betrieblichen Öko-Controlling (vgl. Schaltegger & Sturm 1995) und wie das in Kapitel 3 dargelegte Öko-Controlling der staatlichen Umweltpolitik aufgebaut werden (vgl. auch Flütsch 1995). Zum betrieblichen Finanz-Controlling vgl. Horvàth (1994).

Strategieberichten sowie die Veröffentlichung der Effizienz und Effektivität der Massnahmen anhand von im voraus definierten Kennzahlen (Erfolgsmassstäbe bzw. Benchmarks). Auch ist die Bevölkerung regelmässig über den Umweltzustand, die Zielerreichung und die Abweichungen von den Zielvorgaben zu informieren. Dies kann im Rahmen eines jährlichen *Umweltberichts* des Umweltamts sowie mit öffentlich zugänglichen Datenbanken und weiteren spezifischen Kommunikationsmitteln geschehen (vgl. Kapitel 2).

Zur Verhinderung einer Günstlingswirtschaft bei der Vergabe von Aufträgen ist periodisch eine *interne und externe Revision* der Aktivitäten des Umweltamts durchzuführen.

9.5 Ausblick

In diesem Buch wurden Funktionsweise, Chancen und Probleme von Konzepten für ein New Public Environmental Management (NPEM) diskutiert. Dabei stellte sich heraus, dass es eine Vielzahl problem- und effizienzorientierter volkswirtschaftlicher Instrumente auf Grundlage des Schadschöpfungskonzepts gibt. Behandelt wurden die Bildung von Schadschöpfungsregionen, das staatliche Öko-Controlling, ein Umweltinformations- und Öko-Berichterstattungssystem für Gebietskörperschaften, Schadschöpfungs-Zertifikatshandel und -Lenkungsabgaben sowie Kostenwirksamkeits- und Verteilungsanalysen im Umweltschutz. Ebenfalls besprochen wurden politische Implikationen der Konzepte. Auch wurde aufgezeigt, dass die Konzepte des NPEM eine wertvolle Hilfe zur Deckung des akuten Innovationsbedarfs in der staatlichen Umweltpolitik leisten.

In entwickelten Industrie- und Dienstleistungsnationen haben einzelne der diskutierten Elemente des New Public Environmental Management in z.T. variierter Form Anwendung gefunden. Andere werden in politischen oder wissenschaftlichen Kreisen diskutiert und stellen völlig neue Ansätze dar. Dabei sind die skizzierten Teilaspekte eines New Public Environmental Management nicht abschliessend.[25]

Das Konzept der wirkungsorientierten Umweltpolitik wird wenig Chancen haben, wenn Politiker lediglich auf Wählerfang gehen und wenn Staatsbeamte ausschliesslich der Budgetmaximierung frönen. Mit

25 Hier nicht angesprochen wurden z.B. umweltpolitische Ansätze wie das österreichische Konzept der Öko-Punkte im Schwer- und Transitverkehr, das ein konkretes Beispiel einer ökologischen Globalbudgetierung darstellt sowie Möglichkeiten der Anwendung des Schadschöpfungskonzepts zur grundsätzlichen Prioritätensetzung bei politischen Handlungen.

dem zunehmenden Standortwettbewerb und der Entwicklung der dargestellten Mess- und Beurteilungsinstrumente wird jedoch die Transparenz erhöht und der diskretionäre Spielraum der staatlichen Akteure eingeschränkt. Auch die Verbreitung von Informationen, wie ein innovatives Management staatlicher Umweltpolitik erfolgen kann, lenkt die Aktivitäten der staatlichen Entscheidungsträger in Richtung betrieblicher und allokativer Effizienz. Hinzu kommt, dass mit dem wachsenden Interesse weiter Wirtschaftskreise am Schadschöpfungskonzept und seiner Weiterentwicklungen sowie dem erstarkten Einfluss mächtiger Interessengruppen bezüglich der Entwicklung und Normierung von Beurteilungsmethoden (Kapitel 1), die Bedeutung einer innovativen, wirkungsorientierten Umweltpolitik für Entscheidungsträger in Wirtschaft, Gesellschaft und Politik zunimmt.

Ob und wie konsequent das NPEM eingeführt wird, kann demnach als ein Gradmesser dafür genommen werden, wie gut es Politikern und Umweltbehörden gelingt, zu international wettbewerbsfähigen, innovativen Managern der staatlichen Umweltpolitik zu erstarken.

Literatur

Banner, G. & Reichard, C. (Hrsg.) (1993): Kommunale Managementkonzepte in Europa. Anregungen für die deutsche Reformdiskussion, Köln: Kohlhammer.

Bichsel, T. (1994): Die strategische Führung der öffentlichen Verwaltung. Grundzüge eines Verfahrens zur Bestimmung und Einführung einer strategischen Führungskonzeption, Chur/Zürich: Rüegger.

Bösenberg, Dirk & Metzen, Heinz (1993): Lean Management. Vorsprung durch schlanke Konzepte, Landsberg: Moderne Industrie, 3. Auflage.

Blankart, Charles (1994): Öffentliche Finanzen in der Demokratie. München: Vahlen, 2. Auflage.

Buschor, Ernst (1995): «Das Konzept des New Public Management». In: Schweizer Arbeitgeber, Vol. 6, 272 – 276.

Damkowski, Wulf & Precht, Claus (1995): Public Management. Neuere Steuerungskonzepte für den öffentlichen Sektor. Stuttgart: Kohlhammer.

Dicke, Hugo & Glisman, Hans (1995): «Ist der öffentliche Dienst zu fett? Enormes Sparpotential bei der Konzentration auf die Kernaufgaben des Staates». In: Neue Zürcher Zeitung, Nr. 93, 29.

Frentz, M. (1989): Effiziente Erfüllung öffentlicher Aufgaben. Ein Beitrag zur Verwaltungsrationalisierung aus organisationstheoretischer Sicht am Beispiel der Ausgliederungsfrage, Frankfurt a. M.: Lang.

Frey, Bruno S. (1994): «Direct Democracy: Politico-Economic Lessons from Swiss Experience». In: American Economic Review, Papers and Proceedings, Vol. 84, 338 – 342.

Frey, Bruno S. & Kirchgässner, Gebhard (1994): Demokratische Wirtschaftspolitik. München: Vahlen.

Frost, Jetta; Treichler, Christoph & Schmidt, Sascha (1995): «Business Reengineering. Kein Feuer ohne Rauch». In: Der Monat, 5/95, 4 – 6.

Hammer, Michael & Champy, James (1994): Business Reengineering: die Radikalkur für das Unternehmen, Frankfurt a. M.: Campus, 2. Auflage.

Hirschman, Albert O. (1974): Abwanderung und Widerspruch: Reaktionen auf Leistungsabfall bei Unternehmungen, Organisationen und Staaten. Tübingen: Mohr.

Horvàth, Peter (1994). Controlling. München: Vahlen, 5. Auflage.
Krämer, R. (1993): «Moderne Kommunalverwaltung – Das Beispiel der niederländischen Stadt Tilburg». In: Finanzwirtschaft, Vol. 47, Nr. 10, 229 – 235.
Kriesi, Ruedi (1995): Strategisches Management in der öffentlichen Verwaltung. Am Beispiel eines Neukonzepts für das Energie-Innovationsprogramm des Bundesamtes für Energiewirtschaft, Bern: Haupt.
Lawton, Alan & Rose, Aidan (1994): Organisation and Management in the Public Sector. London: Pitman.
Metzen, H. (1994): Schlankheitskur für den Staat. Lean Management in der öffentlichen Verwaltung, Frankfurt a. M.: Campus.
Morgan, C. & Murgatoroyd, S. (1994): Total Quality Management in the Public Sector. An International Perspective, Buckingham/Philadelphia: Open University Press.
Osborne, D. & Gaebler, T. (1992): Reinventing Government. How the Entrepreneurial Spirit is Transforming the Public Sector, Reading: Addison-Wesley.
O.V. (1995): «Why can't a country be like a firm?». In: The Economist, April 22, 89.
Rosen, E. (1993): Improving Public Sector Productivity. Concepts and Practice, Newbury Park: Sage.
Schaltegger, St.; Hilber, C. & Kubat, R. (1995): «New Public Environmental Management (NPEM)». In: WWZ-News Nr. 19.
Schedler, Kuno (1993): Anreizsysteme in der öffentlichen Verwaltung, Bern: Haupt.
Schedler, Kuno (1995a): Ansätze einer wirkungsorientierten Verwaltungsführung. Von der Idee des New Public Managements (NPM) zum konkreten Gestaltungsmodell. Fallbeispiel Schweiz, Bern: Haupt.
Schedler, Kuno (1995b): «Aufbruch in der öffentlichen Verwaltung». In: Schweizer Arbeitgeber, Vol. 6, 271.
SDA (Schweizerische Depeschen Agentur) (1995): «Vertrauen in die Behörden sinkt». In: Basler Zeitung, 6. Juni, Nr. 129, 11.
Servatius, H.-G. (1994): Reengineering-Programme umsetzen. Von erstarrten Strukturen zu fliessenden Prozessen, Stuttgart: Schäffer-Poeschel.
Stahel, Fritz (1995): «Wenn aus Beamten Unternehmer werden. New Public Management». In: SKA-Bulletin, 5/6, 22 – 23.
Stevenson, R. (1993): «Monitoring Pollution at its Source». In: New York Times, April 8, C1.
Tiebout, Charles M. (1956): «A Pure Theory of Local Expenditures». In: Journal of Political Economy 64, 416 – 424.
Watson, Gregory (1993): Strategic Benchmarking. New York: John Wiley & Sons.
Wolters, Jan & Hartkemeyer, Johannes (1994): «Die öffentliche Verwaltung – ein System organisierter Unverantwortlichkeit oder ein Dienstleistungsunternehmen?»

Bibliographie

Abay, Georg & Zehnder, Claude (1992):, Road Pricing für die Agglomeration Bern: Ein Vorschlag». In: Schweizerische Zeitschrift für Volkswirtschaft und Statistik, Vol. 128, Nr. 3, 495 - 510.

Adriaanse, A. (1993): Environmental policy performance indicators. Den Haag.

Ahbe, Stefan; Braunschweig, Arthur & Müller Wenk Ruedi (1990): Methodik für Ökobilanzen auf Basis ökologischer Optimierung. Bericht der Arbeitsgruppe Ökobilanz. Bern: BUWAL.

Alfsen, Knut;Torstein, Bye & Lorents, Lorentsen (1987): Natural Resource Accounting and Analysis: The Norwegian Experience 1978 – 1986. Oslo: Central Bureau of Statistics of Norway.

Altwegg, David (1988): Die Folgekosten von Waldschäden. Diss Nr.1051. Bamberg: difo-druck schmacht.

American Petroleum Institute (1990): The Use of Economic Incentive Mechanisms in Environmental Management. Washington: API.

BAK Konjunkturforschung Basel AG (1993): Wirtschaft und Umwelt Nordwestschweiz. Dokumentation.Basel.

BAK Konjunkturforschung Basel AG: Wirtschaft und Umwelt Nordwestschweiz. Diverse Nummern seit Winter 1992/93. Basel.

Baltensperger, Max (1972): «Die volkswirtschaftliche Quantifizierung des Umweltverzehrs». In: Zeitschrift für Volkswirtschaft und Statistik, 405 - 437.

Banner, G. & Reichard, C. (Hrsg.) (1993): Kommunale Managementkonzepte in Europa. Anregungen für die deutsche Reformdiskussion, Köln: Kohlhammer.

Bauer, Antonie (1993): Der Treibhauseffekt. Tübingen: Mohr.

Baumol, William J. & Oates, Wallace E. (1988): The Theory of Environmental Policy. Cambridge: Cambridge University Press.

Bergmann, H. & Westermann, G. (1984): Tentative extimate of damage caused by SO_2 emissions. Document, prepared for the 5th CIDIE meeting, Luxembourg, 13. - 15. June 1984.

Bernholz, Peter & Breyer, Friedrich (1984): Grundlagen der Politischen Ökonomie. Tübingen: Mohr.

Bichsel, T. (1994): Die strategische Führung der öffentlichen Verwaltung. Grundzüge eines Verfahrens zur Bestimmung und Einführung einer strategischen Führungskonzeption, Chur/Zürich: Rüegger.

Biedermann, Andy; Hofstetter, Patrick; Schläpfer, Kurt (1992): Treibhausgasbilanz Schweiz. Zürich: Greenpeace.

Bierter, Willy (1994): «Ökoeffizienz: Megatonnen statt Nannogramme». In: Basler Zeitung 30.7.1994.

Binswanger et. al. (1983): Arbeit ohne Umweltzerstörung: Strategien einer neuen Wirtschaftspolitik. Frankfurt am Main: S.Fischer.

Bird, Richard M. (1993): «Threading the Fiscal Labyrinth: Some Issues in Fiscal Decentralisation». National Tax Journal 46, 201 - 221.

Blöchliger, Hansjörg & Staehelin-Witt, Elke (1993a): Die Umweltzentralbank: Ein ordnungspolitischer Vorschlag. Königswinter: Institut für politische Bildung, Forschung und Politikberatung.

Blöchliger, Hansjörg & Staehelin-Witt, Elke (1993b): «Öffentliche Güter, Externalitäten und Eigentumsrechte». In: Frey, René L. et al. (Hrsg.): Mit Ökonomie zur Ökologie. Basel: Helbing & Lichtenhahn, 37 - 66.

Bonus, Holger (1976): «Möglichkeiten der Internalisierung externer Effekte als Instrument der Koordination von Umweltzielen und gesellschaftlichen Zielen». In: Albach (Hrsg.): Die Bedeutung gesellschaftlicher Veränderungen für die Willensbildung im Unterneh-

men. Schriften des Vereins für Socialpolitik, Bd. 88. Berlin: Duncker & Humblot, 207 – 226.
Bösenberg, Dirk & Metzen, Heinz (1993): Lean Management. Vorsprung durch schlanke Konzepte, Landsberg: Moderne Industrie, 3. Auflage.
Boulding, Kenneth E. (1966): «The Economics of the Coming Spaceship Earth». In: Jarett, Henry (Hrsg.): Environmental Quality in a growing Economiy. 3. – 14. Baltimore: John Hopkins Press.
Braunschweig, Arthur & Müller-Wenk, Ruedi (1994): Ökobilanzen für Unternehmungen. Eine Wegleitung für die Praxis, Bern: Haupt.
Braunschweig, Arthur; Förster, Ruth; Hofstetter, Patrick & Müller-Wenk, Ruedi (1994): Evaluation und Weiterentwicklung von Bewertungsmethoden für Ökobilanzen – Erste Ergebnisse. IÖW-Diskussionsbeitrag Nr. 19, August, St. Gallen: IWÖ.
Bretschger, Lucas; Buse, Ingo; Mäder, Stefan; Schleiniger, Reto & Schelbert, Heidi (1993): Saubere Luft im Kanton Zürich: Leitlinie für eine effiziente Luftreinhaltepolitik. Zürich: Zürcher Kantonalbank.
Brunetti, Aymo (1993): «Umwelt und Aussenwirtschaft». In: Frey, René et al. (Hrsg.): Mit Ökonomie zur Ökologie. Basel: Helbing & Lichtenhahn, 137 – 156.
Brundlandt-Report (The World Commission on Environment and Development) (1987): Our Common Future. Oxford: University Press.
Bundesamt für Konjunkturfragen (1994): Externe Kosten der fossilen Ressourcennutzung. Bern: Bundesamt für Konjunkturfragen.
Bundesamt für Konjunkturfragen (Hrsg.) 1985: Qualitatives Wachstum. Bericht der Expertenkommission des Eidgenössischen Volkswirtschaftsdepartements. Bern: Bundesamt für Konjunkturfragen.
Bundesamt für Umweltschutz (Hrsg.) (1984): Ökobilanzen von Packstoffen. SRU, Nr. 24/84. Bern: BUS
Buschor, Ernst (1995): «Das Konzept des New Public Management». In: Schweizer Arbeitgeber, Vol. 6, 272 – 276.
BUS (Bundesamt für Umweltschutz) (Hrsg.) (1984): Ökobilanzen von Packstoffen. SRU Nr. 24/84. Bern: BUS
BUWAL (Hrsg.) (1994): Die globale Erwärmung und die Schweiz: Grundlagen einer nationalen Strategie. Bericht der interdepartementalen Arbeitsgruppe über die Änderung des Klimasystems. Bern: BUWAL.
Caldwell-Kenkel, Jane (1993): Discussion Session: Interpollutant Trading. Conference Paper, 1/93. Seattle-Tacoma.
Cansier, Dieter (1988): «Öffentliche Finanzen im Dienst der Umweltpolitik. Neuere theoretische Ansätze». In: Charles B. Blankart, Dieter Cansier & Dietrich Dickertmann (Hrsg.): Öffentliche Finanzen und Umweltpolitik I. Berlin: Duncker & Humblot.
Dales, H. (1968): Pollution, Property and Prices. An Essay in Policy-Making and Economics. Toronto: University of Toronto Press.
Dao, James (1993): «A New, Unregulated Market: Selling the Right to Pollute». In: The New York Times 2.9.1993.
Dicke, Hugo & Glisman, Hans (1995): «Ist der öffentliche Dienst zu fett? Enormes Sparpotential bei der Konzentration auf die Kernaufgaben des Staates». In: Neue Zürcher Zeitung (NZZ), Nr. 93, 29.
Dyllick, Thomas (1993): «Konzeptionen ökologisch bewusster Unternehmensführung». In: Die Unternehmung, Nr.6/92, 391 – 313.
Eckerle, Konrad (1993): Auswirkungen einer CO_2-Abgabe auf Energieverbrauch und CO_2-Emissionen, Basel: Prognos.
Eichenberger, Reiner (1994): «The Benefits of Federalism and the Risk of Overcentralization». In: Kyklos, Vol. 47, 403 – 420.
Eidgenössisches Departement des Innern (EDI) (1994): CO_2-Abgabe auf fossilen Energieträgern. Erläuternder Bericht. Bern: EDI.
Envico AG (1993): Luftprogramm für den Kanton Zürich. Teilplan Flughafen. Massnahme Flugbetrieb. Zürich: Flughafen Zürich.
Environmental Protection Agency (US EPA), Office of Pollution Prevention and Toxics (1991): Toxic Release Inventory. Reporting Form R and Instructions. Revised 1991 Version. Washington D. C.: EPA.

Erwingmann, Dieter & Hansmeyer, Karl-Heinrich (1991): «CO_2-Abgaben – Gratwanderung zwischen Effizienz und Praktikabilität». In: Zeitschrift für Umweltpolitik und Umweltrecht (ZfU), 2/91, 115 – 132.

ETH Zürich (1993): Umweltstudie Aarau. Fallstudie der Abteilung für Umweltnaturwissenschaften. Zürich: ETH.

European Commission (1994) (Ed.): «Voluntary Approaches and Sustainable Development». Working Document.

Eurostat (1994): European System for the Collection of Economic Information on the Environment (SERIEE). Manual 1994.

Fava, James; Jensen, Allan; Lindfors, Lars; Pomper, Steven; De Smet, Bea; Warren, Jon & Vigon, Bruce (Eds.) (1992): Life-Cycle Assessment Data Quality: A Conceptual Framework: Wintergreen (Virginia): SETAC.

Flierl, Karl (1993): «Ökobilanzen schaffen Ökoklarheit». In: Ciba-Magazin, Nr. 2, 11–15.

Flütsch, A. (1995): Staatliches Öko-Controlling. WWZ-Discussion Paper. Basel: WWZ.

Freeman, A. Myrick (1972): «Distribution of Environmental Quality». In: Kneese, Allen V. & Brower, Blair T. (Hrsg.): Environmental Quality Analysis. London: Johns Hopkins University Press, 243ff.

Frentz, M. (1989): Effiziente Erfüllung öffentlicher Aufgaben. Ein Beitrag zur Verwaltungsrationalisierung aus organisationstheoretischer Sicht am Beispiel der Ausgliederungsfrage, Frankfurt: Lang.

Frey, Bruno S. (1980): Umweltökonomie. Göttingen: Vandenhoeck & Ruprecht.

Frey, Bruno S. (1994): «Direct Democracy: Politico-Economic Lessons from Swiss Experience». In: American Economic Review, Papers and Proceedings, Vol. 84, 338–342.

Frey, Bruno S. & Eichenberger, Reiner (1995): «A Single European Market For Governments: Securing a Fifth Freedom». Zürich: Manuskript.

Frey, Bruno S. & Kirchgässner (1994): Demokratische Wirtschaftspolitik. Theorie und Anwendung. Zürich: Vahlen.

Frey, René L. (1972): «Umweltschutz als wirtschaftspolitische Aufgabe». In: Schweizerische Zeitschrift für Volkswirtschaft und Statistik, 108. Jg.

Frey, René L. (1979): Wachstumspolitik. Stuttgart & New York: Gustav Fischer.

Frey, René L. (1985): «Zur politischen Relevanz von Inzidenzanalysen am Beispiel der Schweiz». In: Hanusch, Horst; Roskamp, Karl W. & Wiseman, Jack (Hrsg.): Staat und Politische Ökonomie heute. Stuttgart: Gustav Fischer, 367 – 377.

Frey, René L. (1993): Strategien und Instrumente. In: Frey, René L. et al. (Hrsg.): Mit Ökonomie zur Ökologie. Basel: Helbing & Lichtenhahn.

Frey, René L. (1993): Strategien und Instrumente. In: Frey, René L. et al. (Hrsg.): Mit Ökonomie zur Ökologie. Basel: Helbing & Lichtenhahn.

Frey, René L. (1994): Wirtschaft, Staat und Wohlfahrt. Basel: Helbing & Lichtenhahn.

Frey, René L. (1995): «Europäische Integration, Regionalstruktur und Föderalismus». In: Aussenwirtschaft, Sondernummer.

Frey, René L.; Staehelin-Witt, Elke & Blöchliger, Hansjörg (Hrsg.) (1991): Mit Ökonomie zur Ökologie. Analyse und Lösungen des Umweltproblems aus ökonomischer Sicht. Basel: Helbing & Lichtenhahn, 1. Auflage.

Frey, René L.; Staehelin-Witt, Elke & Blöchliger, Hansjörg (Hrsg.) (1993): Mit Ökonomie zur Ökologie. Analyse und Lösungen des Umweltproblems aus ökonomischer Sicht. Basel: Helbing & Lichtenhahn, 2. völlig überarbeitete Auflage.

Friend, Anthony & Rapport, David J. (1979): Towards a Comprehensive Framework for Environmental Statistics: A Stress-Response Approach. Ottawa: Statistics Canada.

Frost, Jetta; Treichler, Christoph & Schmidt, Sascha (1995): «Business Reengineering. Kein Feuer ohne Rauch». In: Der Monat, 5/95, 4 – 6.

Garbe, Christian (1994): Zuordnung umweltpolitischer Kompetenzen in der EU am Beispiel der Nitratrichtlinie (91/676 EWG). Universität Göttingen: Mimeo.

Gawel, Erik (1993): «Die Emissionsrechtelösung und ihre Praxisvarianten – eine Neubewertung». In: Zeitschrift für Umweltpolitik und Umweltrecht (ZfU), Nr.1/93, 31 – 54.

Gesundheits- und Wirtschaftsamt der Stadt Zürich (1990): Umweltbericht der Stadt Zürich. Zürich.

Goffman, Joseph (1993): «Less Acid Rain for the Buck». In: The New York Times 17.4.93.

Grimsted, Bradley; Schaltegger, Stefan; Stinson, Christopher & Waldron, Christopher

(1994): «Environmental Impacts of Pollution Prevention». In: Pollution Prevention Review, Summer.

Grünenfelder, Peter (1995): «Neue Rolle der Politik im New Public Management». In: Schweizer Arbeitgeber, Vol. 6, 286 - 290.

Guinée G. & Heijungs R. (1993): «Classification Factors for Toxic Substances Within the Framework of Life Cycle Assessment of Products». In: Chemosphere, Vol. 26, No. 10, 1925 - 1944.

Hahn, Robert W. & Hester, Gordon L. (1989): «Where Did All the Markets Go? An Analysis of EPA's Emissions Trading Program». In: Yale Journal on Regulation, Vol. 6, 109 - 153.

Hahn, Robert W. & Stavins, Robert N. (1991): «Incentive-Based Environmental Regulation: A New Era from an Old Idea?». In: Ecology Law Quarterly, Vol. 18, 1 - 44.

Hallay, H. & Pfriem, R. (1992): Öko-Controlling. Umweltschutz in mittelständischen Unternehmen. Frankfurt a. M.: Campus.

Hammer, Michael & Champy, James (1994): Business Reengineering: die Radikalkur für das Unternehmen, Frankfurt a. M.: Campus, 2. Auflage.

Hanusch, H.; Biene, P. & Schlumberger, M. (1987): Nutzen-Kosten-Analyse. München: Vahlen.

Harrison, David (1975): Who Pays for Clean Air? Cambridge: Ballinger Publishing.

Harrison, David & Rubinfeld, Daniel L. (1978): «The Distribution of Benefits from Improvements in Urban Air Quality». In: Journal of Environmental Economics and Management Vol. 5, 313 - 332.

Hauff, Volker (Hrsg.) (1987): Unsere gemeinsame Zukunft. Greven: Eggenkamp.

Hausker, Karl (1992): «The Politics and Economics of Auction Design in the Market for Sulfur Dioxide Pollution». In: Journal of Policy Analysis and Management, Vol. 11, No. 4, 553 - 572.

Hautau, Heiner; Lorenzen; Uwe, Sander, Dieter & Bertram, Michael (1987): Monetäre Bewertungsansätze von Umweltbelastungen, Göttingen: Vandenhoeck & Ruprecht.

Hayek, Friedrich August von (1945): «The Use of Knowlegde in Society». In: American Economic Review Vol. 35, 519 - 530.

Heijungs, R.; Guinée, G.; Huppes, R.; Lankreijer, H.; de Haes, U.; Wegener Sleeswijk, A.; Ansems, P.; Eggels, P.; van Duin, R. & de Goede, H. (1992a): Environmental Life Cycle Assessment of Products. Guide. Leiden: Centrum voor Milieukunde.

Heijungs, R.; Guinée, G.; Huppes, R.; Lankreijer, H.; de Haes, U.; Wegener Sleeswijk, A.; Ansems, P.; Eggels, P.; van Duin, R. & de Goede, H. (1992b): Environmental Life Cycle Assessment of Products. Backgrounds. Leiden: Centrum voor Milieukunde.

Heister, Johannes & Michaelis, Peter (1991): «Handelbare Emissionsrechte für Kohlendioxid». In: Zeitschrift für angewandte Umweltforschung, 4. Jg., H. 1, 68 - 80.

Heister, Johannes; Klepper, Gernot; Krämer, Hans R.; Michaelis, Peter; Mohr, Ernst; Neu, Axel D.; Schmidt, Rainer & Weichert, Ronald (1991): Umweltpolitik mit handelbaren Emissionsrechten. Tübingen: Mohr.

Hilber, Christian (1994): Chancen und Probleme eines europäischen Emissionszertifikatehandels im Flugverkehr. Lizentiatsarbeit, Wirtschaftswissenschaftliches Zentrum WWZ, Institut für Volkswirtschaft, Universität Basel.

Hirschman, Albert O. (1974): Abwanderung und Widerspruch: Reaktionen auf Leistungsabfall bei Unternehmungen, Organisationen und Staaten. Tübingen: Mohr.

Hohmeyer, Olav & Gärtner, M. (1992): The Cost of Climate Change. Karlsruhe: Fraunhofer Institut.

Horvath, Peter (1990): Controlling. München: Vahlen.

Howe, Charles W. (1991): «An Evaluation of U.S. Air and Water Policies». In: Environment, Vol. 33, No. 7, 10 - 36.

Huckestein, Burkhard (1993): «Umweltlizenzen - Anwendungsbedinungen einer ökonomisch effizienten Umweltpolitik durch Mengensteuerung». In: Zeitschrift für Umweltpolitik und Umweltrecht (ZfU), Nr.1/93, 1 - 29.

Hueting, Roefie (1989): «Perspektiven einer umweltbezogenen Korrektur des Sozialproduktes». In: Zieschank, Roland & Leipert, Christian (Hrsg.) (1989): Perspektiven der Wirtschafts- und Umweltberichterstattung, Berlin: Wissenschaftliches Zentrum (WZB), 219 - 228.

Hueting, Roefie (1990): Correcting of national income for environmental losses: a practical solution for a theoretical dilemma. Paper prepared for the Conference on Ecological Economics, Washington D.C., 21. – 23. Mai 1990.
Hufschmid, Peter (1994): «Kraftwerke schliessen CO_2-Verträge mit Urwaldbesitzern». In: Neue Zürcher Zeitung 8.2.1994
Immler, Hans (1985): Natur in der ökonomischen Theorie. Band 1: Vorklassik, Klassik, Marx. Opladen.
Institut National de la Statistique et des Etudes Economiques (INSEE) (1986 a): Les comptes du patrimoine naturel. Ministère de l'environnement, Serie C, 137 – 138. Paris.
Institut National de la Statistique et des Etudes Economiques (INSEE) (1986 b): Les comptes satellites de l'environnement-méthodes et résultats. Paris: Ministère de l'environnement, Serie C 130.
Iten, Rolf (1990): Die mikroökonomische Bewertung von Veränderungen der Umweltqualität. Winterthur: Schellenberg.
Jeanrenaud, Claude u.a. (1993): Coûts sociaux du trafic urbain. Une évaluation monétaire pour la Ville de Neuchâtel. Rapport 42 du PNR «Ville Transport». Zürich.
Johansson, Per-Olov (1987): The Economic Theory and Measurement of Environmental Benefits. Cambridge: University Press.
Karr, James (1993): «Protecting Ecological Integrity». In: The Yale Journal of International Law, No. 18, No. 1, Winter, 297 – 306.
Kindleberger, Charles (1986): «International Public Goods Without International Government». In: American Economic Review, Vol. 76, 1 – 13.
Koordinationsstelle für Umweltschutz (1991): Umweltbericht Basel-Stadt. 1991. Basel: Regierungsrat des Kantons Basel-Stadt.
Kriesi, Ruedi (1995): Strategisches Management in der öffentlichen Verwaltung. Am Beispiel eines Neukonzepts für das Energie-Innovationsprogramm des Bundesamtes für Energiewirtschaft, Bern: Haupt.
Kuik, O.J.; Oosterjuis, F.H.; Jansen, H.; Holm, K. & Ewers, H.-J. (1991): Assessment of Benefits of Environmental Measures. Bodmin: Graham & Trotman, European Communities Environmental Policy Series.
Kux, Stephan (1994): Subsidiarity and the Environment: Implementing International Agreements. Basler Schriften zur europäischen Integration Nr.8. Basel: Europa-Institut.
Leipert, Christian (1975): Unzulänglichkeiten des Sozialproduktes in seiner Eigenschaft als Wohlstandsmass. Tübingen: J.C.B. Mohr.
Leipert, Christian (1991): «Die volkswirtschaftlichen Kosten der Umweltbelastung». In: Aus Politik und Zeitgeschichte, März 1991, 26 – 36.
Meadows, Dennis u.a. (1972): Die Grenzen des Wachstums. Bericht des Club of Rome zur Lage der Menschheit. Stuttgart: Deutsche Verlags-Anstalt.
Meadows, Donella u. a. (1992): Die neuen Grenzen des Wachstums. Die Lager der Menschheit: Bedrohung und Zukunftschancen. Stuttgart: Deutsche Verlagsanstalt.
Meffert & Kirchgeorg (1993): Marktorientiertes Umweltmanagement. Stuttgart: Schäffer-Poeschel.
Metzen, H. (1994): Schlankheitskur für den Staat. Lean Management in der öffentlichen Verwaltung, Frankfurt: Campus.
Meyer, Carrie A. (1993): Environmental and Natural Ressource Accounting: Where to Begin?. Washington: WRI Development.
Mitchell, Robert C. & Carson, Richard T. (1989): Using Surveys to Value Public Goods. The Contingent Valuation Method. Washington D.C.: John Hopkins.
Mitchell, William C. & Munger, Michael C. (1991): «Economic Models of Interest Groups: An Introductory Survey». In: American Journal of Political Science Vol. 35, 512 – 546.
Morgan, C. & Murgatoroyd, S. (1994): Total Quality Management in the Public Sector. An International Perspective, Buckingham/Philadelphia: Open University Press.
Mueller, Dennis C. (1989): Public Choice II. Cambridge: Cambridge University Press.
Müller-Wenk, Ruedi (1978): Die ökologische Buchhaltung. Ein Informations- und Steuerungsinstrument für umweltkonforme Unternehmenspolitik. Frankfurt a. M.: Campus.
Nordhaus, William D. (1991): «A Sketch of the Economics of the Greenhouse Effect». In: American Economic Review 81, 146 – 150.
Oates, Wallace E. (1972): Fiscal Federalism. New York: Harcourt, Brace, Jovanovich.

Oates, William E. (1984): «Economic Incentives for Environmental Management: The Recent U.S. Experience». In: Schneider & Sprenger (Hrsg.): Mehr Umwelt für weniger Geld. München: IFO-Institut für Wirtschaftsforschung.
Odum, Eugene P. (1991): Prinzipien der Ökologie. Heidelberg: Spektrum der Wissenschaften.
OECD (1988): Deregulation and Airline Competition. Paris: OECD.
OECD (1990): Environmental Indicators. Paris: OECD.
OECD (1991): The state of the environment. Paris: OECD.
OECD (1993): OECD Environmental Data. Compendium 1993. Paris: OECD.
O.V. (Ohne Verfasser) (1995): «Why can't a country be like a firm?». In: The Economist, April 22, 89.
Olson, Mancur (1969): «The Principle of Fiscal Equivalence: The Division of Responsiblities Among Different Levels of Government». In: American Economic Review, Papers and Proceedings, Vol. 59, 479 – 487.
Osborne, D. & Gaebler, T. (1992): Reinventing Government. How the Entrepreneurial Spirit is Transforming the Public Sector, Reading: Addison-Wesley.
Ottoboni, Alice M. (1991): The Dose Makes the Poison. A Plain-Language Guide to Toxicology. New York: Van Nostrand Reinhold.
Pearce, D., Turner, K. (1990): Economics of Natural Resources and the Environment. New York: Harvester Wheatsheaf.
Pekelney, David (1993): «Emissions Trading: Applications To Improve Air and Water Quality». In: Pollution Prevention Review, Spring, 139 – 148.
Peskin, Henry (1990): A Survey of Resource and Environmental Accounting Practices in Industrialized Countries. Draft 1.11.90 (unveröffentlicht).
Pommerehne, Werner (1987): Präferenzen für öffentliche Güter. Ansätze zu ihrer Erfassung. Tübingen: J.C.B. Mohr.
Pommerehne, Werner W. & Römer, Anselm (1992): Ansätze zur Erfassung der Präferenzen für öffentliche Güter. In: Jahrbuch für Sozialwissenschaft, 43, 171 – 210.
Radermacher, Walter (1993): «Nachhaltiges Einkommen. Gedanken zur Naturbewertung in der ökonomischen Gesamtrechnung». In: Wirtschaft und Statistik, Heft 5, Mai 1993, 331 – 339. Wiesbaden: Statistisches Bundesamt.
Rechsteiner, Rudolf (1994): «Möglichkeiten und Grenzen einer CO_2-Abgabe». In: Neue Zürcher Zeitung.
Repetto, Robert (1992): «Accounting for Environmental Assets». In: Scientific American, Juni 1992, 94 – 100.
Repetto, Robert; et al. (1989): Wasting Assets: Natural Resources in the National Income Accounts. World Resource Institute, Washington D.C.
Rico, Renée (1993): «United States» Experience in Designing and Implementing an Emission Trading System for Sulfur Dioxide». Working Paper, Laxenburg: International Institute for Applied System Analysis (IIASA).
Roberts, Marc J. & Spence, Michael (1992): «Effluent Charges and Licenses under Uncertainty». In: Anil Markandya & Julie Richardson (Hrsg.): The Earthscan Reader in Environmental Economics. London: Earthscan, 240 – 252.
Rosen, E. (1993): Improving Public Sector Productivity. Concepts and Practice, Newbury Park: Sage.
Rück (1993): Öko-Controlling als Führungsinstrument. Wiesbaden: Deutscher Universitätsverlag.
SCAQMD (South Coast Air Quality Management District) (1992): RECLAIM (Regional Clean Air Incentives Market). Diamond Bar, California.
Schaltegger, Stefan; Hilber Christian & Kubat, Ruedi (1995): «New Public Environmental Management (NPEM)». In: WWZ-News, Nr. 19.
Schaltegger, Stefan & Kubat, Ruedi (1995): Das Handwörterbuch der Ökobilanzierung. Begriffe und Definitionen, Basel: WWZ, 2. Auflage.
Schaltegger, Stefan & Sturm, Andreas (1989): Ökologieinduzierte Entscheidungsinstrumente des Managements. WWZ-Discussion Paper Nr. 8914. Basel: WWZ.
Schaltegger Stefan & Sturm Andreas (1990): «Ökologische Rationalität». Die Unternehmung, Nr. 4, 273 – 290.

Schaltegger, Stefan & Sturm, Andreas (1991): Methodik der ökologischen Rechnungslegung in Unternehmen, WWZ-Studie Nr. 33. Basel: WWZ, 3. Auflage.
Schaltegger, Stefan & Sturm, Andreas (1992a): Ökologieorientierte Entscheidungen in Unternehmen. Ökologisches Rechnungswesen statt Ökobilanzierung: Notwendigkeit, Kriterien, Konzepte. Bern: Haupt.
Schaltegger, Stefan & Sturm, Andreas
(1992b): «Eco-Controlling». In: Dominik Koechlin & Kaspar Müller (Hrsg): Green Business Opportunities. The Profit Potential, London: Financial Times Pitman Publishing.
Schaltegger, Stefan & Sturm, Andreas (1994): Ökologieorientierte Entscheidungen in Unternehmen. Ökologisches Rechnungswesen statt Ökobilanzierung: Notwendigkeit, Kriterien, Konzepte. Bern: Haupt (2. überarbeitete und erweiterte Auflage).
Schaltegger, Stefan & Sturm, Andreas (1995): Öko-Effizienz durch Öko-Controlling. Zur Umsetzung von EMAS und ISO 14'001, Zürich/Stuttgart: vdf/Schäffer-Poeschel.
Schaltegger, Stefan & Thomas, Tom (1993): «Eine neue Dimension im Zertifikatshandel. Die Suche nach «Wechselkursen» zwischen Schadstoffen». In: Neue Zürcher Zeitung, 2. 4. 1993.
Schaltegger, Stefan & Thomas, Tom (1994a): «PACT für einen Schadschöpfungs-Zertifikatshandel». In: Zeitschrift für Umweltpoltik und Umweltrecht (ZfU), Heft 3/94, 357 – 381.
Schaltegger, Stefan & Thomas, Tom (1994b): «Pollution Added Credit Trading (PACT)». WWZ-Discussion Paper No. 9410, April. Basel: WWZ.
Schaltegger, Stefan & Thomas, Tom (forthcoming): «Pollution Added Credit Trading (PACT). New Dimensions in Emission Trading». In: Ecological Economics.
Schärrer, Manfred (1987): «Schnüfflerschiff zur Jagd auf grosse Rheinverschmutzer». In: Neue Zürcher Zeitung, 14. September 1987.
Schedler, Kuno (1993): Anreizsysteme in der öffentlichen Verwaltung, Bern: Haupt.
Schedler, Kuno (1995a): Ansätze einer wirkungsorientierten Verwaltungsführung. Von der Idee des New Public Managements (NPM) zum konkreten Gestaltungsmodell. Fallbeispiel Schweiz. Bern: Haupt.
Schedler, Kuno (1995b): «Aufbruch in der öffentlichen Verwaltung». In: Schweizer Arbeitgeber, Vol. 6, 271.
Schelbert, Heidi & Maggi, Rico (1988): Wertvolle Umwelt. Ein wirtschaftswissenschaftlicher Beitrag zu Umwelteinschätzung in Stadt und Agglomeration Zürich. Zürich: Zürcher Kantonalbank.
Schlesinger, Michael; Mashur, Klaus & Eyett, Doris (1993): Bewertung wirtschaftlicher Auswirkungen einer CO_2-Abgabe. Basel: Prognos.
Schmidheiny, Stefan (1993): Kurswechsel. Frankfurt a. M.: Artemis und Winkler.
Schmidt-Bleek, Friedrich (1994): Wieviel Umwelt braucht der Mensch? MIPS: Das Mass für ökologisches Wirtschaften. Berlin: Birkhäuser.
Schulz, Werner (1985): Der monetäre Wert besserer Luft. Frankfurt/Main: Lang.
Seifried, Dieter (1992): Least-Cost-Planning. Der Weg zum Umbau unseres Energieversorgungssystems, Freiburg: Öko-Institut Freiburg/Greenpeace.
Senn, Joseph F. (1986): Ökologieorientierte Unternehmensführung: Theoretische Grundlagen, empirische Fallanalysen und mögliche Basisstrategien. Frankfurt a. M.: Lang.
Sherp, Jan (1994): What does an economist need to know about the environment?. Economic Papers Number 107 der Europäischen Kommission. Brüssel.
Servatius, H.-G. (1994): Reengineering-Programme umsetzen. Von erstarrten Strukturen zu fliessenden Prozessen, Stuttgart: Schäffer-Poeschel.
Siebert, Horst (1991a): «Environmental Policy and European Integration». In: Siebert, Horst (Hrsg.): Environmental Scarcity: The International Dimension. Tübingen: Mohr, 57 – 70.
Siebert, Horst (1991b): «Europe '92: Decentralizing Environmental Policy in the Single Market.» In: Environmental and Resource Economics, Vol. 1, 271 – 287.
Simonis, Udo (1991): «Ökologieorientierte Modernisierung der Wirtschaft – Drei Schwerpunkte». In: Lendi (Hrsg): Umweltpolitik. Zürich: Verlag der Fachvereine.
SKUB (Schweizerische Kommission für Umweltbeobachtung (1993): Integrierte ökosystembezogene Umweltbeobachtung. Konzept für die Einführung eines Beobachtungssystems. Bern: Koordinationsstelle SKUB.
Spillmann, Andreas (1994): Soziale Gerechtigkeit im Umweltschutz. Chur/Zürich: Rüegger.

Staehelin-Witt, Elke & Spillmann, Andreas (1992): Emissionshandel. Ein marktwirtschaftlicher Weg für die schweizerische Umweltpolitik. WWZ-Studie Nr.
40
Staehelin-Witt, Elke & Blöchliger, Hansjörg (1990): «Die Umweltzentralbank als Instrument langfristiger Umweltpolitik». In: Neue Zürcher Zeitung 17./18. November 1990.
Staehelin-Witt, Elke (1993): «Bewertung von Umweltgütern». In: Frey, René L. et al. (Hrsg.) (1993): Mit Ökonomie zur Ökologie. Basel: Helbing & Lichtenhahn.
Stahel, Fritz (1995): «Wenn aus Beamten Unternehmer werden. New Public Management». In: SKA-Bulletin, 5/6, 22 – 23.
Stahmer Carsten (1992): «Integrierte Volkswirtschaftliche und Umweltgesamtrechnung». In: Wirtschaft und Statistik des statistischen Bundesamts, September 1992, 577 – 593.
Statistisches Bundesamt (1990): Umweltökonomische Gesamtrechnung – Ein Beitrag der amtlichen Statisitk. Wiesbaden.
Stavins, Robert N. (1988): Project 88. Harnessing Market Forces To Protect Our Environment: Initiatives For The New President. Washington D.C.
Stavins, Robert N. (1991): Project 88 – Round II. Incentives for Action: Designing Market-Based Environmental Strategies. Washington D.C.
Stephan, Gunter; van Nieuwkoop, Renger & Wiedmer, Thomas (1992): «Social Incidence and Ecoomic Costs of Carbon Limits». In: Environmental and Resource Economics, Nr. 3/92.
Stockwell, John; Sorensen, Jerome; Eckert, James & Carreras, Edward (1993): «The U.S. EPA Geographic Information System for Mapping Environmental Releases of Toxic Chemical Release Inventory (TRI) Chemicals». In: Risk Analysis, Vol 13, No. 2. 1993, 155 – 164.
Stritt, Marc-Alain & Jeanrenaud, Claude (1992): L'effet des mesures de protection de l'environnement sur les coûts de production dans l'industries, Rapport sur les structures économiques.OFQC.
Stritt, Marc-Alain & Jeanrenaud, Claude (1992): L'effet des mesures de protection de l'environnement sur les coutes de production dans l'industries. Rapport sur les structures economiques.OFQC.
Sturm, Andreas (1993a): «Öko-Controlling. Von der Ökobilanz zum Führungsinstrument». In: Gaia Nr. 2/93, 107 – 120.
Sturm, Andreas (1993b): «Öko-Controlling. Die nächste Herausforderung an den Berufsstand. Teil 1». In: Index, Nr. 2/93 (Teil 2 in Index 3/93).
The Green Business Letter (1994) (ed.): «33/50's Success». Oktober 1994, 5.
The World Commission on Environment and Development (1987): Our Common Future. Oxford: Oxford University Press.
Thomas, Tom E. (1992): The Political Implications of Environmental Privatization. Paper presented at the 1992 annual research conference of the Association for Public Policy Analysis and Management. Denver, Colorado.
Tiebout, Charles M. (1956): «A Pure Theory of Local Expenditures». In: Journal of Political Economy 64, 416 – 424.
Tietenberg, Tomas H. (1980): «Transferable Discharge Permits and the Control of Air Pollution: A Survey and Synthesis». In: Zeitschrift für Umweltpolitik und Umweltrecht (ZfU), Nr.1/80, 477 – 508.
Tietenberg, Thomas H. (1981): «Transferable Discharge Permits and the Control of Air Pollution: A Survey and Synthesis: Reply». In: Land Economics, Vol. 57, No. 4, 642 – 644.
Tietenberg, Tomas H. (1989): «Marketable Permits in the U.S.: A Decade of Experience». In: Roskamp, Karl W. (Ed.): Public Finance and the Performance of Enterprises. Detroit Michigan: Wayne State University Press.
Tinbergen, Jan (1966): Economic Policy: Principles and Design, Amsterdam: North Holland.
U.S. EPA (Environmental Protection Agency), Ambient Standards Branch, Air Quality Management Division (1991): The Clean Air Act Section 183 (d) Guidance on Cost-Effectiveness. Research Triangle Park: EPA.
Umweltbundesamt (1989) (Hrsg.): Jahresbericht 1989.
United Nations (1993): Integrated Environmental and Economic Accountig. New York.

Vaterlaus, Stephan (1991): Integrierte ökonomisch-ökologische Gesamtrechnungen. WWZ-Forschungsbericht 4/91. Basel.
Vaterlaus, Stephan (1993): Wirtschaft und Umwelt Nordwestschweiz. Basel: BAK
Veds, Lars & Nielsen, Henning (1993): Green Management. Herning: European Educational Publishers.
Victor, David G. (1991): «Limits of market-based strategies for slowing global warming: The case of tradeable permits». In: Policy Science, No. 24, 199 - 222.
Von Weizsäcker, E.; Jesinghaus, J. Mauch, S. & Iten, R. (1992) Ökologische Steuerreform. Zürich: Rüegger.
Wackernagel, Mathis (1993): How Big Is Our Ecological Footprint: A Handbook For Estimating A Community's Appropariated Carrying Capacity. Vancouver: University of British Columbia.
Walder, Ernst; Hofstetter, Patrick & Frischknecht, Rolf (1992): Bewertungsmodelle für Ökobilanzen. Arbeitspapier 2/91, Labor für Energiesysteme. Zürich: ETH ZH.
Walther, Andreas (1990): Die Folgekostenrechnung von Umweltschäden. Erweiterung des volkswirtschaftlichen Rechnungswesens am Beispiel der Schweiz. Diss. Nr. 1209. Bamberg: difo-druck.
Walton, Thomas & Basala, Allen C. (1981): «Cost-Effectiveness Analysis and Environmental Quality Management». U.S. Environmental Protection Agency, Office of Air Quality Planning and Standards. Research Triangle Park: N.C.
Weder, Rolf (1993): «Globale Umwelt und Entwicklung». In: Frey, René L. et al. (Hrsg.): Mit Ökonomie zur Ökologie. Basel: Helbing & Lichtenhahn, 157 - 178.
Weitzman, Martin L. (1974): «Prices vs. Quantities». In: The Review of Economic Studies, Vol. 41, No. 4, 477 - 549.
Weterings & Opschoor (1992): Environmental Capacity as a Challenge to Technological Development. Rijswijk: Raadvoorhet Milieu-en Natuuronderzoek.
Wicke, Lutz (1992): Umweltökonomie – Eine praxisorientierte Einführung. München: Vahlen.
Wilhelm (1994): Umweltpolitik. Opladen: Leske & Budrich.
Woolf, Tim & Mickle, Craig (1992): Minimalkostenplanung (LCP) in der Schweiz. Zürich: The Association of the Conservation of Energy/Greenpeace.
Wurzel, Dietmar (1993): Schadstoffe in der Luftfahrt. Wirkung und Prävention - Ein Verbundprogramm von Forschung und Industrie. Köln: Deutsche Forschungsanstalt für Luft- und Raumfahrt.
Zieschank, Roland & Leipert, Christian (Hrsg.) (1989): Perspektiven der Wirtschafts- und Umweltberichterstattung. Berlin: Wissenschaftszentrum Berlin für Sozialforschung (WZB).
Zieschank, Roland; Weidner, Helmut & Knoepfel, Peter (Hrsg.) (1992): Umwelt-Information. Berichterstattung und Informationssysteme in zwölf Ländern. Berlin: Wissenschaftszentrum Berlin für Sozialforschung (WZB).
Zimmermann, Klaus W. & Kahlenborn, Walter (1994): Umweltföderalismus: Einheit und Einheitlichkeit in Deutschland und Europa. Berlin: Sigma.
Zupan, Jeffrey M. (1973): The Distribution of Air Quality in the New York Region. London: Johns Hopkins University Press.

Sachregister

Swiss Priority Programme Environment Synthesis

Life Cycle Assessment (LCA) – Quo vadis?

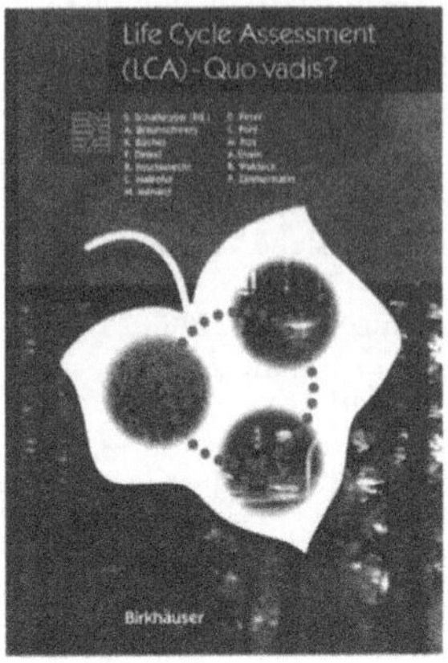

Edited by **S. Schaltegger,** *Center of Economics and Business Administration, University of Basel, Switzerland*
1996. 168 pages. Softcover
ISBN 3-7643-5341-4

LCA - Quo vadis? discusses overarching topics, new developments and major problems of Life Cycle Assessment (LCA), and compares LCA with site-specific environmental management. The text profits from two years of interdisciplinary, coordinated research activities of the Priority Programme Environment of the *Swiss National Science Foundation.* Furthermore a case study applying LCA to the product life cycle of beer (Feldschlösschen Ltd.) is presented. A major part of the book deals with the following LCA related topics:

√ **How should system boundaries of a product life cycle be drawn?**

√ **How can environmental interventions be allocated to products?**

√ **How are background inventory data collected and used?**

√ **How can imprecision in the LCA method be ascertained and checked?**

√ **How can relevant environmental interventions be distinguished from irrelevant ones?**

√ **What requirements should a software tool for LCA meet?**

A concept of site-specific LCA is proposed in response to criticism of the current approach of LCA. Furthermore, managerial eco-controlling - the emerging method of site-specific environmental management - is discussed. The book concludes with an outlook of possible paths in the future development of LCA.

Birkhäuser Verlag • Basel • Boston • Berlin

SPP *Umwelt* Synthesebuch

Mut zum ökologischen Umbau

Innovationsstrategien für Unternehmen, Politik und Akteursnetze

von J. Minsch, B. Meier, A. Eberle, U. Schneidewind, *Institut für Wirtschaft und Ökologie an der Hochschule St. Gallen* / B. Meier, *Geographisches Institut der Universität Bern*

1996. ca. 250 Seiten. Gebunden • ISBN 3-7643-5320-1 • Reihe: Synthesebücher - SPP Umwelt

Eine nachhaltige Wirtschaftsweise steht in den Industrieländern noch aus – trotz zahlreicher Umweltinnovationen in Politik und Wirtschaft. Die Autoren dieses Synthesebuches aus dem SPP Umwelt des Schweizerischen Nationalfonds gehen den Ursachen nach, zeigen wo die ökologische Innovationsoffensive in Unternehmen, in regionalen Akteursnetzen und in der Umweltpolitik heute steht und wie sie sich weiterentwickeln muß. Ihre Ergebnisse stützen sie auf ein interdisziplinäres Forschungsprojekt, in dem Volkswirte, Betriebswirte und Wirtschaftsgeographen am Beispiel der Schweiz Umweltinnovationen untersucht haben. Das Buch verbindet reichhaltige empirische Daten mit einer umfassenden konzeptionellen Analyse und zeigt: ökologischer Wandel kommt weder alleine von unten, noch von oben. Er braucht vielmehr das geschickte Zusammenspiel von unternehmerischer Initiative, umweltpolitischer Rahmensetzung und geeignetem Netzwerkmangement.

Schwerpunktprogramm Umwelt
Themenhefte

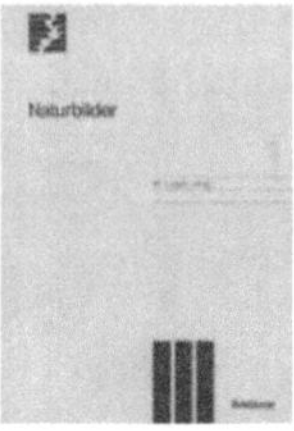

Ökologisches Handeln als sozialer Prozess
Ecological Actions As a Social Process

U. Fuhrer, *Otto-von-Guericke-Universität Magdeburg, Germany (Hrsg.)*

Während der letzten zwanzig Jahre wurde mehr und mehr klar, dass Umweltveränderungen im globalen Massstab stattfinden. Die Konsequenzen für die Umweltforschung liegen auf der Hand: Sie muss sich vermehrt um den Verursachungsfaktor „Mensch" kümmern. Die Frage ist deshalb: „Was läuft eigentlich mit Mensch und Gesellschaft falsch"?
Das Buch richtet die Aufmerksamkeit auf die Beschäftigung mit den individuellen und sozialen Ursachen der Umweltproblematik. Damit soll ein Gegengewicht gesetzt werden zur naturwissenschaftlich-technologisch motivierten Umweltforschung.

1995. 152 Seiten. Broschur • ISBN 3-7643-5167-5

Förderung umweltbezogener Lernprozesse in Schulen, Unternehmen und Branchen

M. Roux, *Landwirtschaftliche Beratungszentrale, Lindau, Schweiz* / S. Bürgin, *IDHEAP, Chavannes, Schweiz (Hrsg.)*

Ist eine Sicherung der Zukunft möglich? Der Einzelne, Unternehmen und ganze Wirtschaftsbranchen sind hier gefragt: Wie lässt sich ein nachhaltiger Lebensstil fördern?
Dieser Band zeigt an Fallbeispielen einen pragmatischen Lösungsansatz auf. Aus pädagogischen, ökonomischen und politologischen Blickwinkeln wird der Auslösung und Förderung von Ökologisierungsprozessen in Wirtschaft und Gesellschaft nachgegangen. Dabei ist es wichtig, neue Denkansätze nicht nur zu formulieren, sondern in entsprechendes Handeln umzusetzen.

1996. 208 Seiten. Broschur • ISBN 3-7643-5318-X

Naturbilder
Ökologische Kommunikation zwischen Ästhetik und Moral

W. Lesch, *Interdiszipl. Inst. für Ethik und Menschenrechte, Freiburg/Schweiz (Hrsg.)*

Naturbilder sind zentrale Themen ökologischer Kommunikation, in der neben den Fakten auch ästhetische Modelle und moralische Forderungen transportiert werden. Das Buch gibt einen Einblick in aktuelle Gebiete kulturwissenschaftlicher Umweltforschung. Gemeinsam ist allen Beiträgen die Frage nach den Bildern ökologischer Kommunikation. Aus dem fächerübergreifenden Gespräch ergeben sich differenzierte Vorschläge für die öffentliche Verständigung über ökologische Sachverhalte sowie deren visuelle Vermittlung und ethische Bewertung, über destruktive Kräfte und wirksame Gegengifte.

1996. 344 Seiten. Broschur • ISBN 3-7643-5340-6

Schweizerische Umweltpolitik im internationalen Kontext

M. Jochimsen / G. Kirchgässner, *Hochschule St. Gallen (Hrsg.)*

Die grössten Gefahren für die Umwelt in der Schweiz sind heute globaler Natur. Daher ist es erforderlich, die schweizerische Umweltpolitik aus dem Rahmen rein nationaler Betrachtung herauszulösen und in einen internationalen Kontext zu stellen. Dementsprechend analysieren die Autorinnen und Autoren dieses Werkes die Eingebundenheit der Schweiz in internationale Abkommen und weisen darauf hin, wo die wachsende internationale Verflechtung der nationalen Umweltpolitik Grenzen setzt beziehungsweise wo sie ihr neue Möglichkeiten eröffnet.

1995. 224 Seiten. Broschur • ISBN 3-7643-5247-7

Birkhäuser Verlag • Basel • Boston • Berlin

GPSR Compliance

The European Union's (EU) General Product Safety Regulation (GPSR) is a set of rules that requires consumer products to be safe and our obligations to ensure this.

If you have any concerns about our products, you can contact us on ProductSafety@springernature.com

In case Publisher is established outside the EU, the EU authorized representative is:

Springer Nature Customer Service Center GmbH
Europaplatz 3
69115 Heidelberg, Germany

Batch number: 10800358

Printed by Printforce, the Netherlands